ARCHIVES HISTORIQUES
DE LA GASCOGNE

DEUXIÈME SÉRIE — FASCICULE Vme

LES HUGUENOTS EN COMMINGES

PAR L'ABBÉ J. LESTRADE

LES
HUGUENOTS
EN COMMINGES

DOCUMENTS INÉDITS

PUBLIÉS POUR LA SOCIÉTÉ HISTORIQUE DE GASCOGNE

PAR

L'ABBÉ J. LESTRADE

PARIS
HONORÉ CHAMPION
ÉDITEUR
9, quai Voltaire, 9

AUCH
LÉONCE COCHARAUX
ÉDITEUR
11, rue de Lorraine, 11

MCM

INTRODUCTION

I. Occasion et sources de ce travail. — II. Que nous révèle-t-il de l'histoire du Comminges au xvıᵉ siècle ?... — III. Caractères généraux des *Guerres de Religion* en Comminges.

I

Au lendemain de la publication des *Huguenots en Bigorre* et des *Huguenots dans le Béarn et la Navarre*[1], les Revues périodiques où l'on rendit compte de ces savants travaux émirent un vœu dont les amis de l'Histoire de la Gascogne ont certainement gardé le souvenir. Elles formèrent le souhait de voir paraître de nouvelles séries de « Textes » consacrés aux mouvements des Huguenots dans les régions voisines des territoires déjà étudiés[2]. Il s'agissait, on l'entend, de poursuivre l'enquête si consciencieusement commencée et de s'occuper, sans trop tarder, du Comminges. Viendraient ensuite le Couserans, l'Armagnac, le Nébouzan et le Pays de Rivière, sans oublier le diocèse de Rieux qui en a vu de belles en 1569 surtout. L'étiquette de la future collection fut même indi-

---

1. Ces deux fascicules édités à Auch (1884-85) font partie des ARCHIVES HISTORIQUES DE LA GASCOGNE.
2. Voyez notamment : *Revue de Gascogne*, t. XXV et XXVI, pp. 543 et 452.

quée dès lors. Baptisé avant de naître, le fascicule désiré devait s'intituler *Les Huguenots en Comminges*.

Quelques années après l'expression de ces respectables souhaits il nous était permis de pénétrer dans les Archives anciennes de Muret et d'en entreprendre le classement bénévole[1]. Il nous fut aisé de constater que deux catégories de documents composaient le fonds muretain : 1° les Papiers et Registres propres à la Communauté elle-même, 2° une partie très notable des Archives des Etats de Comminges supprimés depuis plus de deux siècles[2]. L'importance de cette seconde classe de Textes dépasse de beaucoup celle des Textes de la collection communale. De là notre soin de les analyser et, parfois, de les transcrire en entier.

Hâtons-nous de dire que l'époque pour laquelle les documents des Etats abondent est ce XVIe siècle si profondément malheureux et si intéressant. Comme on peut s'en assurer en parcourant la Table chronologique du présent volume, le dossier est ici considérable. Il permet de saisir la naissance et le curieux progrès d'incidents de premier intérêt pour l'histoire commingeoise durant cette période de troubles d'environ trente ans qui a précédé la reconnaissance unanime d'Henri de Navarre en nos contrées (1567-1596). Bien mieux, grâce à une série de missives du XVIIe siècle, il est loisible de pousser

---

1. Nous sommes heureux, dès le début de cette INTRODUCTION, de rendre hommage à la parfaite courtoisie, disons mieux, à la bienveillance avec lesquelles l'Administration municipale de Muret a toujours secondé notre projet de classement des Archives dont elle a la garde, et de publication des pièces principales que ce Dépôt renferme.

Le Conseil présidé par l'honorable M. Niel, ancien député, et le Conseil aujourd'hui présidé par l'honorable M. Espagno nous ont facilité notre ingrat travail. Qu'ils veuillent bien agréer l'expression de notre reconnaissance : elle s'unit à celle des amis de l'Histoire documentée, qui est la seule sérieuse, et plus particulièrement à la reconnaissance de tous ceux qu'intéresse le passé du cher pays commingeois.

2. Les Etats de Comminges, composés des trois Ordres, Clergé, Noblesse et Tiers-Etat, s'assemblaient dans l'un des chefs-lieux de châtellenie préalablement désigné. Sauf certains documents confiés aux sindics chargés de la poursuite des affaires des Etats, le gros des Archives était conservé à Muret, siège principal et capitale administrative de l'ancien Comté de Comminges. Nous désignons chacun des documents qui figurent dans cet ouvrage par le nom même de la ville où s'est tenue l'assemblée d'Etats qui les a fait successivement rédiger.

plus loin les investigations et d'assister aux mesures prises en vue d'assurer la sécurité, plus spécialement dans la région muretaine, sous le règne de Louis XIII (1620-1632).

En présence de cet amas de pièces l'hésitation n'était pas de mise : nous avions sous la main les éléments de l'enquête relative aux *Guerres de Religion en Comminges*[1]. Restait à coordonner les Textes, à les compléter en interrogeant les collections de Toulouse, de Tarbes et d'Auch[2], à préparer le lecteur à pénétrer sans trop d'efforts tout le sens des documents par de courtes introductions et des notes, à lui fournir un fil conducteur à travers ce dédale de pièces et de fragments qu'un récit suivi n'a point unifiés et fondus. Telle a été notre besogne après la transcription scrupuleuse des Textes que, par miracle, la translation fréquente des documents d'un local en un autre, l'humidité, la dent des rats, l'ignorance et l'incurie, — ces adversaires de nos Archives rurales, — n'avaient point détruits[3].

---

[1]. Et aussi, ajouterons-nous, relative aux *Huguenots en Couserans*, du moins pour une bonne partie. Mais nous avons eu garde de prendre ce second titre. Il figurera à bien plus juste raison en tête de la collection que forme avec beaucoup de zèle M. le baron de Bardies. — Le Couserans, limitrophe du Comminges, contribuait pour les Tailles en ce dernier pays. Ses affaires financières se traitaient dans les séances des États de Comminges. Ainsi s'explique la présence, en un même fonds, des pièces (missives, enquêtes, requêtes, mandes, etc.) qui intéressent à la fois le Comminges et le Couserans.

[2]. Nous avons utilisé, en effet, divers Registres du Parlement de Toulouse, *(Arrêts)*, et quelques textes empruntés aux Archives Départementales de la Haute-Garonne. La collection du paléographe Larcher conservée à Tarbes et les magnifiques Archives du Grand Séminaire d'Auch nous ont été d'un grand secours pour ressaisir les faits et gestes des *Huguenots à Saint-Bertrand*. Nous avons usé le plus sobrement possible des recueils déjà imprimés : l'excellente *Revue de Gascogne*, mine féconde de Textes et de renseignements, est citée à diverses reprises dans le présent travail.

[3]. Plusieurs des pièces reproduites en ce livre ont cependant beaucoup souffert. Des feuillets où l'écriture a pâli n'auraient plus livré leurs secrets dans un délai de quelques années. Certains laissaient tomber, au premier contact, cette poussière particulièrement subtile et comme fluide qui ronge les liasses longtemps pressées en un réduit humide, hachées par une encre corrosive dont l'action équivaut à des coups de canif.

II

Mais il importe de donner une idée moins sommaire de nos documents et de déterminer quelle contribution ils apportent à l'histoire du Comminges.

Tantôt ils révèlent des faits qui avaient échappé aux minutieuses recherches des amis des choses du passé gascon et commingeois [1], tantôt ils précisent des incidents restés assez vagues, faussés même ou bigarrés à plaisir des couleurs que la légende tire de son inépuisable palette.

Dans le premier ordre de faits nous devons placer le dénombrement des catholiques en Comminges auquel procéda, en 1568, Pierre de Lancrau, évêque de Lombez, par l'exprès commandement de Monluc. Les Ligues qui jetteront dans la suite le royaume en de sanglantes discordes sont ici montrées pour le Comminges, la Champagne, la Touraine, l'Anjou, le Périgord, le Limousin, l'Agenais, dans leur berceau. Mentionnons également la participation des Commingeois à l'expédition du baron de

---

1. A la suite d'une de nos communications le regretté baron Marc de Lassus, dont la plume alerte venait d'écrire l'histoire des *Guerres du xviii* siècle sur les frontières du Comminges, du Couserans et des Quatre-Vallées*, se félicitait de nous voir plus heureux en trouvailles sur le terrain commingeois qu'il ne l'avait été dans le Pays de Rivière : « Ma modeste collection, nous écrivait-il le 17 décembre 1894, est circonscrite au Nébouzan, aux Vallées du Haut-Comminges et ne s'étend guère plus loin. Je n'aurais donc rien qui pût s'ajouter utilement aux résultats de vos recherches dans les Archives de Muret.... En ce qui concerne la partie du pays qui fait l'objet de mes études, malgré bien des efforts, je n'ai pas eu la chance de trouver des documents. A peine ai-je réuni de simples fragments de titres et quelques indications sommaires. Il y a sur ce point *pénurie complète* dans les Archives communales et je m'en suis rendu compte lorsque j'ai eu la pensée de retracer l'expédition de Mongomméry en la suivant depuis Mazères jusqu'à Lannemezan village par village. La seule pièce de valeur relative à cet événement d'une si capitale importance est l'*Enquête* faite à Saint-Gaudens après le passage des Huguenots. » — La *Revue de Comminges* a publié les « fragments » auxquels fait allusion M. de Lassus dans sa lettre : ils concernent la ville de Montréal-de-Rivière (Montrejeau) pendant « la seconde guerre de Religion en Comminges. » Voy. *op. cit.* t. VIII, p. 27.

Peu de temps après que M. de Lassus nous eût adressé le billet transcrit ci-dessus, un de ses amis, celui qu'il se plaisait à appeler « l'homme de France qui connaît le mieux l'histoire du xvi* siècle, » M. le baron de Ruble, l'éditeur de Monluc et l'historien de Jeanne d'Albret, nous faisait savoir combien il regrettait de n'avoir pas soupçonné les ressources que lui eût offertes, pour compléter les *Lettres de Monluc*, le fonds de Muret.

Terride et de Monluc en Béarn; les traits biographiques relatifs à Philippe de la Roche baron de Fontenilhes et à Jean son fils; les épisodes qui ont marqué la prise et la reddition des places et forts de La Cave (1572), Saint-Girons (1576), Saint-Lizier (1579), Puymaurin (1587), Samatan (1589) et la double invasion de Saint-Bertrand (1586-1593); les exploits de Georges du Bourg gouverneur de l'Isle-Jourdain, ceux de son collègue Maravat à Mauvaisin et leur administration oppressive; la formation et l'énergie extensive des « Ligues campanères », confédérations rustiques organisées en vue de permettre aux manans de traiter eux-mêmes des affaires de la guerre, de pourvoir sans intermédiaire à la sécurité de leurs familles, de leurs personnes et de leurs biens; la dévastation à peu près totale du Couserans; le rôle de J.-B. de Lamezan à Samatan; celui de J. de la Valette seigneur de Cornusson, sénéchal de Toulouse, à Saint-Lizier; l'autorité dont jouit constamment Sébastien de Cazalas juge de Comminges, au sein des Etats; les coups d'audace de Verger, de Sus, d'Audou, de Larboust; enfin les curieuses luttes d'influence des maréchaux de Matignon et de Villars en Comminges, leur stratégie, le va-et-vient de leurs milices sur les bords de la Save, les excès des soldats de Matignon. Sur ces derniers incidents on trouvera ici des informations que de Caillière laisse ignorer [1].

---

[1] Voy. *Histoire du Mareschal de Matignon*, 1661. — Quoique nos documents jettent de la lumière sur bien des faits, nous ne prétendons pas qu'il n'y ait rien à apprendre en dehors d'eux. On doit ne pas oublier que nous avons eu à notre disposition les Archives des Etats de Comminges sûrement diminuées. Ceci n'infirme cependant en rien la conviction où nous sommes que les Huguenots du xvi° s. n'ont point détruit l'abbaye d'Eaunes. Nos documents gardent là dessus un silence complet. Les Bénédictins affirmaient le fait au xviii° s. (V. *Gall. Chri* t. xiii) d'après des renseignements venus de ce monastère, que l'on n'appuya d'aucune preuve et qui étaient simplement l'écho de traditions confuses. Lorsque en 1596 le commissaire du cardinal Joyeuse, archevêque de Toulouse et abbé d'Eaunes, visita cette abbaye, il mit par écrit diverses observations assez secondaires, mais il ne marqua nullement que l'église ou les bâtiments claustraux fussent en ruine (Archives de la Haute-Garonne : Série G. *Visites*). Un acte de 1612 nous apprend que l'église d'Eaunes, encore debout, avait deux nefs et exigeait des réparations. (V. Arch. des Notaires de Toulouse : Reg. de Du Jarric, *ad annum* fol. 841.) F. de Barthélemy de Gramont, abbé d'Eaunes, la fit rebâtir environ quarante ans après. La vétusté, non les Religionnaires, avait eu enfin raison de cet édifice et de ses dépendances, « quas ademerat pene *vetustas* » lit-on sur une des murailles reconstruites grâce aux largesses de F. de Gramont.

Et pour les évènements que plusieurs se représentent sous un faux jour, dont on dénature peu à peu le véritable caractère, nous citerons le fait capital de la reconnaissance d'Henri IV dans nos régions pyrénéennes, la répugnance invincible qu'éprouva *le populaire*, broyé pourtant et comme anéanti par tant de désastres, à accepter la paix sous le couvert d'un roi huguenot, dont la conversion, malgré le ralliement de la noblesse et des évêques, lui paraissait suspecte. On suivra ici les phases par où a passé l'esprit du peuple commingeois pour arriver à se faire du nouveau roi de France une juste idée. La bizarre situation où cette défiance plaça la ville de Muret en 1595-96 nous semble typique.

Avec plus d'évidence encore, nos révélations sur les circonstances vraies de la prise et de la délivrance de Saint-Girons montrent à quel point peut se déformer la physionomie des faits, grâce à l'éloignement et à l'élasticité de narrations sans contrôle. Croirait-on que dans certain milieu où les guerres de Religion ont exercé le plus de ravages et où existe l'usage de rappeler en une cérémonie annuelle le beau dévouement des catholiques à protéger, au XVIe siècle, la sainte Eucharistie, au prix même de leur vie, on exalte en de pieux panégyriques comme le défenseur de la foi et la victime des Huguenots le s^r de Seignan ? Hélas ! ce gentilhomme a joué un rôle tout opposé à celui qu'on lui prête et a subi un sort qu'il a bien cherché.

A modifier aussi, croyons-nous, l'impression que produit généralement le souvenir de deux prélats batailleurs, Hector d'Ossun et Urbain de Saint-Gelais. Il est entendu, et cela est proféré comme sentence irréformable, que l'évêque de Saint-Lizier est ridicule et celui de Saint-Bertrand odieux... Après qu'on a blâmé non la Ligue — son principe s'imposait à une nation catholique — mais ses excès, ce qui est banal, et qu'on a déclaré ne point s'extasier devant les milices de tout uniforme qui ont sillonné le Comminges au XVIe siècle, tantôt pour le Roi, tantôt contre,

huguenotes aujourd'hui, catholiques demain, au fond se
moquant et des religionnaires et des papistes, n'y aurait-
il pas moyen de soupçonner qu'un homme de la trempe
d'Hector d'Ossun n'était sans doute pas un benêt? Si,
nouveau *defensor civitatis*, il jugeait opportun de se
placer, en son propre diocèse, à la tête d'un mouvement
de résistance afin de sauver des malheureux réduits à la
mendicité par des hordes de brigands de toute mine et de
toute devise, c'est que probablement ce rôle était inévitable. Les Etats de Comminges — gentilshommes ou
peuple — le lui ont-ils jamais reproché? Non. Les voilà
sans défenseur, dirait-on, après la mort de l'évêque. Les
diocésains eussent-ils préféré que le prélat vécût loin
d'eux ou retiré en son palais? Pas davantage: ils lui
savaient gré plutôt de son courage à voler à leur secours.
Que ces mœurs nous étonnent d'abord, à la bonne heure!
Mais on ne juge avec impartialité les évènements de cette
époque bouleversée et sans loi qu'en devenant, par effort
de réflexion, quasi contemporain de ces hommes traqués
par les bandes et ignorants de nos délicatesses.

Et Urbain de Saint-Gelais?... C'est un prélat fort décrié.
Il y aurait lieu, avant de le condamner, de tenir compte de
l'opinion de Catherine de Médicis et du président Daffis
à son endroit. Ces deux personnages témoignent que son
influence et son action en Comminges furent bienfaisantes.
Ecrivant à Henri IV, il plaide éloquemment la cause de
ses ouailles. Ses missives sont pleines de loyauté. Les
ruines qui l'environnent n'arrêtent pas ses saillies dignes
du terroir de Gascogne et faites pour plaire au Béarnais.
Dès que Puymaurin est pris et que la châtellenie de l'Isle-
en-Dodon se trouve menacée, c'est vers l'évêque de Saint-
Bertrand que les consuls se tournent: leurs missives vont
à lui. En dépit des priviléges dont ils se montraient fort
jaloux, les États admettent un jour Urbain de Saint-Gelais
à siéger en leur assemblée: il y vient pour assurer l'avantage de ses diocésains. En 1586 la cité épiscopale est
envahie. C'est Saint-Gelais qui organise la revanche,

mène son peuple à l'assaut, chasse de Sus et délivre la ville. Que voit-on de répréhensible en tout ceci? Le tort ne serait-il pas plutôt du côté de ceux qui jettent sur le prélat tous les excès de la Ligue toulousaine? Nous restons persuadé que l'exhumation des pièces encore renfermées dans les archives des provinces de Gascogne, de Guyenne et de Languedoc et dans celles de Paris, relativement à Saint-Gelais, montrera une fois de plus que le jugement en bloc est facile et erroné. Entraîné dans l'irrésistible tourbillon et aveuglé par la tempête, l'Évêque de Saint-Bertrand de Comminges a pu excéder. Mais était-il un fanatique et un fou?

III

Il est aisé, de l'examen des documents que nous venons de présenter, de dégager les caractères essentiels des guerres de Religion en Comminges. Les Huguenots ont souvent troublé le comté. Ils l'ont envahi partiellement quelques fois. Comme en d'autres régions ils ont rançonné les habitants, ravagé les récoltes, pillé les maisons, détruit les églises; mais ils l'ont fait comme par surprise, traversant une portion du territoire à la manière d'un ouragan. Ils ne se sont pas établis définitivement dans le pays : leur installation y fut toujours provisoire. A la différence de ce qui se produit dans le comté de Foix, par exemple, où les Réformés sont en résidence et possèdent villes et châteaux forts, en Comminges ils ne se montrent que par occasion. Ils tombent à l'improviste sur les Communautés, les pillent, brûlent ce qu'ils ne peuvent emporter et s'en vont.

C'est de ses turbulents voisins les Huguenots des comtés de Foix et de l'Isle-Jourdain, que le Comminges a eu surtout à souffrir. Placés, de deux côtés, sur ses frontières, ils le menacent incessamment et pénètrent sans peine sur son territoire. Tandis que Du Bourg, parfaitement établi à l'Isle-Jourdain, se moque des traités, rompt les trêves à plaisir, et enlève par sa redoutable garnison toute sécurité aux châtellenies de Muret, de Samatan et de l'Isle-en-Dodon, les Huguenots du comté de Foix sont à deux pas de la châtellenie de Salies ainsi que des Aides du Comminges situées en Couserans.

Du côté de Foix et dans le Haut-Comminges, les Communautés sont presque sans défense. Les hommes capables de former une garnison sérieuse sont groupés aux chefs-lieux de châtellenies. Que doit-on attendre, dans les hameaux dispersés, d'une poignée de villageois inhabiles, entièrement neufs dans un métier si peu en rapport avec leurs travaux ordinaires, placés subitement en face de troupes auxquelles la rapine à main armée est familière, que des succès évidents remplissent d'audace, que l'habitude des plus violents excès rend cruelles, et qui, d'ailleurs, n'attaquent qu'à bon escient? On sait, dans le pays, comment Mongonméry a traité Saint-Gaudens en 1569, comment Saint-Bertrand, ville d'un accès pourtant difficile, est tombé deux fois aux mains des ennemis. Aussi la peur devient à peu près générale, on subit une sorte d'affaissement moral en face du danger.

Sans doute, les Etats multiplient leurs assemblées, mais c'est pour décider le maintien de garnisons coûteuses, pour répartir des impôts toujours croissants, d'autant plus intolérables que le pays est plus appauvri et que le Roi exige la perception des tailles nécessaires pour l'entretien de ses armées. Devant ces assemblées les délégués des Communautés du Comminges se succèdent, présentant les mêmes requêtes, faisant entendre les mêmes plaintes, exposant les mêmes malheurs, aboutissant aux mêmes conclusions : suppression temporaire de tel ou tel impôt vu l'extrême misère. Et les Etats se voient réduits à l'obligation de concilier les requêtes des Communautés à bout de ressources, avec les exigences des Huguenots maîtres de quelque place d'où ils n'entendent déloger qu'au moyen de gros paiements.

Si des soldats conduits par des capitaines dévoués au Roi traversent le pays, loin de ressentir quelque bienfait de leur passage, trop souvent les Communautés en reçoivent de mauvais traitements. L'homme de guerre — surtout pendant les guerres dites de Religion — est le même dans les deux camps. « La nécessité de la guerre, avoue Monluc, nous force en despit de nous-mêmes à faire mille maux, et faire non plus d'estat de la vie des hommes que d'ung poulet[1]... » Aussi bien, en échange d'une protection douteuse les Communautés doivent fournir aux troupes des subsides et des vivres. Le paysan est obligé d'abandonner la charrue pour escorter des convois de vivres, de poudre et d'artillerie... Ces désastreuses conséquences de la sauvegarde militaire effraient les Commingeois. Ils se défient de ces milices mercenaires, quelle que soit leur livrée, car elles leur font payer très cher leur intervention. Bientôt les paysans du comté, en un langage peu soucieux des nuances, parlent des soldats catholiques ou prétendant l'être comme de ceux qui sont ouvertement huguenots, et peu s'en faut qu'ils ne voient dans les uns et dans les autres le même redoutable fléau... Tels sont, à notre avis, pour le Comminges, les caractères des guerres dites, bien à tort, *guerres de Religion*. Car ce serait s'abuser étrangement que d'y chercher une préoccupation religieuse quelconque. Jamais guerres ne méritèrent moins l'épithète de guerres de Religion que dans les contrées que nous étudions. Comme faits on y découvre l'oppression, le pillage, l'incendie, le meurtre, le viol. Les mobiles de ces actes de sauvagerie tout-à-coup déchaînée sur un pays paisible et sans défense ont-ils rien de commun avec les revendications que la liberté de penser ou que le désir d'asseoir une réforme peuvent inspirer ? La haine des Religionnaires en Comminges comme en

---

[1]. *Commentaires et Lettres de B. de Monluc*, édit. de M. le baron de Ruble, t. III, p. 499.

Béarn, en Bigorre, dans le diocèse de Rieux et le comté de Foix (quoique à un degré moindre), ne s'occupa de Religion que pour détruire les édifices sacrés après en avoir tiré des dépouilles opimes, pour voler les Bénéficiers et prendre les dimes à la place des ecclésiastiques comme les tailles à la place du Roi.

Quant au menu peuple les conséquence de ces déplorables évènements furent sa désertion progressive d'une région désormais sans ressources et totalement ruinée. Beaucoup de pauvres gens émigrèrent. Sans cesse pillés, privés de sécurité, dépourvus de leurs animaux de labour et instruments agricoles les paysans du Haut-Comminges et du Couserans gagnèrent la frontière espagnole laissant à qui voudrait les occuper terres incultes et maisons incendiées. L'émigration mit en pire état les affaires du pays.

L'agriculture en souffrit beaucoup en Couserans et en diverses parties du Comminges où des territoires assez vastes, eu égard à l'étendue totale du comté, devinrent absolument déserts. Les finances reçurent un contre-coup de cette fuite précipitée et les charges ne diminuant pas dans le degré de la diminution des habitants, les dettes du pays et celles de Muret, siège principal, prirent au commencement du XVIIe siècle d'inquiétantes proportions.

Les guerres civiles seront apaisées depuis des années en Comminges, et le comté éprouvera encore le malaise profond, le trouble général, que les dissensions précédentes y ont provoqués.

J. L.

LES
HUGUENOTS EN COMMINGES

I
Entre 1555-1560
Requête du Sindic du comté de Comminges au Parlement de Toulouse

Cette requête adressée au Parlement de Toulouse, sans date, mais que nous estimons remonter aux années 1555-1560 environ, nous montre que vers cette époque le comté commença à éprouver les premières attaques des Huguenots Il n'y avait pas de Religionnaires dans l'intérieur du pays : ceux qui résidaient à Mauvezin et à Montfort firent invasion dans le Comminges qui n'était guère, on va le voir, en état de se défendre [1].

A Nosseigneurs de Parlement,

Supplie humblement le scindic du pays et comté de Comenge que pour raison des trobles et séditions advenus [par suite] de l'introduction de la nouvelle religion, l'expérience a démonstré tout le monde estre esmeu; et combien dans le comté de Comenge, grâces à Dieu, ne soit advenue esmotion ne sédition pour raison de ce, néanmoings despuis peu de jours en ça, aucuns superbes, arrogans,..... [auroient] eslu leurs azyles es lieux de Mauvesin, Montfort et aultres joignans et aboutissans

---

[1]. De 1545 à 1555 les comptes, approuvés par les États, font mention de rares passages de troupes en Comminges. On ne voit pas trace de garnisons permanentes.
Le roi fait d'incessantes levées d'argent afin d'entretenir les armées qu'il organise « pour la tuytion du royaulme. » (Archives de Muret, liasse 47, *passim.*)

aud. pays de Comenge, usans de menasses, non seulement de invasion es villes dud. Comenge, mais piller et saccager tout ce qu'ilz trouvent dans les villes et à la campagne, prenant colère et audace sur ce que aud. pays et comté de Comenge n'y auroict gendarmerie à pied ne à cheval assemblée, sy que entre les scindicz de la noblesse y auroict quelque contention soubz prétexte de laquelle ne soict raisonnable, moings tollérable [que] ledict pays fut surprins.

Ce considéré et que les invasions susdictes sont notoires et patentes comme sont bien les menaces de ceulx de la nouvelle religion, lesquelz taschent de jour en jour eulx renforcer, vous playse ayant esgard à la scituation du pays, dangier et inconvénient qui en pourroit résulter....., etc., permettre aux habitans du comté de choisir quelques personnes expérimentées pour aviser à la sureté des villes et villages du Comenge.

(Archives de Muret : I. Registre des États.)

II
1562. — 28 Octobre
Commission de B. de Monluc a Mathieu de Gramont

M. de Gramont est nommé commissaire des vivres pour l'entretien des troupes qui doivent aller en Armagnac et en Comminges.

Blaize de Monluc, seigneur dud. lieu, chevalier de l'ordre du Roy et cappitaine de cinquante lances de Sa Majesté, [à] Mathieu de Gramont, salut.

Comme pour la tuition et deffence des pays de l'Isle en Jourdain, la Serre....., de la comté d'Armaignac, Samathan et l'Isle en Dodon en la comté de Commenge et autres lieux circonvoysins auxd. comptés, soict besoing envoyer forces pour fayre obéyr aulx édictz et ordonnances du Roy et pour ce faire y tenir forces, et à ceste occasion de lever et envoyer une partye de la compaignie du Roy de Navarre tant hommes d'armes que archiers, Nous à plain confians de vos sens, fidélité et prompte diligence, nous avons commis et depputé et par ces présentes commectons et depputons commissaire pour l'assiette des lougis et vivres qui pour ce faire leur seront nécessaires en payant de gré à gré, avec modération de taux, à ce appellant les magistratz, consulz et juratz desd. lieux, pour le service de Sa Majesté, bien, reppos et soulaigement desd. subjectz, et de ce faire, en vertu du pouvoir à nous donné, vous mandons plain pouvoir, auctorité et comission et mandement spécial, mandons et commandons à tous justiciers, officiers et subiectz dud. sieur, vous obéyssent sur peine de rebellion.

Donné à Agen, soubz nostre seing et cachet, le vingt huictiesme jour d'octobre mil cinq cens soixante-deux, de Monluc, ainsin signé. Et au dessoubz : par le commandement de mon dict seigneur : Lauzit.

Collationné à son propre original : Grifollet.

Coppie de commission de Monseigneur de Monluc.

(Archives de Muret : I. Registre des États.)

III

1567. — Février-Juillet

Requête du Pays de Comminges a Blaise de Monluc

Les châtellenies du comté de Comminges rançonnées par Tilladet de Saint-Orens, lors de la querelle des gentilshommes huguenots de Fontraille, de Solan et de Roquemaurel, demandent remboursement des sommes avancées par elles en faveur des villes de Saint-Girons et de Saint-Lizier, et l'élargissement de quelques prisonniers. — Ordonnance de Monluc à ce sujet.

La présente requête sera suffisamment éclaircie par l'extrait suivant d'une lettre de Monluc au roi Charles IX : « Sire, j'ay arresté d'advertir votre Majesté des insolences que fait le jeune Fontraille frère du sénéschal d'Armaignac, au hault Comenge, à vos subjects et aux gens d'esglise, pour ce que je pensoys toujours qu'il se réduyt..... Il n'a aucune religion, car autant de pilleries fait-il sur les ungs que sur les autres s'ils ont de quoy. Il n'y a bénéfice qui ne soit voulé ny marchant qui ne soit rançonné..... Et depuis six mois il s'est ralyé avec le sieur de Solan, qui est son beau-frère et celluy qui s est jeté dans Pamyer après le massacre..... Ledict Solan est bien de la religion nouvelle, et il est intervenu une querelle entre eulx deux, les Roquemaurelz, qui sont aussi de la nouvelle religion..... Ils se sont retirés à une ville, nommée Sainct-Giron, que la moitié est au visconte de Fymarcon, oncle dudict Fontraille ; et Rocquemaurel et ses gens ont esté contraincts se jeter dans une autre ville qui est à vostre Majesté, et se font la guerre guerréable ; et tout aux despens de vos subjects, qui faut que, dès qu'ilz ont leur mandement, leur apportent argent et vivres à volunté. » *(Commentaires et Lettres de B. de Monluc,* éd. de M. de Ruble, t. V, p. 77. — 14 février 1567.)

Monluc eut ordre de pacifier cette querelle dont le Comminges a souffert : «... Nous vivons en paix par toute ceste Guyenne, sans ceste querelle particulière, qui est au hault Commenge, où le Roy m'envoye. » *(Ibid.,* p. 86. — Lettre aux Capitouls de Toulouse.)

A Monseigneur de Monluc, chevalier de l'ordre du Roy, cappitaine de cinquante hommes d'armes et lieutenant général pour Sa Majesté en Guyenne.

Très humblement vous remonstrent les consulz des villes de Muret, Samathan, Aurignac, l'Isle en Dodon et aultres du pays de Comenge, que par mandement du Roy, pour raison des différants qu'estoient entre les seigneurs du Solan et Roquemaurel, vous auriez faict conduire certaines compaignies es lieux de Sainct Girons et Sainct Lizier, par le seigneur de Sainct Orens, colonel de la légion de Guienne, lequel soy-disant commissaire par vous depputé auroict procédé à la cottisation de certains vivres et munitions pour estre portés esd. lieux de S¹ Girons et Sainct Lizier, scavoir, la chastelenie d'Aurignac cent cestiers de bled, cinquante motons, quinze pipes de vin, et le semblable sur les chastelenies de Muret, Samathan, l'Isle en Dodon et aultres, et à ce payer auroict despéché constraincte à la peyne de cinq cens livres, et de prison, et en vertu d'icelle constraincte auroyent esté emprisonnés ung grand nombre de personnes dud. Comenge, et saisir plusieurs biens, le tout à la poursuite des sindicz des villes de Sainct Girons et Sainct Lizier, à quoy satisfaire ce pouvre peuple ne pourroict, estans très expressément prohibé et deffendu à tous les subiectz du Roy de ne imposer un seul tournoys sur peyne de leurs vyes et de deniers communs et patrimoniaulz. Ils n'ont rien, joinct que ceux de Sainct Girons ne contribuent pour aides sy n'est aux deniers des tailhes, en Comenge, lequel aussi de sa part n'est tenu, pour ce faict, les secorir, mesme attendeu que de leur part y a de la faulte, n'ayant faicte la justice qu'ils debvoient voyant les insolances et maulvais faictz qu'en leur pays se comètent et toutes foys aulcungs dud. Comenge, volontairement ou à force, ont ilz pati et souffert, à raison dud. différant, beaucoup plus grand despence et folle que ceulz dud. Sainct Girons, et a iceulz secoureus et aydés, en sorte qu'ilz n'ont tant souffert de leurs biens comme ilz demandent.

Ce considéré, et que vous estes amateur du peuple et observateur des édictz et ordonnances du Roy et néanmoings informé de la pouvreté dud. pays, et que si lesd. villes de Sainct Girons et Sainct Lizier ont faict quelques fraiz et despence desquels demandent remborcement, ce a esté voluntairement, dont le peuvent répéter, vous plaise exempter et descharger led. pays de Comenge desd. frays, despence et cotisations, à tout le moings où il y auroict lieu de remborcement au profict desd. habitans de Sainct Girons et Sainct Lizier, qu'ilz auront leur recours sur les biens desd. de Solan et Roquemaurel, affin que le pouvre peuple impuissant ne souffre et porte la peyne, faisant inhibition et deffence ausd. habitans de Sainct Girons et Sainct Lizier de ne, pour raison de ce, vexer lesd. habitans du pays de Comenge à peyne de quatre mil livres, et ceux qui sont prisonniers, eslargis;

et la récréance desd. biens prins, octroyée purement et simplement.

Et ferez bien.

Pour les supplians :
Pontic, scindic.

Veue la présente requeste, et estans deuement advertis et acertenés que la grande et excessive despence y mentionnée n'a esté faicte et moins cottizée par nostre consentement, ordonnons que tant lesd. supplians que consulz et trésorier de Sainct Girons et Sainct Lizier comparoistront en leurs personnes par devant Nous, à certain et compétent jour, auquel apourteront tous les estatz et comissions par eulz obtenus de Nous et du cappitaine Tilhadet, fraiz et despence par eulz faictz, depuis nostre venue ausd. lieuz de Sainct Girons et Sainct Lizier, jusques au partement dud. cappitaine Tilhadet[1], pour eulz ouys et lesd. supplians, leur estre sur ce pourveu comme de raison, et cependant est enjoinct tant ausd. consulz et trésorier dud. Sainct Girons et Sainct Lizier et tous autres qui tiendront aucuns prisonniers pour raison de ce dessus, de incontinent les eslargir ou faire eslargir, ensemble leur délivrer tous et chascun leurs biens qu'ilz pourroient avoyr saisis en vertu desd. missives, à peine de dix mille livres, et à mesme peyne leur est inhibé et deffendu de passer outre, ne rien tenter en vertu desd. commissions. Si, donnons en mandement au premier sergent sur ce requis, mettre ces présentes à exécution, et faire tous exploictz nécessaires.

Faict à Cassaigne, le xi de juillet mil v^c lx. vii.

De Monluc.

Par commandement de mond. s^r
Lauzit.

(Pièce originale. Signature autographe. — Archives de Muret : I. Registro des États.)

1. Dans la lettre du 14 février, Monluc demandait qu'on envoyât Tilladet de Saint-Orens avec quatre cents hommes et il motivait ainsi son désir : « ... car ne fault faire levées de gens de ce pays de delà [du Haut-Comminges], parce qu'ilz sont presque tous parens d'une part ou d'autre. » (*Commentaires*, t. V, p. 82.)

IV

1567. — 7 Juillet

Lettre des Consuls d'Aurignac au Sindic du Tiers État de Comminges

Les consuls d'Aurignac effrayés par les insolences des Huguenots et notamment par l'audace de ceux de Saint-Girons (voy. la pièce précédente), demandent des renseignements sur l'état des choses, à Pontic, syndic du Tiers État.

Monsr le Scindic. Nous sommes marrys de tant que n'avons ouy de nouvelles de vous, des affaires du faict de ceulx de Sainct Gyrons, que vous avons envoyé par deux foys, et ne nous en avez rendu aulcune responce de rien que ayés faict; par ainsin vous prions que nous advertissiés en tout comme est vostre charge et comment il nous fault gouverner, car ne ausons aller, ny traficquer par les villes aux foires et marchés, pour craintre d'estre prins et arrestés noz biens et personnes, ainsin que journellement les de Sainct Gyrons en preignent, et emprisonnent ceux qu'ilz peuvent trouver, que sera ung grand intérestz et domaige sy ne y donnez ordre et bonne diligence comme scindic du pays, à ceste cause nous advertirés par escript.

Et sur ce, nous recommandans à vostre bonne grâce, nous prions Dieu, Monsr le scindic, que en sancté vous donne longue et heureuse vye.

D'Aurignac ce viime julhet 1567, par ceux qui sont vos bons amys :

Les Consulz d'Aurignac.

Monsr, Monsr Pontic, scindic du Tiers Estat du pays et comté de Comenge, à Samathan.

(Archives de Muret : I. Registre des États.)

V

1567. — DU 6 OCTOBRE AU 21 NOVEMBRE

MAINTIEN DE LA GARNISON DE MURET PAR LE PARLEMENT ET PAR LE GOUVERNEUR DE TOULOUSE

Pendant l'année 1567, la garnison de Muret, composée de soldats étrangers à la ville et de quelques-uns de ses habitants, était commandée par le muretain Jean Mascaron, capitaine, sous la responsabilité de Pierre de Bellegarde, « gouverneur en la ville de Tholose, Comenge, Astarac et Bigorre en l'absence de M. de Monluc. » Les Etats estimaient que le maintien de cette garnison était de la plus haute importance. Un des sindics vint à Toulouse, représenter au premier Président du Parlement que Muret « capitalle de la comté de Commenge, faubourg et clef de ceste cité de Tholose » devant être continuellement protégée, il fallait au plus tôt obliger Jacques Bason, trésorier du pays, à payer à la garnison 2.000 livres qui lui étaient dues[1]. Le 6 octobre, au nom du Parlement, du Tornoer ordonnait aux villages composant la châtellenie de Muret d'expédier à la garnison les vivres nécessaires[2]. Enfin, le 10 du même mois, Pierre de Bellegarde pressait le payement des hommes d'armes et en avertissait les syndics du comté.

Cependant, Arnaud Mauhé, syndic des villages, et Dominique Pontic, syndic du Tiers Etat, croient savoir que Jean Mascaron, gouverneur du château de Muret et capitaine de la garnison, n'est

---

1. Arch. de Muret: I. Reg. des États. — Il paraît que l'on n'était pas partout aussi empressé qu'à Muret à satisfaire les compagnies. Mais alors celles-ci, recevant l'ordre de quitter la place, ne se retiraient pas avant d'avoir touché leur solde en entier, et, dans l'intervalle, elles se montraient irritées, presque ennemies. Voici ce que nous lisons, à ce propos, dans une curieuse lettre adressée au sindic du Tiers Etat de Comminges par un gentilhomme commingeois assez mécontent. Après avoir félicité le pays qui va payer 2.000 liv. à la garnison de Muret, il raconte quels traitements ont à subir deux mauvaises payeuses : il s'agit des villes de Saint-Bertrand et de Saint-Gaudens : « Au reste, Monsr le scindic, il est très nécessaire que veue la présente vous alliez jusques à la ville de Sainct Bertrand protester contre l'évesque de Comenge et son clergé, de la folie que les troys compaignies qui sont lancées, font sur le pays, à faulte de bailler les deux mil livres par eulx offertes pour la solde d'une compaignie, car, je vous asseure, je suis délibéré les mettre toutes troys dans leur diocèse jusques à ce qu'ilz auront satisfaict, et de mesme vous en fault faire au clergé de Sainct Gaudens, car à occasion de eulx, les compaignies retardent de aller faire service au Roy.... De Balesta, ce iv° octobre [1567]. Vostre bon amy : Roquefort. » (Ibid., I, 40.) Les de Roquefort avaient entrée aux États de Comminges.

2. « La Cour, pour la nécessité qui se présente, mande aux consulz de Muret et aultres lieux dépendants de la chastellenye de ladite ville, qu'ilz, incontinent et sans délay, portent vivres nécessaires en icelle pour l'entretènement de la gendarmerie séant en lad. ville, soubz la charge du sieur de Bellegarde, chevalier de l'ordre du Roy.
Faict à Tholoze, en Parlement, le vi° d'octobre 1567 : DU TORNOER. »

pas exact à maintenir la garde : ils font dresser aussitôt un acte de protestation contre lui[1]. Là dessus, Odet de Benque, député par Bellegarde, vient à Muret. Le 21 novembre il visite la garnison. Il constate que la compagnie de « noble Jean Mascaron, sieur de Vilatte et de La Masquère » composée de 200 h. est « en bon équipaige », que presque tous les soldats sont arquebusiers « aptes à faire service au Roy », et, en exécution d'un arrêt du Parlement, il leur fait distribuer 1.600 liv. tournois[2].

Minute de la Lettre envoyée aux trois scindicz de Comenge par le sieur de Bellegarde, pour l'entretien de la compagnie du capitaine Mascaron.

Messieurs. Les urgentes et pressées affaires que le Roy a en son royaulme, comme verrés par la coppie de la lettre envoyée à Monsieur de Monluc..., me contraignent pour le debvoir de ma charge et gouvernement que j'ay en ce pays, vous escripre la présente pour l'entretènement de la compagnie que j'ay commise en ceste ville de Muret, à vous prier qu'il vous plaise signer le mandement que ce porteur vous baillera, n'ayant trouvé plus expédiant moyen, ny moings onéreux que de prendre sur tout le pays, par les mains du trésorier, la somme de 2000 l. qui sera pour la solde d'ung mois, à la charge que led. trésorier, aux prochains Estatz, sera content du principal et intérest, qui sera l'endroict, Messieurs, où je me recommande bien de bon cœur à voz bonnes grâces.

De Muret ce x^e octobre 1567.

Vostre bon amy.

A Messieurs, Messieurs de Saman, archidiacre de Lombés, scindic de l'Église; de Benqua [de Benque], scindic de la Noblesse, et Pontic, scindic du Tiers Estat des Estatz de Comenge.

(Archives de Muret : I. Registre des Etats).

---

1. Archives de Muret, l. 54.
2. Archives de Muret, l. 56. — *Ibid.*, l. 54.

VI

1567. — d'Octobre a Décembre

Requête des États a P. de Bellegarde, au sujet de la Garnison établie à Samatan.
Réponse de Monluc

Après la pacification de la querelle des Roquemaurel et Solan, des garnisons furent laissées à Saint-Girons et à Saint-Lizier [1]. Vers la fin de la même année, M. de Gramont en établissait une à Samatan, sous les ordres du baron de Larboust. Elle ne séjourna en cette ville que huit jours au mois d'octobre, et douze jours au mois de novembre. Elle se composait de 28 h. d'armes, 24 archers et leurs chefs [2]. Monluc ayant ensuite expédié cette poignée de soldats à Auch et à Gimont, ils déclarèrent, à leur retour, ne vouloir quitter Samatan que s'ils étaient payés par les États de Comminges comme s'ils eussent tenu garnison sans interruption. Les capitaines Mons et de Beaurepaire vinrent même à l'assemblée des États, réunis à Muret en décembre 1567, pour réclamer insolemment et avec menaces. La pièce suivante rappelle ces faits et montre les États députant à Toulouse, vers M. de Bellegarde gouverneur en l'absence de Monluc, Mathurin de Sabonnières, abbé d'Eaunes, et M. de Gensac, pour obtenir protection et se faire rendre justice.

Monsieur,

A la teneue de ces Estatz du pays de Comenge s'est présentée une difficulté d'entre la compagnie du sieur de Gramont, estant en garnison en la ville de Samathan, ausquelz combien eust esté mandé par Mons* de Monluc de vuyder lad. ville de Samathan et aller en garnison en la ville de Lauzerte et Castelnau... ilz ne auroient à ce voulu obéyr qu'ilz ne fussent payez entière-

---

1. « Le sindic [du Tiers Etat de Comminges] a remonstré les différens des sieurs de Rocquemaurel et Solan. — Deux particuliers ayant sollicité de supplier le sieur de Monluc la garnison estre vuydée, Monsieur de Borderia [juge en Comminges] dict qu'elle n'auroict esté ordonnée que sur le bien des parties. — Ledict Cabalby [sindic] dict que les compaignies ont esté lougées es villes de Sainct Lézé et Sainct Gyrons pour espargner les villaiges, que à ce soit eu esgard. » (Arch. de Muret : Cahier des Délibérations des Etats.)

2. Déclaration du baron de Larboust sur son séjour à Samatan. (Arch. de Muret, l. 56.) Cfr. — Commission de Monluc au baron de Larboust, lieutenant d'Antoine d'Aure, sr de Gramont « pour réunir à Samatan tous les hommes d'armes catholiques de sa compagnie : Agen, 4 oct. 1567. » (Arch. municip. d'Auch, Reg. consulaire, f° 258.)

ment jusques à présent, combien leur eust esté remonstré qu'ilz ont esté, par vostre mandement, envoyez pour le service du Roy vers Aux et Gymont, où ilz ont vescu aux despens du peuple, au moyen de quoy n'estre raisonnable qu'ilz fussent payés durant led. temps sur lad. garnison, et pour oster toute combustion, pour ce qu'ilz ont présenté une lettre dud. sieur de Monluc postérieure, par laquelle estoit mandé ausd. habitans de contenter lad. compaignie, avec grandes menaces, comme il vous plaira voir par lad. lettre, pour oster toute confusion on leur a présenté de les payer pour les jours qu'ilz ont demeuré absens dud. Samathan à raison de vingt-deux solz six deniers pour homme, chascun jour, à quoy reviennent les gaiges du payement de la solde de chascun homme d'arme; mais la friandise qu'ilz ont trouvée d'estre payés à ung taux que le lieutenant de leur compaignie et les consulz ont faict revenant pour jour à troys livres, troys solz, six deniers, faict qu'ilz ne veulent pas se contenter. A cause de ce, le pays a deputté Monsr l'abbé d'Eaulnes et Monsr de Genssac pour aller devers vostre seigneurie pour leur pourvoir là dessus par vostre moyen, ou par lettre aud. sr de Monluc.

De Muret, ce 18 décembre 1567.

Vos très obéissants serviteurs, les gens des Estatz du pays et Comté de Commenge[1].

L'original de ceste lettre a esté envoyé à Monsr de Bellegarde par Messieurs des Estatz de l'assemblée, le XVIII décembre 1567.

(Archives de Muret : États de Muret, décembre 1567.)

---

[1]. Voici le billet par lequel Monluc fit connaître sa décision : « Messieurs les Consulz de Samatan. Après que j'ay eu entendu les fraiz que vous avez faictz pour la compaignie du sieur de Gramont, j'ay advisé de pourvoir à ce et ay ordonné que vous leur baillèriés, pour gendarme trente soubz par jour, et à l'équipolent pour les archiers, pour quatre jours seullement, et pour ce vous ay volu escrire cette lettre affin que satisfassiez à ce désir. Priant Dieu vous avoir, Messieurs de Consulz, en saincte et digne garde.

« Agen, le 4me de janvier 1568.

« Vostre bon amy. — B. DE MONLUC. »

(Pièce originale. Signature autographe. — Archives de Muret : I. Registre des États.)

VII

1568. — 4 Avril

Tableau
des Indemnités dues aux villes et villages du Comminges dressé par ordre de Monluc

Les États entrèrent d'eux-mêmes en conciliation avec les consuls de Saint-Girons, relativement aux sommes réclamées par cette ville aux châtellenies du Comminges. D'après l'accord passé chez G. Verniolle, notaire à Muret, en décembre 1567, le comté concédait 600 livres tournois à la communauté de Saint-Girons. — Quant aux indemnités dues à diverses châtellenies du Comminges, B. de Monluc désigna D. de Borderia, juge de Comminges, pour les déterminer. De Borderia s'adjoignit trois commissaires. Le « Rôle » dressé par ces députés indique le nom de deux cpitaines qui, avec Tilladet de Saint-Orens, vinrent dans le Haut-Comminges, pacifier la querelle des Fontraille, Solan et Roquemaurel : ce sont les capitaines Alexandre et Ampela.

Rolle de la Taxe, vérification et modération faicte des vivres, fournitures et despence, par les villes et villaiges du comté de Comenge, par mandement du seigneur de Monluc, chevalier de l'ordre du Roy, son lieutenant et gouverneur général au pays de Guyenne, passant, allant et séjournant led. sieur avec ses compaignies tant à pied que à cheval, au Hault Pays dud. Comenge, contre les rebelles de la Majesté du Roy, faicte par nous soubzsignés, commis et depputés par Monsieur le juge dud. comté, commissaire par led. sieur à ce depputé, comme s'ensuict :

i. — Premièrement a esté taxé aux consulz, manans et habitans de St Lizier pour la despence de bouche faicte et fournie aud. sieur et sa suyte, tant à pied que à cheval, et autres fournitures contenues et spéciffiées en leur rolle, la somme de neuf cens cinquante-cinq livres, pour ce. . . . . 955 l.

ii. — Aux consulz, manans et habitans de Belbèze pour

cinq cestiers de bled, dix cestiers avoyne, dix quintalz de foin, quatre moutons, ung veau portés pour munition aud. S¹ Lizier, la somme de quarante huict livres, pour ce . . . . 48 l.

III. — Aux consulz et habitans de Caumont pour avoir porté aud. S¹ Lizier deux quintalz et demy foin de munition, trente solz, pour ce . . . . 1 l. 10 s.

IV. — Aux consulz de Taurinhan pour troys cestiers ung cartier de bled, trois cestiers avoyne, huict quintalz et demi dix-sept livres foin, portés aud. S¹ Lizier, la somme de dix sept livres onze sols, pour ce   17 l. 11 s.

V. — Aux consulz de Contrazi pour huict cestiers bled, huict cestiers avoyne, six quintalz foin, quatre moutons, quatre cheveaulz, ung veau, portés aud. S¹ Lizier pour lad. munition, quarante deux livres quatre solz, pour ce . . . . 42 l. 4 s.

VI. — Aux consulz de Montesquieu pour dix cestiers bled, vingt cestiers avoyne, dix quintalz foin, quatre moutons, huict cheveaulz, ung veau, portés aud. S¹ Lizier, septante neuf livres, pour ce. . . . . 79 l.

VII. — Aux consulz de La Fitère pour huict cestiers avoyne, trois quintalz trois carterons foin, deux moutons, portés aud. S¹ Lizier, dix neuf livres six solz, pour ce . . . . 19 l. 6 s.

VIII. — Aux consulz d'Aurignac pour la despence faicte aud. sʳ de Monluc avec son train en passant, et aultres choses contenues en leur rolle, trois vingtz dix livres, pour ce . . . . 70 l.

IX. — Aux consulz de Salyes et leur chastellenie pour vingt ung cestier troys cartiers de bled, vingt deux cestiers ung cartier avoyne, deux vaches, vingt quatre quintalz et demy foin et vingt sept moutons portés et conduicz en la ville de S¹ Gyrons, de munition pour lesd. compagnies, deux cens vingt-troys livres, ung sol, siz deniers, pour ce . . . . 223 l. 1 s. 6 d.

X. — Plus ausd. consulz de Salyes pour la despence

faicte par lesd. compagnies en passant, cent vingt livres, pour ce. . . . . 120 l.

xi. — Aux consulz de Sainct Julien et sa chastellenie pour vingt cestiers bled, une vache, deux pipes vin, douze moutons portés à St Gyrons pour lad. munition, cent dix huict livres dix solz, pour ce. . . . . 118 l. 10 s.

xii. — Plus ausd. consulz de St Julien pour le passaige desd. compaignies, quinze livres, pour ce. . . . . 15 l.

xiii. — Aux consuls de Goussens pour six cestiers bled, deux pipes vin, portés à St Gyrons, trente huict livres quatorze solz tournois, pour ce . . . . . . 38 l. 14 s. t.

xiv. — Aux consulz du Plan pour le souper du capitaine Alexandre, dix livres, pour ce . . . . 10 l.

xv. — Aux consulz de Martres pour avoir contribué ausd. compagnies avec ceulz de Palameni, trente cinq livres, pour ce . . . . 35 l.

xvi. — Aux consulz de l'Isle en Dodon pour la despence desd. compagnies, cinquante livres, pour ce   50 l.

xvii. — Aux consulz de Samathan pour la despence de la compagnie du capitaine Alexandre, cinquante livres, pour ce . . . . 50 l.

xviii. — Aux consulz de Fronsac pour cinquante cestiers bled, vingt-cinq cestiers avoyne, cinquante moutons, six bœufs, six pipes de vin, portés par eulx et leur chastellenie aud. St Gyrons, pour ladite munition, quatre cens cinquante deux livres, douze solz tournois, pour ce. . . . . 452 l. 12 s. t.

xix. — Aux consulz d'Aspet pour quarante huit cestiers de bled, trente cinq cestiers avoyne, quatre quintalz foin, trente ung moutons, troys vaches, douze pipes vin, portés aud. St Gyrons pour lad. munition, quatre cens quarante deux livres tournois, pour ce . . . . 442 l. t.

xx. — Aux consulz de Salyes pour le passage du capitaine Ampela, vingt livres, pour ce. . . . . 20 l.

xxi. — Aux consulz d'Escanacraba pour le contenu en leur rolle, cinq livres, pour ce . . . . 5 l.

xxii. — Aux consulz de Muret pour la despence faicte

aud. s^r de Monluc et sa suyte faisant la monstre aud. Muret, deux cens livres, pour ce . . . . 200 l.

XXIII. — Aux consulz de Castilhon et leur chastellenie pour cinquante cestiers bled, vingt quatre cestiers et demy avoyne, quarante cinq quintalz troys carterons de foin, cinquante cinq moutons, ung bœuf, quatre vaches portés aud. St Gyrons, pour lad. munition, quatre cens cinq livres quatre solz, pour ce. . . . . . . 405 l. 4 s.

XXIV. — Aux consulz de St Gyrons, viscomté de Couserans, et Lescure, la somme de six cens livres tournois accordés par les gens des troys Estatz dud. comté de Comenge leur estre baillés pour la demande de fournitures par eulx faictes ausd. compagnies, suyvant l'accord et instrument retenu par Me Gailhard Verniolle, notaire de Muret, au moys de décembre mil cinq cens soixante sept, pour ce. . . . . 600 l.

Lesd. parties vérifiées, arrestées et calculées par nous Anthoyne Cambornac, licencié, Bernard Cabalby et Dominique St Pierre, comme dessus est spéciffié, montent en somme universelle quatre mil dix sept livres, douze solz, six deniers tournois. — En foy de quoy avons signé le présent rolle et arresté par devant led. s^r Juge, le quatriesme avril mil cinq cens soixante huict.

B. CAMBORNAC, comis.   De St PIERRE.
B. CABALBI, comis et   De BORDERIA, juge et com-
    deputté.   missaire susdict.

Extrait de son original par moy greffier des gens des Troys Estatz dud. pays et comté de Comenge, cy soubz signé : GALABERT.

(Archives de Muret : Papiers des États tenus à l'Isle-en-Dodon, juillet 1568.)

Ce n'est pas seulement de la querelle des Fontraille, Solan et Roquemaurel que le Commiuges eut à souffrir en 1567. En vertu d'ordonnances du Parlement de Toulouse et de commissions de Monluc, on fit sur divers points, en dehors du comté, des levées de troupes destinées à secourir les places menacées et à renforcer les armées royales. Le Comminges sillonné par ces hommes de guerre contribua à leur entretien.

Pour établir avec exactitude le compte général des frais occasionnés alors, en cette seule portion du territoire, par les soulèvements des Huguenots, il faudrait connaître la dépense exigée par l'entretien des garnisons aux chefs-lieux des châtellenies, les frais que rendit nécessaire l'expédition à Saint-Girons et à Saint-Lizier, enfin, les dépenses causées par le passage des troupes étrangères. Les « Rôles » officiels présentés aux États réunis à Muret en avril et en décembre nous font prendre du Comminges, en 1567, l'idée d'un pays occupé militairement. Les hommes conduits par les capitaines Tilladet de Saint-Orens, Parron, Malvoisin, Alexandre passent à l'Isle-en-Dodon et à Puymaurin [1]. Le capitaine Labastide séjournant à Seysses somme les consuls de Saint-Thomas (châtellenie de Samatan) de lui fournir des vivres [2]. Vous rencontrez des troupes à Noalhan, Pompiac, Lautignac, dans la châtellenie de Samatan ; à la Fitère, au Plan, à Montberaud dans la châtellenie de Saint-Julien. On signale à Sabonnères (châtellenie de Samatan) le passage de 200 h. assemblés à Rieumes et à Bérat par le sieur d'Audouffielle, sur ordre du Parlement. 200 h. passent à Frouzins (châtell. de Muret) ayant à leur tête le capitaine La Borjasse, 200 à Aurignac, etc [3]. Bardachin conduisant deux compagnies d'arquebusiers traverse Lilhac et l'Isle-en-Dodon. Monluc a ordonné à ce capitaine de lever dans les comtés de Comminges et d'Astarac « le nombre de 600 arquebuziers à pied.... et iceulx tiendrés pretz pour le service du Roy là où par nous sera mandé, dit-il dans sa commission, et pour courir sus à ceulx de ladite religion nouvelle que trouverés estre assemblés en armes ».

Inutile d'insister sur les frais qu'entraîna pour le comté le passage de ces nombreuses milices [4].

---

1. Archives de Muret, l. 40 et 55.

2. « Conseulz de Sainct Thamas. Veue la présente venez parler à moy pour sçavoir come vous me logerez ma compagnie. Cependant ferés provision de vivres.

« Me recommande à vous. De Seysses, le bien vostre bon amy à vous fère plaisir : LABASTIDE. » 1567. (Arch. de Muret, l. 55.) Le capitaine Labastide menait 300 h.

3. Voyez, même l. 55, l'indication de la présence des troupes à Aurignac, Escanecrabe, Martres, Mondavezan, Saint-Ignan, Castillon, Montpezat (châtell. d'Aurignac) ; à Fronsac, (châtell. de ce nom) ; à Roques (châtell. de Muret) ; à Labarthe-Inard (châtell. d'Aspet) ; à Mauvesin (châtell. de l'Isle-en-Dodon), etc. — Les 300 h. du capitaine Bajordan à Saint-Julien. — Passage de troupes à Garravet et à Lombez (châtell. de Samatan) ; à Castelgailhard (châtell. de l'Isle-en-Dodon) ; à Saint-Marcet (châtell. d'Aurignac), etc. (Archives de Muret, l. 54 et 56).

4. Aux États tenus à Muret du 16 au 22 décembre 1567, M. de Bordería, juge de Comminges, exhorta les députés à supporter généreusement les charges de l'entretien des garnisons. Après que le procureur du Roi eut donné lecture des lettres et commissions en vertu desquelles on devait procéder au département des sommes exigées « pour le payement des compaignies des gens de guerre... pour la garde des villes et lieux, et réparations et fortifications d'icelles », de Bordería fit « remonstrance de la servitude et deue obéisance au Roy, prenant l'exemple des bestes irraisonnables, à plus forte raison la per-

VIII

1568. — 3 Juillet
Commission de Monluc aux Consuls d'Aurignac [1]

L'intention du roi étant que les Huguenots soient laissés en paix pourvu qu'ils déposent les armes, Monluc désigne les consuls d'Aurignac afin de veiller à l'exécution de la volonté royale dans le comté. Il dit un mot de la « description de toute la noblesse » du pays; ce sujet est amplement traité dans les pièces suivantes. — Nous ne savons pour quel motif Monluc adressa de préférence la Commission aux consuls d'Aurignac. De telles pièces allaient ordinairement au juge de Comminges, à quelque fonctionnaire des États, ou aux consuls de Muret, comme l'on peut s'en convaincre par l'examen des documents que nous publions plus loin.

Blaise de Monluc, etc. Comme le Roy nous aye commandé faire garder et entretenir ses édictz de pacification, conserver et maintenir ceulx de la religion prétendue réformée, qui se retireront à leurs maysons et biens, vivans doulcement, posans et layssans les armes, et exécuter exactement l'édict de désarmement de ceulx de lad. religion qui rentreront dans les villes, suyvant le règlement sur ce faict par Sa Majesté, et aussi faire description de toute la noblesse et aultres bons catholicques et fidelles subjectz de Sa Majesté pour empescher les soubdains eslevations, reprinses d'armes, saysissement des villes et places fortes que l'on a veus par cy devand faire à ceulx de lad. religion prétendue réformée, à ceste cause désirant l'observation desdicts édictz, pourvoir ausd. élévations, reprinses d'armes et saysissement des villes et places fortes, vous mandons et commandons très expressément et enjoignons faire commandement, et enjoindre

---

sonne raisonnable voyant la bonne affection du prince, ayant le zéle de l'Esglise troublée par les séditieux et perturbateurs du reppos public, quy n'ont peu, ny deu avoir prins les armes sans sa licence, ayant esté cause de infinis maulx, meurtres, querelles, oppressions, raptz, estranglemens. » (Arch. de Muret, l. 54 : Cahier des délibérations des Etats.)

1. Chef-lieu de la châtellenie de ce nom en Comminges, aujourd'hui chef-lieu de canton dans le département de la Haute-Garonne.

à toutz les habitantz dans la comté de Comenge, ne molester, inquiéter et fascher aulcuns de ceulx de lad. prétendue religion réformée, ains les conserver en obéyssance ausd. édictz et vivant doulcement, faysant inhibition et défense ausd. de lad. religion prétendue réformée se armer, partir de lad. comté de Comenge ny s'assembler en icelle par quelque commandement que ce soict, sy n'est par exprès commandement du Roy ou de nous, à peine de estre déclarés rebelles, de la confiscation de leurs biens et faire exécuter en toute lad. comté le désarmement de ceulx de lad. religion suyvant led. règlement, et néantmoins faire description de toute la noblesse de lad. comté pour scavoir ceulx qui sont subjectz au ban et arrière-ban et faire rassemblement de toutz les autres bons, fidelles et catholicques subjectz du Roy estans en lad. comté et des armes qu'ilz auront pour empescher que ceulx de lad. religion prétendue réformée se assemblent en armes en quelque partie : combien qu'ilz soyent ou puyssent estre, nous vous mandons les tailler en pièces sans leur donner le loisir de se fortifier aulcunement, vous aydant à ceste fin du tocsin, assemblées d'hommes et de toutes les forces que porrez assembler...

Donné à Agen, le 3ᵉ jour de Juilhet 1568.

MONLUC, ainsi signé.

Extraict à son original par moy greffier des Estatz du pays et comté de Comenge, soubz signé : GALABERT.

Côte : « Coppie de commission de Mʳ Monluc, adressée aux consulz d'Aurinihac ».

(Archives de Muret : I. Registre des Etats.)

IX

1568. — 26 Juillet.

Lettre de Monluc a Pierre de Lancrau évêque de Lombez
relative au dénombrement des Catholiques en Comminges.

L'évêque de Lombez est député pour procéder au dénombrement des catholiques de son diocèse et de tout le comté.

Il devra promouvoir l'établissement de ligues ou confédérations en forme de confréries, pour assurer l'union des sujets catholiques, ainsi qu'on l'a fait en plusieurs provinces. Caractère de ces ligues en Bourgogne, Champagne, Touraine, Périgord et Agenais.

Monsieur[1],

Le Roy me comande par plusieurs dépesches de faire discription de tous ses bons et fidelles subjectz et catholicques de mon gouvernement, pour après lui envoier lad. discription, affin qu'il puisse sçavoir de quelles forces il se pourra ayder de mond. gouvernement, les occasions se présentant, soict de tant de gens d'esglise, noblesse que tiers estat, vous advisant que la volonté de Sa Majesté est de vivre et mourir en la mesme religion de ses prédécesseurs, et que pour ceste cause il veult sçavoir le nombre de ceulx qui vouldront suyvre sa volonté et mourir en lad. religion, pour quoy faire fault que les évesques, abbés, prieurs, curés et prescheurs admonestent le peuple de vivre en lad. religion, et faire une confédération que toutz générallement promectent et jurent de tenir lad. religion catholicque et romaine, qui est cause que je vous envoye une commission pour faire ladite discription, vous priant icelle faire faire le plus deligement que faire se pourra, par toutes les chastelle-

---

1. L'excellente édition de Monluc, donnée par M. le comte Alph. de Ruble, ne renferme par les lettres ou billets que nous publions ici, excepté toutefois la lettre du 4 août 1569. D'ailleurs, M. de Ruble ne mentionne pas Muret (Haute-Garonne) parmi les villes dont il a mis les archives à contribution pour former la curieuse collection des missives de Monluc. — Voyez, op. cit., t. IV, Introd., p. 9.

nies et paroisses de vostre diocèse, et après, les envoier incontinent à Monsr de Lamezan qui les m'apportera, lesquelles je ne fauldray envoyer à Sa Majesté, mais il fault, si vous plaist, que s'appelle discription ou bien confédération en forme de confraires, vous advisant qu'en Bourgoigne ilz l'ont, desjà longtemps y a, faicte la plus saincte et la plus honorable que jamais on aye ouy parler, laquelle ils appellent la confrayrie de la Trinité, dont j'en envoieray une coppye aud. s^r de Lamezan, dans troys ou quatre jours, pour la vous faire tenir, afin de suyvre mesme forme.

En Champaigne, Touraine, Anjou et tout ce pays de là, en ont faict le semblable, come aussy celle de Périgort et Lymosin est faicte. Celle d'Agennoys n'est encores achevée si n'est pour le regard de la noblesse, mais j'espère qu'elle sera faicte dans quinze jours, tant pour l'esglise que le tiers estat.

Je vous prie, encores ce coup, déligenter à icelle faire le plus promptement qu'il sera poussible, que sera fin après m'estre recomandé humblement à vostre bonne grâce, priant Dieu, Monsr, en bonne santé vous donner longue et heureuse vye.

De Cassaigne, ce xxvi de Juillet mil v^c LXVIII.

    Vostre frère, amy et serviteur,

      B. DE MONLUC, ainsin signé.

A Monsr, Monsr l'Évesque de Lombès.

Côte : « Coppie de comission et lettre du s^r de Monluc à M. de Lombès pour faire description et dénombrement de toutz les catholicques, en Comenge et sa diocèse. — 1568. »

(Archives de Muret : I. Registre des Etats.)

X

1568. — 26 Juillet

Commission adressée a P. de Lancrau, Évêque de Lombez par B. de Monluc

Monluc prescrit à P. de Lancrau de procéder au dénombrement des catholiques dans le diocèse de Lombez et en Comminges, d'assembler les États du comté, et d'obtenir serment de fidélité à la religion catholique.

Blaise de Monluc, chevalier de l'ordre du Roy, cappitaine de cinquante hommes d'armes de ses ordres, et son lieutenaut général au gouvernement de Guyenne en l'absence de Monsr le prince de Navarre, au s^r Évesque de Lombès, salut.

Scavoir vous faisons que Sa Majesté nous a comandé faire faire la description de toutz ses bons fidelles subiectz et catholicques de nostre gouvernement, tant gens d'esglise, noblesse, que tiers estat, pour après luy envoier lad. description, afin qu'il puisse scavoir de quelles forces il se pourra ayder, les occasions se présentant. A ceste cause, nous vous avons commis et depputé, comettons par ces présentes faire lad. description en toutes les chastelenyes et paroisses de v^{re} diocèse, ensemble en celles de la comté de Comenge et à icelles cometre tel ou telz personatges que bon vous semblera pour assembler tant les gens d'esglise, noblesse, que tiers estat, et illec déclairer l'intention de Sa Majesté et néanmoings leur faire promètre et jurer vivre et mourir en la religion catholicque, romaine, laquelle Sa Majesté tient, et les faire metre par rolle, et signer ceulz qui scauront escripre, lequel serment et assemblée vous appellerés description ou bien confédération en forme de confraires, et après l'envoierés par devers nous pour l'envoyer à sad. Majesté.

Mandés et comandés à tous les catholicques de v^{re} diocèse et ceux dud. comté de Comenge de quelque estat ou qualité qu'ilz soient, à vous, ce faisant, obéyr à peyne de désobéyssance.

Donné à Cassaigne, le xxvie jour de Juillet mil vc LXVIII.

B. DE MONLUC, ainsin signé.
Par mondict sr, BOÉRY, ainsin signé.

(Copie. — Archives de Muret : I. Registre des États.)

XI

1568. — 30 JUILLET

CONVOCATION DES ÉTATS A LOMBEZ

P. de Lancrau ordonne à Galabert, greffier des États de Comminges, d'écrire au chef-lieu de chacune des chatellenies pour convoquer les États, selon la volonté de B. de Monluc. L'assemblée aura lieu à Lombez, le 10 août suivant.

Monsr le Greffier. J'ai receu mandement de Monsieur de Monluc lieutent du Roy en Guyenne pour assembler tous les troys Estatz de ceste comté ensemble ceulz quy restent de ma diocese pour les causes contenues en la commission que à ces fins m'a esté envoyée, et pour ce que c'est ung faict quy emporte grandement l'honneur de Dieu et service de Sa Majesté et repos et tranquillité de tout le public, vous ne ferez faulte, la présente receue, escripre particulièrement à tous les chefz de chastellenies de lad. comté et aux seigneurs gentilz hommes que l'on a accoustumé d'appeler aux Estatz généraulx et aux scindicz desd. Estatz, ensemble aux gens d'église, à ce qu'ilz ne faillent soy trouver en ce lieu par devant nous le dixiesme jour d'aoust prochain à huict heures du matin précisement, pour entendre la voulonté dud. seigneur de Monluc, pour de tout nostre pouvoir y faire le debvoir, et vous prie de dépescher, le plus promptement que vous pourrez, messaigers par tout[1], afin que tous les susd.

[1]. Le 3 août, Galabert, exécutant les ordres à lui envoyés par P. de Lancrau, écrivait à chaque chef-lieu de châtellenie. (Arch. de Muret; I. Registre des États.)

soyent mandéz de bonne heure, et me semble qu'il suffira d'assembler seullement ung des consulz de chascune chastellenie; touteffoys indifféremment il est nécessaire que tous ceulx de la noblesse et de l'église que l'on a acoustumé d'appeler soient mandez et que tous soient catholicques, et n'oubliez à faire receu au porteur de la réception de la présente.

A tant, Monsr le greffier, je prierai Dieu vous donner le bien que vous désirez.

De Lombès, ce pénultiesme jour de Juillet 1568.

V^{re} entièrement bon amy,

P. DE LANCRAU, E. de Lombez.

A Monsr Galabert, greffier des Estatz de Comenge, à Muret.

(Lettre autographe. — Archives de Muret : I. Registre des États.)

XII

1568. — 10 Aout

LISTE DES COMMISSAIRES CHARGÉS DU DÉNOMBREMENT DES CATHOLIQUES EN COMMINGES

Les députés des trois Etats du pays de Comminges s'assemblèrent en la « mayson episcopalle » de Lombez le 10 août 1568. Là, furent désignés les députés chargés d'effectuer le dénombrement des catholiques du comté. En tête de la liste que nous donnons ici, P. de Lancrau écrit, relativement à ces commissaires, qu'ils sont tous « personnes de bien pour soubztenir l'honneur de Dieu, la grandeur de la majesté et réputation de la couronne. »

Pour les villatges de la chastellenye de Muret : le seigneur de Sauvenx.

Pour la ville et chastellenye de Samathan : noble Denys de Mauléon s^r de Labastide.

Pour la ville et chastellenye d'Aurignac, le s^r de Pégulhan.

Pour la ville et chastellenye de l'Isle-en-Dodon, le s^r de Lamezan.

Pour la ville et chastellenye de Sainct-Julien, le s^r de

Gensac, auquel aussi est baillée la charge des lieux d'Escungs, Martres, Mont d'Avezan.

Pour la ville et chastellenye de Salyes, le s^r de Rocquefort.

Pour la ville et chastellenye de Castilhon, noble Mathieu du Pac, s^r de la Salle et capitaine de lad. ville.

Pour la ville et chastellenye de Fronsac, le s^r de Barbassan.

Pour la ville et baronye d'Aspet, le s^r d'Encausse.

Pour la ville de Banyères, le s^r de Sainct-Paul d'Oueil.

Pour Lombès, le s^r de la Ylhère.

Pour Saint-Lézé[1], le s^r de Rozès.

Lesquels susd. commis et depputés ne pourront excéder, ny augmenter [ny] passer les limites et clauses contenues en nostre commission, et pour n'en povoir prétendre cause d'ignorance leur sera baillé à ung chascun coppie de nostre commission, ensemble les instructions à eux communiquées, sans que pour ce ilz en puyssent espérer aultre récompense que les frays de bouche, comme par les surnommés et soubsignés a esté accordé, le susd. jour x^e d'Aoust an susd. 1568.

P. DE LANCRAU,

évesque de Lombez, commissaire en ceste partie.

<small>(Copie. — Archives de Muret : I. Registre des États.)</small>

XIII

1567. — 27 NOVEMBRE ET 7 DÉCEMBRE. — 1568. — 10 AOUT

LETTRE DE MONLUC
SUR LA LEVÉE DES TAILLES EN COMMINGES

Nous groupons sous ce titre trois lettres de Monluc, de dates différentes, mais relatives au même objet : la perception de l'impôt en Comminges pour subvenir à l'entretien des troupes. L'argent est le nerf de la guerre : Monluc n'oubliait pas l'axiôme. Il n'entendait

---

1. Saint-Lizier.

pas cependant que les ressources pécuniaires des Commingeois fussent reçues par des mains qui n'avaient aucun droit à les prendre, et en présence de certaines exigences injustes il défendit les habitants du comté. (Voy. Lettre au Maréchal de Damville, 4 août 1569, et Lettre au Sénéchal de Toulouse, 25 mai 1569.)

1°. — LETTRE A M. DURAND DE BORDERIA, JUGE DE COMMINGES[1]

Monsieur. Vous verrez par la coppie des lettres patentes et ma surrogation que je vous envoye présentement, comme le Roy entend que les gens de guerre, de cheval et de pied, que j'ay assemblez en ce gouvernement de Guyenne pour le service de Sa Majeté, pour ce temps de nécessité, soyent soldoyez aulx despens de ses subiectz, attendu qu'il y va de leur conservation, et que l'imposition en soict faicte sur les taillables par les officiers des lieux.

Pour ceste cause je vous prie ne faire faulte de procéder à l'assiette et deppartement de ce que le pays, jurisdiction de Comenge et ses aydes, porte pour cest effect sellon lesdictes lettres et surrogation, en plus grande dilligence qu'il sera possible, sans tirer la chose en aulcune longueur ou difficulté, sur tant que vous craignés désobéir à sadicte Majesté et d'encourir son indignation.

Et sur ce me recommande à vostre bonne grâce, priant Dieu vous donner la sienne.

C'est de Bourdeaulx, ce xxvii° Novembre 1567.

Vostre bien bon frère et entier amy,

DE MONLUC.

1. Durand de Borderia qui, dans l'édition de M. de Ruble, ne figure pas parmi les destinataires des missives de Monluc, appartient à une famille fixée à Muret, au plus tard dès le xvi° siècle. Ce nom paraît souvent dans les registres paroissiaux de l'église Saint-Jacques : noble Marie de Borderia est citée dans un acte de baptême du 24 juillet 1578, et Catherine de Pélagrède, femme de Gabriel de Borderia, dans un acte du 12 octobre de la même année. (Arch. de Muret, Registre de paroisse, 1578-92.) Jean Trenque, juge de Comminges, étant mort en novembre 1565, le roi, sur la présentation des Etats du Comté, nomma à sa place D. de Borderia, par lettres données à Moulins le 12 janvier 1566. Le nouveau juge prêta serment entre les mains d'Anthoyne Dampmartin, lieutenant du Sénéchal de Toulouse, le 7 février suivant. Divers membres de la famille de Borderia ont exercé des fonctions consulaires à Muret en 1589, 1592, 1603, etc. (Archives de Muret, Recueil des Documents, xvi° siècle, f. 97-98 et 194.)

A Monsieur, Monsr le Juge ordinaire pour le Roy au pays et comté de Cumenge, ou son lieutenant.

(Pièce originale. Signature autographe. — Archives de Muret : I. Registre des États.)

2°. — Autre Lettre a M. de Borderia

Monsieur. Je pense que vous avez desjà commencé à procéder au despartement de la somme que j'ay ordonné, suyvant les lettres patentes du Roy, estre imposée en la recepte et pays de la jugerie de Comenge pour la solde des gens de guerre levés en ce gouvernement pour le service de Sa Majesté, et pour les réparations des villes et places d'icelluy gouvernement, en vertu de mes lettres de surrogation que je vous ay envoyées pour cest effect, auxquelles j'ay bien volu adjouster par ce mot que vous imposiés aussi avec ladicte somme, oultre et par dessus vostre salaire, douze deniers pour livre pour les frayz de celluy que j'ay commis à faire recepte d'icelle somme, tant pour lad. recepte quy est commencée de neuf deniers pour livre de tous deniers extraordinaires, que pour le port et voicture de lad. somme à Bordeaulx, attendu que led. port et voicture est toujours payé par le Roy oultre lesd. fraiz de la recepte, quand ce sont deniers royaux.

Et me recommandant en cest endroict à vostre bonne grâce, je prie Dieu vous donner, Monsieur, en sancté, longue vie.

D'Agen, ce viie Décembre 1567.

Vostre bien bon amy,

B. de MONLUC, ainsi signé.

Et sur le repli est escript : à Monsr le Juge de Comenge ou son lieutenant, à Muret. — Receu l'original par moy Galabert, greffier des Estatz, le xxie Février 1568, après midy, à Muret.

(Pièce originale. Signature autographe. — Archives de Muret : I. Registre des États.)

3°. — Lettre a Pontic, Sindic du pays de Comminges[1]

Monsieur de Pontic. Je vous envoye la coppie des lettres patentes du Roy par lesquelles verrés et entendrés la volonté de Sa Majesté, suyvant laquelle j'ay assigné les Estatz en la ville d'Agen au xxv° de ce mois, par quoy ne fauldrés vous y trouver, affin de prendre le deppartement pour Comenge.

Que sera fin, priant Dieu, Monsieur de Pontic, vous donner en sancté longue vie.

D'Estilhac[2], ce x° Aoust 1568.

Vostre meillieur amy,
De MONLUC.

A Monsieur de Pontic, scindic du pays de Commenge, à Samathan.

(Pièce originale. Signature autographe. — Archives de Muret : I. Registre des Etats.)

XIV

1568. — 15 Aout

Lettre de Charles IX a Monluc

Le roi annonce à Monluc qu'il lui expédie la formule du serment qui doit être prêté par tous ses sujets. — Les auteurs des *Huguenots en Bigorre* exposent en ces termes l'objet même du serment demandé : « Catherine de Médicis avait envoyé à tous les gouverneurs de province la formule du serment que l'on devait faire prêter à tout le monde. Elle portait qu'on prenait Dieu à témoin et qu'on jurait en son nom qu'on reconnaissait Charles IX pour son prince et pour son souverain naturel, et qu'on était disposé à lui rendre obéissance et soumission ; qu'on ne prendrait jamais les armes sans son ordre exprès et qu'on n'assisterait en aucune manière ceux qui

---

1. Dominique Pontic, que nous voyons paraître pour la première fois dans la correspondance de Monluc, était « bachelier ez droictz et scindic du Tiers Estat de Comenge » en résidence à Samatan. En 1568, mais antérieurement à cette lettre, les Etats l'envoyèrent vers Monluc, avec lequel il eut, en effet, une entrevue au sujet des impositions. (Lettre de Galabert à Pontic, 13 mai 1568 : Archives de Muret, I. Registre des Etats.)
2. Estillac, château appartenant à Monluc.

les auraient prises contre lui ; qu'on ne ferait aucune contribution d'argent, sous quelque prétexte que ce pût être, sans sa permission ; qu'on ne s'engagerait dans aucune entreprise secrète, ni dans aucun traité sans son aveu, et que si l'on apprenait qu'il s'en fît de cette nature on en donnerait avis au Roy ou aux gouverneurs établis de sa part; que l'on suppliait Sa Majesté d'user envers ceux qui prêtaient ce serment de sa clémence et de sa bonté naturelle, de les tenir pour ses bons et fidèles sujets et de les prendre sous sa protection, protestant qu'ils prieraient Dieu continuellement pour sa santé et sa conservation, et pour celle de sa mère et de ses frères, et qu'ils se soumettaient volontairement à tous les supplices les plus rigoureux si par leur faute il s'élevait des troubles dans la ville de... *(on devait marquer le nom de la ville)* pour la défense de laquelle ils promettaient de sacrifier leurs biens et leurs vies et d'entretenir une amitié sincère et véritable avec les catholiques[1]. »

Nous ignorons les circonstances qui marquèrent, en Comminges, la prestation de ce serment. On peut lire dans *Les Huguenots en Bigorre*, p. 112-116, le curieux récit de cette cérémonie, adressé par les consuls de Tarbes à ceux de Vic.

Monsieur de Monluc. D'aultant que plusieurs des catholicques nos subiectz ont oppinion qu'ils estoient pour demeurer en grand repos et sureté par le moïen de l'association qu'ilz avoient délibéré de faire entre eulx et qu'à présent qu'elle est rompeue il est besoing leur donner pareille ou plus grande assurance de cedict repos, et pourveoir à ce qui leur est de plus grand intérest, les satisfaisant ez choses qu'ils croyent leur pouvoir advenir, j'ay faict dresser une forme de serment que je vous envoye, lequel je désire estre faict par tous les catholicques, par laquelle forme de serment sont touchés les poincts qu'ilz affectionnent et qui estoient desduictz par lad. association et leur intérest, tellement conjoinct avec le mien qu'ilz pourront aysément júger la description que j'ay ordonné estre faicte et la forme de serment que je veulx qu'ilz fassent n'entend que l'effect de leur repos, seureté et tranquillité, et pour avoir plus grand, meilleur et plus prompt moïen de me servir quand l'occasion se présentera.

1. *Les Huguenots en Bigorre*, p. 112, d'après l'historien de Thou.

Ét pour le regard de ceulx de la religion prétendue réformée qui voudroient prester le serment de m'estre fidelles et obéyssans selon la forme que je vous en ay desjà envoyée, je veulz et entendz que vous les reveviés suyvant ce que vous ay cy-devant escript. Et m'assurant que vous scaurez bien, en tout ce que dessus, suyvre mon intention, je ne vous feray plus longue lettre, que de prier Dieu, Monsieur de Monluc, qu'il vous aye en sa saincte garde.

Escript au chasteau de Boulloigne, le xv° jour d'Aoust 1568. Ainsi signé : CHARLES.

Et plus bas : FIZES. — Et au-dessus : à Monsieur de Monluc, chevalier de mon ordre, cappitaine de cinquante hommes d'armes de mon commandement et mon lieutenant général en Guyenne.

Donné par coppie : BOÉRY.

(Copie collationnée. — Archives de Muret : I. Registre des Etats.)

XV

1568. — 26 SEPTEMBRE

LETTRE DE P. DE BELLEGARE, SÉNÉCHAL DE TOULOUSE AU SINDIC DES VILLAGES DU DIOCÈSE DE COMMINGES SITUÉS EN LANGUEDOC

Le sindic convoquera les villages pour délibérer sur la levée des gens de guerre en Languedoc. Il se rendra ensuite à Toulouse, à l'assemblée fixée au 30 septembre. — Voy. *Histoire générale de Languedoc*, t. XI, p. 509, et t. XII, col. 885-890, les pièces relatives à « la croisade » contre les Huguenots. On rappelle aux nouveaux croisés les exploits des Machabées, la défaite d'Attila... Dieu sera avec eux « comme il fut avec nos bons catholiques à la guerre de Muret, là où huit cens des nôtres deffirent plus de soixante mille hérétiques, au temps de Loys le huitième, père de saint Loys... » (t. XII, col. 889. Edit. Privat.)

Monsieur le Scindic. Ne faites faulte à vous rendre dedans quatre jours en ceste ville où il sera tenu conseil général et pour ce faictes assemblée de toutes les diocèzes du gouvernement de Languedoc pour déterminer des affaires qui sont de présent, sur le pays, au moyen des gens de guerre qu'il convient à entretenir pour le service du Roy à l'encontre des séditieux et rebelles ayans prins de nouveau les armes contre Sa Majesté, et à ce ne faillés car ainsi en a esté ordonné tant par la Cour de Parlement que par le sieur de Joyeuse, lieutenant général de Sad. Majesté aud. pays de Languedoc. A tant prie à Dieu qu'il vous tienne en sa saincte garde.

De Tholose, le xxvi° de Septembre 1568.

Vostre bon amy : P. DE BELLEGARDE, ainsi signé.

A l'adresse, sur le repli, est escript : à Monsr le Scindic des villaiges du diocèse de Comenge estans en Languedoc.

Extraict de son original par moy Georges Galabert, greffier des gens des Estatz de la comté et pays de Comenge, cy soubs signé : GALABERT.

(Archives de Muret : I. Registre des États.)

XVI

1568. — 26 Septembre

LETTRE DE B. DE MONLUC AU JUGE DE COMMINGES[1]
POUR RÉCLAMER LE PAIEMENT DES IMPOSITIONS

Le pays de Comminges dans l'obligation de contribuer, comme les autres parties du royaume, au paiement du subside du vin exigé par Charles IX pour l'entretien des troupes, obtint du roi l'exemption de ce gros impôt, à condition toutefois de payer, à la place, la somme de 12,000 liv. (26 août 1568). En vertu de cet arrangement, Monluc écrivit la lettre du 26 septembre au juge de Comminges pour presser la levée de l'impôt dont il désirait faire bénéficier, sans retard, les milices. Le pays qui avait tout intérêt à solder la nouvelle dette fit satisfaction à M. de Monluc et au roi ; cependant, la somme exigible, et payée régulièrement, paraît-il,

1. D. de Borderie.

fut réclamée en 1570 et cette affaire du subside du vin ne laissa pas que d'occuper, à plusieurs reprises, l'assemblée des États. On trouvera quelque éclaircissement du fait dans les deux pièces suivantes, provenant l'une de Jean de Monluc, évêque de Valence et de Die, l'autre des États eux-mêmes. La lettre de chacun des Monluc ne sera pas la seule preuve que nous fournirons du zèle des officiers royaux de haut grade à sauvegarder le droit fiscal de la couronne.

1°. — *Messieurs des Estatz du Pays de Cumenge, à Muret*

Messieurs. J'ay entendeu par le s^r Cayron délégué des Estatz du pays de Guienne la pouvreté, misère et calamité géneralle et universelle aud. païs qui contrainct les gens desd. Estatz s'excuser de pouvoir accorder pour le présent l'imposition de 12,000 liv. que le roy leur demande pour la composition et l'admortissement et abolition du subcide du vin payable en six années. Touteffois les affaires présentes de Sa Majesté sont si pressés et importans que lad. imposition ne peult estre tirée en autre plus grande longueur, sans ung bien grand dangier pour vous d'encourir ce reproche d'avoir failly au besoing à vostre devoir envers sadicte Majesté, et de sentir cy après le mescontentement qu'elle a de ses mal affectionnez subjectz, entre lesquelz vous pourriez estre comptez. Ce que je vous prie considérer et que lad. composition est fort advantageuse pour ledict païs qui seul jouyst de ceste grâce, estant levé led. subcide en nature en toutes les autres provinces de ce royaulme, revenant sans comparaison à beaucoup plus grande charge.

A cause de quoy vous ferez incontinent et en diligence cottizer et départir ce que monte vostre portion de lad. imposition de 12,000 liv. et mettre les deniers d'icelle ez mains de celluy qui a charge d'en faire la recepte aux termes ordinaires et accostumés. Vous advertissant que si vous faictés nulle faulte d'y satisfaire promptement, sans prendre aucune escuze, je ne fauldray pas à vous y faire contraindre et de faire entendre à sadicte Majesté le peu de respect et obéissance que vous avez à ses mandemens et affaires urgens, dont je seroy bien marry, d'aultant que je désire que sadicte Majesté demeure toujours en la bonne opinion qu'elle a eu de vous jusques icy.

Sur ce je prie Dieu vous donner, Messieurs, heureuse et longue vie. De Bordeaulx, ce xviiie jour d'Avril 1570.

Vostre meilleur voysin et amy,

MONLUC, Év. [de] Valence[1].

---

1. Pièce originale. Signature autographe. — Arch. de Muret : I. Registre des États.

2º. — *Responce faicte par les gens des Troys Estatz du pays et comté de Comenge au seigneur et comte de Valence le 22ᵉ may 1570*

Les gens des troys Estatz du pays et comté de Comenge assemblés dans la maison commune de la ville de Muret ce jour d'huy 22ᵉ du moys de may 1570 par commandement du sʳ de Fontenilhes, etc...

Après avoir veü la lettre du sʳ et comte de Valence et de Die du xviiiᵉ avril dernier, escripte à Bordeaulx, délibérans sur icelle, ont résoleu qu'ils ne peuvent procéder à aulcung despartement ny imposition du subcide du vin pour la pouvreté des habitans dud. pays, bons et fidelles subiectz du Roy, et que, à ces fins, par les gens tenans les Estatz généraulx de Guyenne en la ville d'Agen sur la fin de mars dernier, auroient esté commis et depputés personnaiges vers la Majesté du Roy nostre seigneur, desquelz led. pays attend responce, et qu'ilz ont trouvé par lettres patentes de Sa Majesté du 26ᵉ aoust 1568, avec l'attache dud. sʳ Monluc, lieutenant général pour le Roy aud. Guyenne, pour emprumpter et cottizer sur led. pays de Comenge et ses aydes douze mil cent livres, à la charge d'estre remboursés ceulx quy auroient presté lad. somme de deniers de la composition et amortissement du subcide du vin, laquelle somme a esté fournie et mise ez mains du receveur général dud. pays de Guyenne, revenant à ladite somme de 12 mil cent livres.

Au moyen de quoy les gens des Estatz dud. pays supplient led. sʳ évesque et comte de Valence vouloir tenir lesd. habitans de Comenge et adhérans quittes et deschargés.

(Archives de Muret : Iᵉʳ Registre des États.)

LETTRE DE B. DE MONLUC AU JUGE DE COMMINGES[1]

Monsieur. Encores que je m'asseure que avez uzé de toute la diligence à vous possible et requise pour le service du Roy à l'exécution de la commission de l'emprompt de douze mille livres que Sa Majesté veult estre promptement levée sur les plus riches et aysés de vostre pays et recepte de Comenge, suyvant la teneur de lad. commission par vous receue le xxᵉ jour du présent, sy est ce que j'ay bien voulu vous faire la présente pour vous dire qu'il est très nécessaire pour le service dud. seigneur, que lad. somme soict bien tost levée, et pour le bien de son peuple,

1. Durand de Borderia.

car sad. Majesté a quitté les impositions pour la solde de huict compagnies de gens de pied, et du subcide de cinq solz sur chacun muy de vin et aultres mesures à l'équipollent, qui eust monté de grandes sommes, espérant d'estre secoreu promptement dud. prest, et ne l'estant y avoir dangier que lesd. charges feussent continuées et remises sur sondict peuple, lesquelles seroient insupportables, et afin que je puisse advertir sad. Majesté du debvoir que vous y aurés faict, et dans quel temps les deniers pourront estre prestz, vous prie m'en donner advis par ce porteur que vous envoye exprès, et à tant salue voz bonnes grâces de mes humbles recommandations, priant Dieu vous donner, Monsieur, longue et heureuse vie.

De nostre mayson ce XXVI° Septembre 1568.

Vostre meilleur amy et serviteur : MONLUC.

A Monsr, M^r le Juge de Comenge, à Muret.

(Copie. — Archives de Muret : I. Registre des États.)

XVII

1568. — 11 Octobre

Lettre de B. de Monluc

Monluc écrit aux capitaines dont les troupes résidaient en Comminges, Astarac et Rivière-Verdun. Il se plaint de certains excès commis par leurs compagnies.

Aux capitaines qui sont en Comenge, Astarac, Rivière-Verdun et aultres lieux.

Capitaines qui estes en Astarac et Comenge, j'ay esté adverti des désordres que vous faictes aux lieux là où vous séjournés, et que après avoir lougé en ung lieu, vous contraignés les habitans à venir à composition pour vous donner quelque somme, c'est ung cas que trouve fort estrange, quy me faict escripre aux scindicz pour en informer.

Cependant acheminés vous avec toutes vos compaignies pour me trouver là près où je seray dans dimanche, vous désistant touteffoys de user plus de telles volleries, autrement je vous casse. Qu'est tout, priant Dieu vous donner ce que désirés.

A Villefranche de Périgort, le xie jour d'Octobre M V{c}LXVIII.

Sy Monsieur de Terride a affaire de vous aultres, faictes ce qu'il vous commandera.

Vostre bon amy : B. DE MONLUC.

(Copie collationnée. — Archives de Muret : I. Registre des États.)

XVIII

1568. — Décembre

Lettre du Sr de Roquefort au Sr de Lamezan

La lettre assez impertinente adressée par le baron de Roquefort au seigneur de Lamezan, sindic de la noblesse du comté, nous initie aux rivalités qui divisèrent parfois les gentilshommes commingeois durant les troubles du xvie siècle[1], et nous laisse soupçonner quelque faiblesse dans un commandement militaire que l'on osait invoquer à tort et à travers, sous prétexte de parenté. Nous sommes d'ailleurs porté à croire que le style épistolaire dont cette pièce est un échantillon était en honneur dans la famille de Roquefort. C'est à peu près sur ce ton que le père de François de Comminges exprimait des desseins pleins de menaces dans sa lettre à l'un des sindics du pays, en 1567[2]. De Lamezan, un des seigneurs les plus considérés par ceux de son ordre, pourvu par eux, dans les États, de la charge de sindic, dut être médiocrement flatté de ce billet moins digne d'un gentilhomme que d'un vilain. Il en fit circuler des copies : nous ignorons s'il poussa plus loin la vengeance.

Monsieur de Lamezan. Par la lettre que me escrivés vous me usés de ung stille de commandement, disant que je desloge de vostre comté de Commenge, et [que] c'est contre la volonté de Monsr de Rocafort mon père, et que

---

1. Voir ci-dessus, n° 1, p. 2 : « sy que entre les scindicz de la noblesse y auroict quelque contention... »
2. it., n° V, p. 8, note.

je garderay que les compaignies ne soient poinct payées.
Je vous advise que je ne vous recognois pour avoir aulcune puissance sur moy, ny sur la charge de mon dict père. Ains c'est luy qui a toute puissance, en absence de Monsr de Monluc, au comté de Comenge, à quy je obéyrai entièrement, et je sçai bien la puissance de ma commission...

Quant à ce que me mandez d'en advertir Monsr de Rocafort mondict père, vous ferés ce que vous vouldrés et vous prie ne me adresser de tels langaiges par lettres, car aussi bien je n'en feray pas grande estime. Et quant à ce que me mandés qu'il y a prou de plainctes contre moy, je despite tous ceulx qui en vouldront parler, car j'en rendray raison devant ceulx que je doibz.

Priant Dieu, Monsieur de Lamezan, qu'il vous donne sa grâce; celluy quy est vostre obéissant voysin et amy:

F. DE COMENGE, ainsi signé.

Coppie de lettre envoyée par le baron de Rocafort au s^r de Lamezan, communicquée aulx consuls de Muret le xxe de décembre 1568.

(Archives de Muret : I. Registre des États.)

XIX
1569. — 25 Janvier
Lettre des États a M. de La Valette

L'assemblée, tenue à Muret, se recommande à la bienveillance de M. de La Valette et constate le peu de succès des opinions nouvelles en Comminges. Prière de placer hors du pays la garnison de M. de Gramont.

Monseigneur. Comme estant des principaulx de ce pays de Comenge, amateur, patron et protecteur d'icelluy et que désirez la conservation, tranquillité et repoz d'icelluy, avons prins la hardiesse vous prier vouloir représenter à Monseigneur frère du Roy la fidélité, obéissance et subjection des habitans dud. pays envers la Majesté et Coronne, et s'est conservé en la religion catholique, romaine, appostolique, sans jamais avoir voulu ny souffert estre faict ny exercé aulcun acte de novelle opinion. Et ce néanmoins led. pays a eu en garnison l'année passée la compagnie du seigneur de Grammont...

Suppliant la Majesté dud. seigneur vouloir escrire et comander aud. s^r de Monluc mestre en garnison la compagnie du seigneur de Grammont hors dud. pays et icelluy sollager, et à l'advenir seroit plus propre pour vostre compagnie, et de ce faire très humblement vous supplie led. pays, mais c'est tant affectueusement que les gens des Troys Estatz dud. pays saluent, Monseigneur, vos bonnes grâces, priant Dieu le Créateur en toute félicité vous conserver.

De Muret ce xxve Janvier 1569.

Vos bons amys, voysins et prestz à vous obéyr :

LES GENS DES TROIS ESTATS DU PAYS DE COMENGE.

Minute de Lettre missive envoyée à Monseigneur de la Valette pour les affaires du pays, 25e janvier 1569, après le départ des Estatz.

(Copie. — Archives de Muret : I. Registre des États.)

XX

1569. — MARS

REQUÊTE DU COMTÉ DE COMMINGES AU PARLEMENT DE TOULOUSE

Les Commingeois dans la crainte que des troupes de religionnaires ne fissent invasion en Gascogne, comme c'était le bruit public, demandent au Parlement la permission de prendre les armes, pour garder les ponts jetés sur la Garonne.

A Messeigneurs du Parlement, supplie humblement le scindic du pays et comté de Comenge, que de tant que aud. comté n'y a que l'on scaiche guères de gens de ceulx qui se disent estre de la prettendue nouvelle religion, et que les habitans de lad. comté n'ont vollu jamais permettre ny accorder aulcung ministre ny exercisse de lad. religion feust faict en lad. comté, ains tousjours les habitans de lad. comté, vrais fidelles de Dieu et de son Esglize romaine et serviteurs du Roy nostre sire ont tousjours, comme font encores à présent, [combattu] iceulx adversaires, pour iceulx mettre à l'obéyssance dud. s^r, ceulz de ladite religion sont si irrités que journellement se jactent et se perforcent de entrer en lad. comté et mettre en ruyne les habitans d'icelle, mesme par le costé de la ville de Muret, ville capitalle de lad. comté, afin de donner plus facilement véxation à la présente cité de Tholose.

Ce considéré, et [que] la cour représente le Roy, et veu l'absence des gouverneurs et lieutenans de Sa Majesté, joinct que le bruict est que les ennemis sont près à passer la rivière de Garonne pour se saysir du pays de Gascoigne, vous plaise de vos bénignes grâces ordonner sera faicte recherche des armes, et personnes aptes à les porter, pour la deffence de Dieu, du Roy et de la Républicque, enjoignant aulz gentilshommes, juge, consulz et aultres officiers dud. pays, de promptement et à toute diligence y vacquer, et contraindre néanmoingz ceulz qui ne seront armés selon leur qualité et faculté de s'en pourveoir et mettre en campagne, et aulz habitans dud. pays de obéyr, à peyne d'estre dictz et déclarés rebelles et fauteurs des ennemys de Dieu et du Roy, permettant aulz habitans dud. pays, si besoing est, se assembler, pour, de tout, faire résolution, et eslire tel gentilhomme, personnaige capable, qu'ils cognoistront, pour la conduite desd. habitans, en cas de nécessité, et ferés bien.

Pour les causes contenues en la requeste, attendu l'urgence, n'entand empêcher le faict d'icelle.
Faict à Thle le xviie mars 1569.

B. Sabatier. P. de Mansencal.

Soict faicte l'injonction requise, suyvant la response du Procureur général du Roy. Faict à Thle, en Parlement, le XVIII° jour de mars 1569. Du Tornoer, ainsi signé.

Extraict de ses originaulx par moy greffier des Estatz du pays et comté de Comenge, cy soubz signé : Galabert.

(Copie. — Archives de Muret : I. Registre des États.)

XXI

1569. — Janvier — Aout

Documents relatifs aux demandes faites au Comminges par Bellegarde et Terride

A l'occasion de la campagne menée contre les Huguenots du pays de Foix, le sénéchal de Toulouse, chef de l'expédition, s'adressa aux Commingeois pour en obtenir des subsides [1]. Les vivres que ceux-ci devaient fournir par ordre de Monluc, étaient destinés aux compagnies de Roquefort qui guerroyaient aux frontières du comté et lui rendaient, ainsi que les troupes de Bellegarde, un service signalé. Or, l'acquisition des subsides fut rendue inutile par la promptitude de la victoire du sénéchal sur les Huguenots du Carla. Monluc de se raviser aussitôt et d'employer l'argent venu du Comminges « en autres affaires et uzaiges pour le faict de la guerre » en son gouvernement de Guyenne. Le sindic de la ville de Toulouse, peu satisfait de voir les finances commingeoises prendre cette direction inattendue, poursuivit le paiement des 4.500 liv., devant le sénéchal. Celui-ci donna un appointement contre le trésorier du pays et le fit emprisonner.

---

[1]. Dans une lettre datée de Saverdun le 4 janvier 1569, Bellegarde demandait spécialement aux consuls de Muret « six vingtz pyonniers ou terraillons munys et pourveus de picz et pelles » le tout aux frais généraux du Comminges. Dix-huit jours après, les États décrétaient que l'on ferait des prières publiques dans tout le comté et que l'on prendrait des précautions pour assurer la défense du pays. Voici le texte de la délibération : « Les gens des troys Estatz du pays et comté de Comenge, assemblés par mandement du Roy en la ville de Muret, le 22° jour du mois de janvier 1569, délibérans sur les remonstrances faictes par Monsr de Busc licencié, et premier consul de ladite ville, ont arresté que les Messieurs des Evesques, Abbés, Prieurs et aultres gens d'Eglise seront exhortés, chacun pour son regard, vaquer à oraison et suffrages, et ung jour de chascune sepmaine mettre le Corps de Nostre-Seigneur au monument ; faire réserve des armes, et chascune des villes et chefs de chastellenyes eslire ung chef conducteur de guerre pour se tenir prest et s'ayder les uns les aultres, par toesings et aultrement, advenant nécessité des incursions des rebelles séditieulx et ennemys de la Majesté divine et humaine. » (Arch. de Muret, I. Registre des Etats.)

Sur ces entrefaites, le baron de Terride occupait le Béarn au nom du roi de France. Le 8 mai, il sommait les habitants du comté de Comminges de contribuer à l'entretien de ses soldats, et, de son côté, le Parlement envoyait commission au sénéchal de Toulouse pour effectuer dans le même but la levée d'un nouvel impôt en Comminges. Sous le coup de ces diverses poursuites les États se réunirent en assemblée extraordinaire dans le château du seigneur de Lamezan. Les sindics de la noblesse et du tiers et plusieurs députés des chefs-lieux de châtellenies représentaient à Lamezan l'ensemble des personnes ayant droit de séance aux États. Conformément à une décision prise à Muret le 5 mai précédent (après lecture de commission expédiée à M. de La Valette par Monluc le 3 avril), l'assemblée ratifia le traité proposé par deux de ses délégués, MM. de Lamezan et Anthoyne Cambornac, aux termes duquel le pays reconnaissait l'utilité de la garnison placée sous les ordres de M. de La Valette et s'engageait à l'entretenir pendant quarante jours. Cinquante hommes d'armes devaient recevoir chacun 30 sols par jour, et soixante-quinze archers, 15 sols, payables par Pouget, receveur des tailles.

On se garantit des revendications du sindic de Toulouse et du baron de Terride en présentant requête à Monluc vers lequel M. de Lamezan fut dépêché. Monluc ne perdit pas l'occasion de maintenir ses droits sur l'impôt déjà perçu en Comminges. Il travailla donc à évincer le sindic et y réussit.

M. de Lamezan n'eut pas non plus grand'peine à convaincre Monluc de l'injustice des prétentions de Terride. Précisément le 25 mai, jour où les États prenaient leur délibération, Monluc enjoignait « à tous les cappitaines, chefz et conducteurs de gens de guerre » de ne rien exiger désormais des Commingeois. Il montrait qu'ils avaient déjà beaucoup avancé aux compagnies « des sieurs de Gramont, Fontanilhes, Negrepelisse, La Vallète, Mascaron, Roquefort, Barbassan, Montastruc, la Ylhère..... oultre une infinité d'aultres folles et despences. » A ce moment, n'avaient-ils pas « sur leurs bras » les compagnies de MM. de La Valette et de La Ylhère, en résidence à Muret ? Ils étaient par trop grevés et lui ne pouvait consentir à laisser prendre chez eux le blé, l'avoine, le bétail et les autres munitions que les commissaires du baron de Terride leur demandaient pour le camp de Béarn, duquel, ajoutait-il, les habitans du comté « sont loing de trente à quarante lieues, « et ne sont[1] dudict gouvernement de Guyenne. » Pour ces motifs il leur accordait exemption et sauvegarde, menaçait d'une amende de 10.000 livres ceux qui les tracasseraient, et réclamait la mise en liberté des chargés d'affaires du pays, si, de ce chef, il y en avait

---

1. Sous-entendu : le Béarn et la Navarre.

quelques-uns que l'on eût emprisonnés [1]. Il est aisé de comprendre par tout ceci en quelles dispositions d'esprit M. de Lamezan trouva Monluc. Avant de parler, le sindic de la noblesse du Comminges avait gagné la cause.

1569. — 20 Janvier

1°. — Lettre du Sénéchal de Toulouse aux États de Comminges

Messieurs. Je ne me puis aulcunement prévaloir pour l'exécution du service du Roy en ces cartiers du comté de Foix, des quatre compaignies des gens de guerre à pied estans soubz le seigneur de Roquefort leur collonel, à faute qu'elles n'ont encore receu leur payement, lequel Monsieur Montluc, comme j'ay veu et à ce qu'il m'a escript, a commandé et ordonné que sera faict par le pays et comté de Comenge, pour la deffense et sûreté duquel, et pour secourir ez lieux que seroict besoing; lesd. compaignies ont esté faictes, à quoy, je vous prie, attandu la nécessité qu'il est de nous ayder desd. compaignies, pourvoir le plus promptement que faire se porrra, à leur payement, pour lequel led. sieur de Roquefort pourteur de la présente s'en va exprès, vous priant le vouloir renvoyer diligentement et tellement expédié, qu'il aye occasion de nous admener cesd. compaignies qui ont envye de bien faire.

Et à Dieu qui vous doinct, Messieurs, en bonne santé, la longue et heureuse vye.

Escript en la ville du Carla estant maintenant obéyssante, le vingtiesme jour de janvier 1569.

Vostre bien bon et fiant amy :

P. de BELLEGARDE.

A Messieurs, Messrs du Tiers Estat, au pays et comté de Commenge.

(Pièce originale. Signature autographe. — Archives de Muret : I. Registre des États.)

1. Arch. de Muret : I. Registre des États, et liasse 59, passim.

1569. — 25 Mai

2º. — Lettre de Monluc au Sénéchal de Toulouse

Monsieur mon compaignon. J'ay entendu que vous avez décerné commission pour contraindre les habitans du pays et recepte de Comenge à fornir au scindic de la ville de Tholose certaine somme de deniers que cy-devant ilz avoient impousé sur eulx pour achepter des vivres et les envoyer débiter au camp du Carla, du Mas-d'Azil et aultres lieux circonvoisins dud. pays si tant estoit qu'il en feust besoing pour le victualhement dud. camp. Et voyans lesd. habitans n'estre besoing y envoyer aulcuns vivres, se trouvant chargés de plusieurs affaires pour le faict de la guerre et service du Roy en nostre gouvernement de Guyenne duquel sont ressortissans, ilz se sont aydés de tous les moyens qui leur a esté possible, mesme des deniers provenans de lad. imposition, et de les vouloir contraindre à présent, fornir lesd. deniers aud. scindic de Tholose seroict chose par trop injuste, attendu que lesd. habitans sont de mon gouvernement de Guyenne, non contribuables en aulcune chose à celluy de Languedoc, et que desja ilz ont despandu non seullement lesd. deniers, mais d'autres grandes et notables sommes, et encores journellement sont contrainctz despandre pour le service du Roy en mondict gouvernement, tant pour le camp de Béarn que pour l'armée que nous avons sur les rivières de la Dordogne et Garone, qui fait que vous ay volu escripre la présente pour vous prier révocquer lad. commission comme obtenue par surprinse, et ne permettre désormais que personne soubz vostre nom se ingère de entreprendre sur mondict gouvernement, et m'asseurant que vous ne le voldriés souffrir, ne la vous ferai plus longue, seullement vous prierai me vouloir faire entendre ce que en aurés faict, et à tant me recommanderai à vostre bonne grâce, priant Dieu vous donner,

Monsieur mon compaignon, longue et heureuse vie en parfaicte sancté.

D'Agen ce xxv° may 1569.

Vostre meilleur compaignon et amy à vous faire service :
B. DE MONLUC.

Et l'adresse sur le repli : A M^r mon compaignon, M. de Clermont, chevallier de l'ordre du Roy, capitaine de cinquante hommes d'armes de ses ordonnances, et Séneschal de Tholose.

(Copie. -- Archives de Muret : I. Registre des États.)

1569. — 25 Mai

3°. — Sauvegarde, accordée aux Habitants du Comminges par Monluc

Blaise de Monluc, etc., à tous consulz, scindicz, manans et habitans du pays et recepte de Comenge.

Combien que lad. comté de Comenge et ses aydes soyent au pays de Guienne et de nostre gouvernement ayant tousjours acoustumé de contribuer aulx fraictz et despenses deppendans du faict de la guerre et autres charges nécessaires sur led. pays de Guienne, mesmes en ces derniers troubles et ceulx qui sont à présent, ayant entretenu à leurs despens les compaignies des seigneurs de Gramont, La Valette, Negrepelisse, Fontanilhes, Roquefort, Montastruc et La Ylhyère à la garde de la ville de Muret et dud. pays, et par exprès envoyé deux desd. compaignies soldoyées et payées au camp de Carla, Mas d'Azil et Masères pour l'affection que aviez, comme encores, voyr extirper lesd. ennemys de Dieu et du Roy quy se sont levés et armés contre Sa Majesté, si avés encores aujourd'huy sur voz bras ladite compagnye du sieur de La Valette, et d'alhieurs ces jours passés auriés esté taxés pour le sieur de Terride de mil sacz de bled, cinq cens sacz avoyne et deux cens mothons pour le victualhement du camp de Béarn, qui sont choses insupportables, et toutesfoys nous aurions esté advertys que nonobstant ce dessus et à la poursuyte et requeste du scindic de Tholose vous ou vostre scindic et thrésorier auriés esté condampnés par le Séneschal ou son lieutenant commissaire et authorité de la Court de Parlement de Tholose à luy bailler et deslivrer certaine somme de denyers que aviés cottisé sur vous pour achapter vivres, affin d'estre apportés audit camp du Carla, Mas d'Asil et Masères, pour estre débités, et n'ayant esté besoing de ce faire parce que led. Carla auroict esté soubdain prins et rassé, lesd. denyers à notre mandement et ordonnance auroient esté emploïés pour vous en autres affaires et uzaiges pour le faict de la guerre en nostre dict gouvernement, et partant ne pouvés ne devés aulcunement obéyr à ladite condempnation comme chose quy dépend de la guerre et de nostre authorité en nostre dict gouvernement, ce que ne volons permettre, ains vous en faysons inhibitions et deffences à peyne de deshobéyssance et de dix mil livres, non obstant tous despartemens, appoinctemens et condempnations quy pourroient avoyr esté donnés ou donneroient ci-après led. séneschal ou son lieutenant et autres quelconques juges ou commissaires, auxquelz ne volons que vous obéyssiez en aulcune manière en ce qui concerne les fraiz, despences et aultres choses, et charges deppendant du faict de la guerre, et où, pour rayson de ce, auroient esté prins prisonnier aulcung, et saysi biens, ou prendroient, ou saysiroient cy-après, mandons et commandons à tous capitaines, leurs lieutenans, justiciers et officiers et chascung d'eulx premier sur ce requis, faire commandement aulx détempteurs d'iceulx les mettre en liberté, et deslivrer lesd. biens sur mesmes peynes, permectant les constituer prisonniers et jusques à plaine satisfaction.

Donné à Agen le 25ᵉ may 1569.
De MONLUC.

Par mondict seigneur :
Boéry.

(Pièce originale. Signature autographe. — Archives de Muret : 1. Registre des États.)

1569. — 4 Août

4°. — Lettre de Monluc au Maréchal de Damville en faveur du Comminges

A Monsieur de Dampville.

Monsieur, de tout temps et ancieneté le pays de Commenge est de la Guyenne, portant les charges tant ordinaires que extraordinaires avec icelle, et partant ne peult estre aucunement cottisé pour le faict de la guerre que audict pays de Guyenne, ayant de ce exprès privilège confirmé par le Roy qui est à présent. Toutesfois, estant le siège devant le Carla, le Maz d'Azil et Mazères, messieurs de Tholose ont voullu contribuer ledit pays en vivres, pour l'entretenement du camp; ce qu'ayant entendu je les auroys exemptez de telle charge et deffendu très expressément de ne fournir rien de tout ce que leur seroyt commandé par ceulx dudit Tholose, me desplaisant qu'ils entreprennent sur mon gouvernement; mais nonobstant ma dicte exemption et ordonnance, le scindic dudit Tholose auroyt, après ledit siège levé, obtenu appoinctement du sénéchal dudit Tholose, ou son lieutenant, portant condempnation contre le scindic et trésorier dudit Commenge, à lui bailler la somme de quatre mil cinq cens livres, au lieu desdictz vivres, et à ces fins faict emprisonner ledict thrésorier. Pour quoy, Monsieur, je vous supplie très humblement ne permettre que pour ledict faict de la guerre ledit scindic de Tholose puisse constraindre les habitans dudict pays de Comenge à luy bailler la dicte somme, attendu qu'ils sont contribuables à Navarrenx, l'enjoignant de vostre auctorité faire eslargir ledit thrésorier et descharger ledit païs de ladicte somme, affin que par telle confusion le service du Roy ne soye retardé.

Et sur ce je m'en voys recommander très humblement à vostre bonne grâce, priant Dieu vous donner, Monsieur, en très bonne santé, longue et heureuse vie.

D'Agen, le IVme aoust 1569.

Vostre obéyssant serviteur.

De MONLUC.

(Commentaires et Lettres de B. de Monluc, édit. de Ruble, t. V, p. 204, n° 226.)

XXII

1569. — 16 Mai

Attestation pour les Habitants de Massat et d'Olus[1]

Les religionnaires de Tarascon et du Mas d'Azil dévastèrent plusieurs fois, en 1568, les villages de Massat et d'Olus. La présente description de leurs ravages, dont l'exactitude est garantie par les témoins qui ont signé l'original notarié, répond à la déclaration faite en 1569, par les consuls des lieux, devant le juge de Comminges. Massat et Olus, assurent-ils, « ont esté affolés, bruslés, la plus grande partie des habitantz faictz prisonniers, et les Recteurs et Vicaires [faictz aussi prisonniers,] prins les joyaulx et calices des Esglises. » Olus possédait une église paroissiale, « mais par deux foys lad. esglise a esté pilhée et rompeue, et prins tous les ornemenz d'icelle, et pilhé et desrobé tout le villaige, et ont esté constrainctz de quicter led. lieu plusieurs foys ceste année. » La paroisse de Massat « a esté ruynée par les rebelles de Tarascon et Mas d'Azil. » L'annexe[2] n'a pas été mieux traitée, car toutes deux, « despuis la feste de Toussainctz dernier passé ont esté vollées et saccaigées par troys fois de bestailh de labour et aultre. » Les Huguenots ont « bruslé quarante ou cinquante bordes et faict plusieurs prisonniers et rançonnés. » Les paroissiens « font à présent leur habitation et garde dedans ladicte esglise [de Massat] et n'ont moyen de payer ny contribuer aux paroisses, toutesfoys ont-ils emprumpté despuys les derniers troubles tous deniers mandés par le Roy nostre sire et ses commissaires[3]. » La destruction des lieux est si complète que l'on n'estime pas que Massat et Olus soient à compter dans le dénombrement fourni au juge de Comminges[4].

Les consulz des lieux du viscomté de Coserans, juges ez causes de police et criminelles ausd. lieux pendantes, pour le seigneur viscomte dud. Coserans, à toutz ceulx qu'il appartiendra sçavoir faisons et par ces présentes attestons que aud. viscomté de Coserans, estant de la recepte et ayde de la comté de Comenge, la valée de Massat et lieu d'Olus, despuis le moys de septembre dernier passé, ont esté volés et pillés par les rebelles et en-

---

1. *Alias*: Aulus.
2. Biert, annexe de Massat.
3. Olus et Massat contribuaient en Comminges.
4. « Dénombrement des Paroisses. » 1569. — Archives de Muret, l. 59, *passim*.

nemys de Dieu et du Roy estantz ez villes du Mas d'Azil et Tarascon proches et voysins desd. lieux, et leur ont bruslé une partie des bordes, bastimentz des champs et admené les bœufz de labour et aultre bestailh en grande quantité, à cause que ausd. lieulx n'y ont aultre comodité, ny moyen de vivre que dud. bestailh, estant lesd. lieulx infertilz de bledz et vins, et néantmoingz ont faict les principaulz desd. lieulx prisonniers, et faict ransonner grandes sommes de deniers et emporté les calices et ornementz de l'église dud. lieu d'Olus. Pour raison de quoy, et à cause que lesd. lieulx sont l'entrée dud. Coserans et comté de Comenge, estant lesd. lieulx villaiges non cloz et de grande charge ez deniers du Roy et aultres mandes aud. comté et ses aydes, sçavoir lad. vallée de Massat pour le nombre de 78 bolugues et demye, led. lieu d'Olus pour 5 bolugues deux tiiers, ont lesd. villaiges dud. viscomté mis la garde de trente soldatz aud. Massat, payés et soldoyés despuis le quinziesme de febvrier dernier passé et oultre la garde que lesd. habitans d'eulx mesmes font journellement pour la garde dud. païs, d'où lesd. lieux de Massat et Olus sont aujourd'hui misérés, pauvres, ruynés, n'ayant moyen de s'entretenir comme est notoire et manifeste à toutz dud. païs et lieulx circonvoysins.

En foy et tesmoignage de quoy avons baillé la présente attestation ausd. de Massat, le 16ᵉ de may 1569.

    M. Gondalh, notaire.
    B. Cabalby, assesseur et scindic dud. viscomté de Coserans.
    Brémon, pro-scindic de Sainct-Lizier.
    Jehan Castet, tesmoing.
    Barrié, précenteur de Coserans.
    De Solan, vicaire de Solan, tesmoing.
    Superyer, tesmoing.

(Archives de Muret : I. Registre des États.)

XXIII

1569. — Mai et Juin

Lettre de Pierre de Bellegarde, Sénéchal de Toulouse, aux Consuls de Lescure

Afin de placer dans leur cadre les faits relatifs à la prise et à la délivrance du « lieu et baronie de Lescure » [1], nous devons rappeler l'expédition de P. de Bellegarde dans le pays de Foix, en 1569. L'intention du sénéchal était d'enlever aux religionnaires les trois places importantes qu'ils occupaient dans le comté : le Mas d'Azil, le Carla et Mazères.

Il s'empara par la ruse de la ville et du château du Carla, puis vint assiéger le Mas d'Azil. Obligé d'abandonner son entreprise pour joindre Monluc alors sur le point de combattre les fameux vicomtes de Bruniquel, Paulin et Montclar, le sénéchal rentra à Toulouse en passant par le Lauragais.

Chemin faisant, il se rendit maître de Beauville [2] dont la garnison, comme celle du Carla, faisait, au témoignage de Lafaille, « des maux incroyables à la campagne [3]. » Tandis qu'il campait devant Beauville, il fut averti que des troupes conduites par Solan [4] rodaient dans les environs : il signala le danger aux consuls du voisinage, notamment à ceux de Lescure, par la lettre suivante :

A Messieurs de consulz de Lescure.

Messieurs de consulz. Je suis adverty que Solan est arrivé puys peu de jours en ce pays, de quoy vous ay vollu advertir à ceste fin que preniés soigneuse garde qu'il ne s'emparât de vostre ville de Lescure, sur peyne d'en respondre, et où vous ne vous sentiriés fortz pour ce

---

[1]. Lescure, Monbrun et leurs adhérents étaient compris, pour les tailles, dans la recette de Comminges. En 1569, ces deux localités formaient deux paroisses « envyronnées des rebelles du Maz et Carla qui les pillent [et] bruslent journellement ». (Déclaration des consuls au juge de Comminges. — Arch. de Muret, l. 59.)

[2]. Voyez, dans un extrait du 3ᵐᵉ livre de l'*Histoire de Toulouse*, de quelle rigoureuse façon Bellegarde traita les places conquises. — *Hist. de Languedoc*, t. XII, col. 894. Ed. Privat.

[3]. *Annales de la ville de Toulouse*, t. II, p. 294.

[4]. « Solan était un des principaux chefs des religionnaires du comté de Foix. Il appartenait à la branche cadette de la maison de Comminges, apanagée au xvᵉ siècle des terres de Solan et d'Alos dans le Comminges. » (*Les Huguenots en Bigorre*, p. 171, note.) — Voy. plus haut : Requête du pays de Comenge à Monluc en 1567.

fère, m'en advertiriés et je pourvoyré, à l'aide du Créateur, que je supplye, Messieurs de consulz, etc.

Au camp de Be[a]uville ce xx⁵ May 1569.

                                  Vostre bon amy,

                                  P. DE BELLEGARDE.

(Pièce originale. Signature autographe. — Archives de Muret : I. Registre des États.)

Conformément aux ordres reçus, les consuls de Lescure vinrent au camp de Beauville et exposèrent au sénéchal de Toulouse qu'ils étaient dans l'impossibilité de se défendre ; six hommes seulement veillaient jour et nuit à la sûreté du lieu. Bellegarde dépêcha une de ses compagnies sous les ordres du capitaine Montastruc. Celui-ci arriva à Lescure le 24 mai. Le lendemain la garnison recevait trente autres soldats partis de la Bastide-de-Sérou. Cette maigre poignée d'arquebuziers ne put empêcher les Huguenots de s'emparer de la place. Ils prirent Lescure le mois suivant. Nous ne savons pas combien de jours ce lieu resta « invadé et détenu par les rebelles, ennemis de Dieu, du Roy et du repos public. » Le 29 juin, les solides compagnies de Villoubix et de Bellegarde ayant établi leur camp devant Lescure « firent vuider les rebelles et rendirent ladicte ville à l'obéissance du Roy. » Hector d'Ossun, évêque de Saint-Lizier, de belliqueuse mémoire, était présent à ce fait d'armes [1]. Après que les religionnaires eurent abandonné ce lieu qu'ils avaient « pilhé et sacaigé » les troupes de Villoubix tinrent garnison pendant huit jours près de Lescure, pour arrêter toute autre invasion [2].

[1]. Les archives conservent quelques autres témoignages de l'activité guerrière, bien connue d'ailleurs, de l'évêque Hector d'Ossun. Ainsi, le 9 juillet 1569, les consuls de Taurignan versaient entre les mains de Francasal 149 liv. 6 s. 3 den. pour aider à solder 200 arquebusiers « de la compagnie de M. l'Evesque de Coserans, logés à la Bastide-de-Sérou, Rieumont et aultres lieux de son diocèse. » L'Évêque faisait lever cet impôt en vertu d'une commission à lui adressée par Bellegarde, gouverneur de Toulouse, et il n'entendait pas que le mandat devint illusoire entre ses mains. Par son ordre, divers habitants de Saint-Lizier furent emprisonnés à titre de mauvais payeurs. Mais quand il voulut exiger 25 liv. de Contrazy où il avait établi garnison, et 49 liv. de Montesquieu-de-Lavantès, il trouva de la résistance. Les aydes ne contribuaient qu'en Comminges. Fondés sur ce principe, les États prirent, le 7 juin 1569, la défense des deux communautés et poursuivirent « la cassation de la cottization » injustement demandée. — (Voy. I. Reg. des États, et États du 7 juin 1569.)

[2]. « Rolle des vivres fournis aux compagnies par les consuls de Lescure. » (Archives de Muret, I. 41.)

XXIV

1569. — 13 Juin

Levées de Troupes en Comminges par ordre de Monluc

La correspondance de Monluc à partir du 26 mai 1569 témoigne des inquiétudes que lui inspiraient les mouvements de Mongonméry et des vicomtes. Il pressent la guerre, une guerre désastreuse et quasi décisive. Il veut que l'on s'y prépare, il entend avoir sa bonne place dans la mêlée : « Car à présent, écrit-il à Damville, estant sur mes vieulx ans, je me sentiray trop heureux que d'avoir cest honneur de mourir à une telle bataille qui se présente, à la quelle peult estre que par ma longue expérience je pourray faire quelque notable service au Roy. Il est temps à présent de ce préparer ung chascun..., etc. »[1] Les projets de Mongonméry sont encore secrets. Monluc redit les bruits contradictoires qui circulent. Lorsque Mongonméry va vers Castres : « les ungz disent que c'est pour aller quérir l'argent; mais il est à craindre que c'est pour vous aller au devant; je vous supplie y penser, car il ne seroict besoing pour le service du Roy ni de tout le pays que vous receussiez ung escorne. »[2] En attendant qu'on sache se résoudre à marcher contre l'ennemi commun, Monluc assemble des troupes et se tient prêt. La lettre suivante, et les appels qui l'accompagnent marquent les préoccupations de Monluc à cette heure où l'on aurait pu encore contrarier efficacement les desseins de Mongonméry :

1º. — Lettre de Monluc aux États de Comminges

Messieurs des Estatz de Comenge. Je vous envoye une proclamation pour faire assembler toute la noblesse de vostre sénéchaussée, à ce qu'ilz ayent à se rendre, montés et armés, huict jours après la publication d'icelle, la part où je seray. Par quoy je vous prie et néantmoins ordonne et commande que tout incontinant vous ayés à faire publier lad. proclamation par tout, et faire procès verbal de ceulx qui ne vouldront obéyr, desquelz aussi et de ceulx qui viendront vous tiendrés registre sans user envers aucun de dissimulation et conhivance à peyne de

---
1. *Commentaires et Lettres*, t. V, p. 160.
2. *Ibid.*, t V, p. 168 : Lettre à Damville.

suspension de voz offices. Priant Dieu en cest endroict vous tenir en sa saincte et digne garde.

D'Agen ce xiii° de juing 1569.

      Vostre bon amy : De MONLUC.

Je vous envoye aussi une commission pour lever tel nombre de gens qu'est contenu en icelle lesquelz pareillement vous ferez lever et assembler.

Adresse : « Messieurs des Estatz de Commenge. »

(Pièce originale. Signature autographe. — Arch. de Muret : I. Registre des États.)

2°. — Appel de Monluc a la Noblesse

De par le Roy et Monsieur de Monluc, chevalier, etc.

Comme il soict requis et nécessaire veu les urgens affaires de la guerre qui sont en ce royaulme et mesmes les grandes forces estrangières qui sont entrées dans icelluy pour le secours des ennemys de Sa Majesté, assembler tant de forces qu'il nous sera possible pour résister à leurs dampnables entreprises, et mesmes celles de la noblesse, suyvant le commandement quy nous en a esté faict par sad. Majesté, il est faict commandement à tous gentilz hommes sans aucun excepter, sinon ceulx qui sont en son camp, se trouver et rendre dans huictaine par tous délays après la publication de la présente ordonnance, montés et équipés la part où nous serons avec nostre camp, et ce à peyne de désobéyssance et d'estre attaintz et convaincus du crime de lèze majesté, comme faulteur desd. ennemys.

Mandant aux sénéchaulx, leurs lieutenans et aultres officiers du Roy, chacun en son ressort, faire publier la présente ordonnance à son de trompe et cry publicque par tous les lieux où semblables publications ont accoustumé estre faictes, et procéder contre ceulx qui ne viendront audit camp par saisie et anotation de leurs fiefz et aultres biens, commectre sequestres à la récolte des fruictz pandans, ausquelz officiers nous avons défandu en faire main levée, ce que leur est enjoinct de faire à peyne de suspention de leurs estatz pour en respondre en leurs propres et privés noms, déclarant exemptz tous ceulx qui viendront audit camp de tout service de ban et arrière ban.

Faict à Agen le quinziesme jour de juing 1569.

DE MONLUC.

Par mondict seigneur : BOÉRY.

Côte : « 1569. Mandement de Mr de Monluc à la Noblesse de s'assembler et le suivre. »

(Pièce originale. Signature autographe. — Archives de Muret : I Registre des États.)

3°. — APPEL DE MONLUC AUX HOMMES DE GUERRE

De par le Roy et monseigneur de Monluc chevalier, etc. On fait à sçavoir à tous hommes d'armes et archiers qui sont en garnison ou aultrement en la comté de Comenge qu'ilz ayent à se trouver montés et armés en bon équipaige pour faire service à Sa Majesté, et ce dans le vingt-troisiesme du présent pour faire la monstre et marcher la part où par led. s^r de Monluc sera ordonné et ce à peyne d'estre desclairés désobéyssans et rayés du roolle des compaignies.

Faict [à] Agen le seziesme jour du juing 1569.

DE MONLUC.

Par mon dict seigneur : BOÉRY.

(Pièce originale. Signature autographe. — Arch. de Muret : I. Reg. des États.)

XXV
1569. — 1er AOUT
REQUÊTE DES HABITANTS DE MONBRUN AUX ÉTATS DE COMMINGES

Terride ayant mis le Béarn sous la main du roi de France (avril 1569), Jeanne, reine de Navarre, confia à Mongonméry la mission de reconquérir cette partie de ses États. Les vicomtes[1] et

---

[1] « On désignait sous ce nom les capitaines protestants : Bernard-Roger de Comminges, vicomte de Bruniquel; Bertrand de Rabastens, vicomte de Paulin; Antoine de Rabastens, vicomte de Montclar; le vicomte de Montaigu ; le vicomte de Caumont ; le

leur troupe traversèrent dans le même but le Languedoc et le comté de Foix où « ils eurent quelque succès » et précipitèrent l'expédition. Le pillage de Monbrun par leurs gens d'armes fut le prélude des excès inouïs qu'eux et leur chef allaient bientôt commettre.

L'armée des vicomtes ne fit cependant que passer. Mongonméry avait hâte de secourir Navarrenx, seule place que Terride n'eût pas réduite et qu'il assiégeait en ce moment.

C'est grâce à la précipitation des religionnaires que Monbrun, et Saint-Gaudens où Mongonméry s'arrêta le 2 août, échappèrent à un complet désastre.

Le scindic des habitans du lieu de Monbrun, par attestatoire et de vive-voix, se seroit plainct et douleu à l'assemblée des Estatz de ce que le jour de sainct Pierre premier jour d'aoust dernyer les viscomtes avec un grand nombre de gendarmes huguenaulx, rebelles, ennemis de Dieu, du Roy et repos peublic, passans par leur terroir et juridiction auroient tués et murtris plusieurs habitans, bruslé la moytié des métaries, prins et admené leur bestail et ustancilles et instrumens aratoires, de telle sorte et faisson que lesdits pouvres habitans sont prestz pour mendier et abandonner leur propre bien et immeuble, au moyen de quoy, n'ayant pour soustenir leur pouvre vie, moings pourront-ilz soubvenir au payement des tailhes et autres charges que les gens desdictz Estatz entendent mettre sur eulx, suppliant très humblement les en vouloir tenir quictes et deschargés, que sera une bonne et grande ausmone.

Sur quoy l'assemblée, après avoir veu et entendu la lecture de l'attestation et doléances, a respondu que les habitans dudict Monbrun se doibvent retirer à la Majesté du Roy, pour d'icelle obtenir le deschargement demandé, comme de ce appert par les actes desdictz Estatz.

Faict à lad. assemblée, dans la ville du Muret, le xxe jour du moys de janvyer 1570.

(Archives de Muret : I. Registre des États.)

vicomte de Rapin et Géraud de Lomagne, vicomte de Sérignac. Ils guerroyaient tantôt ensemble, tantôt séparément, et avaient trois ou quatre mille hommes de pied et trois ou quatre cents chevaux à leurs ordres. » (*Revue de Gascogne*, 1883, t. XIX, p. 847, note.)

Après les vicomtes, les religionnaires du Mas d'Azil, que Bellegarde n'avait pas eu le temps de soumettre, tombent sur les habitants de Monbrun et Mérigon et achèvent de les ruiner. Voici la pièce où ces malheureux racontent leur détresse. Elle fut présentée aux États dans le courant de cette même année 1569 : « A vous Messieurs les Gens des Trois Estatz du païs et comté de Comenge assemblés en la ville de Muret. Supplient humblement les consulz, manans et habitans de la ville de Monbrun et lieu de Mérigon que par les rebelles et séditieux du Mas d'Azilz la plus grande partie des maisons desd. lieux auroient esté ruynées, bruslées et abatues, et une grande partie des habitans massacrés et tués, et des aultres constitués prisonniers, et avant estre échappés, païer les ransons, et en telle sorte ont lesd. séditieux procédé et encore procèdent journellement que le reste desd. habitans ont esté contrainctz, pour sauver leur vye, laisser et abandonner lesd. lieux, ensemble leurs habitations, et aujourd'huy demeurent dispersés çà et là, et incontinent que aulcung y retorne travalher est saisy et constitué prisonnier par lesd. séditieux.

« Ce considéré, et que en défault de pouvoir travalher les vignes et terres, les supplians ne pourront recouvrer aulcungs fruictz, obstants le trouble et empeschement notoire desd. séditieux, plaise à vous Messieurs, exempter et tenir quittes et exempts les pauvres supplians, des cottisations que vous faictes à la présente assemblée, et d'aultres, à tout le moings pendant ceste année, et iceulx supplians prieront Dieu pour vos Estatz.   VILLA.

« Taxé xv livres... Se retireront les supplians, au Roy. »

(Archives de Muret : États de Muret, 1569.)

XXVI

1569. — Septembre

Le Maréchal de Damville établit son camp devant Muret ou Monluc va le joindre

Pour suppléer au silence des archives des Etats, nous devons dire, à l'aide de documents déjà connus, en quelles circonstances s'effectuèrent l'établissement du camp de Damville auprès de Muret, et la jonction des troupes de Monluc avec celles du maréchal.

On sait que, suivant les ordres de Jeanne, reine de Navarre, Mongonméry entra en Béarn en août 1569. Le premier mouvement de Monluc fut de le poursuivre afin de maintenir, en cette contrée, les précédentes conquêtes du duc d'Anjou. Il s'adressa donc à Damville, l'engageant à s'unir à lui pour assurer le succès de l'expédition. Une entrevue eut lieu à Toulouse : on y résolut de se mettre en campagne. Cependant, du 10 au 15 août Damville assiégea la petite ville de Fiac, au diocèse de Castres, et après la prise de cette place, il attaqua la ville de Lautrec, qui fut abandonnée aux catholiques. Cette expédition terminée, le maréchal de Damville, toujours pressé par Monluc, envoya vers lui, à Auch, le vicomte de Joyeuse. Dans cette nouvelle conférence, « on convint que le maréchal, qui avoit convoqué le ban et l'arrière-ban des sénéchaussées de la province auprès de sa personne, conduiroit son armée à Muret, sur la Garonne, ce qu'il fit ; et il y campa le 4 septembre, avec dix mille hommes d'infanterie et seize compagnies de gens d'armes. »[1]

A peine Damville avait-il établi son camp, que Monluc lui écrivait : « Monsieur, j'ai receu la lettre que m'avez escripte par ce courrier, et voy bien que vous estes résollu de demourer vers Muret, qui est au contraire de ce que j'espérois, car le cappitaine de La Valette m'avoit dit que vous ne désiriés autre chose que combattre les ennemys, ce que vous ne pouvés faire demourant là.... »[2] Si Damville était encore décidé à rester à Muret après cette lettre, à coup sûr il n'y put tenir dès que Monluc se fut joint à lui. Tous deux, partis de Muret, poussèrent jusqu'à Mont-de-Marsan dont Monluc s'empara d'emblée.

Nous n'avons pas à chercher ici les raisons qui, ce fait d'armes accompli, déterminèrent Damville à s'éloigner de Monluc : rappelons seulement que l'éloignement du maréchal et le défaut d'argent retardèrent jusqu'à l'année suivante l'expédition de Béarn. — (Voy. la suite de cette affaire, relativement au pays de Comminges, dans les pièces de juin-juillet 1570, n° XXXIII.)

XXVII

1569. — 13 Octobre

Requête des Habitants de Contrazy aux États de Comminges

Pour empêcher « l'invasion et saisiment que plusieurs foys » les religionnaires logés au Mas d'Azil « ont essayé faire tant dud. lieu de Contrazy que autres, Monsr l'Évesque de Coserans [Hector d'Ossun] y auroict ordonné et mandé certain nombre de soldatz

---

[1]. *Hist. gén. de Languedoc*, t. XI, p. 520, édition Privat. — Aux États tenus à Muret en 1570, Jacques Ferran vint réclamer le paiement du foin qu'il avait fourni aux chevaux du maréchal et de ses troupes lorsque le campement était à Muret. (Arch. de Muret, l. 64.)
[2]. *Comm. et Lettres*, t. V, p. 234.

arcabousiers. »[1] La présente requête expose les mesures prises pour conserver Contrazy et demande le remboursement des frais supportés à cette occasion.

A vous Messieurs les Gens des Troys Estats du Pays et Comté de Comenge.

Supplie humblement le scindic des consulz, manans et habitans du lieu de Contrazy, que du mandement de Monsr l'Evesque de Couserans, despuys le temps que les ennemys, rebelles et séditieux à la Majesté du Roy, se seroient emparés du lieu du Mas d'Azil et autres lieux, parce que led. lieu de Contrazy est proche dud. lieu du Mas d'Azil, et pour garder ledit lieu, ilz auroient tenu le capitaine Focquau avec quinze soldatz qui auroient faict garde aud. lieu jusques au présent, à grandz frays et despens, tant en armes, poudre, que autres choses nécessaires de valeur de plus de six vingtz livres, sans comprendre leur salaire et droict de solde, tellement qu'ilz auroient si bien faict que led. ennemy ne auroict poinct saisy led. lieu, combien que de ce se seroict plusieurs foys jacté et ausd. habitans menassé, de quoy led. s^r Evesque leur auroict tousjours promis faire rembourcer.

Ce considéré plaize de vos bénignes grâces ordonner que ledit scindic et autres ayant charge de tous les habitans sera rembourcé de lad. somme par luy fournie et advancée tant aud. s^r cappitaine que soldatz, et ausd. fins, enjoindre au trésorier leur délivrer lad. somme de six vingtz livres, et fairés bien.

VILLA, pour les suppliantz.

Le suppliant est renvoyé aux prochains Estatz. — Faict à l'assemblée desd. Estatz tenus en la ville de Sainct Julien le xiiie octobre 1569. GALABERT.

(Archives de Muret : États de Saint-Julien, 1569.)

[1]. « Requêtes du scindic de Contrazy. » Ce lieu était situé dans la châtellenie de Salies.

XXVIII

1569. — FIN NOVEMBRE

LES VILLES DE LOMBEZ ET DE SAMATAN ONT-ELLES ÉTÉ PILLÉES PAR LES HUGUENOTS EN 1569?

A propos d'une lettre expédiée le 14 novembre 1569 aux consuls de Bagnères, par un de leurs collègues nommé Jacques Paysan, les consciencieux historiens des *Huguenots en Bigorre* écrivent : « Mongonméry dut aller à Lombez du 3 au 15 novembre. » Plus loin ils ajoutent : « Il ne paraît pas que Mongonméry soit entré dans Auch. Il alla piller Lombez avec l'intention sans doute d'arriver à Toulouse. » Enfin, à la table analytique des matières, ils renouvellent l'assertion : Mongonméry « se présente devant Auch, — prend et pille Lombez et Samatan. »

Voici le texte en vertu duquel on prête, croyons-nous, à un homme beaucoup trop riche de son propre fonds en fait d'exploits sinistres : « Non autra chosa de nobeu sino que mosur de Monguoméry s'en bient à Lombès et Senmatan. »[1] Il nous semble que l'on ne peut pas, d'après la seule phrase du consul de Bagnères, affirmer que Mongonméry ait *pris et pillé* Lombez en cette fin d'année 1569. La donnée est assurément trop vague, on en conviendra. Les documents extraits des archives des États de Comminges sont muets sur un événement de cette importance, et cependant il aurait dû rester quelque trace des moyens employés par l'assemblée commingeoise pour réparer le désastre. Monlezun ne signale pas le sac de Lombez.[2] Enfin M. Communay, dans sa publication *les Huguenots dans le Béarn et la Navarre*, postérieure à celle qui nous occupe, traçant l'itinéraire de Mongonméry en Gascogne, loin de faire sienne l'affirmation de ses devanciers, l'adoucit et en restreint la portée : « 3-17 novembre, [Mongonméry] fait des courses dans l'Armagnac, *menace* Auch et Lombez... »[3] Il y a lieu de penser que la preuve tirée de la missive consulaire relatant le bruit de la venue de Mongonméry ne l'a point convaincu du pillage qui en aurait été la conséquence. — Va donc pour la menace, mais jusqu'à production de preuves nouvelles, estimons que les habitants de Lombez en furent quittes pour la peur.

Ceux de Samatan ont-ils été plus maltraités ? Nous ne le pensons pas. Le registre de « la frairie de Notre-Dame de la ville de Samathan » que l'on pourrait nous opposer, et « dans lequel sont racontés avec beaucoup de détails la prise et le sac de cette ville

---

1. *Op. cit.*, p. 75-76.
2. *Histoire de la Gascogne*, t. V., p. 361-367.
3. *Les Huguenots dans le Béarn et la Navarre*, p. 176.

par Mongonméry », ne fournit pas un argument décisif en faveur de l'année 1569, puisque « malheureusement le narrateur ne donne pas la date de cet événement ».[1] Que Samatan ait subi les horreurs du pillage, nous sommes loin de le nier et nous comptons bien ajouter quelques détails au récit du registre de la confrérie ; mais les faits relatés dans les archives des États se sont accomplis en 1589 seulement. Des événements dont Samatan aurait été le théâtre vingt ans plus tôt, les titres comminegois n'en offrent nul témoignage[2].

Comment expliquer, dans l'hypothèse d'un seul pillage de Samatan, la mention de Mongonméry consignée dans le registre, ainsi que nous l'apprennent les auteurs des *Huguenots en Bigorre* ? Mongonméry, on le sait, fut mis à mort le 25 juin 1574, il est singulier qu'on le ressuscite 15 ans après ! Nous répondrons en rappelant la frayeur générale, l'épouvante trop justifiée des populations incessamment désolées par les religionnaires, fléau d'un nouveau genre caractérisé par le nom du pillard et de l'incendiaire le plus insigne, Mongonméry.

XXIX

1570. — 20 ET 21 FÉVRIER

GARDE DES PONTS DE LA GARONNE

La tactique de Mongonméry, après avoir quitté Condom (nov. 1569), fut d'unir ses troupes à celles des princes de Navarre et de Condé et de l'amiral de Coligny alors stationnaires à Montauban. La Garonne les séparait. En vain, cette fois encore, Monluc essaya-t-il d'amener le maréchal de Damville à s'entendre avec lui pour attaquer Mongonméry dans son isolement et lui rendre impossible la jonction avec les princes. Cette entente si désirable ne se réalisa point[3]. En attendant, Mongonméry et les princes s'unirent.

---

1. *Les Huguenots en Bigorre*, p. 76, note.
2. Monlezun ne parle pas plus de Samatan qu'il ne parle de Lombez. Le comminegois Belleforest, si attaché à Samatan, décrit les établissements religieux de cette ville, en 1575, sans laisser jamais entendre qu'ils aient eu à souffrir de la part des Huguenots. Même observation pour Lombez. (Voy. *la Cosmographie universelle*, t. I. p. 371. Paris, 1575.) M. Communay, d'accord en ceci avec MM. Durier et de Carsalade du Pont, accepte le fait de la dévastation de Samatan (*Op., cit.*, p. 176).
3. Monluc « sollicitoit vivement le maréchal de Damville de se joindre à lui pour combattre Mongonméry, qu'il lui paraissoit aisé de défaire entièrement ; ces deux généraux, piqués l'un contre l'autre, ne voulurent jamais agir de concert. » (*Histoire de Languedoc*, t. XI, p. 527.) Constatation assez curieuse ! dans le même temps, Damville, écrivant au roi, s'attribuait une manœuvre identique à l'égard de Monluc, pour l'attirer à soi, et engager contre Mongonméry une action commune : il rappelle à Sa Majesté la résolution qu'il avait précédemment formée d'aller vers Condom « où estoit le comte de Montgonmméry, affin

Ce fut le tour du Languedoc, des environs de Toulouse en particulier, d'expérimenter les atrocités de cette guerre de partisans¹.

Le Comminges prenait cependant quelques mesures défensives. Il importait surtout d'empêcher l'ennemi de passer de nouveau en Gascogne, avec des forces considérablement accrues. D'où une garde vigilante, exercée dans le pays, sur les gués et les ponts. Les deux Lettres suivantes nous révèlent les précautions prises en ce sens.

1° — LETTRE DE JEAN ROCHON, JUGE-MAGE DE TOULOUSE A JEAN DE BORDERIA, JUGE DE COMMINGES².

Monsieur le Juge. Par les advertissemens et recognoissance des ennemys, que nous avons eus ce matin, aurions esté advertis que l'ennemy veult passer à la Gascoigne.

A ceste cause et pour le debvoir de nostre charge qui ne tend qu'à la conservation des bons crestiens, fidelles subiectz du Roy, par l'ordonnance de Monseigneur le mareschal [de Damville] nous envoyons commission pour,

de le pouvoir attirer au combat... dont au mesme instant, poursuit-il, j'advertis Monsieur de Monluc, le conviant à estre de la partye... » *(Hist. de Languedoc*, t. XIII, col. 914, 1ᵉʳ novembre 1569. — Cf., *ibid.*, la lettre du 27 février 1570, col. 935.)

1. « Au commencement du printemps [1570], les Calvinistes descendirent, comme un torrent, des montagnes du haut Languedoc, et se débordèrent dans la plaine de Toulouse. Ils mirent tout à feu et à sang, surtout dans les maisons des conseillers et présidens du parlement pour ce qu'ils avoient toujours été après à faire brûler les Luthériens et Huguenots. Ils trouvèrent cette revanche bien dure. (*L'esprit de la Ligue* [Anquetil], t. I, p. 292, Paris, 1767. — Cf. *Histoire de Languedoc*, t. XI, p. 528.) Monluc avait annoncé l'inévitable désastre : « ilz s'en yront [les princes] séjourner en Languedoc, pour le ruyner comme ilz ont faict la Guyenne, en laquelle ont exercé infinies cruautés, volleries, pilleries, bruslemens, saccagemens et massacres, ayant tué tous les prestres où ilz sont passés, bruslé toutes les esglises, ce pour faire perdre la mémoire de nostre religion, » etc. (*Comm. et Lettres de Monluc*, t. V, p. 263. — Lettre au Roi : 9 janvier 1570. — Cf. « Mémoires et Instructions baillées par Messieurs les Cappitoulz..... » etc. *Hist. de Languedoc*, t. XII, col. 940-941.)

2. Durand de Borderia, que nous avons vu appelé aux fonctions de juge de Comminges en 1566 (voy. n° XIII), mourut le 18 mai 1569. Sur la présentation des gens des États, le roi pourvut de cet office Jean de Borderia, « docteur et advocat en la cour de parlement de Tholose, conseiller et maître des requêtes de la reyne mère du roy de Navarre, Madame l'Infante du Portugal, et garde de son cachet. » De la même famille que son prédécesseur, il employa souvent son crédit en faveur de la communauté de Muret. Il exerça plusieurs fois la charge consulaire en cette ville et fut membre du corps capitulaire de Toulouse en 1561, par décision du parlement, en 1564, etc. (Voyez Lafaille, t. II, p. 227-228 et Table des noms des Capitouls. — *It.*, Archives de Muret : *Recueil de Documents*, xvıᵉ siècle, fol. 194. Le personnage nommé Jean de Borderia dans le Catalogue des Capitouls, 1540, 1552, etc., doit être identifié avec Durand de Borderia, juge de Comminges.)

au son de la cloche et aultres moyens que trouverez bons et expédiens, vous ayez à assembler tout le peuple et principalement ceulz qui sont habilles à porter les armes, pour, soubz la conduicte du seigneur de Montberault[1], se trouver aulz gays, portz, pons et passages dessus la rivière de Garonne, desquelz l'ennemy se pourroit ayder pour passer ladicte rivière et aller exercer ses cruautés en Gascoigne, desquelz il est costumier de user, chose que tous bons subiectz du Roy doivent craindre et désirer qu'il [n'arrive] et, pour ceste fin, y obvier de tout son pouvoir, dont se peult prendre exemple à ce que lesd. ennemys ont désjia faict par tous les lieuz où ilz ont passé, qu'est la cause que je vous ay voulu envoyer ce porteur exprès, afin que toutes choses délaissées, vous ayez à diligemment faire exécuter la commission que nous vous envoyons, et envoyer aussi les autres commissions adressantes aux juges de Rieux et de Rivière aux lieuz qui touchent le long de ladicte rivière, et nous en envoyer vostre certification et procès-verbal que sur ce en aurez faict.

Que sera l'endroict où je prierai le Créateur vous donner, Monsieur le Juge, en bonne sancté, heureuse et longue vie.

De Tholose ce xxe de febvrier 1570.

Vostre frère et bon amy : DE ROCHON.

Et sur le repli : A Monsieur, Monsieur le Juge de Comenge ou son lieutenant, à Muret.

Coppie tirée de son original par moy greffier des Estatz de Comenge soubz signé : GALABERT. — Coppie de la lettre missive de Monsieur le Juge maige de Thle, dressée à Monsieur le Juge de Comenge, pour faire empeschement à l'ennemy du Roy sur le passaige de la rivière de Garonne, du xxe febvrier 1570.

(Archives de Muret : I. Registre des Etats.)

[1]. Le seigneur de Montberault avait entrée aux États de Commingés. — Voy. *François de Tersac, baron de Montberaud*, par M. de Carsalade du Pont : *Revue de Gascogne*, t. XII, p. 141.

2° — Lettre de Pierre Busc, premier Consul de Muret [1]
au Lieutenant du Juge de Rieux [2]

Mons¹ le Lieutenant. Je receus yer bien tard commission que Mons¹ le Juge de Comenge m'a envoyée, à luy adressée par Mons¹ le Sénéchal de Tholose pour icelle faire éxécuter, à ce que suyvant l'ordonnance de Monseig¹ de Dampville, mareschal de France, lieutenant et gouverneur général des pays de Guyenne, Languedoc, Provence et Dauphiné, tous aultres affaires cessans et postposés, vous ayez à faire assembler le peuple de vostre ville et villaiges de la chastellenie, avec toute espèce d'armes qu'ilz pourront porter, et iceulz faire conduire par chascun des consulatz sur les endroictz de la rivière de Garonne, comme est porté par lad. commission, où y a pontz, portz et passaiges et y pourroit avoir gaiz, durant le district de la judicature de Comenge, pour à iceulz passaiges faire toute résistance et empeschement à ce que les ennemys ne passent lad. rivière, en mettant à fons les bateaulz, et rompant et desmolissant les pontz, gastant et faisant trancher aux gaiz, et mettant tout empeschement possible, qu'ilz ne puissent passer, le tout soubz la conduite, commandement et ordonnance du seigneur de Montberauld, chevalier et lieutenant de la compaignie de cinquante hommes d'armes du seig¹ de Bellegarde, commandant à chascun des consulz de faire prendre par chascune desd. compaignies vivres pour se nourrir, dattée du xx° de ce présent moys de février, signée par Mons¹ de Rechon, juge maige.

Quant à la chastellenie de Muret, aujourd'hui je éxécuterai s'il plaist à Dieu [3], et à ceste fin que vous en fassiez

---

1. Qualifié de « licencié es-droictz, advocat plus ancien en l'auditoire du siège de Comenge, » plusieurs fois consul de Muret, lieutenant du juge en 1580. (Registre de Paroisse de l'église Saint-Jacques à Muret, 1578-92.)

2. Semblable lettre fut expédiée au lieutenant du juge de Rivière-Verdun.

3. Pierre Reynés, consul de Muret, et Mathieu Bofat, greffier de la ville, veillèrent à l'exécution de l'ordonnance du maréchal de Damville dans la châtellenie de Muret. Dans une requête qu'ils adressèrent plus tard au juge de Comminges, en vue d'obtenir quelque

l'éxécution au siège de vostre ville et chastellenie d'icelle, je vous envoye coppie de lad. commission, vous prie incontinent y vacquer, sans vous divertir à aultres actes, comme par lad. commission est mandé, et en donner receu et descharge au porteur, pour la descharge de mondict s^r le juge de Comenge, que sera l'endroict, Monsr le lieutenant [où je] me recommande à vostre bonne grâce, prie le Créateur vous tenir en sa garde et vostre maison.

A Muret ce xxi février mil vc. lxx.

Vostre amy et serviteur à vous obéir :
P[IERRE] BUSC.

(Pièce originale. — Archives de Muret : I. Reg. des États)

XXX

1570. — 2 Mars
Lettre du Maréchal de Damville aux Consuls de Muret

Les hommes formant la compagnie du capitaine Barrau, mécontents de leur solde, ont vexé les Muretains. Damville a écrit à ce capitaine pour qu'il s'opposât aux mauvais procédés de la garnison maintenue à Muret. — La solde que chaque homme doit recevoir est fixée à cinq sous par jour.

Consulz de Muret. J'escriptz au cappitaine Barrau de ne bouger de vostre ville, et luy commande très expressement de faire en sorte que ses soldatz vous traictent autrement que de coustume, et afin qu'ilz le puissent faire vous leur baillerés à chascun cinq soubz comme ilz avoient accoustumé d'avoir en ceste ville, ainsi que je leur ay ordonné et que je mande audict Barrau, et ny faysant

---

indemnité pour frais de vacations, nous relevons les détails suivants : « ..... Monseig^r le mareschal de Dampville auroict despesché commission aux cappitolz de Tholose pour se transporter sur les rivières de Garonne et l'Ariége et faire coupper les guaiz d'icelles, lesquelz cappitolz n'y pouvant vacquer auroient surrogé aux consulz de Muret, laquelle commission de subrogation présentée, led. Reynès un d'iceulz, accompaigné du greffier dud. Muret, se seroict transporté au long de lad. rivière de Garonne et illec procédé suivant lad. commission, si auroient vacqué à ce faire, à leurs despens, six jours. » (Arch. de Muret, I. 26.)

faulte, prieray, sur ce, le Créateur vous avoir en sa garde.

De Thle ce 2ᵉ mars 1570.

Vostre bien bon amy : Henri de DAMVILLE.

Aux Consulz de Muret.

(Pièce originale. Signature autographe. — Archives de Muret : I. Reg. des États.)

XXXI

1570. — 5 Mai

Lettre de Fontenilhes a D. Pontic, sindic du Tiers Etat de Comminges

Une assemblée doit se tenir à Mirande par ordre de Monluc. Le Comminges y enverra les trois sindics du clergé, de la noblesse et du tiers, munis de pleins pouvoirs afin de prendre les décisions convenables.

Monsieur le Scindic de Commenge,

Je vous envoye ung double d'une comission que Mʳ de Monluc m'a bailhé, ensemble ung double de lettre de luy pour vous assembler, affin de vous donner entendre la nécessité du païs, de procéder comme il est besoing de y pourvoir affin que les ennemys ne preignent pied sur les subiects du Roy, comme ilz ont commancé desja faire à Tarbe et autres lieux, qu'est cause que ledict sieur me a envoyé de procéder. A ceste cause ne fauldrés de vous rendre au mercredy dixiesme de may à Mirande, où je ne fauldray m'y trouver, pour vous faire entendre toutes choses, qu'est fin, priant Dieu que de mal vous garde.

De Marciac[1], ce vᵉ de may.

Par celuy qui est vostre bon amy : FONTENILHES.

Vous advertirez la noblesse et le clergé pour en venir résolu *(sic)* avec lettres pour tous troys ; et vous prie, incontinent veue la présente, envoyer une lettre que j'envoye à ma femme.

A Monsieur, Monsieur Pontic, scindic de Commenge, à Samatan.

(Pièce originale. Signature autographe. — Archives de Muret : I. Registre des États.)

1. Aujourd'hui chef-lieu de canton de l'arrondissement de Mirande (Gers).

L'assemblée eut lieu, en effet, à Mirande, le onze mai et non le dix. Les sindics de Comminges, Rivière, Astarac, Rivière-Basse, Bigorre et Pardiac se rendirent; mais « pour les pays de Magnoac et de Nébozan nul ne s'est présenté », dit un de nos documents.

Après avoir exhibé ses commissions, Fontenilhes déclare qu'il faut immédiatement procéder à la répartition des impôts nécessaires à l'entretien de diverses compagnies. Sur quoi les sindics se récrient : « A esté remonstré audict sieur de Fontenilhes que pour le service du Roy le peuple estoit obéyssant, prest et à pareilh exposer vie et biens, mais que eulx scindicz n'auroient puissance ni pouvoir de rien départir sans en commuuicquer, à la manière accostumée, chascun en son pays. » De plus, ils demandent quinze jours avant la convocation de l'assemblée prochaine. Enfin, ils supplient M. de Fontenilhes « avoir pitié et commisération de la ruyne du pauvre peuple réduict à l'extrême misère et calamité, de tant que les compaignies consomment le vert et le sec, chose déplorable! des bledz, que l'on couppoyt ainsi en vert!... » Loberon, député de Rivière-Basse, fait remarquer, pour son compte, que le pays dont il est le représentant en cette assemblée « est de la sénéchaussée d'Armagnac auquel commande M. de Montespan », et que ce malheureux pays est ruyné et affollé de une infinité de passatges de camps et garnisons. »

A la vérité, il n'était pas au pouvoir de Fontenilhes de remédier à tous ces maux. Les incursions de Mongonméry, au mois de novembre précédent, avaient été singulièrement préjudiciables à l'Armagnac. Quant au Béarn, ce redoutable capitaine l'avait mis à feu et à sang[1]. Il était question pour Monluc de tenter une expédition en cette misérable contrée : cela ne se réaliserait pas sans exiger de nouveaux subsides... Pour le moment, Fontenilhes se contente de promettre la répression sévère des excès dont se rendent coupables les gens de guerre. S'ils commettent les faits qu'on lui a signalés, ce sera « à la peyne de la vye. » La pauvreté extrême des pays dont il voit et entend les sindics, il en exposera l'étendue à Monluc. Mais que ces mêmes sindics se gardent d'oublier qu'ils doivent se réunir au bout de la quinzaine, investis du droit de décider l'impôt, « aultrement il seroit par lui [Fontenilhes] pourveu et procédé au département des compaignies pour la nourriture et entretènement d'icelles, et des lieux où conviendra estre tenuz et demeurez, pour résister aux entreprinses des ennemys. »[2]

---

[1]. Voy. *Le Protestantisme en Béarn*, par M. Dubarat, p. 151-182. — On y lit un remarquable récit de la campagne de Mongonméry en Béarn, accompagné de la discussion des textes empruntés aux auteurs protestants et catholiques, dans lesquels les phases de l'expédition se trouvent exposées.

[2]. Archives de Muret : États de 1570.

XXXII

1570. — 22 Mai

Projet d'association des Habitants du Comminges

Le projet déjà présenté au parlement de Toulouse vers 1555-1560, d'organiser une association commingeoise capable de tenir tête aux Huguenots, fut repris par l'assemblée des Etats en 1570. Ce nouvel essai de formation de ligue nous paraît, ici encore, assez informe. Les valeureux gentilshommes sont occupés à guerroyer hors du comté, les habitants qui résident veulent se défendre, mais ils sont inhabiles à conduire une entreprise si nouvelle pour eux. Nous ne remarquerons de la décision dans leur conseil et de la netteté dans leurs résolutions que dix-sept ou dix-huit ans plus tard. A cette date, les Commingeois, dont les Huguenots auront souvent envahi le territoire, pourront hélas ! au motif général de « la manutention et deffence de la foy catholique et corone de France... » joindre un argument très personnel : celui de leur existence tous les jours menacée. Aussi les documents relatifs à l'établissement de la ligue de 1587, et surtout de la curieuse « ligue campanère » de 1591-92, témoigneront-ils d'un sens pratique plus exercé, qui saisit les détails d'une organisation minutieuse, autant que d'une volonté à la fois plus dégagée et plus sûre d'elle-même.

Les gens des troys Estatz du pays et comté de Comenge asssemblés dans la maison commune de la ville de Muret, etc.....

Entre aultres délibérations y arrêtées auroient conclud et résolu que pour soubstenir la foy catholicque, coronne de France, et obvier que le pouvre peuple ne soict follé, massacré, pillé, sacagé, comme a esté par cy devant, estre permis ausd. habitans soy assembler chastellenyes par chastellenyes, pour faire association entre eulx et eslire chef et membres pour les tenir prestz et pour le besoing quand se présenteroit, et tous ceulz de lad. association seront présentés au seigneur de Lamezan, scindic de la noblesse, quy en sera colonel.

Faict à lad. assemblée le xxiie jour du moys de may 1570.

(Archives de Muret : Papiers des Etats de Muret, mai 1570.)

XXXIII

1570. — Juin-Juillet

Le Comminges et l'expédition de Monluc en Béarn

Monluc ayant reçu de Charles IX l'ordre de passer en Béarn, écrivait au roi le 8 juin 1570 : « Sire, je cognoy par les lettres que j'ay receu de vostre Majesté... qu'estes mal content de moy pour avoir mis en longueur l'entreprise de Béarn, laquelle j'eusse, longtemps a, exécuté si vostre Majesté m'eust faict délivrer de l'argent pour l'artillerye[1]... » Dans la présente lettre adressée à son gendre Philippe de la Roche de Fontenilhes, Monluc détaille certaines munitions de guerre qu'il convient de lui fournir au plus vite. L'intention de Monluc fut bientôt divulguée. Les capitaines huguenots se préparèrent donc à la résistance, et l'un d'eux, le baron de Montamat, auquel Mongonméry avait laissé le gouvernement de Béarn conjointement avec le baron d'Arros[2], écrivait à cette occasion à la reine de Navarre : «... Nous attendons de jour en jour la venue de M. de Monluc qui nous menace fort. Il est à voir s'il sera si mauvais comme il dict. J'espère que Dieu nous fera la grâce de lui mettre en barbe des gens qui ne sont pas délibérés de se laisser battre[3]... »

1° Lettre de Blaise de Monluc au baron de Fontenilhes [4]

Monsieur de Fontenilhes, j'ay receu présentement lettres du Roy pour aller exécuter l'entreprinse de Béarn.

---

1. *Commentaires et Lettres*, t. V, p. 281.
2. Cf. *Les Huguenots dans le Béarn* et *Les Huguenots en Bigorre*, passim, et en particulier deux notices substantielles consacrées à ces capitaines (*Huguenots en Bigorre*, pp. 171 et 177).
3. *Les Huguenots dans le Béarn*, p. 110. — Lettre du 26 juin 1570.
4. Philippe de la Roche, baron de Fontenilhes, épousa en 1555 Françoise, fille de Blaise de Monluc et d'Antoinette Ysalguier, Chevalier des ordres du roi et guidon de la compagnie de son beau-père, il reçut de celui-ci, en 1568, le commandement de la moitié de ses troupes. « Sire, — lisons-nous dans une lettre de Monluc au roi, en date du 21 octobre — suyvant ce qu'il vous a pleu m'escrire, j'ay desporté la moytié de ma compagnie à Monsieur de Fontenilhes, mon beau filz.... » *(Comm. et Lettres*, t. V, p. 135.) Il possédait la seigneurie de Fontenilhes, autrefois comprise dans la châtellenie de Muret et qui aujourd'hui fait partie du canton de Saint-Lys (Haute-Garonne). Comme ses aïeux il avait droit de séance aux États de Comminges et entendait y conserver sa place : « Messieurs - écrivait-il aux membres de l'assemblée, le 4 décembre 1569 — je pensoys me treuver aux Estatz comme j'avoys délibéré, pour me remémorer au rang que mes prédécesseurs avoyent accoustumé d'estre et aussy d'y servir de toute ma puissance. A quoy vous supplie m'en excuser pour à cette heure, pour ce que suys constrainct m'en aller treuver Monsieur de Monluc pour ung affaire d'importance, mais vous supplieray de commander au greffier des Estatz faire déclaration à M. de Peuget [commis à la recette du

Je vous prie mander promptement aux scindicz du pays, ou laisser Monsieur de Nohé[1] pour ce fère, et vous en aller à Tholose pour m'en admener deux canons et deux colobrynes, deux millières de poldre et les boletz à l'équipolent que le Roy leur mande me bailler, et encores que sa Majesté leur mande, je me crains qu'il y aura assés à fère. Touteffois, je leur escriptz que encores que le Roy ne leur satisfasce les munitions que seront despendues, je leur en fais mon debte exprès, me prometant aussy qu'ilz reprendront aussi ce qu'il me demeurera de la munition par le mesme prix[2]. Et faictes-en vostre debte propre et je leur manderé comme je vous en relepve, ou bien mandés aux marchans de Thle qui me doibvent de l'argent, qui vous en relepvent.

Je vous prie, incontinent veue la présente, layser la charge de tout ce qu'est besoing, et de là, tant pour les vivres que pour les pionniers qui fault que le pays défraye, jusques à ce que je entre dans Béarn, que je le payerai de l'argent du Roy, qu'il y a bien difficulté d'en recouvrer, et si vous voyés que vous faciés plus de nécessité à fère les provisions là où vous estes que aller

---

pays] à quy j'ay donné charge, sçavoir quel rang je doibs tenir, afin que quant une autre foys je me présenteroys je ne treuve poinct que ma place ne soit occupée par autre, car cella pourroyt estre une dispute, de quoy je seray bien [marry]... De Lasserre ce XIIIe décembre 1569. Votre affectionné amy à vous faire service. FONTENILHES. » (Signat. autog. — Arch. de Muret, I. Reg. des Etats.) — Lasserre était un château appartenant aux Fontenilhes, situé près du lieu de La Basidette de Cabrifeuillet, dans la châtellenie de Muret. Ce domaine est appelé dans les actes officiels du XVe s. et du VVIe : « Castrum de la Serra, diocesis Tholose, in judicaturia Convenarum, » et encore : « Apud Castrum de Serra Bastidetta. » — Voy. Archives des Notaires de Toulouse ; Reg. de B. de Paragio, ann. 1495 et 1505.

A-t-on mis au jour, depuis la publication des *Commentaires et Lettres*, par M. de Ruble, quelque lettre de Monluc à Fontenilhes ? Nous l'ignorons. Il est singulier que le gendre ne figure pas parmi les destinataires des célèbres missives du beau-père, car ils eurent l'un avec l'autre de fréquents rapports. On trouve, dans la correspondance de Monluc, la mention de lettres que celui-ci envoie à Fontenilhes, notamment le 5 août 1569 (*Comm. et Lettres*, t. V, p. 205). Semblable indication est donnée dans deux pièces qu'on lira plus loin (lettre de Fontenilhes à M. de Lamezan, 25 juin 1570, et lettre de Cambornac à Galabert, 5 juillet 1570).

1. Roger de Nohé, lieutenant de Fontenilhes.

2. « Ceulx de Tholoze [les Capitouls] m'ont promis bailler quelque artillerie et munitions et pouldres, en m'obligeant à eulx, comme j'ay faict, car autrement n'en ay peu recouvrer. » (*Comm. et Lettres*, t. V, p. 282.)

à Thle, je vous prie y envoyer Monsʳ de Nohé pour faire le mesme effaict, et quant à tout ce que m'avés mandé par Monsʳ du Périer, il fault layser cella jusques au retour.

Je vous envoye le cappitaine Morère pour l'admener avec que vous en Tholose, et envoye une comission pour dresser une compaignie promptement à son frère. Bailhé luy quelque lieu pour soudain la dresser.

Je envoye Mosseu Miquel Malaubère[1] à Tholose, en diligence, porter les Lettres à Messieurs les Cappitoulz, et luy ay donné charge vous rendre responce à Fontenilhes.

1. Michel Malaubère doit être compté parmi les prêtres qui, au xviᵉ s. se transformèrent en soldats. L'évêque de Comminges, Saint-Gelais, exprime d'une façon pittoresque la métamorphose de ces ecclésiastiques batailleurs : « Les prêtres et les moynes quittoyent leur bonnet carré, leur quoqueluche, leurs robbes et leurs habits, pour prendre des morions et des cuirasses, leur bréviaire, pour prendre des harquebuses, des halebardes et autres armes. » (Voy. « Advertissement particulier et véritable de tout ce qui s'est passé en la ville de Tholose, etc. » fol. 82, dans *Le Trésor des Pièces Toulousaines*. Toulouse, imprim. Abadie, 1862. — L'« Advertissement » est attribué à Saint-Gelais.) Ainsi fit Malaubère placé à la tête d'une compagnie d'arquebusiers. *(Comment. et Lettres,* t. III, p. 104.) Lorsque Monluc accourut à Lectoure empêcha cette ville de tomber complètement aux mains des Huguenots, Malaubère l'escortait menant une poignée d'archers. (Monlezun, *Histoire de la Gascogne*, t. V, p. 320.) Enfin, un an après (1568), Malaubère recevait de Monluc la commission suivante, relative à un projet de levée générale d'ecclésiastiques en Gascogne. Le morceau vaut la peine d'être cité : « B. de Monluc, chevalier de l'ordre du Roy, etc. à M. Micheau Malaubère, prebtre. Salut. Nous ayant estés deuement certifiez que les ennemys du Roy, rebelles, sédicieux, perturbateurs du bien et repoz publicque, tant de la ville de Montauban que aultres lieux, voulant faire une nouvelle eslévation pour se faire maistres de la campagne, se saisir des villes et places fortes de tout le pays et courir sur les bons et fidelles subiectz et serviteurs de Sa Majesté, pour à quoy obvier, est besoing et nécessaire faire levée et assemblée du plus grand nombre d'hommes qu'il sera possible, affin de faire en sorte que l'obéyssance et la force en demeure à Sa Majesté : à ceste cause estans deuement certifiez de voz bon sens, expérience au faict de la guerre, fidelité et diligence, vous avons commis et commectons par ces présentes, faire levée et assemblée du plus grand nombre de prebstres et aultres que pourrez treuver, tant aux villes d'Aux, Lombès, Lectoure, Labit de Lomaigne, que aultres diocèzes, et vous ordonnons faire lad. assemblée, pour, icelle faicte, vous acheminer la part où serez commandé pour le service de Sa Majesté, par le seigneur de Saint-Orens, gentilhomme ordinaire de la chambre du Roy, auquel je ay baillé tout pouvoir et puyssance de commander, etc. ; permettans constraindre tous les prebstres à prendre les armes, auxquelz mandons et commandons vous suyvre et obeir à peyne de estre déclarés rebelles et désobéyssans aud. seigneur, et où il y en auroit aulcuns qui vouldroient faire le rétif ou bien qui ne soient pour pourier armes, aud. cas, pourven qu'ilz ayent de quoy pour contribuer à la norriture et entretènement des armées, vous permettons iceulx cottiser, etc. » Les consuls des villes, bourgs et villages traversés par Malaubère et sa troupe sont requis de fournir le vivre et le logement. Donné à Bordeaux, 11 mars 1568. Signé Monluc, contresigné Boéry. — (Copie collationnée à Fleurance par Jacques de Mérenx, juge au comté de Gaure, 15 mars 1568; par Bourthelot, secrétaire d'un des chapitres gascons visés dans la pièce, et par G. Verniolle, notaire à Muret. — (Arch. de Muret, I. *Registre des États.*) — Cfr., I. Appendice, n° XX.)

Je vous prie que le tout soict faict en diligence, et faictes que Messieurs de Tholose vous bailhent un comissaire pour conduire l'artilherie, et s'ils me vouloient prester quatre canonières je leur serois grandement obligé.

Me recommandant de bon cueur à vostre bonne grace, priant Dieu vous donner, Monsieur de Fontenilhes, saincte, heureuse et longue vie.

De Cassaigne ce VIIII de juing 1570.

Vostre père et bon amy, B. DE MONLUC, ainsin signé.

Vous bailherés, s'il vous plaict, commission au cappitaine Ségallas pour dresser une compagnie d'infanterie.

Vostre frère le cappitaine Castera m'a dict que l'on aura des lances dans Thle pour deux testons la pièce. Je vous prie en achapter quatre vingtz, quarante pour vostre compaignie, et autres quarante pour la mienne, et je vous rendray l'argent, et faictes les conduire comme l'artilherie.

Extraict à son original par moy Sainct Pierre.

(Copie. — Archives de Muret : I. Reg. des États.)

***

Monluc attendait du Comminges, pour son expédition de Béarn, un triple secours : des hommes, des munitions de guerre et des vivres. La volonté de Monluc fut transmise aux Commingeois par le baron de Fontenilhes. Chaque châtellenie eut ordre de se réunir séparément et d'élire un chef pour la conduite des hommes d'armes; dans une assemblée générale on devait ensuite se confédérer et régler l'envoi des poudres et des vivres en Béarn. Les consuls délégués par les villages composant la châtellenie de Muret vinrent donc en cette ville le 10 juin 1570. On y voyait les représentants de toutes les communautés sauf ceux de Roquettes, Fontenilhes, Villeneuve et Lespérès. Le juge de Comminges, de Borderia, présidait l'assemblée. Le Tiers Etat, qui la composait exclusivement, était assisté de Cambornac, son coadjuteur ordinaire. Le choix des consuls de Muret se porta sur « noble Mathurin de Sabonnières, sieur de la Bretaiche, abbé d'Eaulnes et scindic de l'Eglise[1]. » Les

---

[1]. Mathurin de Sabonnières, ou de Sabonnères, est simplement mentionné dans la *Gallia christiana*, t. XIII, col. 126, et dans l'*Histoire de Languedoc*, t. IV, p. 635, avec ces deux dates à la suite de son nom : 1560-1569. C'est le supprimer au moment où il va jouer, en Comminges, un rôle actif. Les circonstances étaient difficiles : le pays avait besoin de

consuls des autres communautés, tout en admettant cette élection, se pourvurent en outre d'un conducteur particulier nommé Jean-Jacques de Cazeneuve : quoique chargé de diriger les hommes d'armes des villages, ce capitaine restait sous le commandement « dudict sieur d'Eaulnes »

Les autres châtellenies déclarèrent les noms de leurs conducteurs dans l'assemblée des Etats tenus le 3 juillet 1570 à l'Isle-en-Dodon. Les consuls réunis à l'Isle avaient élu le capitaine Bayault; la châtellenie d'Aurignac avait choisi M. de Saint-Martin, capitaine du chef-lieu; la châtellenie de Saint-Julien, le capitaine Labat; celle de Salies, M. de Roquefort; celle de Castillon, le capitaine Seignan; enfin celle de Fronsac, le capitaine Barbazan[1]. Mais Fontenilhes n'approuva point ce choix (8 juillet). Il admit MM. de Seignan et de Barbazan et rejeta leurs compagnons. Il avoua « ne trouver bonne la nomination faite par les consuls de Salyes de la personne du sieur de Rocafort à cause de l'estat que led. sieur de Rocafort tient, ni des aultres. » Il enjoignit enfin aux députés, de procéder à une élection nouvelle, avant le 17 juillet, exception faite toutefois des consuls de la châtellenie de Muret dispensés d'élire un capitaine à la place de l'abbé d'Eaunes, Fontenilhes y ayant « jà pourveu. »

Cependant la noblesse ne se hâtait pas de former la confédération souhaitée par Monluc. Lorsque M. de Lamezan exprime ce vœu, devant l'assemblée réunie « dans le reffectoire du couvent des Frères Jacoppins de l'Isle-en-Dodon » le 20 juin, et exhibe la commission à lui adressée par le baron de Fontenilhes, les gentilshommes présents délibèrent, « que pour le regard de la association de tant que l'assemblée n'est en nombre souffisant mesme pour le regard de la noblesse, sera surcis jusques au second jour du moys de juillet prochain. » Ces délais mirent Fontenilhes en colère, et, ne tenant nul compte des « cinq cens sacs de bled et cent pyonniers » que l'on tenait à sa disposition, il malmena ses collègues commin-

---

sindics influents et dévoués. Messire Jehan de Saman, archidiacre de Lombez, sindic du clergé depuis longtemps, avait vieilli en l'exercice de sa charge. Il lui était impossible désormais de « vacquer ny entendre bonnement à pourvoir aux affaires et fascheries quy de jour en jour » survenaient audict pays. Il consentit donc à se démettre sur les instances de la Noblesse et du Tiers État qui, dans une séance tenue à Muret le 17 janvier 1570, choisirent Mathurin de Sabonnières pour le remplacer. L'Ordre du clergé n'avait pas pris part à l'élection : elle était donc conditionnelle. Elle fut bientôt ratifiée et l'abbé d'Eaunes prêta serment en qualité de nouveau sindic le 22 janvier suivant.

Sabonnières mourut au mois de mai 1586, étant encore abbé commendataire d'Eaunes. Il fut évêque de Bazens de 1583 à 1586. (Voyez : *États de Comminges*, passim, entre 1570 et 1586; et Archives de la Haute-Garonne : EAUNES.)

1. Le député de Samatan dit que l'élection des conducteurs était faite, en sa châtellenie, mais qu'il ne pouvait en indiquer les noms pour « n'avoir l'acte de leur nomination en main l'ayant oblié apporter. » (Arch. de Muret : États de l'Isle-en-Dodon, 6 juillet 1570.)

geois et essaya même de les intimider en écrivant à leur sindic l'épitre suivante :

2°. — Lettre du baron de Fontenilhes a Mr de Lamezan pour se plaindre du Pays

Monsieur mon voysin.

Je voys bien par la lettre qu'il vous a pleu m'escripre que vous aultres allés tout jour prolonger le temps..... mais, si mal vous vient d'ici en avant, ne vous en prenés à personne que à vous aultres mesmes, et vous respons de gentilhomme et de homme de bien que, au lieu de vous ayder, je seray moy mesme le premier quy vous dorra au contraire, car quy plus y faict, plus y pert, et me faictes tomber en honte, car je avois mandé à Monsr de Monluc que vous seriés les premiers quy comanceriés mettre l'ordre et c'est tout au contraire, car tout le monde a obéy aux commandemens et dès demain les vivres marchent d'ung costé et d'aultre, car ledict sieur m'a commandé de les faire marcher, car il est desjia à Nogaro avec l'artilherie et le camp assemblé[1]. Et suys fort estonné de tant de conseils que vous aultres tenés, car il y a desjia deux moys que ne vos estes peu résoldre à rien. Et, quant à ma part, je espère bien me acquitter de la charge que led. s^r m'a donnée, qu'est que je envoye demain une compaignie à Salyes et à Sainct Mathan, laquelle sera payée aux despens du pays, car, pour voz négligences, l'on ne veult poinct estre surprins comme

---

1. C'est à Nogaro que Monluc convoqua la noblesse, pour fixer avec elle par où l'on commencerait l'attaque dans cette expédition de Béarn — expédition de revanche — et pour répartir entre les pays intéressés la contribution des vivres. Les consuls et sindics de Comminges, appelés à cette réunion, ne se rendirent pas, empêchés par leur propre assemblée d'États L'Isle-en-Dodon, 3 juillet). On détermina leur part contributive sans avoir reçu leur avis. Voici en quels termes Monluc leur fit connaître la décision : « Messieurs les Consulz et Sindics de Comenge. Je ne scay à quoy il a tenu que vous ne vous estes treuvés, suyvant ce que je vous en avoys mandé (*), le 4me de ce moys, en ceste ville de Nogaro, ainsin qu'ont faict les Estatz des autres pays qui estoient assignés, vous déclarant, qu'en vostre absence, il a esté déclaré et ordonné que vous pourterés vostre part et portion de blé, vin, bœufs et motons à la suyte du camp de Béarn, suyvant le despartement que par

(*) Missive perdue : Bertrand Davezac, porteur, la transmit au juge de Comminges, à Muret, le 1er juillet 1570, entre sept et huit heures du soir.

Monsr de Terride¹. Car desjià ceulx de Sainct Gaudens et de Morréjeau y ont pourveu et n'y a que vous aultres, mais en cela je vous asseure que je pourvoierai.

Et pour ce respect des munitions et pyonniers, je vous despêche tout asture vers Monsr de Monluc pour luy mander le peu de compte que vous avez faict de son mandement, et qu'il envoye Monsr de la Chapelle pour faire la levée des pyonniers et taux des vivres, et vous verrés s'yl vous tractera sy doulcement que moy.

Je vous monstreray, par une lettre que Monsr de Monluc m'a escripte, comme il me commande de vous charger plus que je ne avois faict, de quoy, sy l'on eust faict le debvoir je eusse faict passer cela par dissimulation : *mais à l'arroussin qui nou bo sère, Dieü lou doune bast, et aura croustère* ².

Je envoye une lettre à Pontic, que ledict s^r me a envoyée ce jourd'huy. Je croy que c'est pour continuer ma garnison, pour ce qu'il m'a commandé de payer à Pessenas ce que l'on prendroit ; pour ainsin envoyerés ung députté pour aller prendre le compte à Pessenas et satisfaire à ma despance, car n'est raison que ceste seule ville soyet ruynée.

Je escripts une lettre à Monsr de Péguilhan, s'il vous

---

nous en a esté faict le 24 juin 1570, que vous a esté envoyé (sans vous arrester au despartement que Monsr de Fontenilhes en a faict cy-devant), lequel nous voullons que sorte à effect, et pourterés les vivres dans six jours après la réception de ceste presente, et pour vous moustrer que c'est de vouloir et intention du Roy et qu'il vous comande ainsin de fère, je vous envoye une lettre close que Sa Majesté vous escript, de laquelle vous baillerés récepissé au porteur, ensemble de la présente ; et où fauldrés à ce dessus, vous serez cause du retardement du service du Roy, et dorrés occasion à Sa Majesté de se plaindre de vous et à moy de fère chose que ne vouldroys que vous advint, qu'est tout ce que vous puys escripre, priant Dieu vous tenyr en sa saincte garde.

« De Nogaro, ce cinquiesme juillet 1570. Vostre bon amy, De MONLUC.

« A Messieurs les con-ulz et scindicz du pays de Comenge. » — (Pièce originale, signat. autographe. Arch. de Muret, I. Reg. des États.)

1. Allusion au siège d'Orthez par les troupes de Mongonméry (12-14 août 1569), et à la capitulation de Terride (15 août), suivie, au mépris de la foi jurée, du massacre des principaux chefs catholiques. — (Cf. Monlezun, *Hist. de la Gascogne*, t. V, p. 343 et suiv. d'après de Thou et Olhagaray.)

2. Que Dieu donne le bât au roussin qui refuse la selle, et il aura bientôt une plaie formant une croûte. (Cf. « Proverbes et Dictons de la Gascogne », extraits d'un manuscrit de Daignan du Sendat, publiés, en 1850, à la suite de *Lou Parterre gascoun* de Bedout, p. 75.)

plaist luy faire tenir, qu'il m'en face responce, car fault que je l'aye mercredi de matin, que je m'en vais, sans faillir, au camp.

Qu'est fin, etc., me recommande, etc.

A Fontanilhes, ce dimanche.

Votre affectionné voysin à vous faire service :

FONTENILHES.

Et l'adresse sur le repli : A Monsr mon voysin, Monsr de Lamezan.

Extraict de son propre original, et avec icelluy deuement collationné, par moy notaire royal de la ville de Muret, soubsigné, le XXIe juing mil v^c LXX. VERNIOLLE, notaire. — Coppie de lettre missive que le sieur et baron de Fontanilhes envoye au sieur de Lamezan, du 25e juing 1570.

<small>(Arch. de Muret : États de l'Isle-en-Dodon, et I. Registre des États de Comminges.)</small>

Cette lettre produisit son effet. Peu de jours après, les États en ayant pris connaissance à l'Isle-en-Dodon, décrétèrent l'envoi immédiat de vivres et de gens. Deux commissaires : Jean Sénac, consul de Muret, et Bernard Cabalby, sindic de la vicomté de Couserans, furent désignés afin de trouver, d'accord avec M. de Noé, « poids et quantité de 500 sacs bled pour estre conduict et apporté en la ville de Marciac ou au camp qu'est en Béarn ». Les délégués avaient mandat de « contracter avec led. sieur de Noé, et aultres que besoing sera, pour led. bled et aultres vivres qui pourroient estre demandés par led. s^r de Monluc aud. pays, et obliger aussi les biens dud. pays à la moindre folle qui leur sera possible ». (Cf. Archiv. de Muret : États de l'Isle-en-Dodon, 3 juillet 1570, et procès-verbal de l'assemblée restreinte tenue à Muret le 18 juillet en la maison du juge de Comminges : I. Registre des États.)

*
* *

Tout ne consistait pas en l'expédition des munitions et des vivres. Encore fallait-il leur assurer conservation et pleine sécurité durant le transport. Les laisser tomber, chemin faisant, aux mains des ennemis eût été la pire des manœuvres. De là un ensemble de précautions concertées sur toute la ligne d'opérations, ayant pour but d'interdire aux Huguenots l'accès des ponts de la Garonne, par où pouvait se produire une invasion imprévue. En Comminges et en Nébouzan on fit bonne garde ; les pièces que l'on va lire prouvent surabondamment, qu'en ceci, les avis prudents ne firent point défaut.

3° — Lettre d'Antoine Cambornac, Coadjuteur du Syndic du Tiers Etat, a Georges Galabert, greffier

Monsieur Galabert. Ayant ce jour d'huy Mr de Fontenilhes reçu paquet de Mr de Monluc, contenant qu'il fit marcher l'artillerie à toute diligence, et que les rivières et passaiges de Guaronne feussent bien gardés, il m'a commandé que demain ne fault [manquer] lui porter la nomination que les villes ont faict pour leurs chefz, ce que je vous prie faire et ne diférer, et vous prie remonstrer et exorter Messrs les consulz de fère conduire les pyonniers comme et au jour qu'a esté arresté, et que chascun villaige paie les siens, et ce faisant nous demeurerons quictes des charges contenues ez comtes de Mr de Monluc, que sera tant que je me recommande à vostre bonne grâce, priant Dieu qu'il vous donne la santé.

De Fontanilhes ce 5e juilhet 1570.

Par vostre amy et compère : A. Cambornac.

A M^r, Mr Galabert, greffier des Estatz de Comenge à Muret.

(Archives de Muret. — I. Registre des États.)

4° — Lettre du Baron de Fontenilhes aux Consuls de Saint-Julien [1]

Messieurs de Sainct Julien. Je fais marcher l'artilherie; pour ceste cause ne faillés de faire bonne garde, et tenir en armes ceux de vostre chastellenie sur la rivière afin que l'ennemy ne puisse faire aulcune entreprinse sur ladite artilherie, et à ce ne ferez faulte à peine de respondre de toutes les surprinses qui pourroient survenir par vostre défault. M'assurant de vostre diligence ne vous fais plus longue lettre, me recommandant à vous autres.

Ce neufviesme juillet [1570.]

Vostre bon amy : Fontenilhes, ainsin signé.

Sur le repli : A Messieurs les Consulz de Sainct Julien.

(Copie. — Archives de Muret. I. Registre des États.)

---

1. Chef-lieu de la châtellenie de ce nom en Comminges, aujourd'hui village du canton de Rieux (Haute-Garonne).

5° — Lettre des Consuls de Muret

Messieurs de consulz, scindicz, manans et habitans des villes et lieux du près et au long de la rivière de Garonne, serez advertiz qu'il y a mandement du lieutenant du Roy que tous ses bons subiectz et catholiques se mectent en armes, pour la garde de ladicte rivière, afin que l'ennemy ne passe, ny puysse surprendre l'artilherie qui marche au camp de Béarn; et encore seroict besoing de faire meilheure garde que jamais, car l'ennemy ayant gaigné et surprins la ville de Mazères, tasche à passer lad. rivière et faire tous ses effortz pour rompre led. camp, et pouvez penser en quel malheur vous tomberiez, que sera fin, priant le Créateur vous maintenir en sa garde.

De Muret, ce lundy au soir, x[e] de juillet 1570.

Vos bons amys : Les Consulz de Muret[1].

(Copie. — Arch. de Muret : I. Registre des États.)

Grâce à cette vigilance, le convoi des munitions de guerre et des provisions de bouche[2] arriva sain et sauf à Rabastens. Le château de cette ville commandait à la fois la Bigorre et le Béarn[3]. C'est là que Monluc avait concentré ses forces et c'est par là qu'il voulait commencer l'attaque. On sait comment les troupes catholiques eurent raison, après bien des efforts, de la résistance des assiégés, et à quel prix Monluc acheta le succès : « Après avoir long temps canoné et avec perte de plusieurs bons hommes, il feit rendre ledict château à l'obéyssance du Roy nostre sire, mais non sans domaige

---

1. « Sçavaric d'Aure, baron de Larboust », en vertu de la commission à lui envoyée le 4 octobre 1569 par Damville, avait la surintendance « des pays, villes, bourcs et bourgades estans le long des rivières de l'Adour et de l'Aros et des environs. » Il établit des garnisons « tant en la ville de Sainct Gaudens que aultres villes et chasteaux circonvoysins. » Ses troupes ainsi disséminées devaient « partir d'illec en hors, garder les passaiges de la rivière de Garonne, à ce que les ennemys du Roy ne puyssent rien entreprendre contre son service... » Le Comminges et les Aides déjà mis à contribution par Monluc, pour l'entretien du camp de Béarn, résistèrent au baron de Larboust lorsqu'il leur réclama des vivres pour les garnisons placées en Nébouzan. (Despartement des vivres et munitions pour estre portés en la ville de Sainct Gaudens, faict par M. le baron de Larboust. Archives de Muret : I. Reg. des États. Cf. Commission de M. de Larboust pour commander, etc. — Les Huguenots en Bigorre, p. 122.)

2. Il fut constamment protégé par deux soldats et surveillé par les commissaires des États Sénac et Cabalby. Ceux-ci restèrent un mois hors de chez eux « au grand danger de leurs personnes. » (Requête de Sénac et Cabalby. Arch. de Muret, I. Reg. des États.)

3. Monlezun ; Hist. de la Gascogne, t. V, p. 367.

de sa personne, qui à la bresche feut blessé d'une arquebusade travers le nés, et plusieurs capitaines tués... »[1] Deux jours après ces événements (25 juillet 1570), le valeureux capitaine se voyait obligé de déléguer le commandement de l'armée et de l'expédition en Béarn, à cause de sa blessure, aux sieurs de Gondrin, Tilladet de Saint-Orens, de Gohas et de Madailhan[2]. En réalité, la disparition momentanée de Monluc mit fin à la campagne.

XXXIV

1571 — 1572

État du Comté de Comminges
de la paix de Saint-Germain a la Saint-Barthélemy

Le traité de paix signé le 8 août 1570, entre Charles IX et les Religionnaires, donna au royaume deux années de tranquillité. A partir de ce moment, qui coïncidait avec la fin de l'expédition de Monluc en Béarn, le Comminges entra dans une période de calme qu'aucune hostilité ne vint troubler, sur aucun point du territoire. La satisfaction fut universelle. A la fin de l'année suivante, cette heureuse situation n'avait pas été modifiée, et à l'ouverture des Etats tenus à Muret, en décembre 1571, le commissaire royal se félicitait, à juste titre, « du grand bien qui procède de la paix. » Il aurait pu tenir le même langage l'année suivante.

Il n'y eut pas de Saint-Barthélemy chez les Commingeois.

Grâce à la sécurité des routes, les Etats se réunirent souvent[3] dans le but de vérifier les dettes du pays et d'en procurer le paiement. L'examen des emprunts rendus obligatoires au cours des années 1568, 1569 et 1570, révéla un passif accablant pour une contrée déjà si misérable. En dehors des taxes usitées telles que tailles, taillons, crues de quelques sols pour livre, gages des officiers des Etats, frais des assemblées, dont il n'est pas question ici, on peut rattacher à quatre chefs principaux les impositions extraordinaires mises en Comminges : marches des hommes d'armes, garnisons permanentes, envoi des munitions en Béarn et garde des rivières, enfin levée inaccoutumée des deniers royaux.

Impossible d'évaluer les déprédations des troupes de passage qui sillonnent la région. Ne point leur fournir la solde au jour marqué,

---

1 *Les Huguenots en Bigorre*, p. 164. — Enquête faite en 1575.

2. Document signalé en ces termes par M. le baron Alphonse de Ruble. *(Commentaires et Lettres*, t. V, p. 341.)

3. Assemblée des Etats en septembre 1570 à Samatan ; en novembre 1570, à Muret ; en mai 1571, à Muret ; en juillet 1571, au château de Lamezan ; en août 1571, à Samatan; en octobre et en décembre 1571, à Muret.

c'est s'exposer à les voir se payer elles-mêmes et prendre en nature, avec dépit, sans justice ni discernement, plus que l'équivalent de la dette [1].

Si le maintien des garnisons, aux chefs-lieux des châtellenies, est indispensable et procure, après tout, un grand bienfait, quelles charges pécuniaires n'en résultent pas ! Du mois de mars au mois d'août 1570, les compagnies de Fontenilhes, Montagut, Bellegarde, La Ylhère et Maucabana reçoivent 25,000 livres [2]. La seule garde des passages de la Garonne et du Salat coûte 10.150 livres aux communautés riveraines, sans y comprendre les dégâts et dommages tels que la rupture des ponts, la cessation du trafic, etc. [3] Mais le surcroît excessif, ruineux, de dépenses, vient du côté du roi. Obligé d'emprunter, il ne peut pas rendre ; il lui faut imaginer des taxes, des crues, des subsides, des impôts énormes au mépris des privilèges les mieux établis. Lorsque sur la demande de Monluc, évêque de Valence, surintendant des finances, les États dressent le catalogue des impositions exigées par la couronne, le seul Comminges peut justifier, qu'en trois ans, il a versé 193 418 livres. Total assez éloquent par lui-même, mais qu'accompagne cependant un commentaire très explicatif: sans comprendre en cette somme, disent les États, « les despances, fournitures, folles et ruynes que chascun en ses ville et maison a souffert, tant par les ennemys passans par led. pays, que compagnies de gens de guerre ... lesquelles passans et repassans et séjournans audit pays, ont tellement oppressé les habitans, que la plupart ont esté constrainctz abandonner leur maison, et eux et leur famille aller au pain quérans [4]. »

Aux 193.413 livres, cause de ces trop justes réflexions, il faut joindre, comme complément nécessaire, les 30 000 livres qu'il fallut s'imposer, le 16 mai 1571, pour solder les « Reystres et Souyces » engagés au service du roi [5].

1. Motif de crainte absolument fondé. Il triomphe de l'hésitation des États généraux de Guyenne réunis à Agen (30 juillet 1571), quand, au nom du roi, on les exhorte à voter le paiement immédiat d'un impôt destiné aux troupes. (Voyez le procès-verbal de cette assemblée parmi les papiers des États de Comminges, tenus à Muret, en décembre 1571.)
2. Signalons aussi, en 1571, la présence de la compagnie du capitaine Roquefort à Lussan (châtellenie d'Aurignac). Elle comptait deux ecclésiastiques sous les armes : Jean Dangla et Jean Verdier, prêtres. (1571, mois de décembre : États tenus à Muret.)
3. Pour sa part, la petite communauté de Roques, en la châtellenie de Muret, a entretenu des gens armés, sur le bord de la Garonne, pendant huit jours et huit nuits. Ils ont gardé les passages, rompu les ponts, enfoui les bateaux. On évalue à 200 livres l'indemnité due aux habitants. (Cf. Lettre et ordonnance des capitouls aux consuls de Roques ; rôle et requête de ceux-ci aux États tenus à Samatan en septembre 1570. — Pour ce qui concerne l'expédition de Béarn, voyez numéro XXXIII.)
4. Voy. « Estat abrégé et au vray des deniers cotizés et imposés, etc... ». (Arch. de Muret. États tenus à Samatan en septembre 1570.)
5. Le paiement des Reitres et Suisses fut cotisé en conséquence des Lettres patentes, données par le roi, « au faubourg Saint-Honoré-les-Paris », le 5 mars 1571. (Arch. de Muret. États tenus à Muret, en mai 1571.)

Les États, en présence des dettes qui pesaient sur le pays, déléguèrent Mathurin de Sabonnières, abbé d'Eaunes, vers le roi. Ce zélé sindic du clergé était chargé d'obtenir la permission de répartir progressivement, sur l'ensemble du Comminges et des Aides, le montant du passif, afin de satisfaire les créanciers. Le remboursement des dettes eût été possible à la condition de jouir d'une paix durable : malheureusement des soulèvements plus ou moins considérables, en divers lieux des massacres, suivirent la funeste journée du 24 août 1572. La Saint-Barthélemy provoqua surtout en Couserans de sanglantes représailles; on vit s'agiter de nouveau les Religionnaires du comté de Foix. Les Huguenots sortis des châteaux et forts de Camarade, le Mas d'Azil, etc., pillèrent plusieurs villes et villages du Couserans : il fut urgent de voler au secours de cette frontière toujours exposée. A la demande des députés du diocèse de Saint-Lizier et des sindics de Salies, Aspet, Castillon, Saint-Girons, Lescure, le marquis de Villars accorda le rétablissement d'une compagnie : Aymery de Commenge eut le commandement de 80 hommes. L'évêque, Hector d'Ossun, fut préposé à la distribution des soldes. Lui et son clergé, faisant brèche à une immunité séculaire, offrirent de subir une imposition de 1.000 livres pour l'entretien de la garnison (22 nov. 1572). — C'en était fait de la paix en Comminges et pour longtemps! (Arch. de Muret, L. 11.)

XXXV

1572 — Septembre — et 1573

Troubles en Couserans
et dans le haut pays de Comminges.
Maintien des Garnisons.

Après la Saint-Barthélemy c'est en Couserans, nous l'avons dit, et dans le haut pays de Comminges que se produisent principalement les mouvements des Religionnaires... Les Huguenots sortis du Mas-d'Azil et de Camarade s'emparent de Lescure et de Mórigon (18 décembre 1572). A Taurignan ils saccagent « le bien des pauvres habitantz dud. Consulat. » Les hameaux épars dans la campagne ne sont pas négligés. Cinq maisons brûlent à Galhan, huit ou neuf aux Serres. Le seigneur de Taurignan perd deux métairies, six juments, sept paires de bœufs. La libération de quelques habitants de Mercenac et de Sentaralbe coûte mille écus. Cent vingt gerbières flambent au lieu appelé Lorp. Suivant l'attestation des consuls de Montardit, les habitants de Contrazi « pilhés, rançonnés, emprisonnés et bruslés... sont esté constrainctz quitter leurs biens et se rendre fuytifs... » Dans la juridiction de Montesquieu-de-Lavantès on ne peut procéder au « faict de la culhète des fruictz » que grâce à la présence de l'évêque de Couserans et d'Aymery de Commenge. Tandis que d'Ossun travaille à libérer Mérigon et Lescure, les Religionnaires envahissent Montbrun. L'évêque et certains gentilshommes s'appliquent alors, mais vainement, à « faire vuider les ennemys. » Cinq ou six cents Huguenots surviennent et voilà nos gentilshommes pris entre deux feux. Le danger est extrême. « Si ne feust esté l'advis, conseil et deffence faicte par le cappitaine de Roquemaurel et aultres, [les Religionnaires] heussent couppé la gorge à la plus grande partie de ceux-là... et encores, en occirent environ de six à sept personnaiges, et en constituèrent prisonniers aultant. » Un des consuls de Montbrun est saisi et son rachat coûte « six cents escutz petitz, sans y comprendre les aultres personnes. »[1]

Ces événements décidèrent les villes de Saint-Girons et de Saint-Lizier, très exposées, à réclamer des garnisons[2]. Dominique Pontic fit observer que, si l'on en croyait plusieurs avertissements, « certaines trouppes de ceulx de la nouvelle prétendue religion seroient venuez ez lieux de Lescure et aultres villes dudict comté pour surprendre tout le païs. » Or, les habitants des villes ou villages menacés ne sont pas préparés à résister, car « personne ne leur faict assistance, tellement qu'il en pourroit advenir quelque grand scandalle et le païs surprins... » Les États, pour garantir la conservation des Aides, et en particulier de Saint-Girons et de Saint-Lizier, ordonnèrent le rétablissement d'une compagnie de 200 hommes pendant deux mois. Le marquis de Villars devait être aussitôt informé des manœuvres de l'ennemi.

Les entreprises des Religionnaires n'inspiraient pas d'ailleurs, toutes seules, des inquiétudes. A la faveur de la perturbation générale et du défaut de répression des délits, des bandes de malfaiteurs étaient en embuscade un peu partout. Elles infestaient le Couserans et le Haut-Comminges. « Certaines compagnies de gens, déclarait le sindic B. Cabalby, se sont rassembléez et ramasséez dans le païs, qui pillent, saccagent, ravagent tout ce qu'ilz peuvent aux pauvres habitans, et leur couppent la gorge sur les chemins, tellement qu'il n'y a homme qui ose aller, ny qui soit sûr dans la maison... »[3]

---

1. Résumé ou extrait de diverses pièces. — Voy. Arch. de Muret : États de Samatan, 2 décembre 1572, et les États tenus au cours de l'année 1573, passim.

2. Arch. de Muret : États de Muret, 19 avril 1573.

3. États de Muret, avril 1573. — A rapprocher des « Remonstrances de 1572, adressées au roi par le Parlement de Toulouse : « Vous remonstrent aussi que au pays de Comen-

Sans doute, on n'ignore pas qu'en de telles occurrences, chacun a le droit de courir sus aux pillards et de les détruire, mais on ne signale aucun cas où cette justice sommaire ait été accomplie. Reste donc à s'adresser au procureur qui invitera « les plus prochains magistrats » à informer contre les coupables et à les traîner devant le lieutenant de Sa Majesté... Mais ces belles paroles ne modifient point une situation intolérable, de laquelle a disparu toute sécurité.

Les garnisons accordées en avril sont maintenues les mois suivants, conduites en divers lieux par du Bourguet, de la compagnie de Francesco d'Est, mieux gouvernées dans le haut pays par Aymery de Commenge. Ces hommes d'armes de F. d'Est en prennent un peu trop à l'aise avec les Commingeois. Leurs chefs se plaisent aux parades, oubliant que les « monstres » coûteuses sont redoutées à Muret, à Samatan et ailleurs. Leur va-et-vient provoque les plaintes des communautés de La Vernose, de La Casse, du Fauga, de Saint-Hilaire (châtellenie de Muret), où les gens de guerre « vivent à discrétion ».[1] On est obligé de prier le marquis de Villars d'interposer son autorité pour expédier ces soldats vers Saint-Girons « proches de l'ennemy, aux fins de luy tenir teste... »[2]

XXXVI

1572. — 22 Décembre

Prise et « Desmantellement » du lieu de la Cave

Le capitaine Verger, à la tête d'une troupe de Huguenots, s'empara, le 22 décembre 1572, du lieu de la Cave[3]. Aymery de Commenge dressa son camp dans le voisinage des ennemis peu après l'invasion et requit les villages de la châtellenie de Salies de lui fournir des vivres. Les capitaines Saboliès et La Mothe, ainsi que le baron de Montalban et ses gens, lui prêtèrent main-forte. On

ge, aucuns se sont tellement deshordez, qu'ilz ont commis et commettent ordinairement toute espèce de crimes, jusques à y faire guerre ouverte, au grand scandale de vos subjects, lesquels ils tuent, volent et ravissent leurs biens, mesme les ecclésiastiques, les troublent en la perception des fruits de leurs bénefices, battant et maltraitant lorsqu'ils en poursuivent la réparation ; en telle sorte que s'il n'y est promptement pourveu, seroit impossible ausdicts ecclésiastiques faire continuer le service divin... etc... pour à quoy pourvoir... etc... » (Voy. H Castillon, *Histoire des Populations Pyrénéennes*, t. II, p. 398.)

1. Etats de Muret, 3 septembre 1573.
2. Etats de Muret, 1 février 1574.
3. Alias le 17 décembre.

emprunta quelques machines de guerre à Madame de Mauléon. Le château, arraché aux Religionnaires le jour de Noël, fut démoli le jour des Rois Les pièces suivantes complètent les détails que nous venons de résumer.

1°. — Lettre d'Aymery de Commenge aux Consuls de Salies

Messieurs de Consuls de Salh[i]es. Vous estes advertis des forces quy sont en ce lieu de La Cave, depuis deux jours, pour la recouvranse de la forteresse que l'ennemy tient. Led. lieu de La Cave a supporté les frès de la despense, et est bien raysonable que vous leur aydiés à porter la folle, pour le dangé à quoy vous demeurés si l'ennemy a la mestrise, que est cause que je vous prie fère porter vivres en ceste diligense, de fère cuire sept ou huit cestiers de blé, demi dotzène de motons, et une vache, et si vous ne vous préparés à balher vivres, l'on sera constraint en prendre, ce que ne se put fère sans désordre, que est cause que je vous prie ne y voloir faillir.

De La Cave ce jour de Noel xxv° décembre 1572.

Vostre bien affectionné voésin :

AYMERY DE COMMENGE.

(Pièce originale, signature autographe. — Arch. de Muret : États de Muret, 19 avril 1573.)

2° — Lettre des Consuls de Salies a ceux de Saleich [1]

Messieurs de Consulz. Hier quatriesme du présent moys de janvier, en ceste ville de Salies, par le seigneur de Roquefort [Aymery de Commenge] chevalier de l'ordre du Roy, les Consulz dud. Salies appelés, et présens les autres Consulz de la Chastellenie, feust ordonné que suivant la volonté du Roy les forts de La Cave et Labastide [2] seront desmolis et rendus inutilles aux ennemys et que vostre lieu et vallée de Saleix comme estans du corps de Comenge, se fourniroit et à [ses] despens, de six hom-

---
1. Aujourd'hui village du canton de Salies (Haute-Garonne).
2. La Bastide-du-Salat, dans la châtellenie de Salies.

mes, lesquelz fault soient au lieu de La Cave le jour des Roys, grand matin, armés de picz, perpaulx et aultres harnois necessaires aud. desmolissement[1], et le seigneur de La Mota vostre cappitayne sera aud. lieu de La Cave, espérant que comme bons voésins, joinct qu'est pour le service du Roy, ne fauldrés. Et sera fin.

De Salies, ce v° Janvier 1573.

Par vos bons amys et voésins :

LES CONSULZ DE SALIES

A Messieurs les Consulz de Saleix.

(Pièce originale. — Arch. de Muret : Etats de Muret, 19 avril 1573.)

3° — MISSIVE DE MADAME DE MAULÉON [AUX ÉTATS].

Messieurs, dernièrement, pour tirer le cappitaine Verger et ses adhérans du lieu de La Cave duquel s'estoient saisys, faisant plusieurs maulx, bruslemens et aultres brigauderies par le pays, les scindicz et consulz du pays me emprumptèrent trois pièces d'artillerie avec promesse que si [elles] se rompoient, ilz me les refferoient à leurs despens, et le cas advint que en expulsant ledict Verger touz lesd. pièces se rompirent et mirent en pièces[2] ; et suyvant lad. promesse, vouldroys prier le pays de faire venir [un] mestre pour me reffere lesd. piesses et remettre en nature au lieu de Prat, ouffrant faire la despence de bouche au mestre et ses serviteurs, et luy bailler lougys et que le pays paye sa main, de quoy faire en reprie le pays.

Messieurs, je prie le Seigneur avec sancté vous donner sa grâce, me recommandant affectueusement à la vostre.

De Prat[3] ce segond décembre 1573.

1. « fut besoing et nécessaire... mener et conduire deux grands mosquets pour faire abattre les défenses du Fort. » Les consuls de Salies fournirent six maçons « pour desmanteller le château de La Cave. » — Arch. de Muret : Etats du 19 avril 1573.
2. Les consuls de Prat font observer que « les pièces de campaignhe empruntées à Mme de Mauléon se seroient rompues en frappant contre le fort. » — États du 19 avril 1573.
3. Baronnie de Prat, en la châtellenie de Salies. Les de Mauléon sont seigneurs du lieu.

Vostre plus obéyssante voisine affectionnée à vous faire service.

… DE MAULÉON.

Messieurs, Messieurs tenant les Troys Estatz, en Comenge.

(Archives de Muret : États du mois de décembre 1573.)

XXXVII

1573. — MARS-AVRIL

LES HUGUENOTS A SAINT-SEVER DE RUSTAN

La destruction de Saint-Sever de Rustan par les Huguenots, le 10 mars 1573, forme un des épisodes les plus célèbres des guerres de religion en Bigorre. Nous n'avons pas à nous étendre sur ce sujet, mis amplement en lumière par la publication de l'enquête que provoquèrent les habitants de cette malheureuse communauté [1]. Toutefois nous devons citer un document qui confirme les dépositions des témoins appelés, en 1575, devant Charles de Relongue, juge de Rivière, commissaire subrogé. De nos jours, quelques auteurs, un peu trop intéressés dans l'affaire, ont essayé, sans nier le désastre, d'en atténuer la portée. Ils ont avancé qu'une enquête, postérieure de deux ans et demi aux événements qu'il s'agissait de déterminer, risquait d'être inexacte. La pièce que nous produisons est contemporaine des faits. Cette pièce, nécessairement plus brève que l'enquête, la contient en germe et la justifie. L'objection reste donc sans force [2].

Les Etats tenant séance à Muret, le 19 avril 1573,

…Auroict compareu maistre Jehan de Senaulx, receveur du pays et comté de Commenge, qui a requis sommaire aprinse [*aprisia*, enquête] et attestation luy estre faicte par

---

1. Voyez dans les *Huguenots en Bigorre*, pp. 133-160, « Enquête sur la prise de Saint-Sever… », etc.

2. On ne doit pas s'étonner de nous voir glisser, dans le dossier des guerres de religion en Comminges, un document qui paraît appartenir exclusivement à la Bigorre. La prise de Saint-Sever intéressait singulièrement le Comminges et fut portée à la connaissance des Etats, qui eurent à délibérer de ce chef. Saint-Sever et ses adhérants étaient, en effet, unis au Comminges pour les Tailles. C'est d'ici que partaient les « Mandes » ou « Despartemens » fixant leur quotité d'après le nombre des villages ayant adhéré, et l'étendue de leur territoire. C'est ici que Saint-Sever envoyait sa contribution. Il était de toute justice que les habitants de ce lieu se fissent défendre et secourir par ceux qu'ils aidaient eux-mêmes de leurs deniers, et auxquels, en un sens, ils appartenaient. Telle est l'explication très simple de l'intervention des Etats de Comminges dans les affaires de Saint-Sever.

les habitans dudict pays et lieux plus proches de Saint-Sever de Rustang, estans en ladicte assemblée, comme lad. ville de Saint-Sever de Rustang a esté prinse par les ennemys de Dieu et du Roy, de la nouvelle secte et oppinion, quy longtemps après l'avoir tenue et occupée l'ont ruynée et bruslée et rendue inhabitable ; de quoy sommaire aprinse faicte avec Arnauld Raimond et Jacques Sentoux dud. lieu qui ont attesté par serment lad. ville de Saint-Sever de Rustaing avoir esté bruslée par ceulx de la nouvelle oppinion, horsmis l'esglise pour ce qu'estoit haulte et de murailhe, une maison et ung molin, comme ilz sçavent pour l'avoir veu depuis que lesd. ennemys l'ont quittée.

Les États ordonnent qu'il en sera fait enquête pour servir en temps et lieu.

Ce procès-verbal, si succinct qu'il soit, suggère quelques observations. Il a été écrit le 19 avril 1573. Or, les Huguenots, maîtres de Saint-Sever depuis le 10 mars précédent, y sont restés de cinq à six semaines. Peut-être quelques-uns y séjournaient-ils encore lors de la rédaction de ce document. A ce moment, le marquis de Villars avait donné commission au baron de Larboust de se rendre à Saint-Sever, avec sa compagnie, pour reprendre la ville « détenue par ceulx de la novelle oppinion. »[1] Le baron fit demander aux États, le jour même où Jean de Senaulx réclamait l'attestation signalée plus haut, de lui accorder 3.000 livres pour l'entretien des hommes d'armes. Il y a lieu de penser que si quelques Huguenots séjournaient à Saint-Sever peu après le 19 avril, l'approche des troupes les fit détaler. Celles-ci ne trouvèrent que des ruines accumulées par l'incendie. Au dire des témoins cités en 1575, les Religionnaires ne laissèrent debout que quelques masures écartées, situées près des murs de la ville. L'église du monastère fut en partie brûlée.[2] Ses hautes murailles résistèrent seules à l'action du feu, tandis que les chétives maisons des habitants du lieu, construites en des conditions bien inférieures, furent rapidement anéanties.

Comme on le devine sans peine, le territoire avoisinant Saint-Sever fut rançonné par les Religionnaires. Jacques Sentoux, sin-

---

1. États de Muret, 19 avril 1573.
2. Cfr. : Monlezun, *Histoire de Gascogne*, t. V, p. 397 ; — B. de Lagrèze, *Histoire religieuse de la Bigorre*, Paris, 1863, p. 207-208 (cet auteur indique les parties conservées de l'ancienne église) ; — et *Sommaire description du Païs et Comté de Bigorre*, p. 150. Auch 1887. (Archives historiques de la Gascogne.)

dic de Pardiac, vint l'affirmer aux Etats, au nom des villages qu'il représentait : « Ils sont journellement, dit-il, pressez et tourmantez par les ennemys de la nouvelle oppinion, à cause qu'ilz n'ont gens pour tenir main forte, et toutesfoys contribuyssent aux garnisons qui sont dans le comté, eulx estans des Aydes, requiert semblablement que le corps et comté contribuysse à leur nécessité quy est bien grande, et leur ayde aux affaires quy s'offrent. » [1]

Un des témoins entendus en 1575 indique les villages de Montégut et de Montmouloux comme ayant été le principal objectif des pillards aux environs de Saint-Sever. [2] Les Etats s'occupèrent nécessairement de cette lamentable situation. [3]

On le voit, en cette année 1573, du Bas-Comminges aux points extrêmes des Aides, les Religionnaires travaillaient efficacement à désoler le pays. Il eût fallu une main singulièrement énergique et de grosses ressources, pour conjurer le mal et relever les ruines; les Etats n'étaient ni assez puissants, ni assez riches : en Comminges, cette main ne se fit pas sentir.

XXXVIII

1573. — Mars-Décembre

Huguenots à Muret et aux environs de cette ville

En 1573, pour la première fois depuis le commencement des troubles, les archives des États nous montrent une ville du Comminges mise en péril de révolte par la conspiration d'une partie

---

1. Etats de Muret, 19 avril 1573.
2. « .... Mès principalement led. Montégut, pour ce qu'il estoit plus prochain et comode; et ung autre dict Moumolous; lesquelz deux vilatges ilz auroit pilhée et bruslé toutes les beles maisons ... etc. » (*Huguenots en Bigorre*, p. 147). — Moumolous, aujourd'hui Montmouloux (Hautes-Pyrénées).
3. Le comté de Pardiac et la communauté appelée Estampures à laquelle adhéraient Moumolous, Mont et Marseilhan, formant ensemble quatre paroisses, contribuaient en Comminges pour les Tailles. Les États de ce pays envoyaient « Mandes » et « Despartemens » spéciaux à Estampures, Pardiac et Saint-Sever. Le témoin V. Douléac, qui figure dans l'enquête de 1575, et qui « dict que led. terroyr de Moumolous est acys au teroyr et jur[idicti]on de Comenge (*Huguenots en Bigorre*, p. 148), donne à ses paroles un sens restreint. Il considère que lui et ses concitoyens appartiennent au lieu où ils effectuent le versement des Tailles. Dans toute l'étendue des Aides on simplifie, et sans trop distinguer, on se dit du Comminges. — A propos des termes employés par Douléac, les auteurs des *Huguenots en Bigorre* se posent (p. 149) cette question : « Par quelle singularité ce petit village [Moumolous], situé sur l'extrême limite du comté de Pardiac, relèverait-il du Comminges? Tout au plus serait-il dans la juridiction de Rivière-Verdun. » Nous croyons que l'explication fournie plus haut suffit à résoudre la difficulté. En fait d'attribution de lieux à telle « Recepte » ou à telle autre, il faut s'attendre à beaucoup d'énigmes que l'étude des anciennes divisions financières et de leurs origines rendra moins singulières à nos yeux.

de ses habitants. Nous l'avons déjà dit : les Huguenots, coalisés et en armes, n'ont jamais prolongé leur séjour dans les localités ou châteaux du comté dont ils se sont rendus maîtres. Cependant, il s'est rencontré des personnages turbulents qui, ayant adhéré à la secte, ont essayé de livrer quelques places aux ennemis du roi. Ce fait s'est produit, dès le début de l'année 1573, à Muret.

Cette ville, siège principal du Comminges, rapprochée de Toulouse, dont le château naturellement défendu par la Louge et la Garonne pouvait permettre ou empêcher l'accès du territoire commingeois, formait une position stratégique alors très enviable. Ce fut, en même temps, un souci évident du Parlement de Toulouse de la conserver à son obéissance, et la préoccupation des Religionnaires voisins de s'en emparer. Si les Huguenots du comté de Foix ou ceux de l'Isle-Jourdain avaient réussi à entrer en cette place, ils auraient fermé sans peine l'entrée du Bas-Comminges et cerné une portion du Languedoc sur une ligne qui se serait étendue de l'Isle à Saverdun. Le plan, on le verra plus loin, n'eut rien de chimérique, et la menace rien d'illusoire, lorsque les Religionnaires du comté de Foix s'avancèrent jusqu'à Miremont, et lorsque Du Bourg, cantonné à l'Isle-Jourdain, redouté à Saint-Thomas et à Sahuguède[1], se sentit assez fort pour arracher aux Etats, singulièrement humiliés, d'extrêmes concessions.

Aussitôt que le Parlement eut connaissance du dessein des Religionnaires à Muret, il enjoignit à Jean de Borderia, juge de Comminges, de « tenir en sûreté, soubz l'obéyssance du Roy, la ville de Muret, à peyne d'en respondre en son nom propre et privé, et à ces fins y mettre garnison de cinquante soldatz harcabouziers, soubz la charge et gouvernement du seigneur de Poucharramet »[2].

Ces mesures préventives empêchèrent des conflits, mais ne firent pas cesser les alarmes. Pierre Busc, premier consul de la ville, et qui paraît avoir été tenu en grande estime par ses concitoyens, devint le point de mire des attaques des Religionnaires. On parla hautement de s'en débarrasser. Il s'agissait de tenter un coup décisif, d'entraîner ainsi les habitants à la révolte. Mais ces manœuvres furent assez tôt dénoncées. Sur la réquisition du sindic de la communauté de Muret et avec l'assentiment du juge de Comminges, l'official de Toulouse permit une enquête et, en juillet, lança un curieux monitoire qui fut publié au prône des églises Saint-Jacques et Saint-Germier. Certains griefs y sont énoncés. La justice veut

---

1. Saint-Thomas, en la châtellenie de Samatan, et Sahuguède (aujourd'hui Seygnède), en la châtellenie de Muret. Ces deux paroisses font actuellement partie du canton de Saint-Lys (Haute-Garonne).

2. Archives de Muret : « Mande aux Consuls de Sainct-Girons... » parmi les papiers des États tenus à Muret le 15 mars 1573.

établir les responsabilités ; dans le délai de huit jours tout individu à même de renseigner l'autorité ecclésiastique doit accomplir ce devoir, imposé à sa conscience sous peine d'excommunication.

Il ne sera pas sans intérêt de citer ce document où les agitations de la modeste capitale commingeoise sont exactement indiquées :

1° — CHEF DE MONITOIRE
OBTENU DU JUGE DE COMMINGES ET DE L'OFFICIAL DE THOLOSE PAR LE SINDIC DE LA COMMUNAUTÉ DE MURET

Il y a obligation de dévoiler : 1° Ceux qui auroient tenu semblable langage : « Il faut que nous nous emparions de ceste ville et que en soyons maistres, car après, si nous sommes constrainctz la rendre, la rendrons, et nous sauverons » ; 2° Celui qui auroit dit : « Qu'il estoit bien asseuré que s'il marchoit une foys par la ville, la plus grande partie de la populace le suyvroit et adhéreroit à sa volonté, et qu'il seroyt maistre de ladite ville » ; 3° Celui qui auroit dit : « Que les consulz de ceste ville, ou aulcung d'eulx, ont, avec certains aultres de robe longue ou de robe courte, tenu conseil secret et arresté de tuer ou massacrer aulcungs personnages comme suspectz » ; 4° Celui qui a accusé les magistrats d'avoir fait battre et maltraiter les sergens de la ville ; 5° Nécessité de déclarer si l'on a eu connaissance que quelqu'un eut formé le dessein de tuer Mre Pierre Busc, consul, licencié ez droictz, lieutenant du juge » ; 6° A-t-on entendu quelqu'un dire, « renyant et blasphémant la mort dieu, et aultres renyemans et blasphèmes, que : y eust-il paix, ou ne y eust-il poinct paix, il falloit que ledit Busc moreust et feust tué et certains aultres... et que, par la mort dieu, ilz la payeroient, mays led. Busc seroit le premier, et sy celluy quy a charge et [est] député en l'Esglise ne s'en feust allé et qu'il feust en ce pays, il eust esté le premier tué, et que, par la mort dieu, ilz la payeroient et les fairoit morir tous, néanmoingz que si aulcuns cappitaines venoient en ce pays, il les feroit manger et ruyner jusques aux os et les feroyt moryr de male mort » ; 7° Sait-on qui auroit traité P. Busc et autres de « meschans, villains, poltrons » ajoutant : « ilz dominent la ville et font ce qui leur plaist, il s'en fault faire les mains nettes et fault qu'ilz soient tués, y ait-il paix ou n'y en ait-il poinct »; 8° Enfin peut-on indiquer la personne qui auroit répondu à de tels propos : « Pourquoy ne le m'avés-vous dict ?... Je l'eusse faict tuer avec dix escutz! »

Avertissement est donné à ceux qui connaitroient ces faits d'avoir à les révéler « sous peyne d'estre excommunié en l'Église. »

Jean de Borderia, juge, approuva ces articles le 23 juillet 1573, et l'official de l'archevêque en ordonna la publication au prône, en forme de monitoire, le 27 juillet suivant.
Louis Peyrègne, Martin Sabatier, consuls, et Anthoyne Cambornac, bachelier ez droictz, déclarèrent savoir la vérité et être disposés à la manifester.

(Archives de Muret : Recueil des Documents, XVIe siècle. f^s 240 v° — 242.)

2° — Les Huguenots menacent l'abbaye d'Eaunes et Muret

Tandis que Muret était troublé par quelques brouillons, à l'intérieur, les hérétiques du comté de Foix gagnaient du terrain et s'emparaient de Miremont[1]. Ils enlevaient dès lors toute sécurité aux localités frontières du Bas-Comminges et particulièrement à l'abbaye d'Eaunes, et à la ville de Muret sa voisine. Les archives des États ont conservé la requête faite au nom de Mathurin de Sabonnières, en vue de préserver l'abbaye et de protéger son territoire, ainsi que celle des consuls de Muret, peu rassurés sur le sort de leur ville dont la garnison était insuffisante.

Sur la requeste présentée par Loys le Clerc, procureur de Monsieur l'Abbé d'Heulnes, aux fins que pleust au Pays luy donner quelque compaignie pour tenir garnison en son abbaye, aux fins que l'ennemy ne s'en saysisse.

Pour n'entrer en conséquence ny ouvrir la porte[2], ordonne qu'il gardera son abbaye et y mettra gens pour la garder, aultrement est enjoinct aux Consulz de Muret

1. Aujourd'hui village du canton d'Auterive (Haute-Garonne).
2. Sous-entendu : à des demandes de ce genre.

y en mettre à ses deppens, et pareillement à la maison ou chasteau de la Ferrane[1], proche de lad. abbaye et ville de Muret.

**

En vérité, MM. des Etats ne sauraient être suspects de partialité en faveur du sindic, l'abbé d'Eaunes. Le formalisme de l'assemblée l'empêchait de voir qu'elle était intéressée, au moins autant que Mathurin de Sabonnières, à ne pas laisser transformer l'abbaye, largement environnés de bois, en un repaire impénétrable. La requête des consuls de Muret fut mieux accueillie.

M⁰ Pierre Busc, licencié, premier consul de la ville de Muret, assisté des aultres consulz, a remonstré que les ennemys de Dieu et du Roy se sont emparés de la ville de Miremont, distante une lieue et demye dud. Muret... tellement que personne ne les peult garder de venir jusques aux portes de lad. ville de Muret, laquelle si estoit en mains de l'ennemy, seroit la ruyne de toute la Comté ; mesmes la cour de Parlement de Tholose leur auroit enjoinct de tenir la ville en bonne garde sur peyne de leurs vies, ce qu'ilz ne peuvent faire sans y avoir garnison souffizante et gendarmes, et mesmes que ne sont gens dans lad. ville pour la garder, attendu que la plus grande part des habitans sont décédez, par quoy, a requis le pays et assemblée, leur accorder six vingt cinq arquebousiers aux despens dud. pays...

Les membres des États déclarent, après délibération, « qu'ils ont trouvé lad. réquisition bonne, raysonnable et pertinente, et tous, d'un commun accord, ont libéralement accordé ausd. consuls de Muret 50 soldats, sçavoir les cinquante forains soldoyés, et trente des habitans de lad. ville, qui ne seront soldoyés que par moitié... »

(Archives de Muret : États tenus à Muret en décembre 1573.)

1. Propriété de l'abbaye d'Eaunes.

XXXIX

1573. — 23 Décembre
Déprédations des Compagnies aux alentours de Samatan

Les gens d'armes formant les compagnies de Fontenilhes, de Boussan, de Lamezan et de Benque se présentèrent aux portes de la ville de Samatan dans la journée du 23 décembre 1573. Les consuls leur refusèrent l'entrée parce que les conducteurs étaient dépourvus des commissions en tel cas requises, et aux termes desquelles il était enjoint aux communautés de fournir aux troupes le vivre et le couvert…

La colère des compagnies, ainsi éconduites, est portée à son comble. Les hommes se dispersent dans la campagne et, un peu avant la nuit, ils envahissent les hôtelleries situées hors ville, la métairie et le couvent des religieux Minimes, qui était aussi *extra muros*. Ils restent là, menant grasse vie, pendant cinq ou six jours [1]. Ils vident l'hôtellerie d'Etienne Teisseire et celle de Jean Duglat qu'ils ont trouvées bien approvisionnées. Après avoir mis à sec deux barriques et un pipot, chez Bertrand Lavatz, dit Parent, ils brûlent solives, fenêtres, portes, caisses, coffre où l'on tient le linge, l'enseigne même n'est pas épargnée. Jean Campan, qui vit aux champs et dont la maison est envahie, fuit avec sa femme et ses enfants. Revenu au logis, il n'y trouve que les murailles et quelques meubles : on lui a enlevé trois brebis, dix sacs de blé, quatre sacs de farine, cinquante-deux pipots de vin, quatre quartiers de lard, deux pots de graisse, le linge et les vêtements. Les métairies des frères Arnauld et Symon Coutrays, appelées de Burucon, de la Rivière, du Pradat et de Larust, sont spoliées. Celle de M. de Pellefigue, tenue par Mathieu Balbard, subit le même sort. Chez Arnauld Vacquier les gens d'armes prennent « vin, bled, bestiaulx, linceulx, chemises, robbe de femme, nappes, serviettes, harquebuze, arbalette, cappe et meubles. » Les Minimes ne sont pas respectés, et comme leurs compagnons d'infortune, ils envoient une requête aux Etats.

Requête des Minimes de Samatan

A vous Messieurs des Troys Estatz, assemblés en la ville de Muret, supplie humblement le sindic dez pauvres religieulx Minimes de l'Ordre de sainct Françoys de

[1]. Les troupes se retirèrent successivement du troisième au sixième jour.

Paule, du couvent Sainct-Roch-lès-Samathan, qu'ilz (l'année présente, par lez compaignies tant du cappitaine Fontanilhes, Boussan que aultres, lesquelz s'estoient remparés aux environs de lad. ville de Samathan), auroient esté du tout entièrement ruinez, tant en leur couvent que en une leur métérie près d'iceluy, par les compagnies d'iceulx susd. cappitaines, lesquelz en forme d'hostilité, de nuict, prinrent leurd. couvent par escalade, prins et emporté tout ce que dans icelluy couvent estoit, ensemble les bledz et autres grains et vin qu'estoient tant aud. couvent que en ladite petite metterie, ce qui leur vient à interestz au moincz de quatrez centz livres, et y aïant demeuré lesd. capp^{nès} avec leurz compagniez, à leurd. couvent et metterie par l'espace de troys jourz ou environ, et pour toutte récompense aurointz aigrement baptuz et frappez les pauvres suppliantz, jusques à tirer le supérieur dud. couvent par le jardin, luy présentant les dagues au col, avec plusieurs aultres insolences, de quoy et d'aultres faictz y a inquisition sur ce faicte par commission de Mons^{gr} l'admiral de France, que a esté remise (comme avez peu entendre) entre les mains de Messrs les consulz dud. Samathan[1].

(Archives de Muret : États tenus à Muret, 5 décembre 1574.)

[1]. Un an auparavant, les Jacobins de l'Isle-en-Dodon avaient reçu, de la part du capitaine Rivière dit Belloc, logé dans leur ville, semblables traitements. Frère Bertrand Dufaur, sindic des religieux, et F. Arnauld Burgaris les exposaient ainsi aux États tenus à Samatan le 27 décembre 1572 : « ... leur auroict forcé et viollé les portes de leur couvent par force et viollence, emporté les ornemens de l'esglise, leurs habitz et habillemens, orgues de l'esglize, bled et aultres grains et vin, et tellement ruynés qu'ils sont en chemin de morir de faim... » Les États accordent dix livres et prescrivent une enquête en vue de poursuivre les coupables. — Arch. de Muret.

XL

1574 — 1575

Physionomie du Comminges en 1574 et 1575

Le baron de Fourquevaux [1], dans son « discours au Roi du comportement de ses sujets... » en date du 23 janvier 1574, constate que les Huguenots, malgré leur invasion en un bon nombre de diocèses, « ... n'ont rien à eux qui soit des diocèses de Rieux et de Comenges; toutes foys, fait-il remarquer, ils occupent le Mas-d'Azil et le Carla qui en sont bien près, et la ville de Mazères qui n'en est guère loin [2]. » Le fait était aussi indéniable que la continuité du péril auquel il exposait les populations, d'où nécessité de tenir le pays sur un pied de guerre et d'épuiser ses deniers à l'entretien des hommes d'armes.

La garnison qui résidait à Muret compta d'abord cent, puis cent cinquante arquebusiers. C'était la plus considérable du Comminges. Dans leur requête adressée à Jean de Nogaret, seigneur de La Valette, les États réunis à Muret en janvier 1574 [3], demandaient la permission de prélever un impôt extraordinaire en faveur de cette garnison. L'autorisation ne pouvait être refusée, car « les rebelles ennemys de Dieu et du Roy ne cessent de piller, fère prisonniers, ransonner et massacrer les bons subiectz, fidelles et catholicques [4]. » Aussi les États présument-ils la grâce qu'ils sollicitent et décident-ils sur l'heure des mesures préventives.

1°. — Garde de la ville de Muret

Sur le faict de la guarde de la ville de Muret (attendeu les grands et fréquans advertissemens donnés des intelligences des ennemis du repos public), et affin qu'elle demeure à l'obéyssance du Roy, est arresté qu'y sera mis un gentilhomme governeur, en tiltre de Governeur, par

---

1. Raymond de Fourquevaux, ambassadeur de France à la cour d'Espagne (1565-1572), gouverneur de Narbonne (1572-1574). — Voy. C. Douais, *Les Guerres de Religion en Languedoc*, pp. 4 et 255.
2. *Histoire générale de Languedoc*, t. XII, col. 1069-70.
3. Se rendirent à l'assemblée : P. de Lancrau, évêque de Lombez, les seigneurs de Savinhac, de Benque, de Péguilhan, de la Ylhère, de Lamezan, etc. L'évêque de Saint-Bertrand de Comminges fut admis à titre exceptionnel, pour le grand intérêt qu'il avait à contribuer à la sauvegarde des lieux voisins de son diocèse, sur lesquels s'étendait la juridiction des États.
4. On lit dans une autre pièce que la compagnie est indispensable « pour obvier aux entreprinses et conspirations que les ennemys de Dieu et du Roy font ordinèrement sur la ville de Muret. » *Ibid.*

le sʳ de la Vallette, à la nomination des Consulz de lad. ville; et aux fins que lesd. de ladite ville demeurent en mesme affection et volunté qu'ilz ont tousjours esté, de garder lad. ville et que ne soyt faict préjudice à l'auctorité qu'est due à leur governement, a esté ordonné que à chascune porte de lad. ville [1] seront faictes deux clefz, l'une qui sera tenue par lesd. Consulz et l'autre par led. Governeur, et néantmoings que seront mis et entreteneus cent soldatz aux despens du pays de Comenge pour la garde de lad. ville, qui seront commandés par led. governeur, auxquels governeur et soldatz sera faict payement selon l'estat que par nous sur ce sera dressé, et affin que ny aye fraude, le payement sera faict par lesd. Consulz, présent le procureur du Roy [2].

Et tout incontinent lesd. Consulz auroient nommé pour governer et commander en lad. ville [Bertrand] Ysalguier, seigneur de Montfaulcon et de Saint-Cassian [3], quy a presté entre nos mains le serment en tel cas requis, de bien et fidellement garder lad. ville soubz l'obéyssance du Roy.

(Archives de Muret : États de Muret, janvier 1574.)

2ᵉ. — Garde des chefs-lieux des Chatellenies

Sur la demande de Jean Chambons, sindic de Saint-Girons, quinze soldats seulement avaient été accordés par les États, en décembre 1573, aux villes principales du Couserans, Saint-Girons et Saint-Lizier. En janvier 1574, les habitants reviennent à la charge et implorent de plus nombreux soldats. Il leur semble qu'on les néglige un peu depuis que leur évêque-capitaine a disparu. Ils évoquent son souvenir et laissent entendre qu'on les

---

1. Trois portes donnaient accès dans la ville de Muret : c'étaient les portes de Garonne, près du fleuve ; de Salles, vis-à-vis du faubourg de ce nom, et de Saint-Germier, près de l'église paroissiale dédiée à ce saint évêque, mais séparée de l'église par la Louge (rivière.)
2. La garnison composée de cent hommes coûtait 1090 livres par mois. Le gouverneur recevait cent livres, le lieutenant ou enseigne 50 liv. Ceux-ci avaient sous eux, à moindre solde, « sergents, caporalz, lanciers, harquebuziers. » Dès que la compagnie fut portée à 150 soldats, elle revint à 1.500 livres environ par mois. (Arch. de Muret : États de 1574 et 1575, *passim*.)
3. Le prénom d'Ysalguier est indiqué dans le « Recueil des documents, xvıᵉ siècle », fol. 192 v°. Arch. de Muret. — Château de Saint-Cassian, entre Muret et la Garonne, vers la paroisse Saint-Cassian d'Estantens.

aidait mieux « du vivant de Monsieur Hector d'Ossun, évesque de Coserans, attendu qu'ilz sont si proches des ennemys ! »[1] On accorde dès lors trente hommes d'armes à Saint-Girons et trente à Saint-Lizier : Aymery de Commenge continuera à les gouverner si tel est le bon vouloir des habitants.

Des troupes sont distribuées, de la même façon, aux divers chefs-lieux des châtellenies. Aucune précaution n'est donc négligée. Toutefois, la grosse affaire pour les Etats n'est pas d'ordonner la garde, c'est de payer régulièrement les gardiens. Le retard qu'on apporte à solder une garnison la mécontente : les réclamations assaillent M. de La Valette qui n'en peut mais. Ainsi, à Saint-Julien, ville « la plus pauvre de toute la comté de Comenge » au témoignage des consuls, résident vingt-cinq arquebusiers placés sous la conduite de noble Jean de Hunauld, dit le capitaine Saint-Michel. Ils gardent « le fort chasteau qu'est en lad. ville, joignant les murailhes à la rivière de Garonne [afin] que l'ennemy ne s'en puysse aulcunement emparer comme il se jacte et parforce... »[2] Or, les cinquante livres mensuelles promises au capitaine et les neuf livres promises à chaque soldat, sont réduites, en fait, à vingt-cinq et à quatre livres. Que peut-on réaliser avec un pécule si modique ? A ces conditions les soldats « ne se sçauroient tenir porvèus de pouldres, corde et plombeau ! » Les consuls exposent la situation à M. de La Valette, qui délègue le juge de Comminges pour veiller à l'exécution du contrat. A Salies, à Saint-Lizier, à Saint-Girons, les choses vont à peu près de même et excitent les remontrances des sindics.[3] Quelques soldats quittent alors la place. Cependant la garde n'est pas entièrement interrompue. Tant bien que mal, elle suffit à écarter les Religionnaires jusqu'en 1576 où un audacieux coup de main les rend maîtres de Saint-Girons.

(Archives de Muret : Etats tenus en 1574 et 1575, passim.)

---

1. La mort d'Hector d'Ossun est fixée au 21 septembre 1574 par les nouveaux éditeurs de l'*Histoire générale de Languedoc*. Cette date ne correspond pas à celle qui est ici marquée par les diocésains de l'évêque de Saint-Lizier. Ceux-ci font allusion à son trépas, dans une des séances tenues par les Etats les 4, 5, 6, 7 janvier 1574. Il y a une différence de quelques mois. Les biographes n'auraient-ils pas gratuitement prolongé la vie de notre prélat batailleur ? — Voy. *Histoire générale de Languedoc*. t. IV. p. 382 : Note LXX, de M. E. M[abile].

2. Archives de Muret : Etats tenus à Muret le 2 avril 1574.

3. Archives de Muret : Etats tenus à l'Isle-en-Dodon le 24 juin 1574.

XL

1576. — Janvier

Prise et délivrance de Saint-Girons en Couserans

C'est le célèbre Jean-Claude de Lévis, baron d'Audou et Balesta, de la maison de Léran, et à cette époque gouverneur du comté de Foix, qui s'empara de la ville de Saint-Girons. Ce gentilhomme, raconte Lafaille, « avoit une terre à trois lieüs de Toulouse dans le Lauragués, avec un assez bon château ; c'est le lieu qu'on appelle encore aujourd'hui La Bastide d'Audou : il y avoit mis une garnison qui faisoit des courses jusqu'aux portes de Toulouse [1]. » Le siège d'Alet terminé, Claude de Lévis établit son camp devant Saint-Girons, dont il se rendit maître le 8 janvier 1576 [2].

« C'était alors une petite ville murée, assise sur les bords du Salat et défendue par un château des plus forts, et en état de soutenir un siège. Le chef des réformés somma les habitants de se rendre ; et sur leur refus, il tira quatre-vingt-sept coups de canons sur la cité, qu'il fit battre depuis trois heures du soir jusqu'à la nuit. La brèche étant assez grande pour y donner l'assaut, on résolut d'y monter le lendemain à la pointe du jour. Mais les assiégés ne se croyant pas assez nombreux pour le soutenir, abandonnèrent la place pendant la nuit, à la faveur d'une fausse porte qui avait issue sur la rivière, et se retirèrent dans les forêts et montagnes voisines [3]. »

On juge de la frayeur des communautés voisines de Saint-Girons, et en particulier de Saint-Lizier, après une telle surprise Les ennemis pouvaient passer en Comminges quand bon leur semblerait et gagner, de proche en proche, jusqu'aux places intérieures du pays... Une stratégie s'imposait : en attendant la venue des secours nécessaires pour chasser les Huguenots, il fallait les cerner dans la ville où ils s'étaient enfermés. C'est ce que l'on décida sur l'heure. Des garnisons furent établies ou renforcées aux lieux les plus rapprochés des Religionnaires, notamment à Saint-Lizier en Couserans, et à Villefranche en Lauragais.

Cependant les Etats, préoccupés de prendre, sans retard, des mesures offensives, se réunirent à Toulouse dans le but d'emprunter des munitions de guerre et de l'argent. La première assemblée s'ouvrit le 19 janvier, dans le logis de Jean de Borderia. Elle se

---

1. Lafaille, *Annales de la ville de Toulouse*, t. II, p. 407.
2. Nous indiquons cette date d'après un extrait des Patentes du Roi en faveur de Gémit de Luscan *(Hist. de Gascogne*, t. VI, p. 477), contrairement à l'opinion de M. Duclos, qui, dans son *Histoire des Ariégeois* (Militaires, t. I, p. 183), fait remonter la prise de Saint-Girons à 1575.
3. H. Castillon, *Histoire du Comté de Foix*, t. II, p. 258.

composait du procureur du roi en Comminges, des sindics de la noblesse : de Lamezan et de Polastron, seigneur de la Ylhère, des consuls députés par les chefs-lieux des châtellenies, des sindics de Saint-Girons et du Tiers, etc.

La délibération des Etats est instructive : elle nous fait assister aux préliminaires de la délivrance de Saint-Girons.

1°. — Assemblée faicte en Tholose
pour recouvrer l'artilherie, boletz, poudres et munitions
pour la reprinse de la ville de Sainct-Girons

Après avoir entendeu la prinse et invasion faicte par les rebelles ennemys de Dieu et du Roy, de la ville de Saint-Gyrons, [les Etats de Comminges] se seroient illec assemblés pour recouvrer l'artilherie, bouletz, poudres et munitions, pour icelle reprendre, et à ces fins supplier et requérir la ville de Tholoze et la Court de Parlement de les vouloir ayder et secourir en ce bon besoing, et à ces fins accorder les munitions et artilherie, et néanmoings prier Monsieur le Sénéschal de Tholose et M. de Lassegan, commandeur pour le service du Roi en Gascoigne, de se vouloir transporter sur le lieu avec leurs forces.

Et après avoir longuement délibéré de ce dessus, par l'advis dud. sieur de Borderia, juge, ont arresté que sera remonstré aux Capitolz lad. perte et invasion de Sainct-Girons, l'importance d'icelluy et l'incommodité que en surviendroit tant en la Guyenne que Languedoc et mesme en la présente cyté de Tholose, à cause que lad. ville de Sainct Girons est assise entre les deux rivières de Garonne et du Salat, sur le passage du bois à bastir, pierres et fer que fault qui passent nécessairement tout joignant ; et pour ce dessus effectuer ont commis et depputés les sieurs de La Ylhère et de Lamezan, M. le procureur du Roy et Messrs Pontic et Cambornac, scindicz du Tiers-Estat, lesquelz ayant faicte leur délégation, lesd. Capitoulz les auroient assignés au lendemain.

Et advenеu le lendemain,[1] dans la maison de Monseigneur l'Evesque de Comenge se sont assemblés led. s^r Evesque, lesd. s^{rs} Séneschal de Tholoze et de Lasségan, led. s^r Borderia juge, led. procureur du Roy en Comenge, lesd. s^{rs} de Lamezan et de La Ylhère scindicz de la noblesse, les Capitoulz de Tholose, Messieurs Dourdes et de Supersanctis et plusieurs bourgeois de lad. ville, ensemble lesd. Pontic et Cambornac scindicz, auxquelz ayant esté plus amplement remonstrée la perte de la ville de Sainct Girons, supplie lesd. s^{rs} Séneschal et de Lasségan se transporter avec leurs forces, et ausd. Capitoulz leur fornir artilherie, bouletz, poudres et munitions.

Lesd. s^{rs} Séneschal et de Lasségan ont offert y aller en personne et y employer leurs forces, pourveu que le pays leur donne moyen de les souldoyer, qui sont six cens hommes, et que le pays de Comenge en baille aultres six cens soldoyés. Et lesd. s^{rs} Capitolz ont dict qu'on leur baille par rolle quel nombre de pièces d'artilherie le pays demande, ensemble des bouletz, poudres et munitions.

Et ce faict, ont arresté que lesd. s^{rs} Séneschal et de Lasségan se transporteront aud. lieu et ville de Sainct Girons pour en tirer l'ennemy, avec leurs forces qui sont 600 hommes et aultres 600 que le pays de Comenge en fera qu'est du tout 1,200, lesquels vivront par règlement et en paysans; et à cet effaict est accordé au pays, par lesd. Capitoulz, deux pièces colobrines et aultres pièces quy seront advisées par led. s^r Séneschal, et consentent que soient pris troys cens bouletz et cinquante quintalz pouldre que M. de La Valette fit apporter à l'Isle-Jourdain, et oultre ce, bailleront en la présente ville deux cents bouletz de canon, cinquante quintals de pouldre et huict quintalz pouldre d'arquebuze, et ce, en payant, à la charge que le pays s'en obligera et baillera bonnes et suffizantes cautions en Tholoze, ce que les gens desd. Estats, veuc la nécessité, auroient accepté...

1. 20 janvier 1576.

Après avoir pris ces décisions, l'assemblée nomma des députés pour aller à l'Isle-Jourdain. Ils constatèrent qu'il n'y avait pas au juste la quantité de poudre que l'on y croyait : les capitouls en furent avisés et promirent d'y pourvoir.

Le 21 janvier, on tint la troisième et dernière séance, chez J. de Borderia. Il fut arrêté que « pour le regard des vivres et ustensiles du passage de la gendarmerye pour aller aud. Sainct-Girons.... les chastellenies de Muret, Samathan, l'Isle-[en-Dodon] et Aurignac s'accommoderont avec argent quant aux vivres et le demorant ; les aultres chastellenyes du pays les forniront en nature... Et ce faict, ont arresté que le s^r du Bourguet, héritier de la compagnie du seigneur Francesco d'Est, capitaine de cinquante hommes d'armes, estant allé aud. Sainct Girons pour faire résistance à l'ennemy, soict supplié continuer, et se tenir sur le lieu, et à ces fins luy en sera escript lettre missive signée de tous, ce qu'auroict esté faict. »

(Archives de Muret : Assemblée tenue à Tholose en 1576.)

2° — LENTEURS APPORTÉES A LA DÉLIVRANCE DE SAINT-GIRONS

Les résolutions prises par l'assemblée de Toulouse ne furent pleinement exécutées qu'au mois d'avril, et encore sans succès, comme nous le verrons tantôt. Février et mars s'écoulèrent dans l'attente des engins de guerre. Cependant les Huguenots, si bien surveillés qu'ils fussent, n'étaient pas emprisonnés dans leur bonne ville de Saint-Girons, au point de n'en pouvoir sortir. Les approvisionnements de toute nature ne leur faisaient pas défaut. Les détails nous manquent sur les déprédations qu'ils ont pu exercer ; nous savons seulement que diverses communautés tombèrent alors aux mains de leurs alliés, notamment Lescure, Contrazi et Montesquieu [1].

De leur côté, les Etats maintenaient les garnisons. Réunis à Salies au mois de février, ils répartirent 14.863 livres, destinées à payer la compagnie de Francesco d'Est et trois autres corps de troupes établis « es villes de Sainct Lézé et Villefranche pour tenyr les ennemys, qui despuys peu de jours se sont emparés de la ville de Sainct Gyrons, resserrés dans lad. ville, attendant le canon, et empescher les courses, pilheries et sacaigemens que pourroient faire sur le pays [2]. »

1. « Jehan Roquade, trésorier de Comenge, a remonstré ne pouvoir lever aulcuns deniers sur les lieux de Lescure, Montesquieu, Contrazi, à cause que les Ennemys ont ruiné les maisons des catholicques, où lesd. catholicques n'osent habiter, tellement que le Pays s'est rendu infertile. » (Arch. de Muret : Etats de Comminges, tenus à l'Isle-en-Dodon, les 20 et 21 mars 1576).
2. Archives de Muret : Papiers des Etats tenus à Salies du 15 au 21 février 1576. Le but de l'assemblée était de promouvoir « la reprinse de Sainct Girons et traicter des

Un mois après, la situation n'a pas changé. Les Etats ont lieu à l'Isle-en-Dodon, les 20 et 21 mars, « pour remettre la ville de Sainct Gyrons soubz l'obéissance de Sa Majesté... » L'assemblée, fatiguée des lenteurs que mettent à disputer cette place aux réformés ceux qui ont promis leur concours, refuse toute solde préalable aux compagnies retardataires. M. de Lasségan demande qu'on envoie de l'argent au capitaine Noguiès pour payer ses troupes : on lui répond qu'elles seront soldées quand on les verra près de Saint-Girons... [1] Enfin, au mois d'avril les capitaines et leurs troupes étaient au poste et faisaient subir à l'ennemi quelques pertes, mais le gros effectif de l'armée, celui que le sénéchal de Toulouse devait conduire, n'arrivait pas.

Voilà où en étaient les affaires du pays lorsque les Etats se réunirent à l'Isle-en-Dodon. Assistons à la séance [2] et laissons la parole au procès-verbal :

Dominique Pontic, sindic du Tiers-Etat, rappelle que la prise de Saint-Girons est cause

... Que le pays auroict pryé le s^r du Bourguet... se tenir aux environs dud. Sainct Girons avec sa compagnie pour interrompre les dessainctz et courses de l'ennemy, où il se seroict monstré si vertueux et vailhant qu'il en a faict mourir beaucoup, et que despuys led. s^r de Lasségan, commandant pour le service du Roy, auroict mis en garnison, en la ville de Sainct Lizier et Villefranche troys cens hommes arquebuziers, soubz la charge des cappitaines Molins, Saboliès et Le Blanc, [tellement que sans eulx et le debvoir qu'ilz ont faict en leurs char-

---

affaires de la guerre. » Les plaintes des habitants de Saint-Lizier, excitées par le sans-façon des hommes d'armes en garnison chez eux, nous avaient persuadé, qu'en 1576, ils récriminaient contre les Huguenots. C'est là une erreur. Le tour de Saint-Lizier devait arriver, mais seulement en 1579. (Cfr. *Revue de Comminges*, t. IX, année 1894, p. 318, où ces mots « reprise de Saint-Lizier » sont à supprimer.)

1. Arch. de Muret : Etats de l'Isle-en-Dodon, mars 1576.

2. Arch. de Muret : Papiers des Etats tenus à l'Isle-en-Dodon, le 25 avril 1576, par mandement du maréchal de Monluc et de M. de Lasségan, commandeur pour le roi en Gascogne. La séance eut lieu au couvent des Jacobins. Etaient présents : de Borderia juge de Comminges, de Lamezan et de la Ylbére, sindics de la noblesse, Roger de Comenge sgr et baron de Peguilhan, de Lamezan sgr de Juncet, Denis de Mauléon, le s^r de Montfalcon gouverneur de Muret, les Sgrs de Bezéril, de Montpezat, d'Izaut ; Johan Bertin procureur du Roi, de nombreux consuls, Pierre Vitalis, sindic de Saint-Lizier, Laurent Assier, sindic de Saint-Girons ; Dominique Pontic et Anthoyne Cambornac, sindics du Tiers, Bernard Cabalby, sindic de Coserans. Lorsque tous ces membres des Etats sont « assiz, chascung en son rang, » Pontic commence sa remonstrance.

ges, l'ennemy se seroict saisy des plus fortes villes du Comenges]¹ aux despens dud. pays, lesquels veulent quicter à présent leurs garnisons s'ils ne sont payés et soldoyés.

Sur quoi seroit entré led. s^r de Lasségan qui auroit remonstré la guerre estre plus fréquante et cruelle que n'a esté jusques icy, tellement que les garnisons estans au pays sont plus nécessaires que jamais et qu'il est très nécessaire les entretenir et soldoyer jusques à ce que tant luy que Monsieur le Séneschal de Tholose y puyssent conduyre du canon, et de faict, comme représentant la personne du Roy et commandant pour Sa Majesté, et pour le service de Dieu et d'icelle, auroit enjoinct tant aud. s^r Juge que ausd. scindicz et chefz de chastellenies de présentement procéder à la cottization...»

Ce qui fut exécuté aussitôt.

(Archives de Muret: Etats tenus à l'Isle-en-Dodon, avril 1576.)

3° — LES ETATS REFUSENT DE TRANSIGER AVEC D'AUDOU

Saint-Girons appartenait encore aux Huguenots en mai 1576. — On sait que, le sixième jour de ce mois, Catherine de Médicis conclut une nouvelle paix avec les Calvinistes, leur faisant des concessions opiniâtrement refusées jusque là.² Le baron de Lévis comprit-il qu'une détente était inévitable? C'est possible. L'éventualité d'une retraite sans profit l'amena à proposer la paix, mais à de dures conditions. Il la voulait, avant tout, utile à son parti. Les Etats tenant séance à Muret le 24 mai, furent pressentis au nom de d'Audou, par un intermédiaire, Jean de Bellegarde, seigneur de Termes. Le discours du délégué révèle brutalement les prétentions des Huguenots et montre jusqu'où ils osaient pousser leurs exigences.

Messire Jehan de Bellegarde, chevalier du Roy et Seigneur de Termes, auroict remonstré que pour le bon zelle et affection qu'il porte au pays et à la prière et réquisition

---

1. Les mots mis ici entre crochets, ont été oblitérés à la plume dans l'original.
2. Places de sûreté dans le royaume, chambre mi-partie dans chaque Parlement, admissibilité à toutes les charges, etc.

desd. Pontic et Cambornac, scindicz, il auroict cherché tous moyens [pour] tirer l'ennemy de la ville de Sainct-Girons, luy ayant faict tous jours la guerre, et ne pouvant venir au bout de ses dessainctz, auroict trouvé moyen parlementer avec le seigneur d'Audou pour lui faire quicter lad. ville par composition, de sorte que, ayant parlementé ensemble plusieurs foys, enfin led. s^r d'Audou luy auroict promis quicter lad. ville de Sainct Gyrons moyennant la somme de 60,000 livres, et enfin s'abayssa jusques à 30,000 livres, se réservant toutes foys certaines particullarités contenues en certains articles, entre eulx faictz, qu'il auroict remis illec, requérant le pays y pourvoir pour l'assurance d'icelluy et veu le danger qu'en peult advenir, et ce faict, ayant remis led. rolle, se seroict retiré.

Voici en substance les sept articles proposés par d'Audou :

« *Mémoire que le Seigneur de Termes apporta à l'Assemblée des Estatz pour tirer l'ennemy de Sainct-Gyrons.* »

I. — Une somme à déterminer sera promise au sieur d'Audou : on la lui remettra ou bien on la payera à son représentant, soit au Mas d'Azil, soit au Carla.

II. — Les Huguenots « jouyront paisiblement des biens qu'ilz ont dans lad. ville [de Saint-Girons] et jurisdiction d'icelle... sans estre aulcunement empêchés par les Garnisons ny les habitans du pays ; » de même « les Catholicques qui ont biens hors lad. ville et ès lieux où ont pouvoir ceulz de lad. Religion en jouyront de mesme que les susdicts. »

III. — Les munitions de guerre qui sont à Sainct-Girons « pourront estre emportées par led. s^r d'Audou où bon luy semblera. »

IV. — Des otages, d'abord remis au S^{gr} de Termes, seront donnés aux Huguenots comme gage de paiement.

V. — Les objets qui sont tenus dans les magasins de la ville, tels que « grains, vins, linges, draps, estaing, fer, laiton, cuyvres et aultres » seront vendus au profit des réformés, mais les meubles « des maisons des Catholicques desquelz l'hoste, l'hostesse, varletz, ou chambrières sont demeurez esdictes maisons, » seront rendus aux propriétaires.

VI. — D'Audou s'engage à laisser dans la ville « toute espèce de métal contenu soubz le nom de bronze, armes, cloches, » etc.

VII. — Dix gentilshommes catholiques accompagneront les troupes des Religionnaires « jusques près du Mas d'Azil... pour plus grande assurance. »

A ces conditions la ville de Saint-Girons sera remise « soubz le vouloir » du Roi, de ses lieutenants et de la souveraine Cour de Parlement.

Après lecture de ces articles, J. Bertin, procureur du Roi en Comminges, déclara : « que atandu le bruict de la paix on ne doibt ny peult entrer en ceste despence, atendu que le pays est sy pouvre qu'il n'en peult plus estre.» Le mieux est de compter sur le Sénéchal de Toulouse et sur M. de Lasségan qui avec leurs forces auront raison de l'enuemi et sont prestz, au besoin, à y laisser leur vie. Cet avis prévalut malgré le sentiment contraire des consuls de Saint-Lizier, et les Etats souscrivirent la délibération suivante : « Il ne sera donné ny octroyé aulz rebelles de Sainct-Gyrons aulcune somme de deniers pour vuider la ville, veu l'Edict de la Paiz publié à Paris et à Bourdeaux... cependant, que les garnizons de Muret, Sainct-Lézé, Villefranche, et compaignies du sr de Lamezan seront entretenues pour garder que l'Ennemy ne surpreigne led. pays sur ces entreffaictes...»

L'Edit de Paix ! telle fut la bienheureuse solution de la grosse difficulté dans laquelle les Etats se voyaient engagés et d'où ils ne pouvaient aisément sortir.

4º. — Meurtre du Sr de Seignan par Gémit de Luscan

Pour épuiser la série de nos documents sur la prise et la délivrance de Saint-Girons, il nous reste à produire deux pièces relatives à Gémit de Luscan, toutes deux conservées dans les archives des Etats. Ce capitaine, en une rencontre près de la ville qu'il assiégeait, tua le sr de Seignan : on lira avec plaisir cet intéressant épisode des guerres de religion en nos contrées.

En présence des Etats de Comminges tenant séance à Muret, le 13 juillet 1577, Gémit de Luscan, commandant en l'absence du seigneur de Lamesan, lieutenant de la compagnie de Francisco d'Est, expose que :

Advenue la prinse de la ville de Sainct-Gyrons, trahie et mise en la puissance de l'Ennemy de Dieu et du Roy, et par le moïen de laquelle le Pays de Comenge et Coserans estoit en dangier d'estre surprins et ruyné, par délibération desd. Estatz, pour la tuïtion et desfence desd. Pays et résister aux héréticques et rebelles, le seigneur de Lamesan avec sa compagnie et autres seigneurs et gentilzhommes avoyt esté priés de s'y employer : ce qu'ilz auroient faict très volontiers, et ledit de Gémit n'y auroict espargné ny personne, ny biens [1], pour le service de leurs Majestés, repoz et tranquillité dud. pays, de manière qu'il se seroict treuvé en plusieurs rencontres en l'une desquelles Jehan de ... seigneur de Seignan auroict esté tué et meurtry, de quoy la veuve l'auroict recherché, partant a requis les scindicz du Pays y voulloir avoir esgard, et sur ce prendre tel advis et délibération qu'on verroit à faire.

Lesquelz scindicz et depputés après en avoir meurement délibéré et d'un commung consentement, tant de ceux de l'Esglise, Noblesse que Tiers Estat, bien advertis, certiffiés de ce dessus, mesmes du debvoir faict par led. seigneur de Luscan pour réprimer les entreprinses desd. ennemys et rebelles, et que par une infinité de foys l'auroict combatu et eu le dessus, et que, en partie, par son moïen, le pays de Comenge auroict esté préservé, et qu'à une rencontre le seigneur de Seignan tenant le party de l'ennemy, tel tenu et réputé, et mesmes que le bruit commung est tel qu'il auroict trahy et tenu la main au seigneur d'Audou pour la prinse de la ville de Sainct Girons, auroict esté tué et meurtry, ont arresté et délibéré vu et quant la vefve dud. Seignan feroict instance et demandera réparation dud. meurtre, ou ses enfans, ny aultres quelconques, aud. sr de Luscan, luy assistera et se joindra en l'instance le syndic du Pays en toutes poursuictes nécessaires pour l'abolition dud. faict et justification

---

1. Les Patentes du Roi (1576), citées en partie par Moulezun, font mention de la valeur déployée par Lamesan et G. de Luscan au siège de Saint-Girons : « ... Le sieur de Lamesan... ayant assemblé auprès de soy, et dans nostre d. ville de Sainct-Lizier la plus grande partie de la noblesse de nostre dict comté de Comenge, et tous ensemble faict sur ce des notables et remarquables exploits... de sorte qu'il y estant devenu malade, et conseillé par l'avis des médecins changer d'air et se retirer en sa maison, ne sachant ezdictes troupes catholiques personne plus expérimenté et plus occulé que led. de Gémit l'auroit subrogé en sa place... [depuis lors Gémit serait resté à Saint-Lizier] y faisant plusieurs et notables exploits de guerre contre lesdits perturbateurs. » *(Hist. de la Gascogne,* t. VI, p. 477-78.)

de son innocence, tant par devant le Sénéschal de Tolose que en la Cour de Parlement dud. Tholose et par devant la Majesté du Roy si besoing est et en quelque autre lieu et endroict où l'affaire sera traitée, comme le tout ayant esté faict pour le service de Dieu et de Sa Majesté, bien et repos dud. Pays, et tout ainsi qu'est contenu au Registre d'icelluy.

En foy de quoy nous sommes soubsignez :

J. de Borderia, juge [en Commenge.] — La Ilhère, sindic de la noblesse. — François Condaulte, consul de Muret. — Jehan Brac, consul de Muret. — J. Maylin, consul d'Aspet. — De Savinhac, consul de l'Isle-en-Dodon. — etc. — Bertin, greffier.

(Archives de Muret : États de Muret, 13 juillet 1577.)

5°. — Autres détails sur le meurtre du Sr de Seignan

Des renseignements inédits, sur le même fait, sont contenus dans une requête présentée par G. de Luscan, aux États tenus à Muret au mois de novembre 1579.

Géraud de Gémit, sieur de Luscan, représente à l'assemblée : « que aïant esté invadée la ville de Sainct-Gyrons par ceulx de la nouvelle opinion, le seigneur de Lamesan... estoyt avec la compaignie [de Francisco d'Est] et autres compaignies de gens de pied, en garnison dedans Sainct-Lizier pour résister aux journalières courses et ravaiges des ennemys, lequel sieur de Lamesan estant devenu malade, auroit honoré le suppliant de commander lesd. compaignies en son absence, de laquelle charge désirant le suppliant s'acquitter de tout son pouvoir, entre autres choses auroit mis quatre soldats en sentinelle près de lad. ville de Sainct-Girons, pour descouvrir les sorties des ennemys... Le laquay du sieur de Seignan venant d'icelle fut visité par lesd. soldatz, et trouvé saisi de lettres, rolles et autres papiers de la part desd. ennemys, adressés aud. sieur de Seignan, qui en estant adverti seroit incontinent venu accompaigné d'une douzaine d'arquebuziers pour forcer lesd. soldats de la sentinelle à luy rendre lesd. papiers, de peur d'estre descouvert, et de faict, voyant, il, la retirance desd. soldatz dedans une chapelle d'yllec, et s'aperçoyvant du secours qui leur venoit de Sainct-Lizier, auroict faict sonner la clochette de sa mayson pour semoncer lesd. ennemys de luy venir aider et courir sus au suppliant et sa compaignie qui le suyvoit, ... en ce conflict led. de Seignan auroict esté tué et ses arquebuziers faicts prisonniers.

La requête expose ensuite que la veuve du sieur de Seignan a intenté un procès à Géraud de Gémit, suppliant, afin d'obtenir réparation du dommage à elle causé par la mort de son mari. La bonne foi des juges a été surprise, puisqu'ils ont condamné ledit Géraud de Gémit qui avait bien le droit de tuer un ennemi du Roi. M. de Luscan demande aux Etats de l'aider à obtenir réformation de la sentence, et à poursuivre sa justification devant le Parlement. Les États lui accordèrent 100 écus.

(Archives de Muret : Etats tenus à Muret en novembre 1579.)

XLI

1577. — 2 Janvier

Lettre du Roi aux Consuls de Muret

L'Édit de pacification, donné en 1576, fut suivi des États généraux du royaume. Ceux-ci s'ouvrirent à Blois au mois de décembre. De Polastron s^r de la Ylhère, sindic de la noblesse, et Jean Bertin, procureur du Roi, furent délégués par le Comminges à cette assemblée [1]. — Les Consuls de Muret avaient-ils chargé les députés de faire parvenir au Roi une requête rédigée au nom de leur ville, ou bien les États de Comminges firent-ils mention, dans leurs cahiers, du siège principal du Comté, point de mire des religionnaires ? Une de ces hypothèses paraît vraisemblable vu la réponse adressée aux consuls de Muret par le roi Henri III.

De par le Roy,

Chers et bien amez, vous avez tousjours cy-devant tesmoigné une telle dévotion à Nostre service, par le soing

---

[1]. Nous ignorons le nom du représentant de l'ordre du clergé de Comminges aux États de Blois.

que vous avez eu de conserver la ville de Muret en Nostre obéyssance, que Nous avons grande occasion d'en demeurer, comme Nous sommes, bien satisfaictz, et d'aultant qu'il n'est maintenant moins nécessaire d'y veiller que lors, pour les praticques et menées que s'efforcent faire partout, aulcuns mal affectionnez au repos de cet Estat, Nous désirons et vous exhortons de continuer en ceste affection, ayant l'œil à la garde de ladicte ville, en sorte que ceulx qui auroient projecté quelque sinistre desseing sur icelle, en soient et demeurent frustrez, assurant aussy que Nous ne vous deffauldrons, aux occasions, de toute la faveur et protection que vous en pouvez désirer.

Donné à Bloys le deuxiesme jour de janvier 1577.

HENRY.

[Plus bas :] FIZES.

A nos chers et bien amez les Consulz, Manans et Habitans de Muret.

(Pièce originale. Signat. autographe. — Arch. de Muret : Recueil des Documents, XVIe s.)

XLII
1579. — AOUT (?) — OCTOBRE
PRISE ET DÉLIVRANCE DE SAINT-LIZIER, EN COUSERANS

L'invasion de Saint-Lizier a suivi de très près les mesures pacifiques concertées à Nérac par Catherine de Médicis (janv., fév. 1579.) Des Huguenots sortis de Pamiers, Saverdun et Mazères surprirent la ville dans le mois d'août. Immédiatement « pour les en fayre vuyder, tant l'Esglise, Noblesse que gens du Tiers-Estats », furent « occupés et en partie assemblés [1]. »

En l'absence de Montmorency-Damville, lieutenant-général et gouverneur en Languedoc, et du vicomte de Joyeuse, son lieutenant en cette province, les troupes choisies pour chasser les religionnaires furent commandées par de Cornusson, sénéchal de Toulouse. On voyait, dans l'armée, le commingeois Fontenilhes et du Bourguet. Le Sénéchal y avait également compris le capitaine d'Auzeville, à la tête de ses arquebusiers.

Il paraît assez que la délivrance de la « cité » ne fut pas chose facile, puisque de Cornusson se vit obligé de transiger avec

[1]. Arch. de Muret : Papiers des États tenus à Aurignac et à Muret en 1579.

l'ennemi. Les Huguenots ne quittèrent la place qu'après avoir reçu formelle assurance d'indemnité. Peut-être eût-on préféré, dans l'entourage du Sénéchal, soutenir la lutte et éviter la transaction ? En tout cas, de Cornusson jugea opportun d'exposer à Henri III les motifs de sa conduite, et il reçut peu après l'approbation du Roi.

1º. — Délibération des États relative a la Reprise de Saint-Lizier.

L'an 1579 et le 9 septembre « dans la maison commune de la ville de Muret, y estant assemblés MM. Jehan de Borderia, l'abbé d'Eaunes, scindic du clergé, etc., lesquels délibérant sur la reprise de la cité[1] de Sainct-Lizier invadée et surprinse par les ennemis de Dieu et du Roy, rebelles et perturbateurs du repos public ; ont arresté que le pays s'employeroit de toutes ses forces et moyens à reprendre ladite cité et la remettre à l'obéyssance du Roy, et cependant, pour empescher que les ennemys se saysissent du bourg dud. Sainct-Lizier, que dans icelle seroyent retenus tels s^{rs} et $capp^{nes}$, avec tel nombre de soldatz que par M. le Sénéchal de Thle seroit advisé, lequel seroyt supplié comme chef de la justice, de se voulloir transporter sur le lieu pour pourvoir à lad. rémission et pugnition desd. rebelles... et tout régler jusqu'à ce que l'on ait reçu réponse du Roi de Navarre.

En attendant, les consuls des villes voisines, savoir : Saint-Girons, Salies, Aspet, Castillon ainsi que ceux de Saint-Lizier, procureront des vivres aux troupes. Les communautés seront plus tard remboursées par le Pays. De plus, l'abbé d'Eaunes et M. de La Ylhère « yront vers le Roy de Navarre, pour fère entendre à Sa Majesté les grands maux et ruyne dud. Pays, qui de lad. entreprinse en sont advenus et en peuvent advenir et supplyer Sa Majesté de y pourvoir. »

La délibération est signée :

De Sabonnières, abbé d'Eaunes, sindic du clergé ; — de La Yllère, syndic de la noblesse ; — Jean de Borderia, juge de Comminges ; — Du Cassé, consul de Muret ; — B. Cabalby, syndic de la Vicomté de Couserans.

---

1. « Le bourg » resta au pouvoir des catholiques.

Les mesures prises en vertu de cette délibération furent approuvées le dix-huit du même mois à Saint-Girons, par une dizaine d'autres députés des communautés de Comminges, en présence de M. de Cornusson, sénéchal de Toulouse.

Les députés absents aux deux réunions de Saint-Lizier et de Saint-Girons, donnèrent leur approbation en l'assemblée tenue à Aurignac le 26 septembre 1579.

(Archives de Muret : États tenus à Muret en septembre 1579.)

2°. — Lettre du Roi au Sénéchal de Toulouse après la délivrance de Saint-Lizier

Monsieur de Cornusson[1]. Je loue grandement la diligence que vous avez faicte pour remettre la cité de Saint-Lizier en mon obéissance, et trouve aussy fort bon que vous vous y soyez conduict de la façon que j'ai veu par vostre lettre du XXIX du passé, pour les saiges considérations que me mandez vous avoir meu, de ne reffuser les conditions soubz lesquelles ceulx quy s'en estoient saysis ont accordé s'en despartir. Et encores que je soys très desplaysant et mal content de lad. entreprinse, ensemble de plusieurs aultres que je suys adverty estre journellement faictes par ceulz de la Religion prétendue réformée, au mespris et préjudice de mon Édict de pacification, sy est-ce que je veulx sur ce attendre ce que produira le voyage du sieur de Rambouillet vers le roy de Navarre où je l'ay envoyé il y a quelque temps, avec la charge que je vous ay faict entendre[2]. Et d'aultant que ce quy est

---

1. Jean de la Valette, seigneur de Cornusson, Parisot, Montels, Lestang et autres lieux, sénéchal de Toulouse et Albigeois.

2. Nicolas, sieur de Rambouillet. « Le roi [Henri III] avoit envoyé Rambouillet au roi de Navarre [futur Henri IV], pour l'engager à réparer les infractions de l'Edit, qui avoient été faites. Le roi de Navarre envoya de son côté Ravignan, premier Président de son conseil de Pau, à la Cour, avec des instructions, pour s'excuser de ce que, quelque bonne volonté qu'il eût, il n'avoit pu seconder les desseins de Rambouillet, y ayant plusieurs contraventions à l'Édit de la part des catholiques, tant en Guyenne qu'en Languedoc. » (Hist. générale de Languedoc, t. XI, p. 671.) Il y avait longtemps que Catholiques et Huguenots se renvoyaient le même reproche. On lit dans une lettre de Damville au Roi, en date du 16 janvier 1578 : Votre Majesté aura « ce tesmoignage du désarmement général que j'ay faict de toutes les garnisons et compagnies qui estoient demeurées en ce gouvernement [de Languedoc] pour satisfaire à la volonté de Vostre Majesté, et monstrer le chemin à ceux de la Religion, lesquelz n'ont pourtant rendu aucune obéyssance, ains

cependant advenu à Figeac de la part des catholicques pour s'en rendre les maistres, ainsy que j'ay entendu, pourroit servir de couleur à ceulx quy desià n'ont guère d'affection au repos public de se lascher plus licentieusement à tous excès et décins, vous prie donner ordre en vostre séneschaussée que chascun soyt adverty de se tenir sur ses gardes, pour esviter toutes surprinses, sans fère néantmoings assembler extraordinairement, ny donner aultres arguments d'altérer d'avantaige les choses.

Priant Dieu, Monsr de Cornusson, qu'il vous aict en sa saincte et digne garde. — Escript à Paris le xve jour d'octobre 1579.

HENRY.

[Et plus bas :] DE NEUFVILLE, secrétaire.

A Monsr de Cornusson, chevalier de mon ordre, cappitaine de cinquante hommes d'armes, séneschal de Tholose.

(Lettre originale. Signature autographe. — Arch. de Muret : II, Registre des Etats.)

Quelle somme coûtèrent le siège et la reddition de Saint-Lizier, en 1579 ? Nous pouvons l'établir d'une manière approximative. Sans entrer dans l'évaluation des dégats occasionnés aux Communautés par le passage des troupes et par le paiement de certains menus frais, notons, en premier lieu, que les Etats payèrent une indemnité de 1400 écus. Ils donnèrent ensuite 560 écus aux commissaires des vivres qui avaient veillé à l'entretien des troupes, et 20 écus à Sabonnières, abbé d'Eaunes, et La Ylhère, députés vers le roi de Navarre. — Le vicomte de Saint-Girons, blessé dans une rencontre, reçut 200 écus pour frais de médecin et de chirurgien, et un habitant de Taurignan qui était « terralhon au rempart de Sainct-Lizier » et qui fut mutilé, reçut 10 écus, ce qui revient exactement à 2.190 écus.

C'est sur ces dépenses que s'appuyèrent les Etats de Comminges, à la fin de l'année 1579, pour prétendre à une exemption temporaire de taxes et d'impôts.[1]

---

demeurent maistres de toutes les villes et lieux qu'ilz ont tenuz, où ilz ne veulent aucunement désarmer, disans y avoir eu des contraventions à l'Édit de pacification, du costé de Guyenne, si évidentes, qu'ilz doivent demeurer en crainte, entre autres ilz nomment une entreprise sur la ville de Périgueurt, se plaignans des garnisons qui sont en Brouaige... » Autre missive dans le même sens, 24 janv. suivant. — (Bibliothèque de la ville de Toulouse, manuscrit 611, f. 62^v et 69^v.)

1. Arch. de Muret : Etats d'Aurignac, en 1579 ; et « Compte de recette et despence de Raymond du Cassé, receveur en Comminges, 1580.. » liasse 77, *passim*.

XLIII

1580. — 28 Janvier

Lettre de François, duc d'Alençon et d'Anjou, au Roi Henri III son frère, en faveur des Habitants du Comminges

Le duc appelle la pitié du Roi sur les malheureux habitants du Comminges, et le prie d'accueillir favorablement un de leurs députés.

Monseigneur.

Encores que je sache assez le singulier zèle qui vous anime au soulagement de vos subiectz et qu'il ne si peut rien adjouster, je vous suplye néantmoings prendre en bonne part que je vous tesmoigne la pitié et commisération dont sont dignes ceulx de vostre païs de Commenge, pour les pertes et ruynes qu'ilz ont souffertes par le passé et ausquelles ilz sont encores de présent exposés à cause des surprinses des villes et aultres actes d'hostilité que les ennemys font tous les jours aud. pays, ce qui vous sera représenté plus au long par ung de leurs députez que les gens des trois Estatz dud. pays ont dépesché à ceste fin avec mémoires et articles de leurs remonstrances et demandes ausquelles je vous supplye très humblement, Monseigneur, voulloir faire la bonne et favorable responce qu'ilz attendent de vostre débonnaireté et paternelle bienveillance envers vostre peuple, ayant bien voulu acompaigner leurs députés de ceste myenne intercession sur la très instante requête qu'ilz m'en ont faicte, soubz la confiance que vous feriez congoistre ausd. Estatz qu'elle vous aura esté agréable...

Et sur ce je prye Dieu vous donner, Monseigneur, en parfaicte santé, prospérité et très heureuse vye.

A Angers ce xxviiime jour de Janvier 1580.

Vostre très humble et très affectionné frère et subiect,

FRANÇOYS.

Et à la subscription est escript : Au Roy, Monseigneur et Frère.

Collationné par de Lavallée.

Côte : « Coppie de Lettre missive envoyée au Roy par Monsieur son Frère en faveur du Pays. »

(Archives de Muret : II· Registre des Etats.)

XLIV
1580. — 11 Septembre
Tentative des Huguenots sur Muret

L'année 1580 marque une reprise d'armes en Languedoc, Guyenne et Dauphiné. C'est au mois d'avril de cette année, que les Huguenots se rendent maîtres de l'Isle Jourdain. Au mois de septembre, ils purent croire que la ville de Muret allait tomber entre leurs mains. Les habitants, mis en éveil, les empêchèrent d'exécuter leur entreprise.

Ayant Messieurs des Estats retranché et réduit la garnison de Muret, pour le moys de septembre, à 60 soldats, de quoy adverty, Monsr le Sénéschal de Tholose, par injonction et commandement à luy faict par led. Seigneur Mareschal de Biron, estant advertis que les ennemys, voleurs et perturbateurs du repos public conspiraient plus que jamais, de prendre et envahir lad. ville, comme de faict ilz auroient volu exécuter le onzième dud. septembre, estant en nombre de douze à quinze cents, et ayant desja dressé les eschelles contre la muraille. Mais par la miséricorde de Dieu et bone diligence de Mr de Montfaucon, gouverneur, et des habitants de lad. ville, lesdits ennemys auroient esté descouverts et chassés, quoy [ap]prenant, mond. s^r le Sénéschal, comme dict est, auroict ordonné que non obstant led. retranchement, les cent soldatz y seroient continués soubz la charge dud. s^r de Montfaulcon, et despêcher commission à M^r le Juge de Comminges, faire le despartement et cottizer led. pays, tant les estatz dud. s^r de Montfaulcon, que solde desd. 40 soldats retranchés... »

(Archives de Muret : Cahier de la recette et de la despense de R. du Cassé, collecteur du pays de Comminges.)

Les ennemis du dehors avaient des complices à l'intérieur de la ville ; la conspiration fut dévoilée. En 1587, la Communauté faisait chercher un acte, remontant à 1581, dans lequel était relatée « la trahison et prinse de nostre ville ». [1] Et c'est précisément en 1587-88 que « certains ont esté mis en prévention, chargés de plusieurs volleries, entreprinses, conspirations et aultres excès, lesquelz à la poursuyte du Scindic de la ville, joinct à luy le Procureur du Roy, ont esté condempnez et exécutés à mort... ». [2]

XLV
1582-1586
Traître pris a Taurignan

Taurignan fut souvent visité, entre les années 1582 et 1586, par les Huguenots de Clermont et de Camarade. Ces lieux étaient devenus « retraicte et réceptacle de voleurs, brigands, meurtriers et aultres gens de sac et de corde. » Au début de l'année 1584, les habitants du malheureux village rappellent qu'ils « sont journellement pilhés, bruslés, rançonnés et plusieurs dud. lieu tués et massacrés par telle canaille [3] ». — Or, ils découvrirent en 1586 que l'ennemi avait des complices parmi eux. Un des traîtres, pris et condamné à mort, fit appel de la sentence au Parlement de Toulouse. Ces derniers détails sont consignés dans la requête adressée aux Etats de Comminges priés de secourir la communauté de Taurignan dans la poursuite du procès.

Supplie humblement le Scindic des manans et habitans du lieu de Taurinhan... que pour estre comme ils sont voysins des lieux de Camarade, Clermont,... et aul-

---

1. Arch. de Muret : Recueil de Documents, xvie s., fol. 260 v.
2. Arch. de Muret : Recueil de Documents, xvie s., fol. 264 v. : Encore en 1580, des ennemis, qualifiés « voleurs », s'emparèrent de Garravet, mais avertis qu'on transportait des munitions à Samatan et « craignant d'estre assiégés et qu'on les fist mourir dedans » ils prirent la fuite. *(Ibid.* : Compte de du Cassé.)
3. Voy. Acte des Consuls de Taurignan contre Charles de l'Hort, seigneur du Pesquiés, qui refusait de payer la Taille. (Arch. de Muret : Papiers des Etats tenus en cette ville au mois de janvier 1584.)

tres, tenuz et occupez par les héréticques et rebelles, soy disant de la prétendue relligion, et les pauvres supplians au contraire estans catholicques, fidelles subiectz et serviteurs du Roy, sont journellement pilhés, bruslés et ranconnés par les rebelles, tellement qu'ilz sont réduictz à extrême pauvreté et misère, et ayant descouvert qu'il y en avoit aulcungs de leur consulat et juridiction qui, quoyque soient catholicques ou en fassent le semblant, s'entendent avec lesd. rebelles pour trayr les supplians, et les guident et conduisent pour faire lesd. pilheries et ranconnemens desd. supplians, de quoy ayant esté faict informé par les Consuls dud. lieu [assisté en cela par le Juge de Comminges], se seroict treuvé entre aultres, ung nommé Georges Abribat dict Jorda, de lad. juridiction, estre desd. traictres et rebelles, tant que par sentence desd. Consuls et de leur assesseur, auroit esté condampné à estre desmembré vif et la teste dernière, saulf à estre mis à la géenne et question avant lad. exécution, pour scavoir ses complices et s'il y a des intelligences et traysons tramées sur les lieux et villes catholicques, et est à présent en Tholose, en la poursuite de son appel, comme est nottoire et vous tesmoigneront les Consuls et depputés de Salies, Sainct Lizier, Sainct Girons.... etc.

La requête aboutit à une demande de 50 écus que la pauvreté des Etats ne leur permit pas d'accorder.

(Archives de Muret : États tenus à Muret en novembre 1586.)

XLVI

1583-1585

Démolition du Chateau d'Aurignac
Pillage du Couvent des Religieux de la Merci.

Les guerres du xvie siècle ont causé la destruction de plusieurs châteaux forts en Comminges. Nous l'avons déjà constaté, nous le constaterons encore. — En 1583 il parut urgent d'abattre le château d'Aurignac. Les brigandages d'un certain capitaine Magret, dont cette place était devenue le repaire, décidèrent les habitants de la ville et les Etats à en solliciter du Roi l'anéantissement. Ce ne fut pas sans essuyer quelques arquebusades qu'on poussa les voleurs loin du pays. Diverses pièces retracent les péripéties de cet événement.

1°. — Délibération des États
relative a la démolition du Chateau d'Aurignac

Ayant esgard aulx remonstrances faictes par le Seigneur de Fontanilhes, chevalier de l'Ordre du Roy, cappitaine de cinquante hommes d'armes, touchant l'incommodité et inutilité du chasteau d'Aurignac, quy ne sert [que] de magasin à ceulx quy ont querelle contre les habitans, et que à cause dud. chasteau se sont faicts une infinité de meurtres, tellement qu'il seroict nécessaire qu'il fust desmoly pour la conservation des habitans, et ouï aussy M° Jehan Saby, consul dud. Aurignac, et plusieurs aultres quy ont attesté de ce dessus, ayant derechef l'assemblée délibéré sur ce, a esté arresté qu'il en sera présenté requeste au Maréchal de Matignon... aulx fins qu'il luy plaise permettre aulx habitans de le desmolir et mettre par terre...

(Archives de Muret : Etats tenus à Muret le 7 mars 1583.)

2°. — Le capitaine Magret chassé d'Aurignac

A Vous Messieurs des Troys Estatz du Pays et Comté de Comenge.

Supplie humblement Vincens Bernard habitant de Muret que au commencement du mois de Septembre dernier [1583] que [lui] et autres habitans de Muret auroient esté requis et priés par Messieurs Cambornac et du Cassé scindic et trésorier dud. Comenge de vouloir aller accompaigner Monsieur de Cornusson, sénéchal de Tholose, jusques à la ville d'Aurignac, là où il s'en alloit avec des forces et le Prévost, pour punir et extirper certaines trouppes de volleurs qui s'estoient emparés du chasteau de lad. ville, et, qui pys est, comettoient plusieurs ravaiges et volleries aux environs de lad. ville, ce que le suppliant auroict facilement accordé pour la bonne volonté qu'il a au bien public dud. païs de Comenge, et estans arrivé en lad. ville, et ayant treuvé led. cappitaine Magret, Domingo, dict Peludat, Jehan Poc, cappitaines et chefs desd. volleurs, avec une douzène de leurs complices, dans une maison aulx faulx bourgs de lad. ville, le suppliant seroit descendu de son cheval et mis pied à terre pour, avec d'autres, enfoncer la porte et prendre lesd. volleurs à la force, lesquels se deffandant, du premier coup qu'ils lancèrent, percèrent la cuisse du suppliant... '

<small>(Archives de Muret: Etats tenus à Muret en janvier 1584.)</small>

3°. — Autres particularités concernant l'expulsion du capitaine Magret

A Vous Messieurs, etc.

Supplient humblement les héritiers de feu Hector Du Rieu, du lieu d'Alan, pauvres enfans pupilles et orphelins, Bertrande de Saint Lary mère dud. Hector, et Jehanne de Calfepé vefve dud. Hector et mère desd. enfans, que au moys de Septembre dernier, requérant le scindic en lad. Comté, Monsieur le Sénéchal de Tholose avec le Juge criminel en lad. ville, se seroit acheminé en la ville d'Aurignac pour prendre et saysir le Capp$_{ne}$ Magret avec ses adhérans et complices, et à lad. ville estans arrivés, led. s^r Sénéchal auroit mandé les soldats des environs luy assister pour luy tenir la main forte, pour saysir led. Magret et ses complices ; et entre autres led. Hector quy estant zellé de fère secours au Roy et au Pays, auroit accordé suyvre led. sieur, sy que se seroit mis en armes et suyvi, à lad. ville d'Aurignac, la compagnie dud. s^r Sénéchal ; aulx faulx bourgs de laquelle auroit esté assiégé led. Magret et ses adhérans, lesquels se mettant en deffense, pour se guarantir, à la

---

1. En réponse à cette requête de « Noble Vincens Bernard » les Etats accordèrent 50 liv.

mayson où ils estoient, auroient lasché plusieurs coups d'arquebusades à l'encontre des soldats de la compagnie dud. s^r et led. Hector estant en debvoir de soldat et à la faction, auroit esté murtry d'ung coup d'arquebusade par led. Magret ou ses complices, tellement qu'il auroit demeuré estandu sur la place, délayssant ung sien enfant quy n'a atteint l'âge de deux ans... etc.

(Arch. de Muret : Etats tenus à Muret en janvier 1584.)

4o. — Permission de démolir le Chateau d'Aurignac. — Pillage du Couvent des Religieux de la Merci

Une réunion restreinte des Etats de Comminges fut tenue à Toulouse, par ordre du Sénéchal, le 27 avril 1584. Les délégués formant cette assemblée

Délibérans sur la commission du Roy à eulx baillée par led. s^r Sénéchal, dressant au s^r Maréchal de Matignon, estant lad. commission en blanc, portant injonction de desmolir le château d'Aurignac, dans le païs de Comenge, ont arresté que de tant que lad. commission du s^r de Matignon est en blanc et que led. s^r a dict qu'ils rempliront le blanc, pour la bailler à tel gentilhomme que le Païs advisera, qu'il sera prié de ce faire, en faveur du s^r de la Ylhère, scindic de la Noblesse, aux fins d'esviter frais au Païs...

(Archives de Muret : États tenus à Tholose le 27 avril 1584.)

Les précautions prises par les États ne rendirent pas sécurité complète à la ville d'Aurignac. Pour nous en convaincre, lisons une requête, soumise à l'Assemblée de Comminges, en 1586, mais rapportant des faits accomplis en 1585. S'il n'y avait plus de château, à Aurignac, il n'y avait pas moins de voleurs. Les religieux du couvent Notre-Dame de la Merci, de la ville d'Aurignac, représentent aux Etats : « qu'à la feste Saincte Catherine dernière a eu un an, led. couvent, en heure nocturne, auroict esté sacrilégieusement vollé et desrobé, mesme la croix, calices d'or et d'argent et aultres ornementz servantz au divin service... » Cette requête, lue aux Etats assemblés à Aurignac en mars 1586, fut renvoyée aux prochains Etats généraux du Comté, qui eurent lieu à Salies, en avril. On accorda aux religieux une aumône de dix écus.

(Arch. de Muret : Etats de Salies, avril 1586.)

XLVII
1584-1585

Missives concernant la conservation de Muret

Au cours des années 1584 et 1585, les garnisons furent conservées, en Comminges, dans les chefs-lieux des châtellenies. Les États du Pays, tenus à Muret le 14 janvier 1584, avaient décidé que la garde de cette ville serait « continuée soubz la charge du seigneur de Monfaucon, en la forme et manière qu'a esté ci-devant. » En 1585, les menaces des Huguenots cantonnés à l'Isle-Jourdain obligèrent les États à entretenir 200 hommes dans la capitale commingeoise [1]. Une assemblée restreinte [2] convoquée par le Parlement et réunie à Toulouse, le 8 août 1585, « dans le lougis de Monseigneur l'Evesque de Bayeulx, abbé de Heaunes, scindic du clergé de Comenge », examinait l'opportunité des garnisons et la reconnaissait de nouveau. Les États de Samatan (septembre 1585) distribuaient des soldats aux villes principales [3] tout en refusant les offres de service de Fontenilhes, la Ylhère et Noalhan, dont les compagnies indisciplinées avaient précédemment ravagé les récoltes, et vivaient « à discrétion sur le pauvre peuple. »

Sous le bénéfice de ces remarques, nous donnons ici quatre missives, provenant du Premier Président du Parlement de Toulouse, du Sénéchal et du Maréchal de Matignon, relatives à la garde de Muret.

On pressentait un danger prochain; en effet, il ne tarda guère à se manifester.

1°. — Missive du Premier Président du Parlement de Toulouse a François de Polastron, sr de la Ylhère

Monsieur. Ce mot sera pour vous continuer la prière que ie ay faicte souvent concernant la continuation du paie-

---

[1]. Archives de Muret : « Attestation pour les Consulz de Muret » 1590.

[2]. Archives de Muret : « Délibération faicte à Tholose sur la garnison ordonnée par arrest de la Cour estre mise sur le pays. » Etaient présents : M. de Sabonnières, sindic du clergé ; de la Ylhère, sindic de la noblesse ; François de Puget, juge de Comminges, depuis le décès de Borderia ; Jean Bertin, procureur du Roi ; Antoine Cambornac ; Raymond Ducassé, sr de Saint-Germier, premier consul de Muret ; Raymond Bertin, procureur au Parlement et greffier des États depuis le décès de Galabert.

[3]. Les consuls du Plan et de Saint-Christaud (châtellenie de Saint-Julien) remontrèrent à ces États : « lesdits lieux estre tout au près du Carla, les Bordes, Camarade et Mas-d'Azil, là où ordinairement les gens de la prétendue religion se tiennent et font plusieurs courses et ravages. » A cette cause, ils suppliaient l'assemblée d'envoyer une garnison en ces lieux « pour la garde et tuition d'iceulz. »

ment de la somme de soixante dix livres pour l'entretènement de partie de soldatz nécessères à la conservation de la ville de Muret. Vous savés l'importance de la dicte ville et les entreprinses que l'on faict ordinèrement pour la surprendre, qui me faict vous prier bien affectueusement leur despartir vostre faveur acoustumée en cest endroict et croire que vous me trouverez disposé en tout ce qui vous plerra me employer, de mesme affection que je prie le Créateur vous donner,

Monsieur, en toute prospérité et santé, longue vie. De Tolose, ce x Julhet 1584.

Vostre bien affectionné à vous fère service :
J. DURANTI.

A Monsieur, Monsieur de la Ylhère, chevalier de l'ordre du Roi. — († *Sceau*).

Côte : « Missive de Monsieur le Premier Président, au s^r de la Ylhère, pour la garde de Muret. »

(Arch. de Muret : États de Samatan, juillet 1584.)

2°. — MISSIVE DU SÉNÉCHAL DE TOULOUSE AU S^r DE LA YLHÈRE

Monsieur. Ayant seu l'assemblée qui se faisoit à Saint Matan [Samatan] pour traicter des affaires du Pays de Cuminges, et estant aussy assuré de la particulière affection que vous avez au service du Roy et au bien du Pays, je n'ay voulu perdre ceste occazion sans vous représenter le besoing qu'il est de conserver la ville de Muret et cha[ste]au d'icelle, atandu l'importance qu'ilz sont aud. Pays, et qu'il est certain, que les entreprinses y sont aussy grandes qu'elles ayent esté, par les voleurs et perturbateurs du repos, au moyen de quoy je vous ay bien voulu fère ceste l[ett]re pour vous supplier le faire entendre de vive voix à lad. assemblée, et qu'il soict donné moyen de y co[n]tinuer la garde que l'on a accoustumé de faire en lad. ville et cha[ste]au, autrement il est à craindre qu'il n'en vint quelque inconvénient, pour les continuels aguetz desd. voleurs et perturbateurs, et les alées et venues qui se font despuis quelque temps, à quoy les habitans peuvent difficilement résister, pour le peu de nombre qu'ilz sont et l'indigence d'iceulz.

J'en escripts en mesme fin à lad. assemblée, affin qu'ilz ayent esgard aus susd. considéra[ti]ons, qui me faict croire qu'elle y pourvoirra selon l'exigence dud. cas, et que de vostre costé vous y apporterez tout ce quy sera de v[ost]re pouvoir pour l'utilité du service de sa Majesté et considéra[ti]on de lad. ville, qui me gardera vous en dire autre chose, mais vous assureray qu'en tout ce que je pourray secourir led. Pays et particulièrement à vous, m'employant, je y satisferay, de tel cas (?) que prieray Dieu,

Monsieur, vous donner en bonne santé, longue et prospère vie, me recommandant bien affectueusement à v[ost]re bonne grâce.

De Th[o]lose ce xi[e] de Juilhet 1584.

Vostre bien affectionné à vous fère service :
De Cornusson.

A Monsieur, Monsieur de la Ylhère, scindic de la Noblesse du Comté de Cominge.

Côte : « Missive de Monsieur le Sénéchal au seigneur de la Ylhère pour la garde de Muret. »

(Arch. de Muret : Etats de Samatan, juillet 1584.)

3°. — Missive du Sénéchal de Toulouse aux Etats de Comminges

Messieurs. Sur l'occasion de l'assemblée q[ue] j'ay entendu se faire en la ville de Saint-Matan pour traicter des affaires du pays de Cuminge, j'ay advisé, pour le devoir de ma charge, vous rep[rése]nter le besoing qu'il y a de conserver la ville et ch[aste]au de Muret, atandu l'importance d'iceux, et que s'il en venoit.... (?)'il pourroit fère à cause des continuelles entreprinses qui journellement se brassent par aucuns voleurs, et perturbateurs du repos, il est certain que la perte redonderoit non seulement au détriment de lad. ville, mais de tout le pays circonvoisin ; pour à quoy éviter, atandu l'indigence et pauvreté de lad. ville et le peu de nombre des habitans d'icelle, je vous prie, en tant que vous aymez v[ost]re bien, adviser qu'il soit donné moyen de continuer la garde que l'on a acoustumé de faire tant en lad. ville que ch[aste]au, avec le mesme nombre de soldats qu'il est besoing, et n'estant la présente pour autre effect, et pour l'assurance que j'ay que y satisferez, je ne vous en dirai autre chose.

Bien vous prie de croire qu'en tout ce que je pourray servir le Pays, tant en g[énér]al qu'en particulier m'employant, je le feray de telle affection que prieray Dieu, Messieurs, qu'il vous conserve en sa saincte et digne garde.

De Thle, ce xie de Juilhet 1584.

V[ost]re bien affectionné à vous faire service,
DE CORNUSSON.

A Messieurs, Messieurs de l'assemblée des Estatz du comté de Cominge, à Sainct-Matan.

Côte : « Lettre de M. le Sénéchal aux gens des Estatz pour la garde de Muret. »

(Archives de Muret : États de Samatan, juillet 1584).

*
* *

Les Etats s'adressèrent, en 1585, au Maréchal de Matignon, lieutenant du Roi en Guyenne, pour obtenir la permission de lever 200 soldats, à répartir entre les chefs-lieux des châtellenies. De plus, ils réclamaient une augmentation de la garnison placée à Muret, se réservant d'ailleurs le choix du gouverneur des villes du Comminges. Or, comme tout ceci ne pouvait s'effectuer sans de grands frais, des Etats allèrent jusqu'à solliciter l'autorisation d'appliquer, à l'entretien des troupes, une partie des tailles royales. Ces requêtes furent transmises au Maréchal par les consuls de Muret hautement intéressés à les faire agréer.

Matignon répondit avec bienveillance.

4°. — Missive du Maréchal de Matignon aux Consuls de Muret

Messieurs. J'ay reçeu vostre lettre et suyvant la résolution qu'a esté prinse à vos Estatz et ce que m'en mande Monsʳ de Cornusson, j'ay aprouvé la délibération que vous y avés prinse pour la seureté du pays de Comminge et la nomina[ti]on du sieur de Monfaucon pour commander en vostre ville de Muret ; et pour vous contenter j'ay advisé de faire bailler rescription pour le paiement de doutze soldats de Muret, pour deux moys, mais pour l'advenir il fault que vous y faciés donner ordre, car il n'y a moyen d'y emploïer plus les deniers du Roy.

Me recommandant à vous, je prie Dieu, Messieurs, qu'il vous donne longue vie.

A Marmande ce xɪɪᵉ Octobre 1585.

Et plus bas, escript de la propre main de Monseigneur le Maréchal : Vostre entièrement bon et plus affectionné amy : Matignon.

Et au-dessus : A Messieurs les Consulz de Muret.

(Copie. — Arch. de Muret : Affaires de la Communauté de Muret.)

XLVIII

1585. — Aout

Chatiment des Conspirateurs et des Traitres saisis a Saint-Julien

La ville de Saint-Julien, chef-lieu de la châtellenie de ce nom, en Comminges, risqua fort de tomber au pouvoir des Religionnaires, au mois d'août 1585. C'est dans ce sens que manœuvraient un huguenot nommé Lucander et les complices qu'il avait en ville. Découverts assez tôt, les traitres furent pris et punis. — L'affaire fut compendieusement expliquée aux Etats de Salies (avril 1586). On remarquera, en lisant cette pièce, la régularité de la procédure suivie, et l'absence de toute exécution sommaire.

A Vous Messieurs des Troys Estatz du Païs et Comté de Comenge, convocqués en l'assemblée de Salies.

Supplie humblement le Scindic des Consulz, manans et habitans de la ville de Sainct-Julien que par raison de la conspiration et trayson, au mois d'aoust dernier esmaginée faire et exécuter en ladicte ville, pour icelle tirer ors de l'obéissance du Roy, la remettre ez mains et puissance de ceulx de la nouvelle prétendue Religion, par ung nommé Jehan Lucander de ladicte Religion prétendue, habitant des Bordes vers le Mas d'Azil, au compté de Foix; Sans Naves, Jehan Camp, Raymond Jehan Sans, Pierre Jehan dict Petitou, Dominique Sans, Hugues Sans, Guilhamot Sans, Gaspard Naves, Michel Terrès, et aultres habitans dudict Sainct-Julien, — après l'inquisition avoyr esté faicte d'auctorité desditz Consuls et leur assesseur, par sentence du vingt et troysiesme septembre dernier, mil cinq cens quatre vingtz et cinq, ledict Jehan Lucander auroict esté condapné à estre pendu et estranglé, et contre lesdictz Pierre Jehan, Hugues Sans, dessus nommés, procédé extraordinairement par confrontementz, lesquelz deuement faictz, par aultre jugement desdictz Consulz, du pénultiesme septembre, Dominicque Sans, Pierre Jehan Sans dict Petitou, condapnés à la question, et lesdictz Raymond Jehan Sans, Jehan Camp et Sans Naves dict Petitou, Dominique Sans, auroint appelé, et par arrest de la Court de Parlement, du premier d'octobre mil cinq cens huictante cinq, auroict esté ordonné :

En ce qui concerne led. Lucander et Pierre Jehan Sans Petitou, qu'il a esté bien jugé par lesd. Consulz ou leur assesseur, et mal appelé par lesd. Lucander et Sans, et renvoyé ausdictz Consulz pour mettre à exécution lad. sentence, ce que auroict esté faict, et led. Lucander exécuté à mort.

Par aultre sentence ou jugement desd. Consulz et leur assesseur, du 23ᵉ novembre, led. Pierre Jehan Sans, dict Petitou, auroict esté condapné à mort, de laquelle sentence led. Sans en auroit appelé : par aultre arrest du dernier décembre mil cinq cens huictante cinq, en refformant led. jugement, lad. Cour auroict condapné led. Sans Petitou à faire esmende honorable en l'auditoire des Capitoulz de Tholose, ung jour y tenant l'audience, et illec, de genoulx et en chemises, teste et piés neus, tenant en sa main un cierge ardent, demander pardon à Dieu, au Roy, et Justice de son meffaict, et ce faict, estre mis aux galères du Roy, pour, en icelles, servir led. sieur, le temps et espace de dix ans.

Néantmoings, par aultre sentence ou jugement desdictz Consulz ou leur assecceur, du vingt cinquiesme febvrier mil-cinq-cens-huictante-six, Hugues Sans auroict esté condampné à faire esmende honorable solempnelle, et aux galères du Roy, pour, en icelles, servir Sa Majesté, sa vie durant, de laquelle auroict appelé, et par aultre arrest du trentiesme febvrier mil-cinq-cens-huictante-six, la Court auroict condampné led. Hugues Sans à faire esmende honorable au devant le corps de garde de lad. ville de Sainct-Julien, et illec, de genoulx et en chemises, teste et pieds neus, tenant en sa main une torche de cyre ardent, demander pardon à Dieu, au Roy, et Justice de son meffect, et bany de lad. ville et juridiction dud. Sainct-Jullien, pour le temps et espace de troys ans.

Et pour le regard desdicts Gaspard Naves, Michel Terrès, Guilhamot Sans et aultres y comprins, qu'il seroict plus emplement enquis...

A la fin de cet exposé, les Consuls déclarent qu'ils ont actuellement dépensé 300 écus sol à la poursuite du procès fait aux traîtres, que ce procès intéresse tout le pays de Comminges et qu'ils fondent là-dessus l'espoir d'un prompt remboursement.

(Archives de Muret : Etats de Salies, avril 1586.)

XLIX
1586. — 17 Avril
Missives concernant la garde de Saint-Girons et de Saint-Lizier

François Bonard, évêque de Couserans, et Philibert d'Orbessan, gentilhomme du Comminges, préviennent les États réunis à Salies, du 15 au 18 avril 1586, des dangers que les Huguenots font courir aux villes de Saint-Girons et de Saint-Lizier.

1°. — Missive de l'Évêque de Couserans [1].

Messieurs. Pour la charge que ie tiens de Dieu et du Roy nostre Sire, ie suis contrent de vous advertir des allarmes que nous avons chacun iour à Sainct-Lyzier et Sainct-Girons, où aujourd'hui, qu'est le xviie de ce mois, se sont présentés devant nostre ville Sainct-Lysier et devant Sainct-Girons gran troppes de gens, en plusieurs embuscades, environ quatre cents à pied et cent hommes à cheval. Je vous prie, Messieurs, de nous ayder et de prier Messieurs de la Court de Parlement d'y remédier, afin que ceste nostre église de Cosserans et autres lieux limitrofes, soient mantenus en la foy catholique et service de Sa Maiesté.

Priant Dieu, Messieurs, vous conserver en sa grâce.
De Sainct-Lizier, ce xviie avril 1586.

        Vostre très affectioné pour vous servir,
        François Bonard, évesque de Cosserans.

A Messieurs des Estats de Comminges, à Salies.
        † *Sceau de l'Évêque.*

(Arch. de Muret : États de Salies, avril 1586.)

---

[1]. François Bonard, successeur d'Hector d'Ossun à l'évêché de Saint-Lizier, occupa ce siège de 1581 à 1592. Il fut remplacé par son neveu Jérôme de Lingua. — Les « Documents pontificaux sur l'évêché de Couserans », publiés par M. le chanoine Douais, corrigent et complètent les minces notices biographiques consacrées jusqu'ici à cet évêque. (Alph. Picard, édit. Paris, 1888; It. *Revue de Gascogne*, t. XXIX, p. 349 et 439.)

2°. — Missive de P. d'Orbessan [1].

Messieurs. Les continuelles alarmes que nous avons, m'ont fect vous escrire ce mot pour vous prier de vous souvenir combien de préjudice ce seroit à tout le pays, si les Huguenaus s'emparoit de ce lieu. Vous êtes assemblés pour déterminer de beaucoup d'affaires; je me suis avisé vous informer de ce qui [se] passe, que encore l'heure présente, les ennemys ont esté jusques aux portes de cette ville, pour nous surprendre, en nombre de cinq ou six cents hommes. Mais Dieu nous a [tant] assistés qu'ils n'ont peu exécuter leurs mauvaises intentions. Je vous supplie faire tant pour ce pauvre peuple de leur continuer les soldats qui leur furent accordés et, s'il se pouvoit, leur accroître, et je vous en demeureray redevable toute ma vie, de mesme que je suis,

Messieurs, vostre bien affectionné à vous faire service.

Philibert d'Orvesan.

De Sainct-Girons, ce XVII° Avril 1586.

(Arch. de Muret : États de Salies, avril 1586.)

L

1580-1586

Les Huguenots de l'Isle-Jourdain et le Comminges. Mesures défensives.

Les Huguenots de l'Isle-Jourdain ont donné tant de mal aux États de Comminges, de 1585 à 1588, qu'ils entrent en plein dans l'histoire de notre pays, au XVI° siècle. Pour l'éclaircissement des faits qui les concernent, il ne sera pas inutile, dans une note préliminaire, de reprendre les choses d'un peu haut.

C'est dans les premiers jours du mois d'avril 1580 que les Religionnaires s'établirent à l'Isle. Cette ville ne tarda pas à devenir le

---

[1]. Philibert d'Orbessan, alors en garnison à Saint-Girons, avait entrée aux États de Comminges. La famille d'Orbessan a possédé la seigneurie de Labastide-de-Paumès et celle de Castelgaillard. (Cfr. : *Notes historiques sur Labastide-Paumès, en Comminges*, par M. J. Décap. — Muret, 1895.)

repaire des Huguenots, ou prétendus tels, des lieux voisins. Il y eut bientôt là une vraie bande de pillards partis « de Comenge, Rivière-Verdun et viscomté de Fezenzaguet. »[1]

Leur soin le plus empressé fut de chasser les Cordeliers et les Chanoines de la collégiale Saint-Martin. Ecoutons le « Sénéchal et gouverneur de Toulouse » raconter aux Etats de Comminges, le 21 avril 1580, les exploits des Réformés :

[M. de Cornusson] a faict entendre et scavoir que les ennemys et perturbateurs du repoz public, ces jours passés, violant et rompant l'Edict de pacification, se seroyent emparés de plusieurs villes et lieux fortz, et entre aultres de l'Isle-en-Jourdain, les religieux et ecclésiastiques duquel, auroyent esté tirés dehors et despossédés du service divin qu'ilz auroyent accoustumé célébrer dans le couvent et esglise collégiale, prins, ruyné et pilhé lesd. esglise et couvent, et mys à bas et razé icelluy, et non comptant de ce, faictz prisonniers les chanoynes prébendiers et aultres prebstres, ecclésiastiques, et plusieurs aultres de lad. ville, tués d'iceulx, ceulx que bon leur a semblé, les aultres aussy pilhés et ravaigés, et oultre ce rançonnement, en tout font et continuent gran-

---

1. « Requeste présentée par dame Jeanne Daigus, velve de feu messire Jean-Paul de Sainct-Jean quand vivoit Président en la Cour..., etc. » (Arch. de Muret : Etats de Samatan, février 1588.) — Nous signalerons aux chercheurs qui voudraient s'enquérir de l'état du comté de l'Isle-Jourdain antérieurement à 1580, le cahier intitulé : « Déclaration des causes pour lesquelles le Roy de Navarre a pris les armes, en l'an 1577, » transcrit par Marion, secrétaire de Damville, dans un des recueils relatifs au gouvernement du Maréchal en Languedoc. Inutile de dire que c'est une apologie, le titre l'indique. Nous y prenons, à l'intention des intéressés, la note suivante : « Le faict de l'Isle-en-Jourdain bien entendu, est plain d'équité en quelque façon qu'ils [les catholiques] le déguisent. Le sieur de Fonterailles avoit esté constrainct, par les massacres, de quitter la sénéchaussée d'Armaignac, et, suivant l'Edict estoit prest de rembourcer les deniers pour y rentrer. Pareillement la feue Royne de Navarre luy avoit promis, par un Brevet, le gouvernement de l'Isle-en-Jourdain, lequel vacant pendant sa captivité, le Roy de Navarre ne lui avoit peu bailler, et s'en estoit excusé à luy : ces choses à luy remonstrées, luy met le gouvernement en main. Touteffois, à ce que le s[r] du Minut, qui par ceux qui le détenoient en avoit esté pourveu contre la volonté de la feue Royne de Navarre, sa mère, et de luy, eust occasion de se contanter, il luy assigna sur son comté de l'Isle, plus que la valeur annuelle dud. Estat, selon l'estimation de ses plus proches parans et alliez, plus tost gratuitement que selon la rigueur du droit, dont led. s[r] monstra d'estre bien satisfaict.

« Voila en somme tout ce qui peult estre aucunement mal interpresté en ses desportemens, qui doibt estre, au contraire, un manifeste argument de sa débonnaireté et modération. » (Bibliothèque de la ville de Toulouse : Reg. 612, fol. 12 n et v.) — M. le comte Baguenault de Puchesse a eu l'obligeance de nous indiquer un rarissime imprimé de la « Déclaration » susdite, conservé à la Bibliothèque nationale.

des inhumanités et cruaultés, tant dans lad. ville que hors icelle¹, de tous costés et jusques aux portes de Tholose, et entrant au pays de Comenge, lymitroffe dud. l'Isle, font aussy à forces d'armes et en grand nombre assemblés, à cheval et à pied, longues courses, faisant et soumectant en tous les endroictz dud. l'Isle, et à ceulx qui ne leur veullent adhérer mesmes, de semblables cruaultés que dessus, sur les bons fidelles subiectz et catholicques de Sad. Maiesté, et plus feroient si on ne s'opposoyt par contraires forces d'armes deffensibles, attendant que le Roy soyt de tout adverty et que Sa Maiesté pourvoye à ce, selon son bon plaisir... »²

On comprend à quoi tendait le discours adressé par le Sénéchal aux États de Comminges : avant d'examiner la réponse de l'assemblée, complétons ces premiers renseignements. Les Cordeliers de l'Isle, ruinés et expulsés, s'en vinrent à Toulouse : « La ville de l'Isle-en-Iordain ayant esté surprinse par ceux de la religion prétendue réformée, raconte Catel, ... après avoir ruiné le couvent de Sainct-Françoys, ils congédièrent les religieux dudit ordre, qui estoient au nombre de trente-six (?), leur donnant sauf conduict pour se retirer à Tolose, en laquelle ils vindrent en procession et y furent bien et charitablement accueillis..... »³ Sans asile et sans ressources, les Cordeliers de l'Isle eurent recours à la charité de Duranti qui contribua à leur faire accorder l'église Saint-Antoine et ses dépendances.

Le Parlement sanctionna cette admission⁴.

1. « Les Huguenots la surprirent et y dominèrent longtemps, ils en démolirent les églises, chassèrent les religieux, enlevèrent les vases sacrez, tuèrent et chassèrent les catholiques.... La grande église fut démolie avec ses tours et le clocher, il n'en reste que quelques masures... » (Voy. *Relation de la Translation d'une Relique de saint Bertrand* [à l'Isle-Jourdain], par Jean Lastrade, bénéficier de la cathédrale de Comminges : 1734 et 1742; ch. xi, p. 170 de la seconde édition.)
2. Arch. de Muret : États de Muret, 21 avril 1580. « Cornusson, sénéchal de Toulouse, écrit [le 16 avril] à Henri III, que le Roi de Navarre s'est emparé de l'Isle-Jourdain, a expulsé les Cordeliers de leur couvent et y a mis garnison... il a prévenu la noblesse de Comminges, Haute et Basse-Rivière, de se tenir prête pour marcher dans deux jours sous les ordres de Joyeuse. » (Voy. *Hist. gén. de Lang.*, t. XI, p. 681, d'après un manuscrit de la Bibl. nat.)
3. G. Catel, *Mémoires de l'Histoire du Languedoc*, livre II, p. 241. Edités à Tolose, chez Colomiez, 1633. « Les Religieux de l'Isle dans l'Église Sainct-Antoine de Lézat. »
4. « Mercredy 20ᵉ avril audit an [1580] en la Grand'Chambre. Sur la requête présentée par les religieux de Saint-François, en la ville de l'Isle-en-Jourdain, contenant que estant n'a guères et de peu de jours en çà, comme est notoire, lad. ville saisie par ceux de la religion prétendue et réformée, et les personnes catholiques déjetées d'icelle, et mes-

Quant aux chanoines de la collégiale spoliée, ils se réfugièrent semblablement à Toulouse où la faveur de Duranti[1] ne leur fit point défaut; on mit à leur service, en 1588, l'église Saint-Rome, dans laquelle ils demeurèrent jusqu'à la fin des troubles[2].

*
* *

Comme on le voit, la conduite des Huguenots de l'Isle n'avait rien de très rassurant. Il fallait prendre, dès le début, de sérieuses précautions, tant du côté de Toulouse que du côté du Comminges.

me tous les religieux estaut en nombre de 27 [Catel dit 36...?] tirés et chassés hors de leur couvent, sans avoir eu moyen apporter avec eux autre chose que leurs habits et vêtemens, ils avoient esté constraints se retirer en Toulouse. A cette cause, et vu leur déclaration et afin qu'ils puissent, si bon leur semble, continuer le divin service, et attendu que l'église Saint-Antoine et maison joignant à icelle, en dépendant, située près de la place du Salin, en la présente cité, n'étoient guères occupées, et là où ordinairement se met un prêtre, vicaire du prieur de Saint-Antoine, requérant être par la Cour pourvu à ce que lad. église et maison leur fussent baillées et assignées pour y résider et habiter, y faisant et continuant le service divin, jusques à ce que autrement leur fut pourvu... etc. » Le Parlement accorde ce qui lui est demandé. La maison et l'église Saint-Antoine seront mises à la disposition des religieux avec les « livres de chant, messels, chappes, calices et autres ornemens qui y sont de présent... » (Archives du Parlement de Toulouse, VIII° Registre de Malenfant, fol. 334-335.)

1. « Canonici, ceteri sacerdotes et Franciscani, qui Insulà Jordanà ab hostibus captà, Tolosam confugerunt, satis testantur se ab illo comiter exceptos... » *(Narratio fidelis de morte D. D. Joan. Steph. Duranti, senatûs Tolosani principis...* etc. Imprimé à Paris, 1600. Voy. *Hist. gén. de Languedoc*, t. XII, col. 1473.)

2. Nous lisons dans la Pancarte [Etat des paroisses] dressée en 1590 par ordre du cardinal de Joyeuse, archevêque de Toulouse : « Plus, dans la dicte ville [de Tholose] sont réfugiés les doyen, chanoines et chapitre de l'Isle-Jourdain, servant Dieu, depuis deux années, dans l'église de Saint-Rome. » (Arch. de la Hte-Gne : Fonds des Jésuites, n° 51.) Le chapitre de Saint-Martin était encore à Toulouse en 1592, comme en fait foi un acte conservé aux minutes du notaire Fossé : « L'an 1592 et le 25° jour du moys d'octobre, à troys heures après midy, à Tholose, dans l'église Sainct-Rome, à laquelle le chapitre de l'église séculière et collégiale St-Martin de l'Isle-Jordain est transféré à l'occasion de l'invasion de la ville de l'Isle-Jordain, occupée par les hérétiques... » etc. C'est l'acte de « Réception et prise de possession du doyenné de l'Isle-Jourdain pour M° Ferdinand Alvarus. » Seuls, quatre membres du chapitre étaient présents à cette cérémonie : Jehan Filouse, plus ancien chanoine, Jehan Pagés, Pierre Dupuy et Guillaume de Lorens. Alvarus prend possession du décanat en vertu de la collation à lui faite par le cardinal de Joyeuse. Après qu'il s'est assis au siège principal, ses confrères lui donnent « ung baiser à la joue. » Témoins : François Salmier, recteur de Saint-Aigne, et Pierre Julien, recteur de Dreuilh. (Archives des Notaires de Toulouse : Minutes de Fossé, Reg. des années 1572-1593, fol. 1312.) On retrouve F. Alvarus en 1598, dans l'engagement que prend Arnaud Malhols de rester au séminaire du cardinal de Joyeuse. (Arch. des Notaires de Toulouse : Minutes de du Jarric, VI° Registre des affaires du Cardinal, 8 janv. 1598, fol. 127.) — En 1603, le doyen du chapitre de l'Isle-Jourdain procéda, au nom du cardinal de Joyeuse, à la visite de diverses paroisses du diocèse de Toulouse : il était à Saint-Lys le 7 septembre. (Voy. Arch. de la Hte-Gne : Fonds de l'Archevêché, Série G, Liasse 594.)

C'est ce que fit entendre le Sénéchal aux États de Muret [1]. De Cornusson, ayant prononcé sa harangue, se retira et l'assemblée se mit à délibérer. Après diverses considérations sur le zèle des Commingeois à lutter contre les Religionnaires et force « remonstrances » sur la misère croissante du pays, on prit, d'accord avec le Sénéchal, la décision suivante : Levée immédiate de trente salades, trente archers et cent arquebusiers à répartir entre Samatan et Lombez « villes proches et commodes pour combatre lesd. ennemys de l'Isle et aultres, du costé d'icelluy. »

De Cornusson renvoya devant le Parlement, le Tiers-État qui proposait d'affecter les tailles à la subsistance des troupes ; mais il fit espérer les subsides de Toulouse et ceux des habitants de Rivière-Verdun.

Quoique le clergé fut dispensé de contribuer, Sabonnières s'engagea personnellement et promit d'exercer son influence sur ceux de son ordre [2]. Les membres de la Noblesse, sans discuter l'hypothèse d'une contribution pécuniaire, offrirent leurs « personnes et biens [3]. » De Savinhac fut élu chef des troupes ; on lui laissa le soin de nommer capitaine, lieutenant, enseigne, fifre et tambourin.

Le Comminges était dès lors sur la défensive. Il resta sur ce pied d'hostilité contenue, tant que les Huguenots gardèrent une tranquillité relative vis-à-vis du pays, c'est-à-dire jusqu'en 1585. Cette année, les Religionnaires de l'Isle prétendirent lever les tailles sur certaines communautés du Comminges et les employer au paiement de leurs soldats. « Ung nommé Paravent, soy disant chamberlan du Roy de Navarre et governeur, de son mandement, en la ville de l'Isle-Jordain », fut dénoncé aux États [4] comme se disant investi d'une mission officielle pour la recette des deniers royaux. Ses agissements, et quelques mouvements suspects du côté de l'Isle, décidèrent le Sénéchal de Toulouse à réveiller les défiances des Commingeois qui eurent à fortifier les garnisons.

1. Etaient présents : Jehan de Lambès, sr de Savinhac ; Baptiste de Lamezan ; Jehan d'Orbessan, sr de la Bastide de Paulmès ; Ogier de Touges, sr de Noalhan et gouverneur pour le roi en la ville de Toul, en Lorraine ; François de Polastron, sr de la Ylhère et du Fossat, sindic de la Noblesse ; Bertrand Ysalguier, sr de Montfaulcon ; Jean-Raymond de Pins, de Gensac, de Maurenx, de Bérat ; le baron de Noé ; de Borderia, juge ; — de Sabonnières pour l'Église ; — les délégués consulaires et les sindics.

2. « Ledict sr abbé d'Eaunes a dict qu'il fera son debvoir, persuader au Clergé de Comenge contribuer une partie de lad. solde, et quant à lui particullièrement, fera et fornira ce qu'il pourra, quand ung aulcun des ecclésiastiques n'y vouldroient rien tremper. »

3. « Quant à lad. Noblesse elle auroyt offert emploier, tout ainsi qu'a faict cy-devant, ses personnes et biens. »

4. Arch. de Muret : Etats de Samatan, septembre 1585.

1º — Lettre du Sénéchal de Toulouse aux États de Comminges

Messieurs, je crois que vous avés esté advertis des forces que le Roy de Navarre a jetées en Gascoigne, tant à l'Isle que aultres lieux de sa puissance, et leur a commandé corre et ravager tout le pays, aussi de surprendre tant de lieux qu'ilz porront, à quoy il se fault oppozer pour maintenir les villes et pays à l'obéyssance du Roy. Par quoy il me semble bon que vous debvés fère une assemblée de M^rs du pays et le plus tost que fère se porra, car le retard porroit estre nuysible, pour délibérer de mectre sus, aultre nombre de soldatz que vous avés désia en vos villes, et quelque nombre de gens à cheval, pour mieulx résister à leur desseing, et entreprendre sur eulx s'il est possible. Et ayant tousiours cogneu vostre bon zelle au service de Sa Majesté et conservation du pays, je m'assure que ne délayerés lad. assemblée, pour les raisons que dessus, et, de ma part, je vous assisteray et secourray de tout mon pouvoir, vous priant m'advertir de lad. assemblée, et de ce qu'y aura esté délibéré, quoy attendant, je me recommande à vos bonnes grâces, priant Dieu,
Messieurs, vous donner en sancté, vye longue.
De Tholose ce IIIIe de Septembre 1585.

Vostre bien affectionné à vous faire service :

DE CORNUSSON.

Messieurs je désireré que vostre assemblée ce tint à Muret, pour vous y aler voyr, avant que vous départir¹.

Adresse : « à Messieurs, Messieurs les Syndicz du Pays de Comenge. »

(Archives de Muret : Papiers des Etats tenus à Samatan en septembre 1585. La signature et la suscription de la missive sont autographes.)

1. L'Assemblée se tint à Samatan.

2° — Fontenilhes protège le pays aux environs de l'Isle-Jourdain

Des compagnies, aux ordres de Fontenilhes, furent placées à Saint-Lys et à Sainte-Foy, en 1586 [1]. Rivière-Verdun et Comminges ressentirent les bienfaits de leur présence Fontenilhes intimidait l'ennemi et grâce à quelques coups de main très heureux, il resserra les Religionnaires dans un rayon assez peu étendu autour de l'Isle. On put circuler avec sécurité et procéder aux travaux des champs. Le témoignage des services rendus au Comminges par Fontenilhes, en ce moment, est consigné dans la requête visée plus haut et adressée aux États par la veuve du président Saint-Jean.

> Comme la présente assemblée est trop mieulx advertie, le sr de Fontenilhes, avec ses compaignies, estans aux envyrons dud. l'Isle, n'auroient appourté que tout prouffict, bien et comodité au public, parce qu'ilz tenoient de sy près et sy fort assiégés lesd. rebelles aud. l'Isle, durant le temps qu'ilz y auroient demeuré, qu'ilz n'auroient jamais ouzé sourtir hors les meurs de lad. ville, ou du moingz s'ils sourtoient, estoient par led. sr de Fontenylhes et des compaignyes sy vivement repoussés, qu'ilz estoient constrainctz, tout incontinent, se remectre dans lad. ville, et en ce faysant, y auroient perdus de bons et vailhans gendarmes, cappitaines et souldatz, et ce pendant, la récolte des fruictz auroict esté faicte libre et sans aulcung dangier, comme aussy tout commerce, pour estre les chemins libres, au grand désavantage des ennemys quy auroient perdus dix-sept capitaines.

(Arch. de Muret : Papiers des Etats tenus à Samatan en février 1588.)

Malheureusement, pour des motifs d'économie, Rivière-Verdun et Comminges décidèrent, vers la fin de 1586, le retrait des compagnies de Fontenilhes. Il était impossible à ces pays ruinés de fournir aux garnisons les soldes convenues [2]. L'ennemi de prendre

---

1. Communautés comprises dans le Pays de Rivière-Verdun.
2. 5581 écus, empruntés en 1586 à « grandz et excessifz inthéresiz » pour payer les compagnies, étaient encore dûs en 1588 à la Ragotte, veuve d'Antoine Sère, créancier des États. (Arch. de Muret : Etats de Samatan, février 1588.)

aussitôt de l'audace et de ravager à l'aise ; c'est ce qu'explique très bien dame Jeanne Daigua : « mesmes que vous, mes dictz sieurs, voyés les désordres, maleurs, massacres, dégatz, larrecins, pilheries et aultres désordres commis par ceulx de lad. prétendue religion despuys que led. sr [de Fontenilhes] s'est desparty desdits envyrons dud. l'Isle, car il s'est trouvé que lesd. ennemys ont faict plus de dommaige et préjudice aud. pays que ne monte la cotité de la somme... » requise pour entretenir les garnisons [1].

Les hostilités étaient donc reprises et allaient produire leurs résultats habituels. Ces résultats nous sont connus, pour en avoir considéré souvent le tableau au cours de notre enquête. A mesure que la guerre affaiblissait le Comminges, elle donnait un regain de hardiesse aux Huguenots.

Dès le mois de février 1587, les Religionnaires sortirent de l'Isle-Jourdain, leur forteresse inexpugnable, et se rendirent tout à coup maîtres de Puymaurin.

LI

1587. — Février-Mai

Les Huguenots de l'Isle-Jourdain et le Comminges (suite)

Prise et délivrance de Puymaurin

Le lieu de Puymaurin — place forte assise dans la châtellenie de l'Isle-en-Dodon — fut « prins et saisy par les ennemys huguenaulx » le 10 février 1587. Le lendemain « mardy, de matin, 11e dud. moys, et premier jour de Caresme », les consuls de l'Isle-en-Dodon reçurent avis de cette invasion dont leur ville et la châtellenie tout entière pouvaient grandement souffrir. [2] Tout d'abord ils expédièrent des messagers au Parlement de Toulouse, à l'évêque de Saint-Bertrand dont la juridiction spirituelle s'étendait sur Puymaurin, aux consuls de Lombez, à Daudirac, sindic du Tiers-État, et à M. de Lamezan-Juncet, sindic de la Noblesse du pays.

« Le seigneur évesque de Comenge » Urbain de Saint-Gelais,

---

1. Arch. de Muret : États de Samatan, fév. 1588.
2. Les consuls alors en charge étaient Pierre Raymond de Ratio, Pierre Salles, Bernard Caubeyre et Bernard Assier. Il est regrettable que M. Magre, auteur de la monographie intitulée : l'Isle-en-Dodon, Châtellenie du Comminges, 1888, ait ignoré les documents commingeois conservés à Muret. Il aurait mieux appuyé son récit, et surtout il aurait aisément enrichi les notes qu'il a rédigées sur les communautés de la châtellenie de l'Isle, en consultant ce dépôt. (Cfr. Annales du Midi, 1889, p. 95.) — Notre observation s'applique à tout travail d'ensemble sur les communautés du Comminges, dont les récents historiens ont négligé cette source de renseignements.

répondit aussitôt et pria les consuls de l'« advertir, de jour en jour, des affaires dud. Puymaurin. » On lui envoya de nouvelles informations le 14 février, par exprès, et en même temps on fit tenir à Daudirac copie de la lettre de l'Evêque « contenant plusieurs et féaulx offices que led. seigneur faisoit au pays. » Le 16, on prévint de Saint-Gelais « des courses et allarmes que les ennemys faisoient tant à l'Isle que aultres lieux circonvoysins; » et deux jours après on l'engagea, ainsi que Daudirac, à promouvoir la tenue des Etats, en vue d'obvier au danger [1].

L'assemblée fut, en effet, convoquée par ordre du Parlement, et elle eut lieu à Aurignac les 20 et 21 février 1587. [2] Daudirac prit la parole et exposa le motif de la réunion des Etats. Après avoir entendu le sindic du Tiers et lecture d'une lettre que le Premier Président du Parlement de Toulouse lui avait envoyée, l'assemblée entra en délibération, puis on opina comme il suit :

1º — Opinion des Etats touchant la délivrance de Puymaurin

M. de La Ylhère est d'advis de les forcer [les Huguenots], et assiéger le plus tost qu'il sera possible, sans les prendre à composition, quoy qu'il couste.

M. de Savinhac est de mesme advis, ayant esgard que estans les ennemys hors dud. lieu, se saysiront de quelque aultre lieu.

M. de Noalhan est d'advis d'assembler toutes les forces qu'on pourra et les assiéger, et tirer de là par force et à coup de canon.

M. de Montagut de mesme advis, néantmoins que cependant on y doibt mectre garnisons ez environs.

---

1. L'Évêque répondit, le 20 février, aux consuls de l'Isle-en-Dodon et il reçut lui-même une nouvelle missive le 24 mars : l'objet de ces dernières lettres n'est pas marqué. Les indications qui précèdent nous sont fournies par le « Cahier ou Rolle des despences causées aux consuls de l'Isle-en-Dodon par le fait de la prise de Puymaurin. » (Arch. de Muret : Papiers des États réunis à Samatan en février 1588.)

2. Étaient présents : Urb. de Saint-Gelais, évêque de Comminges; Philippe de la Roche, baron de Fontenilhes ; François de Polastron sr de la Ylhère, et Bernard de Lamezan sr de Juncet, sindics de la Noblesse ; de Savinhac, Ogier de Touges, sr de Noalhan ; Jehan d'Orbessan, sr de la Bastide de Paulmès ; Jean Daudirac et Mathieu Ribayran, sindics du Tiers État ; Bernard Cabalby, sindic de Couserans ; Odet de Goyrans, sr de Montagut ; François de Martres, sr de Gensac ; Jehan d'Orbessan, sr de Castelgailhard ; Jean-Jacques Bertier, sr de Castelbon ; Bernard de Nobé, sr de Montesquieu, etc ; Bernard Assier, sindic de Saint-Girons ; et les consuls délégués par les chefs-lieux des châtellenies.

Et tous les aultres sieurs de la Noblesse ont esté de mesme advis. »

Généralement, les consuls votent comme la Noblesse : ceux de Salies offrent de « faire apporter [à Puymaurin] tous leurs moyens. » Les sindics de Saint-Girons et de Couserans manifestent le même zèle.

Pour empêcher l'ennemi de ravager « le plat pays », [1] les Etats décidèrent qu'en attendant le siège « il seroit mis quarante salades ez environs dud. Puymaurin, scavoir vingt de la compaignie du seigneur de Fontanilhes, et aultres vingt de la compaignie du s^r de Montberaud, ensemble cent arqueboziers à pied qui seront conduictz par le seigneur de Montagut pour estre aulx lieux qu'ilz cognoistront estre nécessaire. » [2]

En outre l'assemblée décréta que lorsque le moment de commencer le siège arriverait, il serait « faicte levée de six vingtz

---

1. Un jour que les Huguenots s'étaient répandus dans la campagne, M. de Montesquieu tomba sur eux à l'improviste avec des soldats qu'il entretenait dans ses domaines pour sa propre sécurité. Il prit quelques Religionnaires, et aidé de 25 hommes que lui prêtèrent les consuls de l'Isle-en-Dodon, il les retint captifs. Le Parlement écrivit aux consuls de « recepvoir lesd. huguenaulx, prisonniers à Montesquieu, et iceulx conduire en sûre et bonne garde en Tholose. » Les Consuls s'excusèrent pour les « dangiers que nous en pourrions recepvoir ». La fureur des Religionnaires se tourna contre M. de Montesquieu : il en raconte les manifestations dans une lettre adressée aux Etats de Salies, le 4 avril 1587 : « Je suis esté constrainct d'entrer en despence de vint hommes ordinères, outre les assemblées que j'ay faytes pour empescher que je ne fusse ravagé, ny mes voisins, en ce que je peux. Toutelfois je ne sceu si bien fayre que trois mettaries que je avois auprès de Puymaurin ne soient esté pillées jusques ez portes et sarralles des portes, et à présent pour quelques prisonniers que je leur tiens (lesquels je ne leur rendrai sans vostre volonté, comme je pense M. de Castelgaillard vous aura dict de ma part), me menassent venir brusler tout ce que pourront. Par quoy je vous supplie me vouloir estre aydans empescher que cela ne me adviene, et me donner des moyens pour leur faire la guerre, si estes résoleus de la leur fayre... » (Arch. de Muret : Papiers des Etats de Salies, avril 1587.)

2. Les consuls de Salies, appuyés par ceux de Castillon, Aspet, Fronsac et Saint-Lizier, accordèrent la levée de soldats en faisant toutefois cette observation, que, à leur avis, on devrait placer « la moytié des salades delà rivière de Garonne et, des cent soldatz, en mectre en leur ville et au hault pays. » (Arch. de Muret : États d'Aurignac, fév. 1587.)

Il y eut à l'Isle-en-Dodon une garnison permanente, une compagnie de gens d'armes fut établie dans le couvent des Jacobins de cette ville comme en fait foi la requête ci-après : « Suplie humblement le scindic des Frères Jacopins du couvent de l'Isle-en-Dodon que pour la deffence et garde de leur couvent (ayant ceulx du contrayre party empiété le lieu et fort de Puymaurin, faict tous leurs possibles efforts envahir la ville de l'Ysle), furent les religieux dud. couvant constitués en telle despence à fortiffier leur couvant qu'ilz y ont employé leurs moyens, et tellement qu'ilz sont du tout ruynés et appouvris, hors de toutz secours pour s'entretenir. Considéré d'ailleurs que pendant le temps que l'ennemy auroit demeuré aud. Puymaurin, ilz auroient tenu garnizon dans led. couvant pour conserver non seullement icelluy, mais aussy lad. ville, et pour ce, faict plusieurs fraiz comme ilz font encores estans constitués toujours en despence... » (Arch. de Muret : États de Samatan, fév. 1588.)

hommes d'armes et douze cens soldatz arqueboziers, pour le temps d'ung mois [1]... pour, par lesd. s^rs gens de guerre, avec deux pièces de canon qui à ces fins seront empruntés à la ville de Tolose [2] avec les munitions, attelages, pionniers et toutes aultres choses requises et nécessaires, pourvoir au recouvrement dud. Puymaurin, lesquelz commanseront lorsque ledit canon sera prest à partir de Tolose et qu'ils auront mandement desd. s^rs scindicz...»

Cependant le bruit de ces préparatifs parvint aux Religionnaires de l'Isle-Jourdain. Préférant l'argent aux incertitudes des rencontres plus ou moins meurtrières, leur capitaine, le vicomte de Larboust, envoya un commissaire nommé Labatut vers M. de la Ylhère pour proposer une transaction. Le messager dit au sindic de la Noblesse : « que sy le païs de Comenge volloyt donner 5000 escuz aux Ennemyz du contrayre party quy s'estoient remis et emparés du lieu de Puymaurin, ilz quitteroient ce lieu. » Larboust demandait prompte réponse. La Ylhère prit l'avis des sindics et du Premier Président du Parlement. Dans le même temps, les Etats furent saisis de l'affaire. Voici leur délibération à ce sujet.

2° — Opinion des Etats sur la transaction proposée par le Vicomte de Larboust

... A esté receue une lettre missive envoyée à l'assemblée par M. le Vicomte de Larboust par laquelle mande que les ennemys quy sont à Puymaurin veulent vuyder moyennant six mille escus.

... La Noblesse est d'advis de suyvre la précédente délibération faicte le jour d'yer, qu'est de les en tirer de force, attendu que les tirant de là, ilz se retireront à ung aultre lieu ; d'ailleurs qu'ilz ne veullent aulcunement entrer en capitulation avec les ennemys du Roy...

Les Consulz d'Aurignac : sans préjudice de la précédente délibération, que si on les pouvoit tirer en peu de fraiz, pour esviter despences et les malheurs quy en

---

1. « Payés chascun homme d'armes à raison de deux livres par jour, et chascun des soldatz arqueboziers, à raison de troys escus un tiers pour moys... » (Arch. de Muret : États d'Aurignac, fév. 1587.)

2. — L'évêque de Comminges Urbain de Saint-Gelais, de Lamesan-Juncet, sindic de la noblesse, Assier, délégué de l'Isle-en-Dodon, les sindics Cabalby, Dandirac et Ribayran, furent députés vers les capitouls de Toulouse pour emprunter, avec une somme d'argent, « pouldres, boletz et aultres munitions. » Les consuls de l'Isle-en-Dodon restèrent chargés de procurer aux troupes, le blé nécessaire. (Arch. de Muret : États d'Aurignac, fév. 1587.)

pourront ensuyvre,... la transaction ne leur déplaisait pas.

Les consuls de Samatan proposent d'offrir mille écus, à la charge, pour les Huguenots, de rendre Puymaurin sans rien enlever.

Les consuls de l'Isle-en-Dodon, Saint-Julien, Salies, Castillon, Aspet, Fronsac, Saint-Lizier, Lombez s'en tiennent à la première délibération. Cabalby pour Couserans, Bessan pour Encausse et les autres Aydes ne changent pas d'avis. En définitive, il est résolu que la précédente délibération « sortira effect » avec cette réserve, que si, en préparant le siège de Puymaurin, on découvrait un meilleur expédient, on y aurait recours.

*
* *

Les Etats, après avoir pourvu à la sauvegarde du pays et préparé les moyens de résistance, jugèrent opportun d'envoyer un député au Maréchal de Matignon. Leur choix tomba sur Jean d'Orbessan s^r de Castelgailhard. Celui-ci devait informer le Maréchal des mesures prises et obtenir de lui aide et approbation. Nous avons le texte des « Instructions » soumises à Matignon par le commissaire de l'assemblée.

3°. — INSTRUCTIONS A M. DE CASTELGAILHARD POUR PORTER A M^{sr} LE MARÉCHAL LIEUTENANT DU ROY EN GUYENNE. DE LA PART DES GENS DES ESTATZ DE COMENGE

Premièrement, fault faire entendre au s^r Mareschal la prinse et invasion du lieu de Puymaurin, faicte par les ennemys du Roy la nuict de mardy gras, la qualité et forteresse dud. lieu, son importance bien cogneue par led. s^r de Castelgailhard, de quoy aussy les scindicz luy ont escript au long, et l'esclaircir de toutes aultres difficultés et demandes que led. s^r Mareschal luy pourra faire là dessus.

Le délégué donnera ensuite le détail des délibérations prises à ce sujet dans les assemblées tenues à Aurignac les 20 et 21 février, priant led. Maréchal de les approuver et en faciliter l'exécution, et aussi en faire porter la dépense pour une portion, par les pays « d'Astarac, Rivière-Verdun, le comte d'Armagnac et autres païs circonvoysins. »

Dans le cas où l'on ne trouverait pas les sommes nécessaires, le

Maréchal sera prié d'agréer que le pays emploie « les deniers des tailles, du moingz à la charge de remplacement. »

Il luy fault aussy représenter que sy on ne sort à présent lesd. ennemys de ce lieu, qu'il sera malaysé, s'y estans fortifiez.

Enfin : ledit s^r depputé verra sur le lieu ce quy servira à nos intentions et sera utile pour le public, de quoy il fera démonstration.

(Arch. de Muret : « Instructions à M. de Castelgailhard. » Etats d'Aurignac, 1587.)

4°. — Délivrance de Puymaurin

L'avis exprimé par les représentants de quelques châtellenies, sur le fait de la composition avec les Huguenots, différait, comme on l'a vu, de l'opinion de la Noblesse. Celle-ci souhaitait la résistance ; certains consuls, moins chevaleresques mais plus pratiques, non sans motifs, ne cachaient pas leur amour de la paix. Tandis que Castelgailhard marche vers Matignon et retourne en Comminges, leur opinion s'accrédite. Il n'y a de divergence que dans la somme à offrir aux Religionnaires pour obtenir leur départ. Il avait été question tantôt de 5,000, tantôt de 6,000 écus. Mais on devinait que Larboust exagérait à dessein ses prétentions. Le Parlement de Toulouse penchait vers la transaction : l'éloignement du gouverneur de la province de Guyenne, la difficulté de secourir le Comminges, l'abandon où ce pays semblait officiellement relégué, rendaient cette issue inévitable. L'affaire fut négociée par les sindics[1]. Les Huguenots promirent d'évacuer la place au prix de 3,000 écus[2], (mars 1587). Le paiement s'effectuerait à Caumont non loin de Samatan, et là, après versement de la somme fixée, les Religionnaires cèderaient leurs ôtages, MM. de Lamezan et de Castelgailhard.

La transaction étant établie sur ces bases, le pays permit aux deux gentilshommes de se constituer prisonniers[3]. Malheureusement les Huguenots, sans prendre le soin de rendre « la place à Mr de Montberault, comme ils avaient promis », l'abandonnèrent à des gens suspects[4]. Aussitôt les consuls de l'Isle envoyèrent « quarante-cinq soldatz de l'Isle pour se saysir dud. lieu et icelluy tenir soubz

---

1. Arrangement ratifié par les Etats de Salies, avril 1587.
2. La libération de quatre prisonniers catholiques détenus à Puymaurin par le sieur de Bérat coûta, frais d'entretien compris, 1000 écus que J. d'Orbessan prêta au pays.
3. De Lamezan sieur de Juncet, et d'Orbessan sieur de Castelgailhard dînèrent à l'Isle-en-Dodon, chez Salles, consul, « le jour qu'ils allarent treuver les Huguenaulx à Puymaurin, pour entrer en hostaiges. » (Arch. de Muret : Etats d'Aurignac, 1587.)
4. Arch. de Muret : États d'Aurignac, 1587 : « La ville estoit en main non adsurée. »

l'obéyssance du Roy, ce que n'auroient peu faire, pour la difficulté des habitans, leur ayant fermé les portes et levé le pont levys, quy auroient esté contrainctz s'en retourner. »[1] Mais cette opiniâtreté fut de courte durée. Les quelques révoltés de Puymaurin, obligés de baisser le pont sous peine de se couper les vivres et de périr, se rendirent sans autre cérémonie. Le 20 avril, les délégués des États : de Montagut, de la Ylhère, Daudirac, etc., se mettaient en route emportant, en deux sacs, les écus sacrifiés aux exigences huguenotes et s'en retournaient, le 24, en compagnie des ôtages qui venaient de recouvrer leur liberté.

5° — « Desmantellement » de Puymaurin

La destruction des châteaux et des fortifications, par les habitants des lieux dont les Religionnaires s'étaient une fois emparés, était la conséquence de ces sortes de surprises. Après le retrait des Huguenots, le Comminges demanda au Maréchal de Matignon la permission de jeter à terre les murs de Puymaurin. Le « desmantellement » fut autorisé. Les communautés supportèrent la dépense, quelques particuliers y mirent de leurs fonds personnels[2]. On choisit cinq maîtres fustiers (charpentiers) pour « conduire le desmantellement » dont étaient chargés, par escouades, les habitants des dix villages les plus voisins : ils recevaient deux testons par jour pour leur pitance[3]. Bertrand Duserm et ses compagnons, maçons[4], travaillèrent à la démolition de la tour de Puymaurin que l'on essaya d'abord d'attaquer par le feu. Trois manœuvres avaient environné les murs de pièces de bois que l'on fit flamber, puis on sapa les fondements. Quand l'effondrement de cette masse se produisit, un ouvrier nommé Dupuy fut blessé « d'ung ou plusieurs cantons de pierre », et reçut les soins du chirurgien communal. L'opération dura du 30 avril au 18 mai. Ce jour-là, MM. de Lamezan-Juncet, Assier, Salles, etc., vinrent s'assurer « sy icelluy lieu estoit assés desmantellé. » Ils constatèrent que les ouvriers avaient fait impitoyable besogne : tout appareil de fortification avait disparu, Puymaurin « desmantellé » était devenu un insignifiant village. On en confia la garde à M. de Montagut « parce que le sr de Montberauld [désigné primitivement pour gouverneur] s'en allait en Cour[5]. »

---

1. Avril 1587. — *Ibid.*
2. Saux, consul de la Ylhère, versa 20 écus.
3. Pain, vin, viande, morue, huile, fromage. « La chandelle » leur était également octroyée.
4. Payés 4 liv. 10 sols par jour.
5. Voy. Arch. de Muret : Papiers des États tenus à Samatan en fév. 1588, notamment « Comptes de Burguières, vieulx, de l'Isle-en-Dodon » approuvés par l'assemblée.

LII

Décembre 1587. — Février 1588

Les Huguenots de l'Isle-Jourdain et le Comminges (suite)

Sahuguède et Saint-Thomas

Comme on le pense bien, les Huguenots rentrés à l'Isle ne restèrent pas longtemps sans inquiéter de nouveau le Comminges. Cette fois, la châtellenie de Samatan éprouva les tracasseries de ses mauvais voisins. Du Bourg prétendit lever les tailles dans diverses communautés commingeoises du ressort de cette châtellenie, notamment à Sahuguède et à Saint-Thomas [1]. Les consuls de Sahuguède reçurent de lui des billets peu rassurants. A l'échantillon on jugera de la pièce.

1° — Lettre de Du Bourg [2] aux Consuls de Sahuguède

Messieurs. Ces jours passés j'ay receu lettres du Roy de Navarre et de Monsieur de Fontrailhes par lesquelles ilz me commandent de vous contraindre au payement des tailhes comme des contributions. Il me semble que à cella ne debvés faire reffuz pour ce qu'il vous vault autant le payer au Roy de Navarre comme ailheurs, car en retirant acquit de nostre trésorier [3] vous en serés quittes et deschargés, de quoy je vous prie et exorte pour vostre proffict, et vous en ay voleu advertir avant que procéder

---

1. Aujourd'hui Seyguède et Saint-Thomas, canton de Saint-Lys (Haute-Garonne).
2. Georges Du Bourg, seigneur de Clermont en Armagnac, gouverneur de l'Isle-Jourdain, grand'maître des Eaux et Forêts de l'ancien domaine de Navarre. (Voyez *Recherches sur la Maison Du Bourg*, par Henry Du Bourg. Toulouse, 1881, 2e partie, fol. 39.)
3. Tous les moyens étaient réputés bons pour grossir la caisse du trésorier des Religionnaires : menaces, contraintes, vol. La plus belle aventure, en ce genre, est celle qui arriva au mois de janvier 1587 à Jean Roquade, frère d'autre Jean Roquade, collecteur des tailles du pays. Passant près de l'Isle-en-Dodon, porteur de 800 écus des derniers quartiers extraordinaires et gagnant le logis de La Lauze, receveur, il fut attaqué par les Huguenots « qui sortirent d'une maison estant sur le grand chemin, en laquelle ilz estoient en embusche », lui enlevèrent son équipage, les 800 écus et firent deux prisonniers. » Une enquête sur cet attentat fut commencée par le lieutenant du juge de Comminges au siège de Samatan, le 20 juin, et se termina le 15 octobre 1587. On examina les faits au Bureau des Finances séant à Bordeaux. (Arch. de Muret : Etats d'Aurignac, 21 juin 1588.)

par [exécution?], et sur ce, attendant vostre responce, je prie Dieu vous tenir en sa grâce.

De l'Isle ce iii° Décembre 1587.

Vostre bon amy : Du Bourg.

Je vous prie ne vous excuser d'avoir desjà païé, car je say bien que vous n'avés payé, et quand vous auriés païé saichant que vous debviés payer ycy, cella vous rend inexcusables.

A Messieurs les Consulz de Sahuguède, à Sahuguède.

(Pièce originale. Signat. autographe. — Arch. de Muret : États de Samatan, fév. 1588.)

2° — Autre Lettre de Du Bourg aux Consuls de Sahuguède

Messieurs. Je vous advise qu'on ne veut avoir aucun esgard à voz adquits prétendus, atendu que l'on vous a envoyé sovent que vous portissiés les tailles en ce lieu; que si vous avés païé alieurs, nous ne voulons portant quiter, partant faictes estat de nous païer, car nous ne voulons rien quitter.

De l'Isle ce vi° décembre [1587].

Vostre bon amy : Du Bourg.

A Mess" les Consulz de Sahugède.

(Pièce originale. Signat. autographe. — Arch. de Muret : États de Samatan, fév. 1588.)

*
* *

Ce ton comminatoire présageait des excès prochains. Les Huguenots de l'Isle exercèrent, en effet, sur le territoire de Sahuguède « ravaiges, pilleries et violences ». Lorsque « aulcungs [sont] retirés à l'abbaye de Goyon [1], pour fortifier leur lieu, [ils] constraignent à toute force, entre aultres, les supplians à faire les travaux et despens à ce convenables. » Mais la grosse difficulté vient toujours des tailles que les Huguenots réclament à titre d'arrérages dûs « despuys le huictiesme jour du moys d'aoust 1585. » Comme les habitants de Sahuguède refusent ces contributions injustes, les Religionnaires essaient d'en emprisonner quelques-uns et ils y

1. Abbaye de Prémontrés et ensuite de religieuses cisterciennes, située dans le diocèse de Toulouse, à 14 kil. de l'Isle-Jourdain. (Voyez Mémoires de la Société archéologique du Midi de la France, t. VII, p. 336, « Étude sur Goujon, par M. V. Fons » ; et Revue de Gascogne, 1895, p. 497 et suivantes, « Goujon, abbaye et paroisse, par M. Gabent, curé de Pessan ».)

réussissent vite[1], car le lieu est sans défense, « n'aïant fort pour soy retirer. » En 1588, deux habitants de Sahuguède sont entre leurs mains et apprennent à leurs concitoyens les desseins de l'ennemi.

3° — Lettre des Prisonniers de l'Isle a deux personnes de Sahuguède

Pierre Escoboé et Michel Béteilhe, Nous vous avons escript ceste-cy pour vous faire savoir comme nous sommes prisonniers en ceste ville, à l'Isle, et on nous demande toutes les tailhes depuis la guerre, à cause de quoy nous vous prions treuver quelque expédient pour nous tirer d'icy, aultrement ceulx de ceste garnison sont tous rézollus de ravaiger tout le villaige en deffault de payement, par ainsin nous vous prions y volloir [pourvoir], et sur ce, nous prions Dieu vous tenir en sa grâce.

De l'Isle ce XIIe février 1588.

Voz bons amys : Jehan Sainct-Martin, consul,
et aultre Jehan de Sainct-Martin.

A Pierre Escoboé et Michel Béteilhe — à Sahuguède.

(Arch. de Muret : Etats de Samatan, fév. 1588.)

***

La communauté de Saint-Thomas, limitrophe de Sahuguède, n'est pas mieux traitée que sa voisine. Depuis la reprise des hostilités, les habitants y sont très malheureux : « ceulx du contraire parti n'ont cessé, de jour à aultre, continuellement, leur porter plusieurs folles, oppressions, pilheries, ravaiges, emprisonnemans de personnes, sy en ont admené leur bestailh aratoire, tellement que leur labouraige cesse pour le jour d'huy; commis pluralité d'aultres

---

[1]. Les États réunis à Samatan au mois de février 1588 représentent, à ce propos, au juge de Comminges, commissaire royal, « que si les années précédentes ilz ont esté affligez de la guerre et inclémence du ciel, à présent ilz le sont plus que jamais, mesmes despuis que le Roy de Navarre repassa deça la rivière de Garonne avec ses troupes, comme tout présentement il y est, et se prépare d'attaquer les villes et lieux fortz des environs de l'Isle, ainsi que vous avés entendu et sceu par le moyen des advis qui en sont parvenus à ceste assemblée, qui porroit estre cause que n'estant assistés de personne, s'il ne plaict à Sa Majesté ou ses Lieutenans y pourveoir, que lesd. enuemys prendront non seulement les deniers de ses tailhes, que plusieurs foys ilz ont demandés et prins à force aux consulatz (et tout présentement plusieurs consulz villageois sont prisonniers pour ceste occasion), mais les villes mesmes et tout le pays... » (Arch. de Muret : États de Samatan, fév. 1588.)

infinis maulx, sy tiennent, en oultre, à l'Isle-Jourdain neuf habitans dud. lieu prisonniers et auxquels donnent le plus cruel et barbare traictement qui se peult dire. » Enfin Du Bourg, gouverneur de l'Isle, leur a récemment envoyé des « articles » ou « conditions » qui les jettent dans un grand embarras. En cette extrémité les habitants se tournent du côté des États. La requête signale l'importance du village qui est fortifié, réclame une garnison et la délivrance des prisonniers[1]. Le texte des conditions imposées par Du Bourg aux gens de Saint-Thomas est resté dans les archives : pour le gouverneur de l'Isle, une portion du Comminges était pays conquis.

4°. — « Articles » adressés aux Habitants de Saint-Thomas par Du Bourg

Ceulx de Sainct Thomas payeront cent escutz pour le rachept de leurs prisonniers.

Plus payeront soixante livres le moys, de contribution, et, moyennant ce, ne leur sera rien demandé pour la tailhe.

Ne recepvront personne dans le fort, ny villaige, pour nous faire la guerre, et ne fairont ny permettront estre faicte la guerre audict lieu, ains chasseront ceux qui l'ont cy devant faicte et aultres, s'il s'en treuvoit, qui la veuillent faire.

Ne sonneront les cloches quoyque nous passions et repassions es envyrons dud. lieu.

Et moyennant ce nous leur promettons de les sollaiger de toute foulle et oppression de gens de guerre de nostre party.

Ainsin a esté arresté par nous Domenge Dabadie, Bernard Regraffe.

Du Bourg.

(Signat. autographe. — Arch. de Muret: États de Samatan, février 1588.)

[1]. « Pour estre [led. lieu] près des villes de Samathan, Muret, Saincte-Foy, et sur le grand passaige de Tholose, à demi lieue dud. l'Isle, que sy l'ennemy s'en pouvoit emparer porteroict une très grande incommodité et despence au pays, pour à quoy obvier, plairra à vos grâces leur accorder tel nombre de soldatz qu'il vous plairra adviser pour tenir et conserver le fort dud. lieu soubz l'hobéissance du Roy, comme les supplians aussi de leur pouvoir l'offrent, au hasard de leur vie, faire, et d'aultant qu'ilz sont du tout ruynés et apouvris par les pilheries et ravaiges, mesmes du bestailh de leur labouraige et qu'ilz n'ont moien, obstant leur notoire povreté, racheter lesd. prisonniers, leur accorder lad. somme de cent escutz à quoy ils ont esté rançonnés par ceulx du contraire party.. » (Arch. de Muret : Etats de Samatan, fév. 1588 :'Requête de Saint-Thomas.)

LIII

1587. — Mai

Prise et délivrance de Tournay

Tournay, une des villes rattachées au Comminges pour le paiement des tailles, fut pris par les Huguenots en 1573, lors du pillage et de l'incendie de Saint-Sever[1]. Conduits par Jean-François de Montesquiou, seigneur de Saincte-Colomme, les Religionnaires s'emparèrent une seconde fois de Tournay en mai 1587.

MM. Durier et de Carsalade du Pont, après avoir publié diverses pièces relatives à ce nouvel exploit des prétendus réformés[2], en ont déterminé l'époque par une induction très sûre que vient confirmer un de nos documents.

Nous trouvons, en effet, dans le procès-verbal de l'assemblée des États de Comminges, réunis à Samatan en 1590, l'indication d'une requête « de la pauvre et désolée ville de Tornay qui en l'an 1587 avoyt esté surprinse par le seigneur de Saincte-Colonne tenant le parti contraire ». Comme on le pense bien, la ville fut « ruynée, pillée et saccagée ». Saincte-Colomme permit aux soldats de se répandre dans la campagne alors que « les fruictz étoient aux champs ! » Quand la dévastation fut complète, le chef des Religionnaires fit mine de vouloir s'éloigner, mais il ne manqua pas auparavant d'exiger 8.000 livres que les consuls lui apportèrent afin d'éviter de plus grands maux. Le premier septembre 1587, le seigneur de Bulan remit la ville au pouvoir des consuls.

Après cette violente secousse, Tournay n'eut pas le loisir de réparer tranquillement ses malheurs. Le 18 mars 1589, Poutgé, sindic de cette communauté, de Saint-Sever et des Affites, écrivant au greffier Bertin, lui déclare qu'il n'ose pas confier à son commissionnaire des mémoires sur la situation de ces pays, car il redoute pour le porteur quelque mauvaise affaire. Il trace ensuite cette phrase très explicite dans sa concision : Nous « sommes tous les jours en alarme et à la patte des ennemys ».[3]

---

1. Voyez *Les Huguenots en Bigorre*, p. 161 et suivantes, et *Les Huguenots en Comminges*, n° XXXVII.

2. — 1. « Requête du Sindic des habitants de Bordes aux États du comté de Bigorre pour être indemnisés des dommages soufferts à l'occasion de la prise de Tournay. » — 2. Deux « Lettres de Sainte-Colomme aux consuls de Bordes. » — 3. « Acte de remise de la ville de Tournay entre les mains des consuls », par Gaston de Barelges, seigneur de Bulan. — (Voir *Les Huguenots en Bigorre*, p. 235-238.)

3. Lettre de « Poutgé, pour les Affites » au greffier Bertin, 18 mars 1589. (Arch. de Muret : Papiers des États de Salies, avril 1591.)

LIV

1587. — 11 Juillet

Confédération du Comminges contre les Huguenots

Nous avons déjà signalé divers essais de confédération des habitants du Comminges [1]. Voici le programme d'une association nouvelle, élaboré et accepté par les États réunis à l'Isle-en-Dodon au mois de Juillet 1587. L'effort du pays doit se porter contre les Religionnaires de l'Isle-Jourdain et du comté de Foix. Lorsque le Parlement de Toulouse deviendra l'ardent promoteur de la Ligue organisée contre Henri IV encore hérétique [2], le Comminges souscrira les articles de la Sainte-Union (1589). — Le but de la présente association est de faire face aux nécessités d'une défense quasi quotidienne.

Par ce que ceulx de la préthendue Religion qui sont aux villes de Mauvesin, l'Isle-en-Jourdain, Mas d'Azil, du Carla, les Bordes, Clarmont et aultres de la comté de Foix [3], font plusieurs voleries, meurtres et volemens, et toutes aultres voyes d'hostilité dans le comté de Commenge, constraignent la plupart des villes et villaiges de leur apporter les tailhes destinées, et temporel deu au Roy, et par ce moyen estant constrainctz de payer en deux lieux, par le moyen desquelz le pauvre peuple est ruyné en telle misère et calamyté, sans pouvoir faire aulcung traffic ny commerce, ny faire aulcun laboraige, occasion de quoy la plupart ont esté constrainctz quicter leurs maisons et Royaulme, et se retirer aux Espaignes, et les aultres quy y sont demeurés sont au pain quérant... et qui pis est les forces du Roy de Navarre et aultres tenant le party de ceulx de lad. Religion préthendue veulent forcer et bastre avec le canon les villes et fortz dud.

---

1. Voy. *Huguenots en Comminges*, n° ix et suivants ; — *It.* n° xxxii.
2. Voy. *Histoire générale de Languedoc*, t. XII, p. 781. — *Histoire du Parlement de Toulouse*, par M. Dubédat, 1885, t. I, p. 524.
3. Aux États tenus à Samatan en juillet 1584, le commissaire royal avait déjà été averti qu' « une grande troupe de voleurs », réfugiés dans le comté de Foix, sortaient à l'improviste de leurs repaires et venaient désoler les Commingeois. C'étaient sans doute des chevaliers d'aventure que la question religieuse troublait fort peu : ils ne demandaient que la liberté du pillage.

Comenge, comme ilz ont faict en certaines villes et fortz circonvoysins ; et voyant que Mgr le mareschal de Matignon est occupé ailheurs pour faire la guerre et par ce moyen demeurent despourveus de forces et moyens pour résister à ceulx de lad. Religion, afin de pourvoir promptement à ce dessus, soubz le bon plaisir du Roy ou dud. Sr Mareschal, veu l'extrême nécessité, et ensuyvant ceulx du diocèze de Tholose et aultres pays, etc., ont faict promesse de s'ayder les ungs les aultres contre ceulx de lad. Religion, par le moyen et ordre que suyvent :

En premier lieu... seront mys deux compaignies pour résister ausd. ennemys, scavoir quarante salades au bas pays dud. Comenge soubz la charge de M. de Fontenilhes, capp^{ne} de cinquante hommes d'armes, chevalier de l'ordre du Roy, au lieu plus proche desd. villes de l'Isle et Mauvoisin, et vingt-cinq salades soubz la conduicte de Monsr le Viscomte de Sainct Girons et Cozerans, aud. Sainct-Gyrons, et aultres lieux plus proches et comodes de l'ennemy, pour résister aulx forces de ceulx de la comté de Foix ; pour payer lesquelz led. sieur Mareschal sera supplié permettre prendre des deniers de l'imposition de 13.460 escus sur lad. comté, avec condition de faire la guerre, et estre employé pour la défense dud. pays et deslivrance d'icelluy suyvant la promesse qu'il en a faicte le 22e d'apvril dernier, sur une requeste présentée par led. scindic de Comenge.

Que les Messieurs de la Noblesse dud. pays et comté promectent de secourir led. pays pour le service du Roy, et à ces fins, se rendre à la ville et chief de chastelanye que chascun ressortira ou aulx villes et lieux quy seront plus requis et nécessaires tant pour faire la guerre deffensive que offensive, comme le besoing le requerra, chascun à ses despens, sauf que les villes et lieux où sera besoing leur bailleront logis et mettront taux honeste aux vivres, et lesd. villes et lieux seront tenus incontinent les recepvoir à lad. condition, et, pour ce faire, les s^{rs} de La Ylhère et de Juncet, scindicz de la Noblesse, seront priés de suyvre lesd. s^rs de la Noblesse et faire jurer et signer la présente association et ceulx quy sont en volonté, et après scavoir le rolle de tous pour en faire estat.

Et pour le regard du Tiers Estat que sera faict liefvée de soldatz à la bolugue, scavoir pour dix bolugues ung soldat, lesquelz soldatz demeureront enrollés et prestz pour s'acheminer aux lieux où besoing sera et que par lesd. s^rs de Fontenilhes et viscomte seront commandés, ou qu'ilz en seront advertis par le son du tocsin, et ceulx quy auront moyen de faire arquebuziers à cheval en seront suppliés, avec lesquelz les soldatz des villes marcheront, et en ce faisant, les consulz quy envoyeront lesd. soldatz, chascun au prorata, seront tenus acomoder iceulx soldatz d'argent ou vivres pour s'entretenir, n'estant chargés ceulx quy les recepvront sinon de bailler logis et service, et pour faire led. departement chascun chief de chastelanye, dans huictaine, assemblera les villes et lieux de sa chastelanye pour qu'ung chascun saiche le nombre des soldatz quy luy attoucheront, lesquelz chascun choisira et enrollera dans trois jours, après lesquels Ribairan, scindic du Tiers-Estats, yra prendre le rolle chastelanye par chastelanye pour en faire ung rolle général quy sera joinct avec celuy de lad. Noblesse, et pour la conduicte desd. gens des Trois Estats chasque chief de chastelanye eslira ung chief pour conduyre les troupes de lad. chastelanye et les mener et conduyre soubz lesd. sieurs de Fontenilhes ou viscomte.

Et ceulx quy ne vouldroient faire lad. association et s'assembler pour le service du Roy et bien du pays, seront tenus pour mal zélés au service de Dieu, du Roy et du public, réfractaires à la conservation d'icelluy, pour ne se fier après en eulx, et oultre ce seront envoyés par rolle aud. s^r Mareschal pour, par luy estre faicte telle pugnition qu'il luy plaira.

Que faisant lesd. assemblées, ou marchant par le païs, ne pourra aulcung prendre vivres, ny aultres choses, que de gré à gré, à quoy ceulx quy conduyront lesd.

soldatz seront tenus tenir la main soubz peine d'en respondre.

Que chassent ceulx de lad. Religion venant de faire quelque pilhaige, led. pilhaige leur estant osté, avant que [de] l'avoir retiré en leurs fortz, sera rendu au propriétaire à quy a esté desrobé.

Que sera deffendu à ceulx desd. assemblées se rechercher les ungs les aultres, pendant lesd. assemblées, pour aulcunes injures qu'ils prétendent leur avoir esté faictes et pour grandes qu'elles pourroient estre, pour esviter désordre et confusion, soubz peyne que l'agresseur sera poursuivy par tous ceulx de lad. assemblée pour défendre celuy quy sera assailly.

Et pour ce que ausd. assemblées et courans sur lesd. ennemys y pourroient estre blessés quelques soldatz, ou peut-être sera besoing d'avoir quelques artiffices de guerre, pouldres, munitions et aultres choses servant à la guerre, lesquelles seront impossibles à ceulx du Tiers Estat attendu leur pauvreté et qu'ilz seront assez vexés pour faire eulx mesmes la guerre, les Messieurs Évesques tant dud. comté que circonvoysins, mesmes Messeigneurs évesques de Commenge et Rieux[1] que tous aultres ecclésiastiques seront priés vouloir contribuer et païer ce dessus; attendu le zèle pour lequel ceste association est faicte et que lesd. s^{rs} ne seront tenus guerroyer, sy ne leur plaict, ains pourront plus librement demeurer en leurs maysons, faire le service de Dieu et tirer les revenus ecclésiastiques quy leur sont deubz.

Les villes et villaiges circonvoysins et quy seront meslés entremy la comté, seront requis de se joindre en ceste association aux conditions susdictes, et pour sçavoir les responses et nombre de personnes quy pourront estre employées pour le service du Roy et bien du pays,

---

1. Les siéges épiscopaux de Saint-Bertrand de Comminges et de Rieux étaient alors occupés par Urbain de Saint-Gelais et par Jean-Baptiste du Bourg. L'assemblée voulait intéresser ces deux personnages à la défense commune. Plusieurs paroisses commingeoises relevaient de leur juridiction; toutefois cette situation ne leur conférait pas le droit d'intervenir dans les affaires des États.

les scindicz généraulx ou aultres depputés sy transporteront, et en advertiront après lesd. sieurs de Fontenilhes et Viscomte.

Que les Messieurs de la Noblesse, villes ou fortz des communaultés ne pourront retirer aulcunes personnes mal zélées et mal affectionnées au service du Roy et bien du pays, ny contre lesquelz y aye décret de prinse de corps, pour le général ny particulier, soubs peyne d'estre déclairés faucteurs desd. personnes et recellateurs, et à la première réquisition quy sera faicte par la voye de justice seront tenus deslivrer lesd. criminéux.

Et d'autant que aulcunes villes, fortz ou aulcungs sieurs gentilshommes pourroient laisser passer et repasser librement l'ennemy et leur administrer vivres, chevaulx, armes et aultres choses dont ilz ont besoing, ou les hanter, fréquenter, tant en leurs fortz que ailheurs au grand préjudice du service du Roy et bien public, a esté arresté que ceulx qui commectroient lesd. actes seront déclairés perturbateurs du reppoz public et poursuyvis par tous ceulx de l'association devant M. le Mareschal, ou par la voye de la justice, suyvant les Edictz du Roy et arrestz de la Cour, sur ce donnés.

Lesquelz susdictz articles Nous soubz signés jurons et promectons entretenir tousjours, à l'honneur et service de Dieu et de son Esglize catholicque, vivre et mourir au service de nostre Roy, prince souverain, pour l'entretènement et conservation de son Estat et personne.

Faict à l'Isle-en-Dodon le xie Juilhet 1587.

J'ay retiré l'original pour le faire signer aux Messieurs de la Noblesse.

Faict à l'Isle le xie de Juilhet 1587.

RIBAYRAN.

(Archives de Muret: Etats de l'Isle-en-Dodon, juillet 1587.)

LV
1587 - 1588

Physionomie du Comminges en 1587 et 1588

La Confédération commingeoise organisée par les Etats de l'Isle-en-Dodon (juillet 1587) n'était point une institution superflue. Incessamment harcelé du côté de l'Isle-Jourdain et du côté de Foix, disposant de ressources très restreintes, le Comminges courait en 1587-88 un imminent péril. L'invasion du territoire sur lequel étaient assises les communautés formant les châtellenies de Samatan et de l'Isle-en-Dodon devint chose probable : il restait au pays peu d'hommes et pas d'argent.

Les habitants du Plantier ont la responsabilité du fort de leur village et du château seigneurial [1]. Le Plantier confine à Samatan, Lombez et l'Isle-en-Dodon : ses habitants déclarent ne pouvoir plus répondre de la sûreté de cette place, si on n'y envoie des soldats, « pour le peu de peuple qu'est au dict lieu. » Les deniers du pays et la population diminuent en même temps. Cette observation revient maintes fois dans les requêtes, les procès-verbaux et les enquêtes. Quelquefois la grêle dévaste le peu de récolte que les ennemis et les gens de guerre n'ont pas anéanti [2]. Toute sécurité a disparu : les garnisons sont entretenues aux villes principales [3]. On augmente la garde dans les lieux où siégent les États, car on redoute toujours

---

1. Dans la châtellenie de Samatan. — Ce château est ordinairement habité par le commandeur dudit lieu. En ce moment, le commandeur est absent, ayant dû aller « en ambassade [à la Cour] pour la Religion Sainct Jehan de Ihérusalem. » (Arch. de Muret : États de Samatan, fév. 1588.)

2. En 1588, les habitants de Montagut, Sauvimont, La Ylhère, Montblanc, Savignac, Pompiac, Seysses, Bragayrac, Saint-Thomas, Empeaux, Sabuguède, demandent exemption d'impôt pour cause de grêle. « Par deux diverses foys [ils] ont esté visités du fléau de Dieu par grelle et ouraige, tellement qu'ilz n'ont recueilly presque aulcungs grains, ny vin, ny aultres fruictz, occasion de quoy demeurent sy pouvres qu'ilz n'ont moyen aulcung pour soy nourrir et alimenter, ains la plus grande part desd. habitantz constrainctz quicter leurs maysons et s'aller habiter et gaigner leur vie alliours, ou mendier, et que plus est, n'ont eu moïen de remettre grains en terres, en semences... » S'ils voulaient, en ce moment, vendre leurs biens, « ne se trouveroyt personne qui eust moïen et puissance de leur achepter. » (Arch. de Muret : États de Samatan, février 1588.)

3. Les compagnies sont payées de six mois en six mois. Les 150 hommes d'Aurignac coûtent 3,000 écus par semestre. De Fontenilhes et de Salerm tiennent garnison à Lombez ; le trésorier du pays leur doit 3,176 écus pour trois mois et demi, etc. Le magasin d'approvisionnement des troupes, pour le grain, établi à Muret dès 1585 y était encore en 1591, « dans les salles et lieux plus commodes » du couvent des Cordeliers. En 1588 les commissaires des États constataient que le magasin était dépourvu de seigle et d'avoine. Il restait 290 cétiers de blé. Le grain avait été détérioré par « la longueur du temps, pouldres, ratz » et autres incommodités. (Arch. de Muret : États de Samatan, fév. 1588, — et États de Salies, 1591.)

un coup de main [1]. Impossible d'introduire des compagnies dans toutes les localités fortifiées. Matignon croit devoir accorder aux communautés permission générale de démolir murailles et châteaux qui pourraient servir de repaire aux ennemis [2].

Les Huguenots du comté de Foix pillent ou brûlent [3] ce qui subsiste encore dans les malheureuses vallées de Solan et de Massat [4]. On fuit où l'on peut. C'est un désastre universel car l'ennemi est partout [5]; heureux ceux qui ont le temps de passer en Espagne. La levée des tailles est difficile, sinon impossible, toujours dangereuse, dans le Bas-Comminges. Ruine et désolation, ces mots résument la situation du pays au cours des années 1587 et 1588. L'année 1589, marquée par la prise de Samatan, ne sera pas plus brillante.

1. Quand l'assemblée siège à Aurignac, les consuls placent douze hommes supplémentaires aux portes de la ville « pour l'assurance des Estatz », etc. (Arch. de Muret : États d'Aurignac, juin 1588.)

2. Il est enjoint aux consuls de veiller sur les forts « sy mieulx n'aiment desmolir lesd. fortz, suyvant l'ordonnance du sr mareschal de Matignon, cy-devant donnée. » (Arch. de Muret: États de Samatan, fév. 1588.)

3. « Vous supplie remonstrer à Monseigr le Mareschal [de Matignon] la grande ruyne de ce pays par deça la Garone, sur la rivière du Salat, vous assurant que tous les jours sommes bruslés et pilhés, et à présent plus que jamais, dont le sabmedy neufviesme du présent moys ont bruslé, jusques aux portes de Sainct Girons et Sainct Lézé, les bastimens, foings, palhes, et continuellement il est impossible lever doresnavent ung denier de tailhe ny aultre. » (Lettre datée de Saint-Girons, 11 janvier 1588, adressée par B. Cabalby, sindic de Couserans, à MM. de Pelleporc, lieutenant du juge de Comminges, et Bertin, procureur du Roi. — Arch. de Muret: États de Samatan, fév. 1588.)

4. « .... Comme les vallées de Sola et Massat sont près et voysins des ennemys du Roy, et des catholicques de la comté de Foix, lesd. ennemys ont correu, pilhé, bruslé et massacré lesd. vallées et reste dud. vicomté [de Couserans], dont dimanche passé xiiie du présent moys [de janvier] estans lesd. ennemys environ de cinq cens ésd. vallées, auroient pillé les lieux de.... ? et Biert, et bruslé les maysons, et bordes du bestailh, et estans suyvis par les soldatz du peys jusques à l'entrée dud. comté de Foix, où en auroient faict demeurer cinquante de mortz sur la place sans perte des soldatz dud. Couserans, la grâce à Dieu ! si n'est seize ou dix huict soldatz que y a de blessés en mains de chirurgiens, qui sont pouvres et nécessiteux.... » (« Requête des Vallées de Couserans » présentée par le sindic Cabalby. — Arch. de Muret : États de Samatan, fév. 1588.)

5. Les Huguenots « occupent les villes de l'Isle-Jourdain, Maulvesin et aultres aud. pays... ez environs, despuys la rivière de Save jusques à Grenade, et despuys lad. ville de l'Isle jusques à Samathan, Montpezat, Casères, le Fosseret, descendant du cousté de la rivière de Garonne jusques à nostre ville de Tholose. » (Arrêt du Parlement de Toulouse, 16 déc. 1587 : copie collationnée par Brunet, 30 déc. 1587. — Arch. de Muret : États de Samatan, fév. 1588.) — Les Lettres du Roi pour la levée des tailles (Paris, 27 août 1587) n'étaient guère rassurantes : «... non seulement les troubles continuent, ains augmentent chascung jour et la guerre s'eschauffe de plus en plus, car les estrangers assemblés en grand nombre, à cheval et à pied, sont à la frontière d'iceluy [royaume] prestz à y entrer pour nous tailher plus de besoigne que jamais.. » (Arch. de Muret : États de Samatan, fév. 1588.)

LVI

1588. — Janvier-Novembre

Garnisons a Muret, La Bastide-des-Feuillants, Eaunes, et Lombez

Ne passons pas au récit de la ruine de Samatan sans jeter un coup d'œil sur la situation de quelques autres communautés commingeoises en 1588. Deux arrêts du Parlement de Toulouse, le premier pour Muret, le second pour La Bastide-des-Feuillants, un arrêt de la même Cour en faveur de l'abbaye d'Eaunes, et enfin une Requête des consuls de Lombez aux États de Comminges, telles sont les pièces que nous reproduisons ici.

1°. — Arrêt du Parlement pour la garde de la ville de Muret

Veu la requeste présentée par le Procureur général du Roy sur ce que aulcuns habitans de la ville de Muret soubz prétexte de la contagion advenue en ladite ville se sont absentés, et à ce que, attendeu l'urgente nécessité et importance de lad. ville, la garnison y entretenue aux despens du pays et comté de Commenge y feust augmentée durant ladite contagion...

La Chambre séant en vacations, ayant esgard à lad. requeste, a faict et faict inhibition en deffence aux habitans de lad. ville de Muret de s'en absenter, et enjoinct à ceulx des habitans qui en sont sortis et retirés, se remettre dans lad. ville par tout le jour du commandement qui leur en sera faict, à peyne de 1.000 escus qui leur sera, à faulte de ce fayre, déclarée, et néanmoins icelluy passé, [a] repermis et permet aux consulz d'icelle ville mettre tel nombre de soldatz qu'il sera besoing au lieu des absens pour la guarde de lad. ville, aux despens desd. absens. Et attendeu la contagion, importance de lad. ville et entreprinses fréquentes pour la surprendre, ordonne lad. Chambre que la garnison entretenue en lad. ville et chasteau par le pays et comté de Commenge sera augmentée, aux despens d'icelluy pays, de vingt soldatz, seize pour la ville, et quatre pour le chasteau, et ce, durant la contagion, ou que par la Court autrement en soit ordonné[1].

(Arch. du Parlement de Toulouse : Arrêt du 22 septembre 1588. B, 119, fol. 246.)

2º. — ARRÊT DU PARLEMENT
POUR LA GARDE DE LA BASTIDE-DES-FEUILLANTS

Sur la requeste présentée par le Procureur général du Roy tendant à ce que, attendu l'importance du lieu et fort de La Bastide de Feulhens[2], et pour obvier que les héréticques et rebelles au Roy ne s'emparent d'icelluy fort, comme ilz entreprennent journellement fère, il feust enjoinct aux consulz et habitans dud. lieu de pourveoir à la guarde dud. fort, et à ces fins se pourveoir d'armes requises et nécessaires à fère le guet et guarde, tant de jour que de nuit, soubz le commandement du s^r Daulin, habitant dud. lieu.

La Chambre séant en vacations, ayant esguard à lad. requeste, a enjoingt et enjoingt aux consuls dud. lieu de La Bastide, de promptement pourveoir à la guarde dud. fort de La Bastide de Feulhenx et conservation d'icelluy soubz l'obéyssance du Roy et ausd. fins prendre tel nombre de soldatz que leur sera nécessaire et constraindre les habitans dud. lieu, consulat et juridiction d'icelluy se pourveoyr d'armes nécessayres et fayre guet et guarde nuict et jour aud. fort de La Bastide, soubz la charge et commandement dud. Daulin..., à peyne de respondre de tous inconvénientz qu'en pourroyent advenir.

(Arch. du Parlement de Toulouse : Arrêt du 10 nov. 1588. B. 119, fol. 441.)

3º. — ARRÊT DU PARLEMENT POUR LA GARNISON DE L'ABBAYE D'EAUNES

Au mois de janvier 1588, la Cour arrête que Antoine Deru, économe de l'abbaye d'Eaunes,

---

[1] Le pays entretenait à Muret pareil nombre de soldats, un an encore après cet arrêt : « Aux consulz de Muret, pour la creue de vingt soldatz ordonnés en lad. ville, à cause de la contagion, pour quatre mois, commençant en septembre huictante-neuf », 266 écus. — Voy. Minute de l'Assiette. Arch. de Muret : États de Saint-Julien, mars 1590.

[2] Dans la châtellenie de Muret.

Sera tenu payer aux six soldatz quy ont esté mys en garnison pour la garde et deffence de lad. abbaye, la solde à eulx deue, pour le temps que ung chascung d'eulx y a servy pendant les six moys dont est question... et ce à rayson de onze livres pour moys, et remborcer led. scindic [de Comminges] de ce qu'il aura payé et satisfaict ausd. soldatz pour la garde.

L'Économe consignera immédiatement six vingt douze [132] écus pour le paiement de la garnison.

(Arch. du Parlement de Toulouse : Arrêt du 7 janvier 1588. B. 151, fol. 109.)

4°. — Requête des Consuls de Lombez aux États de Comminges

A vous Messieurs dés Troys Estatz tenantz les acizes pour le Roy en la ville de Samathan, pays et comté de Comenge.

Supplient et vous remonstrent les consulz de la cité de Lombès qu'ilz ont puys ce jour'huy pleusieurs advertissemèns, de bonne part, qu'ilz fissent bonne et exacte garde, tant de nuict que de jour, d'aultant que le Roy de Navarre est du tout résoleu et deslibéré, à la suscitation d'aucuns seigneurs tenans son party, surprendre led. Lombès, et inventer toutz les subtilz moyens de guerre pour exécuter ses desseins et entreprinses, le tout en hayne de la garnison qu'on a receue dans led. Lombès.

A ceste cause, Messieurs, et attandu l'importance dud. Lombès, au cas qu'il seroyt surprins par les ennemys qui dans peu de jours le randroyent imprenable sans une armée royalle, qui molestaroyent et infestaroyent par ce moyen tout led. pays et comté de Comenge, plairra à vos grâces nous accorder le nombre de vingt-cinq soldatz harquebuziers pour la garde et conservation dud. Lombès, lesquels seront payés aux despans dud. pays jusques à ce que autrement la fureur desdits ennemys sera appaisée, et ferez bien.

Les Consulz de Lombès supplians.

(Arch. de Muret : États de Samatan, février 1588.)

LVII

1589. — Mars-Juin

La Ligue en Comminges

Nous n'avons pas à raconter ici, par le détail, les tragiques événements qui ensanglantèrent le château de Blois pendant la tenue des Etats généraux, à la fin de l'année 1588. L'assassinat du duc de Guise et du cardinal son frère (23 et 24 décembre), appartient à l'histoire générale. On connait assez les troubles qui en résultèrent et la fureur qui agita, dans la suite, les catholiques devenus ligueurs passionnés.

Henri III, appelé désormais Henri de Valois, vit, en peu de jours, les principales villes du royaume méconnaître son autorité et le déclarer déchu du pouvoir souverain.

Le Parlement de Toulouse donna en plein dans la Ligue et mit à la propager dans le ressort toutes les ressources de sa puissante influence. Le Comminges ne fut pas négligé : ce pays se montra parfait ligueur. Il y eut, en Comminges, deux adhésions éclatantes des Etats à la Ligue proposée par le Parlement toulousain : l'une se produisit à Salies (18-26 mars 1589), l'autre à Aurignac (juin 1589).

1°. — La Ligue acceptée par les États de Salies

Le but principal des Etats de Comminges, réunis à Salies, était de « subvenir aux frais des guerres pour l'extirpation de l'hérézie et manutention de la religion catholique, apostolicque, romaine ».

C'est devant cette assemblée, dans laquelle siégeait François Bonard, évêque de Couserans, que se présenta, le 29 mars, le conseiller Pierre d'Hautpoul, envoyé par le Parlement de Toulouse. La suprême Cour de justice avait remis à son délégué le texte des « Articles » de la Sainte-Union à laquelle les Etats étaient priés d'adhérer. Ces articles visaient « la saincte foy, union et ligue et soustien d'icelle en l'Esglise catholicque, appostolicque, romaine et manutention du Pays en icelle. » Le délégué du Parlement ainsi que le pacte d'union furent reçus, par les Etats, avec « honneur et révérence ». Après que d'Hautpoul eut prononcé un discours pour « l'interprétation d'iceulx [articles] », il se retira laissant pleine liberté aux délibérations de l'assemblée.

L'évêque de Saint-Lizier opine le premier. Il déclare qu'il faut poursuivre « les héritiques et perturbateurs du repos public, qu'on se doibt unir et joindre à la Cour de Parlement de Tholose pour l'extirpation d'iceulx et de l'hérésie sans excepter personne. Toutefois, et attendu que le Roy est catholicque, que le Saint Père n'y a encore pourveu, pour ne rien attenter contre sa volonté », l'évêque fait observer qu'il adhère, sauf modifications à apporter plus tard aux Articles, s'il y a lieu. Telle est, à la suite de F. Bonard, et à quelques nuances près, l'opinion générale de l'assemblée. Un seul membre se range du côté des royalistes, c'est Mre Jehan Arasse, consul de Samatan. Il use de subterfuge, et, sommé de dire son avis, il déclare qu'il n'en fera rien « sy n'est par mandement du Roy ».

Par contre, les habitants de Lescure dont on suspecte la foi religieuse, et que l'on veut, pour ce motif, exclure de la Ligue, demandent à leur évêque un témoignage officiel de leur pur catholicisme. Bonard défend ses diocésains et les Etats menacent d'une amende de 1000 écus ceux qui désormais les inquiéteraient. De leur côté, les habitants de Lescure adhèrent à la Ligue et promettent de signaler aux consuls de leur voisinage les hérétiques qu'ils viendraient à découvrir.

Ces actes des Etats prouvent assez que la Ligue rencontra dans le Comminges, si profondément catholique, des esprits préparés à la recevoir. Aussi P. d'Hautpoul s'en retourna-t-il à Toulouse emportant une adhésion que l'on peut appeler entière. Il restait garant de l'entraînement ligueur des Etats qui, en sa présence, et après mûre délibération, avaient résolu : « de jurer l'Union avec les Messieurs de Tholose et aultres villes catholicques de France, pour l'extirpation de l'hérésie et des héréticques, envers tous et contre tous [ceulx] quy vouldroient favoriser lesd. héréticques, sans exception de personne, et assister lad ville de Tholose, et aultres villes catholicques, de leurs vies et moyens, sans qu'ilz reçoipvent de commandement de personne quelconque, qu'elle ne soict préalablement agréée par les gens desd. Estatz, avec l'authorité de lad. Cour de Parlement, à la charge néanmoins que lad. ville de Tholose et aultres villes, dorront pareilhe assurance de leur cousté »[1].

2° — La Ligue acceptée par les États d'Aurignac

Une nouvelle réunion des Etats de Comminges, provoquée par l'impulsion que le Parlement voulait donner à la Ligue, fut tenue à Aurignac, le 18 juin 1589. Dans une lettre, signée par du Tornoer, le Parlement faisait savoir qu'il entendait « pourvoir à la deffence et conservation des provinces de Guyenne, quy sont au ressort de lad. Cour, contre les entreprinses secrètes, menées, incursions et ravaiges des héréticques, » et assurer le maintien « de la saincte Foy et religion catholique, apostolicque, romaine... »

---

[1]. Arch. de Muret : Etats de Salies, mars 1589, passim. L'extrait de délibération que l'on vient de lire est signé : « La Ilhère » sindic de la Noblesse.

Dès l'ouverture des Etats, Sébastien de Cazalas, juge de Comminges et commissaire nommé par le Parlement, met en avant la nécessité d'une nouvelle adhésion à la Ligue. Il veut se retirer ensuite, mais on le prie d'entendre l'opinion des membres de l'assemblée. On vote en ces termes :

M. Vital Suau, viccaire général de Lombès, est d'advis de jurer aultre foys l'Union tout au long, et y adjouster sy besoing est, et tous, d'ung commun accord, fairè la guerre contre les héréticques, leurs faulteurs, adhérans, complices, faulteurs et quy les soustiennent; et, pour se trouver à l'assemblée[1], qu'on advise des depputés, gens de bien et d'honneur, bien zélés.

M. [Ogier de Touges, s^r] de Noalhan : qu'il soustient ce qu'il a juré et y veult mourir, et qu'on deppute.

M. le Baron de Montberaud : qu'il l'a jurée [l'Union], et tout au long, qu'il la soustient, et qu'il fault faire la guerre sans plus temporiser, attendeu que le Roy s'est rendu du cousté de l'héréticque[2], et trouve bon de depputer deux personnages capables.

M. [Odet de Goyrans, s^r] de Montagut, est de mesme advis : qu'il ne fault plus temporiser, ains donner dessus contre tous ceulx qui adhéreront aulx héréticques, et à ces fins, se unir, et instruire bien ceulx quy seront délégués.

M. [François de Nohé, s^r] de Montesquieu soustient l'union jurée à Salies, sauf à y adjouster ou diminuer pour le mieulx et service de Dieu, néantmoins trouve bon de depputer personnaiges capables bien instruictz pour se trouver à l'assemblée.

M. [Nicolas d'Encausse, s^r] du Puy de Tojes est de même opinion que M. de Montesquieu.

Les Consuls, au nom des châtellenies, votent comme la Noblesse. Aussitôt, et d'un commun accord, tous les membres des Etats se

---

1. Allusion à un projet d'assemblée générale des villes de la province de Guyenne ressortissant au Parlement de Toulouse. Le Comminges y était convié : nous le verrons bientô désigner ses mandataires et leur donner des instructions.

2. A l'aide de cette calomnie, qui malheureusement trouva créance, les ennemis du roi travaillaient à le rendre impopulaire. — Il est notoire que Henri III ne fut pas hérétique on lui a plutôt reproché ses dévotions mesquines.

lèvent et jurent fidélité à la Ligue, tenant « la main levée à la Passion figurée de N.-S. J.-C. »[1]

.*.

Le petit nombre des opinants de l'ordre de la Noblesse et surtout du Clergé[2] inquiéta peut-être l'assemblée et lui fit craindre pour l'affermissement de la Ligue en Comminges. Afin d'obvier à cette éventualité, elle chargea La Ylhère de contrôler l'adhésion des nobles qui n'avaient participé ni aux Etats de Salies, ni à ceux d'Aurignac. En dehors de ce surveillant général, l'assemblée délégua de Noalhan vers les gentilshommes de Samatan, de Salerm vers ceux d'Aurignac, de Montagut vers ceux de Muret, pour obtenir leur signature. De Péguilhan et de Montberaud devaient procurer celles des hommes d'armes de leurs compagnies. Il fut réglé que tout refus d'adhésion donnerait à son auteur la qualité de fauteur d'hérésie et serait immédiatement dénoncé au Parlement.

3° — Députation du Comminges aux États de Guyenne

Restait à désigner, avant de quitter Aurignac, les délégués à l'Assemblée de Guyenne. Ces Etats sont appelés dans l'acte notarié de délégation : « Estatz généraux des provinces catholicques de Guyenne qui sont deça la rivière de Garonne, suivant l'arrest donné par la Cour » de Parlement. Leur but était « de s'opposer aux courses et ravaiges des hérétieques et fauteurs d'iceulx, et leur faire la guerre… » Le Comminges élut pour le représenter S. de Cazalas, juge, de Montagut, de Montesquieu, B. Cabalby. M. Ribayran, auxquels « veu l'importance du fait duquel est question » on donna des Instructions ou Mémoires. Nous devons les résumer :

1. — En se rendant aux États de Guyenne, le Comminges entend ne point préjudicier à ses prérogatives.

---

1. On fit circuler aux Etats d'Aurignac une curieuse petite plaquette qu'il convient de signaler. Elle est intitulée : « Articles sur l'union des Manans et Habitans de la Ville de Tolose et des autres villes et lieux de Languedoc, et de la Guienne, qui seront par eux iurez, pour le soustènement et défense de la Religion catholique, apostolique et romaine, et extirpation des hérésies, et arrêt de la Cour de Parleme[n]t dudit Tolose, sur iceulx donné. — A Tolose. — Par Jacques Colomiez, imprimeur juré de l'Université. 1589. » Cette plaquette contient : 1. « Articles sur l'Union, etc… » 2. « Extraict des Registres du Parlement. » 3. « Responsum Facultatis Theologicæ Parisiensis adversus Henricum Tertium. » 4. « à Mgr le duc d'Aumale, gouverneur, et à MM. les Prévots des marchans et Eschevins de la ville de Paris. » 5. « Articuli de quibus deliberatum est in prædicta Facultate. » 6. « Similis declaratio Cleri et Theologicæ Facultatis Universitatis Tolosanæ adversus prædictum Henricum. » (Arch. de Muret, l. 86.)

2. Un seul membre s'était rendu.

II. — Si l'on décide la levée de troupes, les députés pourront élire un chef.

III. — Si l'on veut attaquer l'Isle-Jourdain et les villes du comté de Foix tenues par les hérétiques, les délégués promettront 40 salades et 400 arquebusiers, ainsi que les vivres nécessaires.

IV. — Dans le cas ou la guerre ne serait pas résolue, le Comminges souhaite que les troupes ne quittent pas son territoire.

V. — Les députés demanderont au clergé de contribuer aux frais d'une si sainte entreprise.

Contrairement aux prévisions des Commingeois, l'assemblée de Guyenne n'eut pas lieu à Lombez, mais à Toulouse, au faubourg Saint-Cyprien.

LVIII

1589. — 9 Août

Le Duc de Mayenne annonce aux États de Comminges la mort de Henri III et les exhorte a s'unir au Cardinal de Bourbon.

Le premier août 1589, un mois et demi après les événements auxquels on vient d'assister, Henri III tombait, assassiné par le fanatique Jacques Clément. A qui revenait la couronne? Henri de Navarre était hérétique, les catholiques ne pouvaient l'accepter pour roi. Sous l'influence du duc de Mayenne[1], frère des deux Guises massacrés à Blois, les catholiques proclamèrent, sous le nom de Charles X, le vieux cardinal de Bourbon.

Ce choix fut officiellement annoncé à toutes les provinces de France.

Lettre du Duc de Mayenne

Messieurs. Dieu ayant disposé(!) de la vye du feu Roy, Monseigneur le cardinal de Bourbon succède à sa couronne. Nous voulons espérer que vous, estans catholicques, désireux de la conservation de nostre Religion et de l'Estat, et n'ayant plus de subiect qui vous puisse divertir et séparer de Nous qui désirons vous embrasser, et avoir le mesme soing de ce qui vous regarde que des aultres villes, veniés sans aulcune différence. Vous joindrez vos

---

[1]. Charles de Lorraine, duc de Mayenne, lieutenant général du Royaume et Couronne de France, pour la Ligue, après la mort d'Henri III.

conseils et moyens avec les nostres pour [les] employer à la deffence de ceste cause et au bien et repos de cest Estat. Nous y sommes tous conviez par l'obéyssance que nous devons à Dieu, la charité et amour du pays, et nostre considération propre, et vous, Messieurs, y ayant les mesmes intérests, y rendrez aussi la mesme affection; donc, nous vous supplions d'unir vos forces pour la ruyne des héréticques, nous recommandant en cest endroict, bien affectueusement à vos bonnes grâces, priant Dieu vous donner, Messieurs, en santé, longue [et] heureuse vye.

De Paris, ce ixe jour d'aoust 1589.

Vostre entièrement affectionné amy :

CHARLES DE LORRAINE.

Messieurs les Gens des Troys Estats du pays de Commenge et Coserans. † *Sceau.*

(Pièce originale. Signature autographe. — Arch. de Muret : IIe Reg. des Etats.)

LIX

1589. — 20 OCTOBRE

PRISE ET DÉLIVRANCE DE SAMATAN

Le 20 octobre 1589, Antoine-Gabriel de Sus, gouverneur de Mauvezin et zélé partisan d'Henri de Navarre [1], se rendit maître de Samatan. Un des habitants de cette ville, nommé Jean Cousso, avait favorisé son entrée [2]. La place fut pillée et livrée aux flammes. Le feu anéantit l'église paroissiale ainsi que le monastère des Minimes et celui des Cordeliers. Les archives des Etats perdirent de précieux documents en ce désastre : le sindic du Pays nommé Jean

---

1. Voy. *Les Huguenots dans le Béarn*, p. 107.

2. Jean Cousso, soupçonné par ses compatriotes, fut mis entre les mains de Jean Maliac, de Lombez. En 1591, Maliac réclamait aux Etats de Comminges remboursement des frais par lui supportés pour l'entretien de Cousso, « prisonnier prévenu de la trahison de Samatan. » L'assemblée répondit à Maliac de s'en prendre « aux biens meubles ou immeubles dudit Cousso, ou sur l'argent que M. le vicaire général de Lombès [Vital Suau] dict avoir baillé aux Consulz dud. Lombès, et où mieulx il treuvera pouvoir agir par justice. » (Arch. de Muret : Etats de Salies, avril 1591.)

Daudirac, alors logé à Samatan, tenait en sa demeure de nombreux titres commingeois qui lui étaient nécessaires pour l'exercice de sa charge. Daudirac s'échappa sans avoir pu tout sauver [1].

La terreur des habitants de Lombez et des villages voisins de Samatan est facile à comprendre. La ville épiscopale reçut fort à propos les compagnies de Fontenilhes et de Salerm. Accourues pour inquiéter de Sus, elles s'arrêtèrent par ordre du Parlement de Toulouse leur enjoignant de stationner à Lombez pour circonscrire les courses de l'ennemi [2]. La situation de Samatan et de Lombez était identique à celle dans laquelle s'étaient vues, en 1576, les villes de Saint-Girons et de Saint-Lizier. Comme d'Audou sortant de Saint-Girons à l'improviste pour rançonner les communautés d'alentour, de Sus essaya dans le voisinage de Samatan quelques excursions fructueuses. Plusieurs chemins lui restaient ouverts. Ses messagers circulaient librement. Ils allaient sommer diverses communautés d'effectuer entre les mains de son commis le paiement des tailles. Les consuls de Garravet déposèrent plus tard dans les archives des États un spécimen du style de ce redoutable capitaine. Voici le morceau :

1° — Lettre adressée par de Sus aux Consuls de Garravet

Messieurs les Consulz de Garravet. — Ne faillés d'apporter les deniers des tailles du cartier de ce moys d'octobre, au jour de la destinée solution quy eschera le huictiesme du prochain mois de novembre et suivant l'imposition qui vous en a esté ordonnée par les gens des Trois Estatz du pays et comté de Commenge, dans la ville de Samathan, en main de M. Hugues Maujay, commis par le Roy à faire lad. recepte desd. deniers, et au mesme jour apporter les mandes au moïen desquelles vous avés faicte

---

[1]. « Je vous diray, Messieurs, le regret que j'ay de n'avoir esté adverty à temps pour chercher et inventorier les pappiers que je puys avoir sauvés du sac de la ville de Samathau, servans au païs... » (Lettre de Daudirac aux États. Arch. de Muret : Etats de Salies, avril 1591.)

[2]. « Le 23° octobre [1589] je fus à Tholose avec M. de Baudéan pour prier Messieurs de Tholose d'agréer que les compagnies de Messieurs de Fontenilhes et Sailerm qui estoient venues pour recouvrer Samatan, après la prinse, demeurassent à Lombés pour empêcher les courses des Ennemis, que aussi les disposer à nous accorder le canon... » « Compte de Combis. » (Arch. de Muret : Etats de Saint-Julien, mars 1590.) Le premier mouvement du maréchal de Villars, dès qu'il connut l'entrée du capitaine de Sus à Samatan, fut de marcher vers cette ville. Il était à Aucamville le 26 octobre, allant « au recouvrement de Sainct-Mathan. » — Voy. l'*Inventaire des Archives de la ville de Grenade-sur-Garonne*, par M. Rumeau, p. 20.

lad. imposition : si faisant, et maintenant soubz l'obéissance de Sa Majesté voz personnes et aultres habitans de vostre lieu, serés conservés avec voz biens et moïens, aurés néantmoings l'accès libre en ce qui dépent de nostre gouvernement aud. pays et comté dud. Commenge où vous pourrés aller en toute assurence faire voz traffiques et affaires, autrement, faisant le contraire de cestuy nostre commandement, serés visités et punis comme désobéissans et revelles de sad. Majesté.

A Samathan le vingt-neuviesme d'octobre 1589.

Vostre bon amy : Sus, ainsi signé.

Et au-dessus : A M^{rs}, M^{rs} les Consuls de Garravet.

(Arch. de Muret : Etats de Saint-Julien, 20 mars 1590.)

*
* *

A l'heure où de Sus lançait cette missive, la contrée était bouleversée... Sur un assez vaste territoire autour de Samatan, les habitants souffrent « durant ces troubles tant par les ennemys que compaignies contre eulx données. » Il leur est assez difficile de discerner le vrai caractère des troupes qui sillonnent cette région dévastée. Du côté de Garravet « quatre compagnies d'infanterie » descendent de la montagne, mais on ne sait à quel parti elles appartiennent. Un jour, c'est M. de Salerm qui passe, un autre jour c'est M. de Bérat : il traîne 500 arquebusiers « avec cinq enseignes et drapeaulx desplyés, tambourin sonnant. » Pendant trois jours ces cinq cents hommes « vivent avec infiny désordre et despence excessive pour raison de l'inconstance du temps lors froict glacial et acompaigné de neiges. » (déc. 1589.) Le capitaine Saint-Lary survient avec deux cents hommes de la compagnie de M. de Montagut : il est à peine parti depuis quatre jours que l'on voit paraître les hommes du capitaine Marc « du régime de M. de Pontéjac. » Le capitaine Marc les conduit, mais il n'en est pas maître et ne peut réprimer leurs excès : « tellement que il ne pouvoit estre maistre des soldats quy faisoient ung infinité de désordres, jusques à rompre, transporter les meubles et ustancilles, voire descouvrir les maisons, despitez quand ils ne trouvoient vivres à leur souhaict pour manger..» C'est après ces événements que « ceulx du contrère party, de Samathan en hors, ont couru sur led. village [de Garravet] et maison nommée de Brosset, icelle pillée, sacagée et ravagée, prins et admenés prisonniers tous les hommes en nombre de cinq desquelz en tiennent encore deux, montant autant comme tout leur peult valoir...» Mais à Garravet comme ailleurs, la garnison de l'Isle-Jourdain surpasse en audace et en cruauté les autres troupes plus ou moins huguenotes. Entendons encore l'expressif langage des habitants de Garravet : « Ilz ont aussy souffer'z — déclarent-ils — plusieurs ravaiges de bestial, tant à laine que à corne, faictz par ceulx du contrayre party et de la garnison de Monsieur du Bourg, gouverneur de l'Isle-Jourdain pour le Roy de Navarre, despuis son gouvernement, annuellement et par trois fois chascune année, tellement qu'il en y sont mortz de misère et calamité, mangés des poulz, pour n'avoir eu le moyen de soy racheter et payer la rançon immodérée et eccédente plus que tous leurs moyens et vivres. Tellement que, Messieurs, yl ne reste ce jour d'huy que prendre le chemin et baston et s'en aller au pain quérant parmy le pays, comme destitués, pillés et sacatés de toutz moyens, voire (mais soubz correction et révérance) des litz nuptiaux, sans pouvoir avoir aulcun secours ny soulagement de leur Seigneur aujourd'hui pupille [1].…»

En face d'une si grande misère et d'un tel désarroi, que pouvait réaliser la bonne volonté des Etats ? L'assemblée tenue à l'Isle-en-Dodon le 5 novembre 1589 comptait sur le Parlement de Toulouse et sur le marquis de Villars pour chasser l'ennemi, mais ne songeait pas à engager la lutte avec lui. A ce moment critique, un des membres les plus influents de la noblesse de Comminges prit une périlleuse initiative. Baptiste de Lamezan, détaché du parti ligueur et rallié au roi de Navarre, négocia avec de Sus la reddition de Samatan. Après entente il promit de verser 3,000 écus entre les mains du chef huguenot, de maintenir la place dans l'obéissance au roi hérétique représenté en Guyenne par Matignon, il garantit enfin l'accomplissement de ce traité en donnant deux ôtages, Labatut[2] et Pierre Bon, capitaine de l'Isle-en-Dodon. A ces conditions Lamezan reçut, le 21 janvier 1590, la ville de Samatan et en devint gouverneur. Il mit aussitôt la garnison sous les ordres d'Arnaud d'Arcizas, sr de Mazerètes, appelé communément « le capitaine Mouréjeau[3] ».

Les Huguenots n'avaient pas encore obtenu en Comminges un

---

1. Voy. : Les requêtes adressées aux États de l'Isle-en-Dodon (5 nov. 1589), de Lombez et de Saint-Julien (février et mars 1590), notamment : « Supplications très-humbles, etc. » des Habitants de Garravet aux États de Saint-Julien. (Arch. de Muret.)

2. En janvier 1593 il y avait procès, au Parlement de Toulouse « contre Jehan d'Arcizas, sr de Labatut, qui demande au païs la somme de 300 escus pour la perte par luy faicte d'ung cheval, estant en oustaige, comme il dict, pour le païs. (Arch. de Muret : Etats de Muret, janv. 1593.)

3. Voy. Arch. de Muret : Etats de Saint-Julien, mars 1590. — A signaler aussi la présence de M. du Fréchet à Samatan. Ce gentilhomme demanda plus tard « récompense et gratification des pertes qu'il feist lorsque la ville de Samathan feut prinse des Ennemys. » (Arch. de Muret : Etats de Salies, avril 1594.)

succès plus authentique : ils recevaient un gros paiement pour détaler d'une place qui *officiellement* restait conquise et qu'ils avaient cruellement traitée. Mais il s'agissait moins pour les Etats de déplorer la défection d'un des premiers gentilshommes du Comminges que de remédier à ses funestes résultats. Lamezan étant mort peu après la reddition de Samatan, Françoise de Bazillac sa veuve et M. de Bazillac entrèrent en pourparlers avec F. de Polastron, sindic de la Noblesse, en vue de remettre cette ville au pouvoir des Etats. Polastron s'engagea envers Mme de Lamezan pour la somme de 3.000 écus, plus les frais d'entretien des ôtages[1], et courut ensuite vers le marquis de Villars afin de « le prier de se despartir de mener le canon aud. Samatan pour le reprendre à la force, et lui présenter de leur part [de la part de Mme de Lamezan et de M. de Bazilhac] lad. ville. » Le marquis se déclara satisfait : restait à faire agréer des Etats cette combinaison. Tout d'abord l'assemblée se montra mécontente et prit une délibération dans laquelle la conduite du sindic de la Noblesse était improuvée :

2°. — DÉLIBÉRATION DES ÉTATS TOUCHANT LA REDDITION DE SAMATAN

Le 22 mars 1590, les Etats de Comminges étant réunis en la ville de Saint-Julien, François de Polastron, seigneur de la Ylhère, leur remontre :

Que estoit notoire à tous la mort de feu S^{gr} de Lamezan, qui estoit dans la ville de Samatan tenant le contrère parti, après le décès duquel il auroit esté prié par Mme sa femme et M. de Bazillac et autres, d'aller trouver Mgr le marquis de Villars pour le prier de se despartir de mener le canon aud. Samatan pour le reprendre à la force et lui présenter de leur part lad. ville, ce qu'il feist. Lequel marquis auroit receue lad. ville de Samatan entre ses mains, laquelle est aujourd'huy en son pouvoir, qu'il offret remettre entre les mains du pays à la charge de lui

[1]. Pierre Bon, consul de l'Isle-en-Dodon, resta à Mauvezin, entre les mains des Huguenots « l'espace de sept mois ou d'advantaige, où s'est engagé pour sa despense, envers damoiselle de Labarthe, à la somme de deux cents escus.. » Les frais supplémentaires occasionnés par l'entretien des ôtages, par diverses indemnités, etc., furent estimés en 1596, par jugement d'arbitres, 1.100 écus. Voy. Arch. de Muret : Etats de Samatan, 1596.
L'Évêque de Lombez, P. de Lancrau, intervint de bonne heure dans cette affaire des ôtages et essaya de procurer leur élargissement. Aux Etats tenus à Samatan du 6 au 9 juin 1590, il est question de « la remonstrance faicte par M. le vicaire général de Lombez touchant le mandement faict par M. l'Evesque à ceulx de Mauvesin pour la délivrance des ostaiges. » (Arch. de Muret, *loc. cit.*)

païer ses peines, diettes et vaccations et ce qu'a esté convenu avec l'Ennemy, et à la charge aussy de délivrer les ostages par ung préalable, autrement sera contrainct la bailler à quelque autre pour l'indempniser de ce que luy et led. feu s^r de Lamezan sont obligés...

Les États ne voulurent pas répondre sur l'heure à la requête de M. de Polastron. Le lendemain, après délibération, ils décidaient de feindre ignorer l'existence du contrat qui liait Mme de Lamezan et le sindic de la Noblesse. Ils voulaient voir dans l'affaire les seuls consuls de Samatan auxquels ils concédaient 3.000 écus payables par le canal de MM. de Savignac et de La Ylhère :

A la charge par ung préalable et avant tout œuvre que le Sgr de Savignac avec les habitans catholicques sera maistre dans lad. ville avec le nombre de 40 soldatz que le pays lui accorde pour deux moys, et lesd. habitans estans dehors fuitifs ou autrement seront remis dans lad. ville en leurs estats, honneurs, prééminences, prérogatives, circonstances et dépendences, et sera led. Sgr de Savignac supplié accepter lad. charge, et icelle acceptée, fère réparer la citadelle commencée et autres réparations nécessaires en lad. ville pour la garde et conservation d'icelle... sans avoir esgard à certain préthendu contract fait par ledit s^r de La Ylhère, au nom supposé du Pays, avec la dame veufve dud. feu s^r de Lamezan, lequel contract comme nul, invalable et frauduleux les Estats ont désadvoué et désadvouent entièrement comme faict sans leur sceu, voloir et consentement...

(Arch. de Muret : États de Saint-Julien, mars 1590.)

* * *

La mauvaise humeur qui perce à travers ces lignes s'explique sans peine. Les gentilshommes commingeois, humiliés par les transactions subies à Saint-Girons, Saint-Lizier, Puymaurin, supportèrent impatiemment la quasi défaite de Samatan. Ils en rejetèrent l'odieux sur Lamezan sans renoncer toutefois au bénéfice de l'arrangement préparé par M. de La Ylhère. Les actes de l'assemblée ne répondent pas absolument à ses protestations. Bientôt nos gentilshommes se montreront moins attentifs aux nuances et s'occuperont des requêtes de Mme de Lamezan. Au fond du cœur, pensons-nous, ils sont enchantés : la reddition de Samatan leur tire du pied une grosse épine, et sans plus tarder ils délèguent MM. de La Ylhère et de Lamezan-Juncet pour recevoir la ville qui dès lors est placée sous les ordres de M. de Savignac.

*
* *

Une requête de Mme de Lamezan aux États de Comminges, et celles des Cordeliers et des Minimes fournissent quelques détails sur les excès des Huguenots à Samatan et sur le relèvement des établissements religieux de cette ville : nous les donnons en entier.

3º. — Requête de Françoise de Bazilhac veuve de Lamezan.

A Messieurs tenantz les Estatz de Comenge.

Messieurs,

Françoyse de Basilhac, dame de Lamezan, tant de son nom que comme mère de noble Bernard de Lamezan, son filz, héritier de feu messire Baptiste de Lamezan, chevalier de l'Ordre du Roy et cappitaine de cinquante hommes d'armes de ses ordonnances, vous faict remonstrer qu'ayant son dict feu mary recouvré la ville de Samathan des mains et pouvoir des héréticques qui l'avoynt surprise conduictz par le capp^ne Sus, il y auroyt remis les habitans catholicques et conservé ladicte ville, à ses costz et despens, jusques à son trespas, après lequel ladicte de Basilhac auroyt mise lad. ville au pouvoir du pays et des Estatz d'icelluy, rendu et deslivré les clefz ez mains des seigneurs de la Ylhère et de Juncet, scindicz de la Noblesse, lesquelz tant en leur nom que en qualité de scindicz auroynt promis et se seroynt obligés de luy payer, et à son dict filz, la somme de troys mil escutz sol pour acquitter l'obligation de pareille somme, en quoy led. feu seigneur de Lamezan estoyt entré envers led. Sus pour le sortir de lad. ville, et en oultre, de remborcer toutz frays faictz à ceste occasion, et encores user de recognoyssance et gratification et arbitre de vous Messieurs des Estatz, comme plus à plain est pourté par l'instrument que sur ce feust faict, retenu par d'Abadie, not[aire], les an et jour y contenus, et bien que le pays et vous Messieurs, en Estatz généraulx, ayès eu agréable le bon service que led. feu seigneur fist à tout le pays, et la remise de lad. ville entre les mains desd. scindicz, et à iceulx donné moyen de payer lad. somme de troys mil escutz, et pour ses frays, et despens de bouche des hostaiges, la somme de mil escutz, imposées lesd. sommes sur le général de la comté, et baillé l'assiette à La Vernye [Lavergne] collecteur, qui a levé, sy est ce que lad. suppliante et sondict filz n'ont encores esté payés ny des domatges, par lesd. scindicz, moings par led. collecteur qui faict son proffict particulier desdictz deniers, sy ce n'est seullement de la somme de environ dix et neuf cent escutz en plusieurs payementz, sy que, à cause de ce, lad. suppliante a esté constraincte pour esviter le pernicieulx effect des menaces que les ennemys luy foisoyt, et remettre lesd. hostatges en liberté, d'inprumpter plusieurs sommes et en divers endroictz et diverses personnes, à grandz intérestz (comme vous, Messieurs, s'il vous plaist, pourrez veoir et vériffier en plains Estatz), et lesd. sommes emprumptées employer au payement des partyes plus pressées, ce quy leur revient à plus de cinq cents escutz d'intérestz et domaiges, oultre les frays et despences de négociations, temps, voyatges, jornées et vacquations, qui reviennent à bien près d'aultant, et sy d'ailheurs ilz sont en danger de souffrir plus de despens par faulte de payer les sommes..... Ce considéré, etc.

<small>(Archives de Muret : États de Salies, avril 1591.)</small>

4°. — Requête des Cordeliers de Samatan.

A vous Messieurs des Troys Estatz du Pays et Compté de Comenge.

Supplie humblement le scindic des Religieux Sainct Françoys de la ville de Samathan, que puys le vingtiesme octobre quatre-vingt-neuf, que les hérétiques surprindrent ladicte ville par escalade, tués et admurtrys plusieurs habitans d'icelle, et après tenue ladicte ville pendant troys moys, auroint ravagé toutz les moyens du couvent de ladicte ville, tant ceulx qui estoint dédyés pour le service de Dieu que autres, et d'après bruslé et desmoly tout leur dict. couvent, tellement que pour le jour d'huy les religieux dud. couvent demurent sans habitation ny moyens pour leur vivre, et estantz en vollonté de remettre partye dud. couvent au premier et deu estat... plaise à vous... etc.

Ordonné vingt escus pour la réparation du couvent[2], qui sera mise à ces fins ez mains de M[r] l'Official de Lombez.

(Arch. de Muret : États de Salies, avril 1591).

5°. — Requête des Minimes de Samatan[3].

A vous Messieurs tenantz les Estatz du Pays de Commenge, etc.

Supplie humblement le scindic des Religieulx du couvent de Saint-Roch lès la ville de Samathan, que ayant les ennemis empiété et surprinze ladicte ville le vingtiesme octobre an mil cinq cent quatre-vingtz-neufz, à mesme temps, et comme vous est notouaire, auroint pilhé et sacaigé leur dict couvent[4], mis le feu en iceluy et

---

1. Le 23 mars 1590, les États réunis à Saint-Julien accordent dix écus aux Cordeliers de Samatan « détenus de telle extrême poubretté qu'ils n'ont neul moyen et comodité s'entretenyr, pour leur avoyr esté desmoly et bruslé leur couvent par les héréticques, prins et emporté ce qu'ilz avoient, sy que à présent sont hors de tout moyen pour subvenyr à leur norriture ». (Arch. de Muret : États de Saint-Julien, 1590).

2. La réédification du monastère n'étoit pas encore terminée en 1605. Cette année les religieux demandent de nouveaux secours aux États « pour rebatir et réparer leur couvent tout ruiné et desmoli par la rigueur des guerres passées ». Accordé 45 livres. (Arch. de Muret : États de Samatan, 1605).

3. Ce document et celui que nous avons produit plus haut (n° xxxix) ajoutent quelques traits inédits à la courte notice, publiée par M. le docteur Lacome sous ce titre : *La fin du Couvent des Minimes de Samatan*. Voyez *Revue de Gascogne*, t. XXVI, année 1885, p. 249-257.

4. C'est alors que disparurent les titres de propriété des religieux : « Et déclarèrent (à Messieurs les Esleus.....) n'avoir autres titres ni coustumes que l'usage, attendu qu'ils furent enlevés par les Religionnaires lors de la prise de ceste ville qui feust en l'année 1589... » (Délibér. consul. du 28 avril 1677, rapportée par M. le Dr Lacome, *loc. cit.*

abatteu les murailhes, sans y avoir laissé rien pour y pouvoir faire le service divin, ny habiter, tellement que les pauvres religieulx ont esté constrainctz se retirer dans lad. ville et louer maison pour leur habitation, pour n'avoir où se retirer. A ceste cauze, etc... Frère Roubert GATIGNOL, scindic[1]. — Ordonné quatre escus sol qui leur seront baillés par le trésorier du pays.

(Archives de Muret : États de Salies, avril 1591).

LX
1589-91

VIOLENCES DES HUGUENOTS SUR DIVERS POINTS DU COMMINGES
INDICATION DE TRÊVE
RESTREINTE A QUELQUES COMMUNAUTÉS

Les années 1589-1591 furent très préjudiciables aux Commingeois. On a vu plus haut de quels événements la ville de Samatan fut le théâtre à cette même époque. Les requêtes, malheureusement trop concises, de quelques autres communautés et une curieuse

---

f. 250). Les Minimes rappelaient en 1600, aux États de Comminges, que les Huguenots n'avaient pas oublié, en cette belle rencontre, de prendre les animaux trouvés aux métairies dépendant du monastère : « prinse de leur bétail. » (Arch. de Muret : États de Samatan.)

1. Des requêtes postérieures à celle-ci nous renseignent utilement sur la situation des Minimes, à Samatan, entre 1591 et 1602. En avril 1599 aucune partie du monastère n'est encore relevée, l'église est en ruine. Les religieux et le peuple en souffrent également. L'église des Minimes, située *extra muros*, était surtout fréquentée par le peuple du faubourg, séparé de la ville par la Save. Les religieux « sont constrainctz — dit la requête de 1599 — se tenir en une maison à louage, dans lad. ville, au Mercadien, et faire le service divin dans l'église Sainct-Michel, n'ayant à cause de ce, moyen continuer le service au lieu antienn ment dédié, ce qu'ilz désireroient estre pour hobeir et satisffaire à la volonté des fondateurs dud. ordre, et pour satisfère à la dévotion du menu peuble, qui, lorsque les eaux viennent à se déborder et sortir de leurs canalz empeschent qu'ilz ne peuvent aller aulz esglises quy sont dans les meurs de lad. ville, et estans privés de la constume ancienne qu'ilz avoyent, les jours de festes et autres, d'entendre la messe e. divin service à l'esglise et couvent des supplyans, demeurent comme personnes privées des moyens méritoires pour leur salut.... » Conclusion de la requête : les États sont priés d'accorder cent écus pour « l'édification d'une chapelle qu'ils désirent edifier au lieu où le couvent estoit anciennement. » (Arch. de Muret : États d'Aurignac, avril 1599.)

La construction de l'église était commencée en 1600 : on s'inquiétait alors de continuer les travaux et de se procurer une cloche. (Arch. de Muret : États de Muret, mars 1600.) Cet édifice, modeste paraît-il, est indiqué en 1602 comme assez avancé ; mais on délibérait encore d'y mettre la main de nouveau : « ilz y ont faict une petite esglize, laquelle ilz n'ont moyen de continuer s'ilz ne sont secorus et aydés... » (Arch. de Muret : États de Castillon, mars 1602.)

missive adressée par un brutal capitaine aux consuls d'Aurignac, vont nous aider à ressaisir les traces des Religionnaires et des « Politiques » en d'autres endroits du Comté.

En présence des Etats réunis à Saint-Julien au mois de mars 1590, les habitants de La Fitte-Volvestre[1] exposent les « pilleries et ravaiges que puis ung an est passé les hérétioques ennemis de l'Esglise catholicque ont faict aud. lieu, ayant pillé et sacagé les pouvres habitans, de sorte que les pouvres habitans dud. lieu sont esté réduictz en si grand pouvreté que la plus grande part d'iceulx vont quérir le pain pour Dieu. »[2]

Les consuls de Figarol[3] assurent que les habitants de ce lieu « sont vexés et molestés par ceulx tenant le party contraire de nostre Relligion, nommés Politicques, conduictz par ceulx de Larboust, leurs pillans et prenans leur bestailh et ce que [bon] leur semble de leurs maysons, sans estre secourus ny aydés de lad. ville de Salies. »

Les habitants de Barjac ont été plus maltraités encore. Voici en quels termes ils racontent leurs malheurs :

1º. — Requête des habitants de Barjac

Supplient les consuls, manans, etc. de Barjac[4], que « pour estre proches et voysins, plus qu'aulcung aultre lieu du Comté, des forts et chasteaux des Ennemys et Héréticques de la Comté de Foix et entre aultres de Mauvesin, Caplong, Camarade, Clairmont, le Mas d'Azil, Les Bordes, Sabarat et aultres qui font ordinairement, de jour et de nuict, courses aud. lieu de Barjac, les Supplians ne peuvent jouyr de leurs biens, moins labourer ny cultiver leurs terres la pluspart desquelles demeurent pour ce jour d'huy incultes et vacantes, comme est notoire en ce pays, à cause des courses desd. Ennemis et des voleries, ravages et meurtres qu'ilz y commettent ordinairement, ayant tué et inhumainement massacré la pluspart de ceulx qui estoient suffisans à porter les armes pour se défendre, et non contents de ce, bruslé une bonne partye des maisons dud. lieu, tellement que plusieurs

---
1. Dans la Châtellenie de Saint-Julien.
2. Arch. de Muret : *loc. cit.*
3. Dans la Châtellenie de Salies.
4. Lieu indiqué en 1569 comme faisant partie de la châtellenie de Salies. (Arch. de Muret ; « Déclaration des consuls de Salies ».)

desd. habitans, pour n'avoir moyen de vivre, ont quitté et abandonné leurs biens, s'en estans allés au pays d'Espaigne.

Signé : Les Supplians en leur faict[1].

(Arch. de Muret. — Etats de Salies, avril 1591.)

**

Les excès des Religionnaires produisirent ce résultat de tenir en garde les communautés et les particuliers. Pendant les années 1589, 1590 et 1591 des garnisons furent à plusieurs reprises demandées aux États. Malgré leur bon vouloir, les assemblées commingeoises refusèrent d'augmenter le nombre des soldats : le pays très appauvri n'aurait pas pu les entretenir. — Citons quelques exemples.

Au mois d'avril 1591, « le depputé du lieu de Mausac[2] demande soldatz pour la garde dud. lieu. » On lui répond négativement « veu la pouvreté du pays. »[3] M. de Taurignan remontre, en octobre 1590, aux États de Samatan, qu'il est proche de l'ennemy, et, comme tel, menassé ordinairement, et n'attend sinon qu'on luy donne l'assault. » C'est en vain qu'il « requiert le Pays le vouloir ayder et secourir et à cest effect luy accorder quelques soldats » On se contente de lui promettre une réponse qu'il attendra jusqu'aux prochains Etats généraux de Commingues. Lorsque Mme de Gensac envoie demander « garnison de six soldatz » l'urgence de ces auxiliaires n'est point discutée, et pourtant on refuse de s'imposer un nouveau sacrifice car on déclare « le pays n'en avoir moyen veu sa pouvreté. »[4] Il y a suffisante et sûre garnison à Aurignac, et c'est heureux pour la ville. Les soldats mettent les habitants de ce chef-lieu de châtellenie à l'abri d'un coup de main que l'on voudrait bien tenter : l'ennemi ne s'en cache pas, comme en fait foi cette menaçante bravade :

2º. — Singulière Missive envoyée aux Consuls d'Aurignac

Conseulz de la ville d'Aurignac, ne pensés pas que encores que mon régiment soict passé et repassé sans vous

---

1. Ils demandent exemption temporaire des Tailles.
2. Dans la Châtellenie de Muret.
3. Arch. de Muret : États de Salies, avril 1591. Quelques années auparavant, les États avrient distribué 230 soldats entre diverses communautés du Comminges sans en accorder un seul à Mausac. Le sindic et les consuls en appelèrent au Parlement... Par arrêt du 13 décembre 1585, la souveraine Cour enjoint aux députés du pays « sur les 30 soldatz réservés pour les aydes pourveoir de tel nombre de soldatz pour la garde du fort dud. lieu [de Mausac], que l'importance d'iceluy et la nécessité que se présente, le requiert. » — Voy. Arch. du Parlement de Toulouse : B, 9.3, fol. 247.
4. Arch. de Muret : États de Salies, avril 1591.

rechercher de rien, en estre pour cella quittes, car suis rézolleu de vous brusler tout si vous ne me rendés mon chatteau entre mes mains et me remborcer de mil escutz pour les frais qu'il m'a convenu payer, et pour cest effaict me venir trouver dans ce chatteau de Ramefort[1] où je vous attendray ce soyr, aultrement vous [sic pour me] métray en campaigne pour vous visiter et scavoyr qui est celluy de vostre ville qui m'a thué ung souldat, pour en avoyr ma revanche, aultrement, sans cella, ne me manquera, par ung moyen ou par un autre, et quoy couste.

Lieus[2], ainsi signé.

J'ai retiré l'original : B. Filhioly.
Coppie de la lettre envoyée aux Consulz d'Aurinhac.

(Archives de Muret : États de Muret, août 1590.)

***

Les violences dont nous venons de placer le récit sous les yeux du lecteur sont, il importe de le remarquer, postérieures à un essai de Trêve retreinte, conclue entre les Huguenots du comté de Foix et leurs alliés, d'une part, et de l'autre, les habitants des villages du Couserans les plus exposés à leurs attaques. Avec l'assentiment des États et du marquis de Villars, les communautés catholiques voisines des Huguenots en question avaient signé les articles d'une pacification[3]. Les témoignages des sindics, consuls, personnes privées, cités en cette note, prouvent que les Religionnaires entendaient ne rien perdre à la Trêve. Laissant respirer un peu le Couserans, ils visitaient le Comminges et « se rattrapaient. »

---

1. Château et seigneurie de Ramefort, châtellenie de Cassagnabere, en Nébouzan — Cfr : Le Comminges et le Nébouzan, etc., par M. Alph. Couget : Revue de Comminges, 1885, t. I, p. 17-18.
2. De Lieoux ?..
3. « Veuz, lenz et entendeuz les articles de Conférance accordés par les Scindicz et depputez de Cozerans, limitrofes du Comté de Foix, avec les depputés des manans et habitans des villes dud. compté, Pamiés, Caumont, Gibel et autres limitrofes tenant le party de la préthandue religion, leurs unis, confédérés et politiques... le pays les a agréés et declaire n'entendre empêcher l'exécution d'iceux, le tout soubz le bon plésir de Monseigneur le marquis de Villars et de la cour de Parlement de Tholose. » (Arch. de Muret : Etats de Saint-Julien, mars 1590.)

LXI
1590

Religionnaires Béarnais en Nébouzan et en Comminges

Le projet formé par Matignon de parcourir le Comminges pour forcer les villes à reconnaître Henri de Navarre excita l'humeur belliqueuse des Religionnaires béarnais Quelques-uns, en vue de se joindre au Maréchal. se précipitèrent en Comminges et menacèrent particulièrement diverses communautés du Nébouzan et des châtellenies de Samatan, l'Isle-en Dodon, Aspet, Aurignac et Salies. L'Evêque de Saint-Bertrand, Urbain de Saint-Gelais, le plus ligueur des hommes, reçut mission officielle de protéger ses diocésains et de les maintenir dans leur fidélité à la Sainte-Union Il y eut assaut d'armes, notamment à Saint-Plancard et à Montaut. Nous ne possédons pas des détails circonstanciés sur ces événements, mais l'effervescence provoquée dans le Nébouzan et le Haut-Comminges en 1590 est cependant consignée avec assez de clarté dans les pièces qui suivent.

**

1°. — Requête des Consuls d'Aspet

A vous Messieurs des Troys Estatz du pays de Commenge en la ville de Salies estans.

Supplient humblement les Consulz de la ville d'Aspect que le sieur Evesque de Commenge ayant charge de Monsieur le Marquis [de Villars], de fère amas de gens darmes et soldatz pour s'opposer et fère la guerre à l'ennemy quy s'estoit approché de Lombès et emparé de places et lieux, y commettant plusieurs insolences et désordres, auroyt mandé aux supplians de amasser et conduire vers et contre l'ennemy, ilz luy auroient conduit et mené quarante soldatz arquebouziers jusques auprès de Lombès pour cest effect, et demeuré à leurs despens six jours, à chascung desquelz fust baillé six livres et au conducteur d'iceulx quatre escus sol… Ce considéré, etc.

(Arch. de Muret : États de Salies, avril 1591.)

2º. — Requête des Consuls de Roquefort[1]

Lorsque les héréticques biarnoys et leurs adhérans passoient par ce pays de Commenge pour se joindre à l'armée du sieur de Matignon, suyvant le mandement de Monseigneur de Comenge, vingt-cinq arquebuziers dud. lieu [de Roquefort] s'allèrent joindre avec les trouppes catholicques pour empescher le desseing desd. héréticques et soy acheminèrent jusques à la ville de Lombez où ils vacquèrent à leurs propres coutz et despens huict jours ou environ qui despensèrent 25 escus ou plus, comme aussy lorsque l'armée de Mgr le Marquis lieut^{ant} gén^{al} en la duché de Guyenne, venoit du siège de Sainct-Plancard[2] en Nébousan, à Sainct-Gaudens, passant par ce pays la compagnie de M. le baron de Monthéraud venant dud. siège, s'en allant au château de Montauld, pour icelluy rendre en l'obéyssance de la Saincte-Union, lougea aud. Rocquefort en nombre de 60 hommes, leurs chevaux et équipages, suyvant la cotte cy attachée, etc...

(Arch. de Muret : États de Salies, avril 1591.)

LXII

1590. — 1er Février-Décembre

Affaiblissement de la Ligue en Comminges
Les Maréchaux de Matignon et de Villars en Comminges et Rivière-Verdun

Après l'assassinat du roi Henri III (1er août 1589), des dissentiments éclatèrent en Comminges au sujet de la Ligue. La cause d'Henri de Navarre devint populaire en divers lieux. Nous avons déjà vu un des principaux membres des Etats, Baptiste de Lamezan, se rallier à Matignon. A Salies on entendit des gens déclarer impunément leur hostilité à la Ligue. Nombre de Commingeois, sans verser dans l'hérésie huguenote, qui restait le fait personnel

1. Communauté de la châtellenie de Salies.
2. Chef-lieu de châtellenie en Nébouzan.

du prince, grossirent ainsi le parti des royalistes et abandonnèrent le marquis de Villars. Ce mouvement de désunion s'accentuait lorsque Samatan tomba au pouvoir des Religionnaires. Il suffit à Matignon, lieutenant général du Roi de Navarre en Guyenne, d'apprendre que Lamezan était entré en possession de Samatan, pour se résoudre à s'en approcher. Son plan était de gagner successivement les villes assises sur les bords de la Save.

Il importait au maréchal de Villars de venir défendre les partisans de la Ligue en Comminges : c'est ce qu'il fit au mois de juillet 1590 seulement. En attendant, les Etats, qui redoutaient à juste titre le passage des troupes de Matignon, se réunirent à l'Isle-en-Dodon, convoqués par M. de La Ylhère, le 1er février 1590. Nous allons analyser ici le procès-verbal de cette séance.

1º. — LES ÉTATS DE COMMINGES TENTENT D'ARRÊTER HORS DU PAYS LE MARÉCHAL DE MATIGNON

Le sindic de la Noblesse ouvre les États en exprimant les craintes du Pays menacé d'invasion : « L'armée de Monsieur le Mareschal de Matignon s'approche, avec délibération de se saisir des villes et lieux plus fortz dud. Païs et Comté de Commenge, pour à quoy obvier, trouveront bon y remédier et y appourter quelque expédient pour demeurer d'accord avec led. sr Mareschal. M. de La Ylhère et son collègue M. de Lamezan-Juncet souhaitent que Baptiste de Lamezan, gouverneur de Samatan depuis la retraite des Religionnaires, écrive à Matignon pour « le prier de soy despartir de telle volonté [d'invasion]; attendant que les Messieurs des Estatz y ayent délibéré plus amplement et communiqué en leurs villes et conseils. »

Jean Daudirac, ancien sindic du Tiers-État, prend la parole après les sindics de la Noblesse. « Sans attendre son reng » il rappelle « la division qu'est entre les habitans du Pays contre l'association et Union qui fust faicte en la ville de Salies » et dit qu'il est « besoing entrer en conférance avec le sr Mareschal de Matignon... trouver quelque expédient, et dresser les *Articles* afin que chascun les voye et y advise de près, pour vivre en paix avec ceux du contrère party. »

M. de Péguilhan est pour la trève.

M. de Fontenilhes dit « qu'il ne se perdra rien pour luy. » [1]

---

[1]. M. Dubord dans son histoire d'*Aubiet pendant les guerres de Religion* rattache Fontenilhes au parti royaliste dés le mois de mai 1589. (Voy. *Rev. de Gascogne*, t. VII, p. 223.) Le rôle de notre capitaine à Lómbez lors de la prise de Samatan par de Sus nous inclinerait à penser que Fontenilhes n'avait pas abandonné la Sainte-Union avant la mort d'Henri III. Mais, de plus, il importe d'observer que Fontenilhes et Salerm étaient encore au service des États, placés par eux à la tête des compagnies, en juin 1593 pour les mois de Juillet, Août, Septembre et Octobre suivants. Ils devaient avoir successive-

M. de Bonrepaux déclare « qu'il trouvera toujours bon, ce quy sera arresté au profict de sa patrie ».

Les députés de l'Isle-en-Dodon adhèrent à un « bon accord » tel que le règlera la Noblesse. Ceux d'Aurignac trouvent « bonne la trève avec ceulx du contrère party ayant au préalable permition de la Cour de Parlement de Tholose ». Quelques-uns estiment que demander cette permission « seroict contre les privilièges du Pays. » Les représentants de Salies, Aspet, Lombez, etc., veulent attendre, pour décider l'affaire, les prochains États généraux de Comminges : ils désirent un accord avec Matignon, mais non une trève.

Revenant à la charge, M. de La Ylhère supplie « le Sgr [Baptise] de Lamezan en ce qu'il a du pouvoir, ou peult avoir, avec ceulx du contrère party, l'employer pour le Pays, comme aussy les catholicques employeront du mesmes en son endroict [pour] esviter la guerre. » Lamezan fait savoir que « quant à luy ne veult poinct de supérieur, d'ailleurs, que la Cour de Parlement n'a nulle auctorité sur les Estats. » Il insiste et « dict ne vouloir recevoir aulcun mandement de la Cour et qu'il n'y obéira poinct ! » En définitive, vu la prochaine assemblée générale, les États sont « d'advis de supplier le s^r de Lamezan escripre au s^r de Matignon qu'il luy plaise envoyer son armée ailheurs hors la Comté et luy fère entendre la bonne volonté du Pays. »[1]

Peu de jours après cette séance, aux États tenus à Lombez le 9 février 1590, Lamezan « dict estre zélé et affectioné au pays et veult morir et vivre avec les Estatz pourveu que les gens desd. Estatz ne recognoissent Cour de Parlement, ny aultre supérieur, et l'ayant les gens desd. Estatz requis de dire ces desseings et intention au pays, quel party il tient, et s'il veult rendre la ville de Samathan aud. pays ou non, et qu'il en parlast franchement, après avoir longuement discoreu entre lesd. s^{rs} desdits Estatz et led. s^r de Lamezan, led. s^r de Lamezan a dict et déclaré qu'il falloit que lesd. Estatz recogneussent led. s^r Mareschal de Matignon lieutenant, tenant le party du Roy de Navarre, et composer et fayre trefve avec luy, lequel est prest et rézoleu de s'en venir en Commenge prendre tant de villes qu'il porra et se faire recognoistre tel qu'il est dict dessus, mais attendeu la volonté du Pays, à sa prière et contemplation, il auroict faict arrester son armée. »

Le lendemain l'assemblée offrit 4.000 écus d'indemnité à Lamezan, posant toutefois pour condition préalable : « qu'il vuydera lad. ville de Samathan et fera vuyder sa garnison et remettre icelle ville

---

ment, sous leurs ordres, 60 et 58 maistres payés chacun vingt écus par mois, 30 et 20 arquebusiers à cheval, payés chacun six écus par mois. Les États auraient-ils jamais confié la garde des villes dévouées à la Ligue à un gentilhomme rebelle à la « Sainte-Union » ? — Voy. Arch. de Muret : Etats de Samatan, du 30 mai au 2 juin 1593.

1. Voy. Arch. de Muret : États de l'Isle-en-Dodon, 1er fév. 1590.

entre les mains du pays... » Lamezan répondit : « Que puisque le Pays ne se contentoit pas de luy, qu'il métroit un aultre à sa place, dans lad. ville de Samathan, tel que bon luy sembleroit pour y commander. » Puis, se reprenant, il ajouta : « qu'il ne voloict poinct quicter lad. ville, ains la voloit tenir quoy qu'il en feust. » Après cette déclaration Lamezan sortit précipitamment de la salle des délibérations, dans laquelle, d'ailleurs, il n'avait consenti à entrer qu'après « s'estre faict donner asseurance et ostage. » (Arch. de Muret : États de Lombez, 9 février 1590.)

*
* *

Si Matignon s'était précipité en Comminges peu après cette tenue des Etats, nous croyons qu'il aurait eu beau jeu. Le désaccord officiellement constaté par Daudirac à l'Isle-en-Dodon ne fit que s'accroître. Des villages refusèrent de payer les tailles : quelques-uns voulaient éluder cette obligation « pour estre (disaient-ils) du contraire party à la Sainte-Union [1]. » Il se forma comme un foyer d'opposition à la Ligue dans la ville de Salies. Les choses allèrent si loin, que le 21 mars 1590 plus de vingt-six habitants de ce chef-lieu de châtellenie décidèrent de dénoncer leurs consuls aux Etats. Ils rédigèrent de concert un Mémoire contenant « Remonstrance des abus et connivences dont les consulz [de Salies] qui vont acister ausd. Estatz ont uzé par le passé, et uzent encores, n'affectionnant rien en ce qu'est du bien public de nostre Relligion catholique et conservation de lad. ville. » Jean de Laporte fut délégué pour expliquer et soutenir devant les Etats de Saint-Julien, les griefs dont voici la teneur :

2º — Plaintes de certains habitants de Salies contre les anti-ligueurs de cette ville

Mémoyres dressées par nous soubzsignés, pour, suyvant icelles, estre représenté aux Messieurs des Estatz de Comenge, tenuz en la ville de Sainct-Jullien, ce que s'ensuyct :

Premièrement, fauldra remonstrer comme en la ville de Salies y a plusieurs personnes quy murmurent et mesdysent des Sainctz Sacrementz de l'Esglize catolique, apostolique et romaine, et de la Saincte Union, et ce, en présence de plusieurs, au grand scandalle du public, que en présence des consulz, ayant dict que le capp^{ne} Ceulx [Sus]

---

[1]. Voy. Archives de Muret : États de Samatan, 6 juin 1590.

avoict bien faict d'avoir sacquagé les lieux de la Fitte.... que d'avoir vouleu surpraindre la ville du Fosseret, et que le Roy de Navarre feroict pendre tous ceulx de l'Union. Quoy que les consulz ayent esté requis d'en fère fère justice, l'auroient désnyé. D'ailleurs que ayant eu advertissementz, au moys d'aoust dernier, que les Ennemys vouloint surpraindre lad. ville de Sallies, au lieu de mectre la garde ordinaire de lad. ville au chasteau d'icelle, y auroint seullement mis quatre hommes des moings utilles aux armes, et donné mandement ausd. hommes que sy ceulx de la ville y aloict fère aulcune ronde, et qu'ilz leur demandassent s'yls estoinct guyères la dedens, qu'ilz respondissent qu'ilz y estoinct vingt-cinq ou plus.

Fault aussy remonstrer comme au moys d'octobre, Domeng Galin, consul, auroict faict percer la murailhe de la ville, par dedans sa mayson, et en mesme instant s'en seroict allé hors la ville, que la nuict suyvante lad. murailhe feust recogneue et les ennemys descouvertz à l'endroict dud. percement et l'alarme donnée en lad. ville, de sorte que tous les habitans se seroinct mis en armes, et feirent tirer des arquabuzades, pour iceulx habitans, de la mayson de Michel Lafont en hors, voysin dud. Galin.

Sy fauldra remonstrer comme il auroict esté arresté de faire patrouilhe par certains habitans délégués, chascune nuict, lesquelz seroint tenuz y aller en personne, et au contraire, par les principaux de lad. ville, y envoyent des valletz ou y louent gens inhabilles, quoy qu'on aye juré d'y aller en personne ou y envoyer hommes souffizans.

Comme aussy au moys de nouvembre, par ung soir, estant l'alarme en la ville, et estans au corps de garde qu'est au milieu de la ville la plus part des habitans d'icelle, où estoit led. Domeng Galin, consul, auquel feust remonstré par plusieurs desd. habitans que quand ilz recevoint aucung advertissement ilz n'en advertissoint la ville aux fins d'augmenter la garde, quy réputent que ung desd. consulz y devoict demeurer la nuict pour y tenir le cœur, et sur la grand alarme led. Galin au lieu de demeurer aud. corps de garde s'en seroict allé retirer en sa mayson, quoy veu par lesd. habitans luy avoict esté remonstré qu'il s'en portoit mal, leur auroict dict qu'il ne luy playsoit fère autrement et quoy qu'on parlât ilz passeroint par là.

Sy est aussy besoing remonstrer sur l'abus commis par les consulz sur la garde de lad. ville et entretenement des soldatz soldoyés par le Pays, les y métans leurs alyés, parens, et par faveurs, non considérans s'ilz sont capables, le tout pour en rapporter comodité particullière, ne scaichant la plus part que c'est d'armes ny de guerre, mectans personnes au comandement de lad. garde partie desquelz n'ont jamays tiré arquebuzade, ny ont jamais veu mectre une sentinelle.

D'advantaige fault remonstrer que au lieu de tenir l'argent et solde des soldatz cottizés sur le Pays en une main, pour estre employé au payement et salaire desd. soldatz de moys en moys suyvant l'intention du Pays, aux fins que la garde se face bonne et exacte, iceulx consulz se départissent l'argent et l'employent à leurs comodittés particullières, de sorte que les soldatz ne peuvent estre payés de leurs soldes que par procès, qu'est cause que plusieurs ont esté constrainctz s'absenter de ceste ville et praindre party alyeurs, demeurant par ceste occazion la ville depourveue de gens, et estans lesd. habitans plus follés et lad. garde mal faicte.

Sy fault remonstrer qu'il en y a, en lad. ville, quy sont tenuz y pourter une harquebuze, y portent ordinairement une halabarde, et les leur en faysant rotirer, y envoyent ung boys d'arquebuze sans canon en mespris et derrizion de lad. garde.

Les présentes Mémoyres et contenu en icelles contiegnent vérité, etc.

Les États décident que MM. Sébastien de Cazalas, juge de Comminges, de Montberault et de Noalhan, tous trois ensemble, « seront priés se transporter en lad. ville [de Salies], pour appaiser les querelles et divisions qui sont entre les habitans, sans préjudice d'informer contre ceulx qui mesdisent du Sainct-Sacrement, Union, Foy catolique, appostolique, romaine. »

(États de Saint-Julien, 26 mars 1590. — « Requeste de noble J. Laporte. »)

*
* *

Le Mémoire que l'on vient de lire prouve assez qu'il s'opérait, du moins partiellement, en Comminges, au cours de l'année 1590, une réaction très prononcée contre la Ligue. Matignon ne manqua pas de mettre à profit une si heureuse rencontre. A la tête de quelques compagnies, le Maréchal menaça le Comminges vers le mois de mai. L'Isle-Jourdain, ce fief des Religionnaires, formait un poste avancé sur la Save, du côté de Samatan. Il était aisé à Matignon de se retrancher dans cette place pour épier, de là, le moment opportun. On éprouva de grandes inquiétudes à Samatan, Lombez et l'Isle-en-Dodon. Nous trouvons trace de ces alarmes dans les missives suivantes.

3°. — MISSIVE DE M. DE SAVIGNAC A M. DE LA YLHÈRE

Monsieur mon voisin. — Je vous ay bien voleu escrire ceste-cy pour vous prier vouloir faire en sorte que les cent soldatz ordonnés pour demeurer à Samathan y demeurent pour encores jusques à ce que Monsr le Mareschal [de Matignon] se soit esloigné ou plus approché, et que ce soit pour un mois, sy tant led. s^r Mareschal demeure en ces cartiers, ou aultrement les Huguenotz s'en sésiroinct, que seroict une grande importance au pays. Je vous supplie donc ne me desdire pas cela car vous sçavès comme je ferois pour vous, et ne voudriés que je receusse là une honte telle que cela, sinon je seray contrainct de fère chose que je ne voudrois. Je vous supplie donc, encores ce coup, ne me desdire poinct de cela, et en toutes autres choses où vous cognoistrés que j'aye moyen de faire pour vous en revanche de ce, je m'y employerés de telle affection que je vous demeure,

Monsieur mon voisin,
Vostre plus affectionné voésin à vous faire service,
SAVIGNAC.

De Gimont, ce 29 juing 1590.

Monsieur de Sainct Gaschiès s'en va devers vous pour le vous faire entendre.

Sur le repli : A Monsr Monsr de La Ylhère.

<small>(Arch. de Muret : États de Salies, avril 1591.)</small>

4°. — MISSIVE DE M. DE LA YLHÈRE A M. DE SAVIGNAC

Monsieur mon voisin. — Suivant ce qu'il vous a pleu m'escripre par Sent Gueschiès, j'ay escript à Monsieur le Jutge que veu la proximité de Monsr le Mareschal de Matinhon, de Sematan, que je suis d'avis que pour ce moys, atendent voyr ce que deviendra led. s^r Mareschal, que nous devons tenyr aud. Samatan les soldatz de pyé quy y sont, à la charge que led. seigneur Mareschal se elonhe, que nous diminuerons lad. guarnison, et luy écrys d'en escripre à Ribayran et lui fère trouver bon que La Vernhe emprompte le paiement d'ung moys. — Pour la 3e crue vous scavés bien que je n'y puis fère aultre chose. Sy je hy povois davantaige je m'assure que vous croyés que pour l'amour de vous je hy ferois tout ce que je porrés. Je vous prye n'en dobter point, car je suis, Monsieur, en vous bézant bien humblement les mains, vostre bien humble voisin et serviteur,

LA ILHÈRE.

A Monsr, Monsr de Savinhac, chevalier de l'Ordre du Roy et capitaine de cinquante hommes d'armes.

<small>(Arch. de Muret : États de Salies, avril 1591.)</small>

5°. — MISSIVE DE M. DE SAVIGNAC A SAINT-GASCHIÈS

Sainct-Gaschiès. — Je vous prie ayant veue la présente, vous en vouloir aller à Tholose pour prendre l'argent pour payer les soldatz quy sont à Samathan, pour le mois qu'entreront, comme j'en escriptz à Lavergne et à M. le Juge, comme vous pourrés voir, et dire à La Vergne que s'il ne faict ce coup pour moy, je ne feray jamais rien pour luy, que sera la fin, me recommandant à vostre bonne grâce, et vous demeure, Sainct-Gaschiès, vostre meilheur amy à vous obéir :

SAVIGNAC.

De Gimont, ce dernier juing 1590.

Je vous prie revenir le plus tost que vous pourrés, car cela sera bien tost faict.

A Sainct-Gaschiès, à Samathan.

(Arch. de Muret : Etats de Salies, avril 1591.)

***

Arnauld Sainct-Gaschiès, mandataire du gouverneur provisoire et du sindic de la noblesse de Comminges, était un marchand établi dans la ville de Samatan, mêlé à beaucoup de trafics et de manipulations financières [1].

Fidèle exécuteur des volontés de MM. de Savignac et de La Ylhère, il eut, à Toulouse, diverses entrevues avec le Juge de Comminges et le trésorier Lavergne. Le trésorier emprunta 300 écus pour entretenir soixante soldats de plus à Samatan « attendu la proximité de M. le mareschal de Matignon. » [2] De leur côté les Etats pensèrent que le Clergé contribuerait volontiers au maintien des troupes supplémentaires. Au mois de mai 1590, les Etats généraux de Guyenne, réunis à Gimont par ordre du marquis de Villars, avaient décidé que les Évêques, Chapitres et Clergé de la Province enverraient aux receveurs, en faveur des compagnies, une partie des décimes, sous le titre de « don gratuit. » Forte de

---

[1]. La garnison avait pour capitaine, à Samatan, noble Anthoine de Bordes. Les soldats, mécontents de ne pas recevoir avec régularité la solde promise, « le voulloient quitter et abandonner lad. ville. » Bordes eut recours à Sainct-Gaschiès et le pria de trouver la somme indispensable. Sainct-Gaschiès lui proposa un singulier accord. Après avoir assuré que toute avance pécuniaire aux troupes lui était impossible, notre marchand déclara que si le capitaine « vouloyt prendre les ducatz à doutze francz, les pistolles à sept francz et demy et l'escu à troys livres doutze sols, il fayroit en sorte de trouver quatre centz francz. » Les soldats ne l'entendirent pas de cette oreille et exigèrent leur salaire intégral, taxant les ducats à dix francs, les pistolles à sept francs et les écus à trois francs dix sols. (« Requête de noble Anthoyne Bordes ». — Arch. de Muret : Etats de Salies, avril 1591.) Cette manœuvre de Sainct-Gaschiès dut se produire souvent durant la période des troubles du XVIe s., alors que l'argent était si rare en Comminges. Il y a là un trait de mœurs bon à retenir.

Aux Etats réunis à Muret en janvier 1593, les habitants du Planier (châtellenie de Samatan), vinrent se plaindre des « abus, concussions et indues exactions commises et que ordinairement commect Me Sainct Gaysiès, comis de Me Jehan de la Vernhe, trésorier dud. Pays. » Les Etats déléguèrent le Juge de Comminges pour procéder contre le délinquant, lui faire rendre « les sommes indûment extorquées », et lui donner une « punition exemplaire. » (Arch. de Muret : loc. cit.)

2. Voy. « Requête de Sainct-Gaschiès. » — Arch. de Muret : Etats de Salies, avril 1591.

cette résolution, l'assemblée de Samatan demanda, au mois de juin, à l'Évêque et au chapitre de Couserans un prélèvement de dîmes destinées aux soldats de MM. de Savignac et de Montberault[1].

6°. — MATIGNON A SAMATAN ET SAINT-LYS. — VILLARS A L'ISLE-EN-DODON ET AURIGNAC

Certes la levée et l'entretien de troupes auxiliaires ne constituaient pas en ce moment une mesure superflue : tandis que Villars s'établissait enfin à l'Isle-en-Dodon (Juillet 1590), le maréchal de Matignon remontait le cours de la Save, et, le trois août, tentait de prendre Samatan[2]. Il ne réussit pas à forcer la place. Dans la crainte sans doute d'être enveloppé par les troupes de Savignac et de Montberault, par la garnison de Lombez, et par les hommes du maréchal de Villars qui pouvaient accourir de l'Isle-en-Dodon[3], il retourna vers l'Isle-Jourdain. Les mouvements stratégiques de Matignon prouvent que Muret devint alors le point de mire de ses opérations. Son premier soin, en effet, après sa retraite fut de se porter sur la frontière du Comminges et de Rivière-Verdun. Il fit stationner ses troupes à Saint-Lys. Le bruit courut qu'il se disposait à assiéger Muret. Castéras, sindic de cette ville, rappellera plus tard aux Etats que, dans ces circonstances, on avait augmenté la garnison muretaine « attendu les fréquens advertissemens et le signe que M le maréchal de Matignon faizoit aprocher le canon. »[4] Le Juge de Comminges reçut commission du marquis de Villars de « faire le despartement de 600 escus sur tout le Païs, pour le paiement de 60 soldatz mis de céans dans la ville de Muret, craignant le siège du mareschal de Matignon. »[5] Il fut entendu que les compagnies de MM. de Savignac et de Montberault seraient soudoyées jusqu'au 21 avril de l'année sui-

---

1. Arch. de Muret : Etats de Samatan, 6 juin 1590.
2. Dans une requête adressée aux Etats de Comminges, tenus à Muret le 21 août 1590, les consuls de Samatan parlent des compagnies « quy ont esté en lad. ville durant que Monsieur le Maréchal [de Villars] a esté à l'Isle pour luy résister [pour résister à Matignon] qu'il ne montât le long de la rivière de Save et s'emparât de lad. ville comme se seroit perforcé faire le vendredy 3° de ce mois d'aoust. » (Arch. de Muret : Etats de Muret, 21 août 1590.)
3. Aux Etats de Muret (janvier 1593), Jean d'Abbadie, consul de l'Isle-en-Dodon, demanda « rambourcement des fraiz et despens que les habitans de l'Isle ont faicts, faisant Monseigneur le Marquis [de Villars] conduyre la pièce d'artilherie qu'ils ont à Lombez et Tojet, ensemble des pouldres, boletz et munitions, et soldes des soldatz pour la conduicte d'icelle. — L'affaire mise en délibération, a esté arresté n'y avoir lieu de rambourcement requis, mais que, pour l'advenir, seront achauptées 50 bales de fer pour icelles estre mises en ung maguesin, dans lad. ville de l'Isle, pour s'en servir avec lad. pièce, en quelque part que ce soit, quand le Païs en aura besoing et le requerra. » (Arch. de Muret : loc. cit.)
4. Arch. de Muret : Etats de Muret, 21 août 1590.
5. Arch. de Muret : Etats de Salies, avril 1591.

vante [1]. Quant à Villars, il occupait l'Isle-en-Dodon et Aurignac. [2] Un tel armement fut vite onéreux au pays. Des idées de conciliation circulèrent un peu partout. Les Etats résolurent de proposer une trêve au maréchal de Matignon et envoyèrent dans ce but MM. de Savignac et Ribayran à Saint-Lys [3]. Les représentants du Maréchal ne voulant entendre parler d'accord avec les Commingeois que si le pays reconnaissait Henri de Navarre pour roi de France, les délégués s'en retournèrent sans rien conclure.

7°. — Les Etats de Comminges
proposent inutilement la trêve au Maréchal de Matignon

Ribayran, scindic, a remonstré la présente assemblée avoir esté mandée pour deux choses, la 1° pour rendre raison du voyage qu'il a faict avec le S^{gr} de Savignac à Sainct-Lys pour entendre la volunté de M^r le maréchal de Matignon, suyvant la délibération des Estatz, où illec avoit trouvé six gentilhommes du contraire party envoyés par le s^r Maréchal qui avoient dressé certains et grandz articles pour faire quelque trefve avec le pays et entre autres choses, et le principal poinct qu'ilz demandoient, vouloit led. s^r Maréchal qu'on recogneust le Roy de Navarre Henry quatriesme pour vray roy de France, légitime successeur à la coronne, et luy porter l'honneur et obéyssance qu'il appartient, et aud. s^r Maréchal son lieuten^t général en Guyenne, et avec ce, luy payer les

---

1. R. Ibid.
2. Le 31 octobre 1590, Villars accorde 400 écus aux consuls d'Aurignac « en considération des foulles et grandes despences qu'ilz ont souffertes pendant notre séjour en leur dicte ville. » (« Lettre du Maréchal à Me Jehan Hubert, recepveur général des finances en Guyenne. » — Arch. de Muret ; Etats de Salies, avril 1591.)
3. Avant de proposer la trêve au maréchal de Matignon, les Etats, par l'entremise de MM. de Savignac et de Cazalas, avoient sollicité l'approbation du marquis de Villars : « Pour entendre les fins de la trefve avec l'Ennemy et intention de mond. seigneur le marquis, et aux fins d'en scavoir plus clairement la vérité à quoy se résouldre, lesd. Sgrs des Estats ont arresté de déléguer vers ledit Sgr marquis deux des Sgrs de l'assemblée, capables et souffizans, et à cest effect, par meure délibération, et pluralité des voix, ont esté nommés et délégués, messire Jehan de Lambès, chevalier de l'Ordre du Roy, cappitaine de 50 h. d'armes, seigneur de Savinhac, et Mre S. de Cazalas, cons. du Roy, juge ordinaire au Païs et Comté, sans pouvoir entrer en aulcune nouvelle imposition, ny offre, supplient ledit s^r Juge vouloir faire les remonstrances susd. et aultres nécessaires, pour le proffit du Païs, aud. S^r marquis, et du tout en dresser des *Articles* et les communiquer à l'assemblée, laquelle délégation lesd. s^{rs} auroient acceptée, et led. s^r Juge promis effectuer la volonté du Païs. » (Arch. de Muret : Etats de Salies, avril 1591.)

tailhes et autres deniers acoustumés, et moyennant ce, il accorderoit une cessation d'armes.

A quoy ledit Ribayran a dict leur avoir respondu n'avoir puissance ny mandement du pays d'accorder telz articles, et moings de fère telz accordz, sans en communiquer aud. pays, et sur ce s'en despartist et s'en retourna.

Les gens desd. Estatz ont dict qu'il avoit bien faict car le pays n'a jamais eu ceste volunté et moings au présent.[1]

L'autre et second poinct est que Monseigneur le marquis de Villars, lieut' général du Roy en Guyenne, ne se contentant des deniers que le pays lui a accordés ausd. Estatz et qu'il a receuz, faict cottizer les villages du pays de Commenge particulièrement, à l'ung dix escus, l'autre vingt, l'autre trente, l'autre cent, comme bon luy semble, et en deffault de payement les faict détenir prisonniers tellement qu'il en tient plusieurs, et de quoy beaucoup de villages et paysans du pays se sont plainctz à luy comme scindic général, tellement qu'ilz sont appaouvris et ruynés.

Les consuls de l'Isle-en-Dodon appuient les plaintes de Ribayran.

M. de La Ylhère et le Juge de Commingues sont délégués par les États vers le Maréchal pour le prier de « laysser le pays quy luy a esté tousiours obéyssant, en ses priviléges, franchises et libertés. »

(Archives de Muret : Etats réunis à Muret, 21 août 1590.)

8°. — Excès des soldats de Matignon

Combien de temps dura, pour le Comminges, cette menace d'hostilités entre Matignon et de Villars ? Nous ne saurions le déterminer. Y

---

1. Voici les noms des Commingeois composant cette assemblée si dévouée à la Ligue : Sébastien de Cazalas, juge ; Fr. de Polastron, Sgr de la Ylhère, sindic de la noblesse ; Bernard de Tersac, baron de Montberault; Jean Berlin, procureur du Roi ; noble Hector de Gabriolle, sr de Marclan ; Jean Bonnet, Pierre Galabert et Pierre Terrery, consuls de Muret; Gausserand Corminin, consul de Samatan ; noble Jean de Claria, consul de Lombez; B. Cabalby, sindic de Couserans ; Mathieu Ribayran, sindic général ; Guillaume Bagnères, bachelier ès droits, et Arnaud-Guillaume Gastand, consuls de l'Isle-en-Dodon ; Guillaume Belbène, consul de Saint-Julien ; Jean Terreng, consul de Salies ; Bertrand Maylin, consul d'Aspet ; Pierre Du Pac, consul de Castillon ; Joseph Vivès, consul de Saint-Girons. (Arch. de Muret : Etats de Muret, 21 août 1590.)

eut-il une rencontre? Leurs troupes livrèrent-elles quelque combat? Nous l'ignorons tout autant. Toutefois nous savons que dès le mois de juillet, Villars, prévoyant de longs atermoiements, amassait de considérables provisions de bouche à Sainte-Foy de Peyrolières, pays de Rivière-Verdun[1] et que le 13 octobre il donnait commission à S. de Cazalas de lever, dans le seul Comminges, 1088 sacs de blé, mesure de Gimont et Samatan; 66 pipes de vin, mesure de Toulouse; 33 quintaux 25 livres de poudre et 215 balles de canon[2]. Il est également certain que Matignon, furieux de l'arrêt que subissaient ses projets de conquête et de ralliement forcé des villes à la cause d'Henri IV, traita à la manière huguenote diverses communautés réfractaires. Le hasard mettait naguère sous nos yeux la preuve de ses excès : au XVII° siècle il y avait procès entre la communauté de Plaisance, peu éloignée de Sainte-Foy et de Saint-Lys, et l'abbé de Bonnefont « pour raison de la réparation de l'église, *lorsque le maréchal de Matignon la ruyna*[3]. » — Les compagnies de Matignon et les Religionnaires de l'Isle-Jourdain laissèrent, à peu de chose près, dans l'esprit populaire, en Comminges et en Rivière-Verdun, la même impression de terreur[4].

---

[1]. « Le marquis de Villars ordonne d'envoyer à son armée, à Sainte-Foy, 7,000 pains, 10 barriques de vin, 30 setiers d'avoine. » — Voy. l'*Inventaire des Archives de la ville de Grenade*, publié par M. Rumeau, p. 24.

[2]. Il fallait, au total, y compris les contributions étrangères au Comminges : 10,000 sacs de blé, 600 pipes de vin, 250 quintaux de poudre à canon, 50 quintaux de poudre d'arquebuze, 2,000 balles de canon et 3,000 écus. (Arch. de Muret : États de Samatan, 16 octobre 1590.)

[3]. Voy. *Papiers de la famille Palosse, de Plaisance*, achetés par nous à un brocanteur de Toulouse et récemment déposés (1897) aux Archives de la Haute-Garonne.

[4]. De Caillière, biographe de Matignon, ne fait aucune allusion aux intéressantes manœuvres du Maréchal, en Rivière-Verdun et en Comminges, en vue de favoriser Henri IV. Arrivé à la date où nous sommes, il se contente d'exposer les plans de Matignon en termes par trop généraux : « ... Il falloit, écrit-il, estre maistre en matière de politique pour conserver son authorité toute entière entre ces deux partis [Huguenots et Ligueurs.] Le seul secret estoit de se rendre le plus fort dans la Province et d'avoir les gens de guerre à sa dévotion. Ceste raison luy fist augmenter les corps de cavallerie et d'infanterie du comte de la Roche, son fils, d'un bon nombre de soldats ; l'obligea de tenir fortes ses compagnies de gens d'armes, de chevaux-légers et d'arquebuziers, de donner des commissions à ses amis, de faire de nouvelles levées et d'establir dans les places des gouverneurs et affidez, dont la fidélité et l'affection luy estoient connues, et après avoir pourveu à toutes choses dans la Guyenne il se vit en estat de choisir le party qui luy sembleroit estre le plus juste, sans pouvoir estre contrainct par aucunes forces estrangères. » — Voy. *Histoire du Mareschal de Matignon*, par de Caillière, p. 288. Paris, 1661.

LXIII

1590—91

La Ligue a Saint-Gaudens

Le marquis de Villars, attiré en Comminges pour y neutraliser les efforts de Matignon et maintenir cette partie de la Guyenne dans la fidélité à la Ligue, ne manqua point de passer, dans le même but, en Nébouzan.

Nous avons noté la présence de Villars à l'Isle-en-Dodon au mois de juillet, et à Aurignac au mois d'octobre 1590 [1]. Dans le mois de mai, il convoqua les Etats de Guyenne à Gimont, et vers la fin de l'année il vint sommer la ville de Saint-Gaudens, capitale du pays de Nébouzan, de se ranger au parti de la Sainte-Union. Déjà nous avons trouvé un indice de cette orientation du marquis de Villars vers Saint-Gaudens, après la réduction de Saint-Plancard [2]. Nous allons maintenant entendre les conditions imposées par Villars à la place qu'il lui importait de posséder à la frontière du Comminges, et constater les conséquences qu'eut, pour cette capitale, l'acceptation des troupes de la Ligue.

Le récit inédit que nous allons transcrire a été composé postérieurement à l'année 1650, par un religieux dominicain du couvent de Saint-Gaudens. L'auteur, très exact en diverses de ses assertions que nous avons contrôlées, a eu sous les yeux des textes authentiques et il en a parfaitement rendu le sens. De ce côté, sa narration est incontestable. Nous reproduisons, mais sans en garantir l'authenticité faute de documents, les détails complémentaires que lui a fournis la tradition, à Saint-Gaudens, au milieu du XVIIe siècle.

Avant d'aborder son sujet, l'auteur rappelle l'origine de la Sainte-Union et ses progrès. Dès le principe elle eut en sa faveur « *Paris, Tolose et les meilleures villes du royaume,* » mais après la mort d'Henri III, la Ligue « *se renforça tout à fait.* » Alors commencèrent, dans les provinces, ces courses de chefs tenant, qui pour Henri de Navarre, qui pour l'Union. Le marquis de Villars, un des principaux de ce second parti, se rendit à Saint-Gaudens et gagna les habitants de cette ville à sa cause.

Voici par quel procédé [3] :

---

[1]. Voy. *Huguenots en Comminges* : LXII, 6° et 8°.
[2]. Voy. *Huguenots en Comminges* : LXI, 2°.
[3]. Le document que l'on va lire a pour titre : « *Histoire véritable de la Citadelle érigée dans le couvent des F. F. Prêcheurs de Saint-Gaudens, et de la ruine du couvent, qui s'en ensuivit, prise dans son origine et conduite brièvement jusqu'à la fin.* — 1590-1593. »
C'est à l'amicale obligeance de M. Abadie, imprimeur à Saint-Gaudens, que nous devons communication de cette pièce. Son père J.-P. Sylvain Abadie, secrétaire de la mairie de

1º. — La ville de Saint-Gaudens reçoit le Maréchal de Villars.

Plusieurs gouverneurs de diverses provinces du Royaume entrèrent dans ce parti de l'Union des catholiques et entr'autres Emmanuel de Savoye marquis de Villars, lieutenant-général au pays et duché de Guyenne, lequel y fit engager toute la province dans l'assemblée des Etats généraux de Guyenne tenus à Gimont, après quoi il visita les meilleures places de son gouvernement pour les affermir à son party.

C'est en ce temps-là, et précisément en l'an mil cinq cent nonante, qu'il se présenta, à main armée, devant la ville de Saint-Gaudens, demandant aux habitans : 1º qu'ils eussent à jurer de s'engager au party de la Sainte Union pour la défense de la religion catholique, ainsi qu'avaient déjà fait la ville de Tolose et la Guyenne toute entière[1] aux États généraux tenus à Gimont ; — 2º qu'ils eussent à reconnoitre le Parlement de Tolose, comme ils l'avoient reconnu jusqu'à ce temps-là ; — 3º qu'ils eussent à lui obéir comme véritable lieutenant-général en Guyenne ; — 4º qu'ils eussent à le recevoir dans leur ville avec ses gens ; — 5º qu'ils eussent à recevoir un capitaine avec une garnison dans tel lieu de leur ville qu'il adviseroit ; — 6º qu'ils eussent à lui fournir certaine somme d'argent moyennant quoi il leur promettoit de les tenir quittes de toutes autres impositions et les tenir sous sa protection et empescher que les garnisons voisines *ne leur fissent aucun tort*[2].

---

cette ville, avait extrait ce document, en 1859, d'un registre autrefois conservé dans les archives municipales de Saint-Gaudens. Le registre en question était intitulé : « *Livre des fondations des Religieux du couvent des Frères Prêcheurs de l'ordre de Saint-Dominique, de Saint-Gaudens.* — fº⁵ 101-102. » Ce registre n'a pas péri lors de l'incendie de l'Hôtel-de-Ville de Saint-Gaudens (1869), car, en ce moment, un particulier le détenait pour le consulter. Malheureusement, il a été jusqu'ici impossible de ressaisir ce précieux volume, dans lequel se trouvent consignés des renseignements que nous serions très heureux de recueillir.

1. « La Guyenne *toute entière* » est une expression un peu exagérée. Une portion de cette province adhérait au roi de Navarre, grâce aux habiles manœuvres du maréchal de Matignon.

2. C'étaient bien là, en effet, les belles promesses de Villars. Ce maréchal, de son côté,

Ces conditions ayant paru assez raisonnables aux habitans de Saint-Gaudens, il les acceptèrent et reçurent le susdit marquis leur gouverneur dans leur ville, avec ses troupes qui furent logées dans les meilleures maisons de la ville et deffrayées aux despens du public.

2º. — Le Capitaine Luscan chef de la Garnison de Saint-Gaudens

Monsieur de Villars ne fit pas long séjour à Saint-Gaudens puisque le vingt-uniesme du mois de décembre suivant il estoit à Agen d'où il escrivit la convocation des Estats généraux de la province, lesquels il y tint ensuite.

Et enfin, le second de mars de l'an mil cinq cent nonante un, il fit expédier commission signée de sa main par laquelle il establit le sieur de Luscan capitaine et gouverneur de la citadelle de Saint-Gaudens, auquel ensuite on establit des gages qui lui estoient payés par le thrésorier du pays.

Or le couvent des Frères Prêcheurs de cette ville de Saint-Gaudens ayant été jugé le lieu le plus propre pour cette citadelle, le sieur de Luscan y fut mis avec ses soldats, et pour lors on fit le fossé qui est encore aujourd'hui du côté du couchant et du nord du couvent, le long du verger et du réfectoir qui se joint au vieux fossé de la ville, au coing dudit verger [1].

On ne sait pas combien de temps le sieur de Luscan resta dans la citadelle, mais *la commune tradition* est qu'il y fust jusqu'à ce qu'estant devenu insupportable aux habitans, lesquels il molestoit plus que ne faisoient les ennemis, sous prétexte d'entretenir la sûreté du commerce, ils assiégèrent la citadelle et après avoir fait bresche à la première muraille avec un canon pointé sur

---

ainsi que Matignon du sien, promettaient aux villes qu'ils voulaient gagner une sécurité qu'ils étaient impuissants à leur procurer.

1. Nous omettons ici de longs détails, relatifs à l'état des bâtiments du monastère, intéressants en soi, mais étrangers à l'objet de la présente étude. On pourra les lire dans la *Revue de Comminges* (t. XIII, ann. 1898).

le haut de la tour de Monsieur le Juge[1], il obligèrent le gouverneur à capituler et enfin à sortir avec la garnison qu'ils escortèrent bien loing d'icy, et au retour de cette expédition, d'un commun consentement et par commune délibération, *à ce qu'on dit*, ils mirent le feu au couvent qui jusqu'alors avoit servi de citadelle, pour empescher autant qu'ils pourroient qu'elle ne leur fut plus jamais occasion de scandale, ny de fascherie...

Voilà *le commun sentiment des gens du pays* touchant le grand dortoir qui est sur le réfectoir et les salles, et je sçai que certain personnage qui étoit habitant de Saint-Gaudens, offrit à un de nos pères qui plaidoit autrefois contre lui pour une fondation, de lui mettre en main la délibération, en original, signée des habitans qui démolirent ce dortoir, si réciproquement le susdit père qui étoit alors syndic, avoit voulu lui remettre une promesse qui est dans nos archives, signée de la main dudit personnage, par laquelle il s'étoit obligé de faire un obit de cent écus de pied, ce qu'il vouloit éviter d'accomplir. Mais nos pères aimèrent mieux le présent que le futur et le certain que l'incertain. Je ne sais s'ils n'auroient pas mieux fait de faire autrement.

L'on ne dit pas ce que devinrent les Religieux ni l'église lorsque le grand dortoir fut brûlé, mais il est constant que s'ils se retirèrent ce ne fut pas pour aller fort loing, puisque ensuite nous trouvons des actes et des fondations passées en leur faveur en mil cinq cens nonante trois. Il y a apparence que ces bâtimens irréguliers qui sont sur les chapelles du chapitre et de la sacristie, composés de bois et de boue blanchie de chaux comme des pigeonniers, furent faits en ce temps-là.

Enfin pour l'église *la tradition commune* nous apprend que Montgomméry passant par Saint-Gaudens (on ne dit

---

[1]. Cette tour existe encore dans une maison de la rue du Barry qui passe pour avoir été l'habitation du Juge de Nébouzan. Elle appartient à la famille Picot. La rue de la République la sépare aujourd'hui de l'ancien Couvent des Frères Prêcheurs.

pas en quelle année)[1] pilla les églises et notamment celle du Couvent, d'où il emporta les croix, les reliquaires et les calices, renversa les autels et la mit dans la pauvreté dans laquelle nous la voyons encore à notre grand regret.

Il y a encore par le Couvent quelques vieilles peintures sur des tableaux de chesne qui composoient autrefois un retable qui estoit à la sacristie dont toutes les figures ont les yeux pochés, ce que l'on dit avoir été fait par cette canaille de Huguenots qui estoient avec Montgomméry.

LXIV
1590

PROJET DE « DESMANTELLEMENT » DU LIEU DE CHARLAS

Pour mettre le village de Charlas, enceinte fortifiée située dans la châtellenie d'Aurignac, à l'abri d'un coup de main, M. de Salerm y tient garnison. Les habitants ont reçu du Parlement de Toulouse la permission de faire « desmanteller » ce lieu : nous n'avons pas la preuve que ce projet ait été mis à exécution.

Sur la remonstrance faite par le s^r de Salerm, cappitaine de cinquante hommes d'armes, touchant la garde qu'il a faicte et faict encores au lieu de Charlas, villaige fort important, proche de l'ennemy, deppendant de la chastellenie d'Aurinhac, qu'il a toujours gardé et encores y tient garnison, demandant paiement. Et ouy sur ce le Recteur dud. lieu, quy a attesté d'icelle garnison et garde, et a représenté que les habitans dud. lieu ont permition de la Cour de Parlement d'icelluy desmanteller, comme a faict apparoir, ce qu'ilz n'ont voulu faire sans le consentement du païs, requiert l'assemblée, au nom des habitans dud. lieu, avoir pour agréable lad. permition et exécution d'icelle.

---

[1]. 2 août 1569. — Voy. à l'appendice des *Huguenots en Comminges*, l' « Enquête sur les pertes causées au chapitre de Saint-Gaudens par Mongomméry » en 1569, texte déjà publié par M. Ad. Baudouin, ancien archiviste de la Haute-Garonne. (Cf. *Revue de Comminges*, t. V, ann. 1889.)

Après délibération les États déclarent qu'ils « n'empêchent lesd. habitans de desmanteller led. lieu de Charlas à leurs despens, et appelés et assistans les consulz d'Aurinhac. » M. de Salerm se fera payer par les habitants de Charlas.

(Arch. de Muret : États de Lombez, 9-10 mars 1590.)

LXV

1590. — 20 Septembre, — et 1591

Soldats espagnols en Guyenne et Languedoc

Honorat de Savoie, marquis de Villars, gouverneur de Guyenne au nom de la Ligue[1] et par le choix de Mayenne, annonce aux États de Comminges qu'il fait entrer en France des troupes étrangères pour combattre les hérétiques. — L'expédient était alors à la mode : le duc de Joyeuse et Villars attendaient les compagnies de soldats espagnols que Philippe II leur avait promises[2].

Lettre du Marquis de Villars aux États de Comminges

Messieurs. Il n'y a personne qui ne voie clairement le péril auquel toute ceste province de Guienne cest trouvée et est encore, les maux, ruynes qu'elle a soufferts et qu'elle patit tous les jours par l'effort des hérétiques et leurs fauteurs, et le peu d'espérance que l'on a, suivant le mesme chemin qui a été suivi jusques ici, de la voir deslivrée de ces malheurs et conducte au port de salut, car il y a tantost vingt et huict ans qu'on y travaille avec une excessive despance et extrême foulle du peuple, perte inestimable des seigneurs, gentilshommes, cappitaines et soldatz qui ont laissé leur vie pour œuvres de zelle et affection qu'ils avoient à la religion catholique, sans en avoir peu recueillir le fruict qu'on espéroit.

Cela nous a donné occasion de rechercher tous moïens

---

1. En opposition avec le maréchal de Matignon, gouverneur de la même province au nom du roi de Navarre.
2. Le premier août 1590, raconte dom Vaissète, « six mille lansquenets, tant Espagnols que *Tudesques*, que le duc de Joyeuse avoit demandés au roi d'Espagne, débarquèrent au grau de la Nouvelle, auprès de Narbonne, sous la conduite du comte de Lodron... » (*Hist. gén. de Lang.*, t. XI, p. 805.) — L'historien ajoute : Philippe II « leur envoya, l'année suivante, de nouveaux renforts... » (*Ibid.*, p. 809.)

desquelz nous nous sommes peu adviser pour remédier à ces misères, et en ayant communiqué avec les seigneurs et gentilshommes qui sont auprès de nous, n'en avons peu trouver un plus asseuré que d'avoir recours aux forces de noz voisins et amis, et prier la Majesté du Roy catholicque nous secourir... et parce que nous attendons ce secours, etc...[1].

(Pièce originale. — Arch. de Muret : IIe Registre des États.)

***

Les derniers mots de la missive de Villars en laissent entendre le but : il s'agissait d'assurer la nourriture aux Espagnols. Le marquis institue donc, tout aussitôt, Bernard Sendrané « commissaire des vivres pour l'entretènement de l'armée estrangière qui est preste à entrer pour secours du pays et général de la France[2]. » Lorsque, en avril 1591, Sendrané se présente aux États de Salies et fait mine de vouloir procéder à l'exécution de son mandat, l'assemblée charge Cabalby et Rıbayran « d'emprumpter le bled et le vin, » sauf remboursement ultérieur.

Pourquoi le pays consent-il d'aussi bonne grâce à l'entretien des troupes espagnoles ? Il espère tirer de leur présence un réel profit. Quelque solide renfort, capable d'intimider les Huguenots à l'Isle-Jourdain, ou vers le comté de Foix, serait le bienvenu. Les États le déclarent au maréchal de Villars : « Estant vostre armée estrangière arrivée, il vous playse attaquer l'Isle-en-Jourdain, si mieux il ne vous plaist purger la comté de Foix et la rendre à vostre obéyssance, comme il vous seroict très aysé, auquel cas les gens desd. Estatz vous offrent le peu qu'il leur reste, avec leurs personnes. » A quoi le marquis répond : « ayant reçu l'armée estrangière, nous tascherons par tous moyens possibles d'en faire retirer les premiers fruictz aud. pays, soict pour l'Isle-en-Jourdain, ou ceulx de Foix, et ainsi qu'il sera jugé estre plus expédiant pour le désir que nous avons de luy faire paroistre combien nous affectionnons son solaigement. »[3]

La réponse évasive du maréchal de Villars ne donna pas grand espoir aux Commingeois; on ne voit pas, dans le dossier de cette affaire, qu'ils aient bénéficié de la présence des Espagnols dans leur province.

---

1. Beaumont, 20 septembre 1590.
2. Archives de Muret : États de Salies, avril 1591.
3. Articles présentés par les États au marquis de Villars, avec réponses datées de Beaumont, 25 avril 1591. (Archives de Muret : États de Samatan, juin 1591.)

LXVI

1591. — Janvier-Avril

Chateaux de Cierp et de Salies

Le château de Cierp[1] fut saisi par un hérétique nommé Milhasson et ses complices, en l'année 1591. Ils furent chassés de la place, avec assez de peine, par M. de Barbazan, gouverneur de la ville de Saint-Béat, et par le capitaine Luscan. Barbazan rappelait plus tard aux États (janv. 1593), les mesures prises par lui à cette occasion :

1°. — Requête de M. de Barbazan aux États

Barbazan remontre que les Religionnaires s'étant emparés du château de Cierp, place de très grande importance..... [il fit] assemblée de gens pour les tirer dud. chasteau avec la faveur aussy d'une bonne partie de la noublesse dud. païs, que à cest effect auroict assemblé six compaignies de sa part, oultre le général du païs, qu'auroict despendeu tant pour faire assemblée que durant le temps de troys sepmaines ou environ que led. sieur tint assiégés les héréticques, et jusques enfin leur avoyr faict quicter led. chasteau et chassés dud. païs, tant à munitions nécessaires pour le canon que y feust conduict, et aultres grandz despenses, et souldoïé partie des souldats, montant en tout huict cens escutz ou plus...

(Arch. de Muret : États de Muret, janvier 1593.)

**

Milhasson, fait prisonnier à Cierp avec sept ou huit hommes de sa bande, fut poursuivi « par la voye de la justice » et mis à mort, grâce à Barbazan. Au mois de mai 1592, les États accordaient 30 écus « à tous ceulx qui ont faict le procès à Milhasson et aultres voleurs pris au chasteau de Sierp. » (États de Samatan.)

**

La prise du château de Cierp, par les Religionnaires, fit projeter et même ordonner la destruction de cette place

---

1. Dans la châtellenie de Fronsac.

forte. Après avoir grandement contribué à remettre le lieu sous l'obéissance du Roi, le capitaine Luscan y établit une garnison provisoire. Le Sgr de Lamothe-Montauban y séjourna dans le même temps avec sa compagnie. Les frais de ces mesures de sauvegarde furent couverts par les États [1]. L'assemblée de Salies (avril 1591) souhaitait la démolition du château de Cierp. Elle approuva la résolution, prise par le marquis de Villars, de faire jeter à terre une place que l'on ne savait pas conserver. Lamothe-Montauban fut choisi par Villars pour procéder à cette radicale opération.

2°. — « COMMISSION DE MGR LE MARQUIS A Mr DE LAMOTHE-MONTAUBAN POUR LE DESMOLISSEMENT DU CHASTEAU DE SIERP »

Emmanuel de Savoye, marquis de Villars, lieutenant-général du pays et duché de Guyenne, au sr de Lamothe-Montauban, salut.

Ayant mis en considération la grande despense que plusieurs fortz et places de cestuy nostre gouvernement appourtent pour l'entretènement des garnisons qu'il est besoing d'y tenir, et le peu de fruict que le pays en reçoit, afin de donner occasion et moïen à ceulx qui sont jusques icy entrés en ces fraix, de moins subvenir, et païer librement les [impositions] que la nécessité des affaires nous constrainct de permettre que se fassent, et solaiger d'aultant le pays, pour esviter aussy que par le défault de comodités les soldatz ne quittent les places et fortz, et que les ennemys ne s'en emparent, nous avons

---

1. « Délibérans sur la lettre missive envoyée par M. de Luscan demandant reprinse de 56 escus qu'il a donnés aux soldatz qui estoient dans le chasteau de Sier pour la reprinse d'icelluy, laquelle il a faict payer aux habitans de Salies, et prins les deniers des tailles. — A esté arresté que la somme de 56 escus sol, deux tiers, par luy payée aux soldats qu'estoient dans le chasteau de Sierp, pour la repprinse d'icelluy..., laquelle somme il a faict payer auxd. consulz et habitans de Salies, sera passée et allouée auxd. consuls et habitans de Salies sur tant moings desd. tailhes. » (Arch. de Muret : Etats de Salies, avril 1591.)

« Sur la remonstrance faite par le seigneur de Lamote-Montauban demandant gratifffication en récompense de la garde par luy faicte au chasteau de Sierp, en la chastellenie de Fronsac, disant avoir commission à cet effet, lequel il a gardé jusques icy ; à présent led. sieur marquis [de Villars] luy auroit mandé de le faire razer aux fins que l'ennemy ne s'en empare, et pour esviter fraiz au pays attend la commodité d'icelluy... » Délibéré qu'il aura 150 écus pour la garde et qu'il cédera sa commission au pays pour que celui-ci reprenne cette somme sur la foraine et qu'ensuite il fera « razer led. chasteau entièrement aux despens de la chastellenie de Fronsac » comme il est dit dans sa commission. (Arch. de Muret : Etats de Salies, avril 1591.)

advisé que le plus expédient estoit de les raser et mettre en tel estat qu'ils ne puyssent après nuyre estant saysis par lesd. ennemys, et de comettre la charge de ceste desmolition à personnes qui s'en puyssent bien, fidellement et promptement acquitter, et ne pouvant en cela fère eslection de personne sur quy nous puissions mieulx repouser que sur vous pour l'exécution d'une telle commission, nous, par ces causes et aultres à ce nous mouvans, vous avons commis et ordonné, comètons et ordonnons, pour fère la démolition de la place et chasteau de Sier, à quoy nous vous mandons de fère promptement travalher, mettant icelluy chasteau si hors de deffense que, l'ennemy s'en emparant, il ne luy puisse servir pour endomaiger les circonvoysins, ny de retraicte, de façon que ce soict, et d'aultant que pour ce fère est besoing d'avoir des houvriers et mainœuvres, puisque le pays en reçoit soulaigemont et diminution de despance, nous entendons aussi qu'il subvienne et ayde en cela de ce quy sera besoing; pour ce, nous mandons aux consulz des villes et lieux dépendantz de la *chastellenye* de Sier (sic), manans et habitans d'iceulx, de fournir et envoyer chascun selon qu'il pourra apporter, et ce, suyvant le despartement quy en sera faict par égal nombre d'ouvriers et mainœuvres quy sera mandé pour estre employés à la desmolition, à quoy vous constraindrez les reffuzans et dilayans par toutes voyes et rigueurs deues et raisonnables : de ce vous donnons tout pouvoir par celuy que nous avons.

Donné à Agen ce viie mars 1591.

EMMANUEL de SAVOYE, soubsigné.

Par Monseigneur : de la Rosée, aussi signé.

Collationné à l'original par moy notaire royal soubsigné : Fourguette. — J'ay retiré l'original : Lamothe-[Montauban].

(Arch. de Muret : États de Salies, avril 1591.)

⁎

Malgré les ordres reçus, Lamothe-Montauban ne procéda pas à la démolition du château de Cierp. Une requête de ce capitaine aux Etats, en janvier 1593, prouve que le château était encore debout à cette époque : « s'est présenté le sieur de La Mothe-Montauban demandant paiement de la somme de 150 escus quy luy furent ordonnés par le païs pour la desmolition du chasteau de Sierp. — A esté arresté que led. chasteau n'a esté desmoly, et qu'il n'y a rien exécuté ce de quoy est l'intention du païs, ayant esgard aux frais qu il pourroit avoir faictz, luy a esté ordonné la somme de cent escus. »[1]

⁎

Les consuls de Salies, désireux d'assurer à la fois la sécurité de leur ville et la conservation de son château fort, demandèrent aux Etats, par la requête suivante, l'augmentation de la garnison établie chez eux.

3º. — Requête pour la garde du Chateau de Salies

Supp[lien]t humblement les scindic des Consulz, Manans et habitans de lad. ville de Sallies que, depuis peu de temps en sa, ilz ont eu plusieurs et divers advertissementz qu'il se brasse certaine méchante entreprinse sur lad. ville, comme de partie desd. advertissementz apert par les lettres missives que le supp^{ant} fera aparoir, et d'aultant que, comme vous Messieurs scavez très bien, lad. ville est capitale et grandem^t importante au païs à cause de l'assiette d'icelle, et que les habitans sont en peu de nombre dans icelle, estans constrainctz dy fère garde une nuit entre autre et encore ny peuvent ils suffir par ce que les murailhes y sont de longue estandeue, et oultre ce fort vieilhes et ruinées. Ce considéré.... etc.

On prie les États d'entretenir, aux frais du pays, dix hommes de plus à Salies « pour la garde du château de lad. ville, qu'est une pièce grandement importante et de laquelle deppend la totale conservation ou perte de lad. ville. »

(Arch. de Muret : Etats tenus à Salies, avril 1591.)

[1]. Voy. Arch. de Muret : Etats de Muret, janv. 1593.

LXVII

1591

Tentative des Huguenots sur Saint-Lizier

Vers le mois de mars 1591, les Religionnaires ont essayé de surprendre Saint-Lizier. Obligés de fuir et mis dans l'impuissance de s'emparer de la place [1], ils déchargèrent leur fureur sur la famille et la maison d'un pauvre diable logé dans la campagne. La requête de ce malheureux est précieuse.

A vous Messieurs, etc... Supplie humblement Guillaume Dupont, dict Mathelin, du lieu de Maubiest, qu'il peult avoir ung mois ou envyron qu'aïant M^r d'Audou avec d'aultres héréticques, tant à pied qu'à cheval, en nombre de mil ou douze cens, [tenté] certaine entreprinse en la cité de Sainct-Lézé, ne l'ayant peu exécuter, en s'en retournant auroient attaqué la maison dans laquelle le suppliant estoit, où il se seroit sy bien deffendu, qu'il en auroit faict mourir au devant ou dedans lad. maison dix ou onze des héréticques, mais en fin, sentant la grand'-troupe des héréticques et la bresche faicte tant aux portes qu'aux murailhes, ils seroient entrés dans lad. maison, dans laquelle y auroient thué trois de ses enfants et sa femme, sy auroient blessé led. suppliant de deux harquebuzades, de l'une desquelles est mutillé de son bras, et oultre ce, auroient bruslé lad. maison où il avoit tout son bien concistant en quelque peu de grain, meubles et bestail, ne luy estant demeuré rien en ce monde, estant en danger de mourir de faim.

(Arch. de Muret : Etats de Salies, avril 1591.)

---

[1]. Il va sans dire que la ville était gardée. En 1590 la garnison de Saint-Lizier était sous les ordres du baron de Montberault. Vingt-neuf salades formaient en mars, avril, mai, 1590, la compagnie de ce capitaine. (Arch. de Muret : Etats de Saint-Julien, mars 1590.)

LXVIII

1591. — Mars

Détresse de la Vicomté de Couserans

A la fin de l'année 1588 le malheureux pays de Couserans était à peu près dépeuplé et absolument ruiné. Bernard Cabalby, sindic de cette partie des Aides, demanda aux Etats généraux du Comminges, réunis à Salies le 25 mars 1589, de désigner des enquêteurs chargés d'aller vérifier sur place le résultat des incursions huguenotes dans la juridiction des villages qu'il représentait. La levée des tailles était devenue trop évidemment impossible en Couserans. Les Etats agréèrent cependant le projet de Cabalby et nommèrent commissaires S. de Cazalas, juge, et Mathieu Ribayran, sindic du Tiers Etat, assistés de Bertin, procureur du Roi, et accompagnés de quelques experts.

Le danger de parcourir, même avec une escorte armée, des lieux infestés de vrais brigands, décidèrent les délégués à retarder l'accomplissement de leur commission. Vainement Cabalby renouvelait-il ses plaintes et exposait-il l'extrême misère de ses concitoyens : au début de l'année 1591 l'enquête n'était pas encore commencée. Un moment, le Juge songe à envoyer un de ses lieutenants. Lui et le sindic du Tiers se disent occupés à d'autres fonctions urgentes de leur charge. Le 2 janvier 1590, Ribayran déclare « qu'il ne peut vacquer à lad. vérification à présent, pour estre constrainct s'en aller à Tholose pour les affaires du pays. » Dix jours plus tard il oppose le même prétexte,[1] et ni le sindic ni le juge ne cèdent aux injonctions des Etats tenus le 26 mars suivant à Saint-Julien. Enfin, après ces atermoiements, qui marquent bien les périls de la pérégrination, commissaires et experts se mettent en route. La caravane est définitivement composée du juge de Comminges, du sindic du Tiers, du procureur du Roi, des experts Bertrand Sabaté, de Castillon ; Fulcrand Assier, receveur des décimes du diocèse de Saint-Lizier, habitant de Montjoy; de Gaspard Sirgant et de Jacques Lafont, marchands de Seix, au diocèse de Rieux. Tous vont à cheval : Sébastien de Cazalas, à cause de sa dignité de juge, a droit à deux montures et est suivi « d'ung laquay. » Dix soldats protègent nos commissaires.[2] Ils partent de Muret, en cet équipage, le 23 mars 1591. Du temps qu'ils chevauchent, lisons les

---

1. Arch. de Muret : Etats de Salies, avril 1591 : Acte dressé par Arnauld Soula, notaire de Vic, à la requête de Cabalby.
2. Arch. de Muret : Etats de Salies, avril 1591 : « Comptes de Monsieur Cabalby sur la despence par luy faicte à la vériffication des terres hermes et incultes de la vicomté de Couserans. »

documents précédemment produits par B. Cabalby. Il n'est pas mauvais de comparer les assertions du sindic avec le procès-verbal dressé par les délégués au cours de leur enquête.

1°. — « REMONTRANCES DE B. CABALBY
A MESSIRE MATHIEU RIBAYRAN, SINDIC GÉNÉRAL DU TIERS-ÉTAT
DE COMMINGES »

L'an mil cinq cens quatre-vingt et dix et le deuziesme jour du mois de janvier, en la ville de Sainct Girons, heure après midy, estábly en personne Mre Bernard Cabalby, scindic de la vicomté de Couzerans, lequel parlant à messire Mathieu de Ribayran, scindic général du Tiers-Etat du pays et comté de Commenge, luy remonstrant que occasion des volleries, massacres et bruslures faictz et comis par les Héréticques et Huguenaulx de la comté de Foix sur les villaiges de lad. viscomté de Couzerans, proches, voysins et limitages dud. comté de Foix, despuis ces troubles et journellement ceste année et l'année passée, auroient continué de pilher, brusler, singulièrement les lieux d'Olus, Bozenac, La Fitte, Viert, Tarteing, Bozan, Ardichen, Sainct-Pierre, Ségalas, Doignac, Erp, Riberenert et Encortieg, ayant prins tout le bestail de labour et norrisaige, brulées les bordes et maisons et randeu les lieux desertz et inhabitables, ceulx qui sont demeurés estant aujourd'huy au pain quérant à cause [que] esd. lieux ne y a aultre moyen que de labouraige et norrisaige; et lesd. maisons couvertes de pailhe, dont aujourd'huy ne y habitent, ne labourent; de cinq cens pères de beufz ou vaches, qu'il y avoit communement pour labourer, n'en y a demeuré pour vingt pères en tout.

(Arch. de Muret : États de Sallies, avril 1591.)

2°. — REQUÊTE DE B. CABALBY AUX ÉTATS

Supplie humblement le scindic dez lieux du vicomté de Couzerans que, en l'assemblée générale de vos Estatz tenus au moys de mars 1589 à Sallies, vous auroict faict **requeste et supplication** pour certains lieux dud. vicomté quy sont de vostre ayde en toutes contributions, lesquelz auroient esté pilhés, massacrés et bruslés plusieurs fois despuis ces troubles et de vingt et deux ans en ça, comme estans lesd. lieux, villaiges non cloz ny fermés, voysins et limitrophes des villes et lieux de la comté de Foix, les ayant mis en toutalle ruine et pouvreté, laysant à labourer et cultiver les terres, de dix parties les neuf et plus, aux fins que vériffication en feust faicte, et estre deschargés des impositions faictes et à fère, ordonné que il estoit commis à M^r. le juge de Commenge avec M. le procureur du Roy et le scindic du Tiers Estat pour faire lad. vériffication, pour après estre pourveu à lad. descharge comme de rayson, et despuis ayant souvante foix prié et supplié led. s^r juge et scindic, se sont excusés pour autres occupations, ou crainte de se transpourter ausd. lieux ; et bien que, despuis ung moys en ça, lesd. héréticques sont retournés en grand nombre aud. vicomté de Couzerans, passés par lesd. lieux désertz et pilhés, et bruslés cinq villaiges dud. vicomté de Couserans et vallée de Solan, nommés : Sainct Pierre de Solan, Bozan, Ardisseng, Doignac, Ségalas et Aleu, dont lesd. supplians ayant faict païer à vostre receveur les coltités de tous les aultres lieux dud. vicomté, réservé la partie qui touche ausd. lieux, laquelle est impoussible de païer parce que il ne y a rien à prandre et les habitans, qui y sont en peu de nombre, sont au pain quérant, comme par les actes et atestations apert, cy-attachés, vouldroit fust enjoinct aud. scindic, à toute diligence, fère lad. vériffication à peyne de tous despens, dommaiges, intérestz, etc., etc...

(Arch. de Muret : États de Salies, avril 1591.)

Sébastien de Cazalas et ses compagnons arrivés, le 25 mars 1591, à Saint-Girons, en Couserans, furent reçus par le sindic Cabalby. Aussitôt un groupe d'habitants, à la suite des Consuls du lieu, de les joindre et de déclarer : « ès envyrons d'icelle ville une grande partie de leurs terres estre incultes à cause que sont proches des ennemys et à leur veüe, tant de Camarade que aultres lieux fortz en la comté de Foix, qu'est cauze qu'ilz n'y ozent les aller laborer et n'y peuvent tenir aulcun bestail que soudain ne leur soiet prins, pilhé et desrobbé. » Le mardi, 26 mars, les enquêteurs vont aux villages et hameaux « qui sont aux pieds des montaignes, en certaines petites vallées, et desquelz est faict mention dans l'Ordonnance des Estatz. » Après avoir vu les Consuls et le Recteur d'Encortiech et demandé aux experts de prêter « serment aux Saincts Évangiles de faire bonne et vraye vizite et rellation de ce qui demeure inculte du terroir qui cy-devant estoit en culture, » ils procèdent à l'inspection des lieux.

A Encortiech, dans le voisinage du fort de Camarade, la moitié du terroir est inculte; à Riberenert et Erp, la troisième partie. Il en est de même pour la cinquième partie des villages composant la vallée de Solan.

Les constatations faites le 27 dans la vallée de Massat ne sont pas plus brillantes. La troisième partie du terroir est inculte autour de Biert « à cause qu'est confrontant avec le comté de Foix, pays de Barguillières et du Saurat.» A Bossenac, Lafitte, Tarteing, le tiers des terres qu'on avoit accoustumé de laborer demeure inculte. » Le village d'Aulus paraît à nos délégués tellement menacé par les Huguenots qu'ils jugent téméraire de s'y rendre : « requis par les sindicz d'aller sur le lieu d'Auluz, dans lad. viscomté de Cozerans, pour ce que nous a semblé led. lieu estre trop proche des ennemys et envyronné de plusieurs lieux par eulx occupés en la comté de Foix, scavoir : des lieux de Saurat, Siguer, Auzat et aultres, n'avons osé en approcher, mais avons enjoinct ausd. experts y aller et vérifier.... et nous avons tenu le chemin le plus asseuré jusques au lieu de Vic où les avons attendus.» A leur retour les experts affirment que la cinquième partie du terroir d'Aulus est stérile. Somme toute, les Huguenots ont passé à peu près partout : « es Lieux, Consolatz et Jurisdictions d'Encortieg, Riberenert, Erp, Araux, Sainct-Pé, Ardichen, Bosan, Alleu, vallée dud. Solan, Viert, Bozenac, Laffite et Aulus, lieux de la viscomté de Couzerans bornés et sernés des villes et lieux du comté de Foix qui sont et tiennent pour ces hérétiques... partie desquelz lieux avons treuvé avoir esté pilhés, et bruslées leurs maisons et metteries et randus lesd. lieux presque inhabitables.... En quoi nous n'entendons comprendre la perte que le pays faict pour ne pouvoir fère le nourrisage du bestailh [1].»

La note pessimiste des experts ne change que lorsqu'ils visitent Vic et Aoust : les habitants de ces villages, disent-ils, «jouyssent paisiblement et ne sont aulcunement empêchés à la culture de leurs terres [2]. »

---

1. Arch. de Muret : Relation des Experts, signée Sabaté, Sirgant et Assier, parmi les Papiers des États tenus à Salies au mois d'avril 1591.
2. Les commissaires et les experts étaient à Vic le 29 mars ; ils rentrèrent à Salies le

C'est ainsi que commissaires et experts vérifièrent la trop parfaite exactitude des récits souvent adressés aux Etats par Cabalby. Celui-ci ne rencontra aucun contradicteur lorsque, dans l'assemblée tenue après l'expertise, il déclara que dans les juridictions d'« Encortieg, Riverenert, Viert, Bozenac, Lafitte, Ers, Saint-Pierre de Solan, Doignac, Bozan, Espetz, Ardichen, Ségalas, Alleu, Erp, Arraux, Olus,.... sont une partye [des habitants] mortz, aultre aux Espaignes, et le petit nombre qui sont démorez sont pour aujourd'huy au pain quérant et sans moyens aucuns, préparés de passer plus grand danger de leurs personnes, à cause, comme dict est, sont assis sur lad. limite dud. pays de Foix, que en deux ou trois heures [les ennemis] peuvent estre esdits lieux [1].

LXIX

1591. — 1er Juin

Lettre du Marquis de Villars aux États de Comminges

Villars apprend aux Etats qu'il laisse M. de Savignac pour gouverner en Comminges pendant son absence. Le ton de cette missive où le Marquis emploie les plus humbles formules, y compris le baisement des mains, laisse entendre que le gouverneur de Guyenne, au nom de la Ligue, sentait sa dépendance vis-à-vis des Commingeois. Au premier mécontentement, ceux-ci pouvaient cesser d'être Ligueurs et accroître par leur adhésion le parti royaliste.

Messieurs. Estans constrainct m'esloigner aulcunement et pour quelques jours, de vostre pays, et m'acheminer en la province de Guyenne où je me crains d'arrester plus longuement que les affaires de voz cartiers ne pourroient permettre, j'ay jugé estre très à propos de vous laisser quelqu'un des seigneurs de vostre pays, lequel, en nostre absence, y ait commandement et preigne garde à la conservation d'icelluy et empesche les pernicieux et malicieux desseins des ennemis et perturbateurs du repos public, et de ceulx mesme de vostre party, lesquelz se licentient à ravaiger le pays et prendre des contributions contre les

---

1er avril, et, ce même jour, ils rédigèrent le procès-verbal de la « Vérification des terres hermes et incultes. »
1. Arch. de Muret : Etats de Salies, avril 1591.

déclarations que je vous en ay faictes, desquelles je désire en tout que vous jouissiez, dont, à cest effaict, ayant eu cognoissance certaine de l'intégrité, expérience et affection que le sieur de Savignac a à ce party et à la conservation de vostre province, je l'ay prié et conjuré d'en vouloir prendre la peyne et accepter ceste charge, sur l'assurance que j'ay tousjours eue que vous l'auriés pour agréable, comme estant personne qui volontiers se conformera aulx délibérations et résolutions que vous prendrés en vos Estatz, et à tout ce qu'il jugera estre utile et pour le bien particulier de vostre pays.

Et la présente ne tendant à aultres fins, je la clos après vous avoir baisé bien humblement les mains, demeurant à jamais, Messieurs, vostre bon affectionné à vous faire service.

VILLARS.

D'Agen, ce premier juing 1591.

Messieurs, Messieurs des Estatz du Pays de Commenge.

(Lettre originale. Ces mots « vostre bon affectionné, etc. » et la signat. sont autographes. Arch. de Muret : II Reg. des Etats.)

LXX

1591 — 12 Novembre

Vols du capitaine d'Espaigne a Lautignac

Le sindic de la Noblesse dénonce aux Etats réunis à Muret les exactions récentes d'un certain d'Espaigne, de Saint-Frajou, à Lautignac et aux environs de ce village. — Délibération des Etats à ce sujet et mesures à prendre afin d'empêcher de tels excès à l'avenir.

En l'assemblée des Estatz du pays et comté de Comenge tenuz en la ville de Muret délibérant sur ce que M. de la Ylhère, sindic de la Noblesse, a représenté que ces jours passés ung nommé le cappitaine Espaigne, de Sainct-Frajou, sans commission, auroict fait quelque levée de gens de pied, et avec iceulx pilhé et ravagé plusieurs vilages du pays mesme le lieu de Lautignac, à l'example duquel plusieurs se pouroint dispenser d'en faire le semblable au grand préjudice du pays. Les gens desd. Estatz tant sur ladite remonstrance que sur ce que d'alhieurs leur a esté représenté par le s^r de Gensac quy a particulièrement faict entendre les infinis désordres commis par led. d'Espaigne, ont résouleu d'une commune voix qu'il sera enquis en toute diligence contre led. d'Espaigne des ravages, insolences et saccagemens par luy commis, par M. le juge de Commenge appelé le procureur du Roy et scindic du pays, pour luy estre faict et parfaict le procès. Neanmoingz que pour coupper chemyn à telles insolences, les gens desd. Estatz ont résoleu qu'advenant qu'aulcun de quelque qualité et condicyon qu'yl soict, sans commission expresse de Monsieur le Marquis [de Villars] s'ingère à la levée des hommes dans led. pays, en ce cas, les habitans du lieu où ilz se seront retirés en advertiront la ville cappitale d'où ilz despendent, les consulz de laquelle recourront à l'instant aux sieurs de la Noblesse quy seront les plus proches voysins, pour, toutz ensemble, faire lever le peuple et mètre en pièces ces préthenduz cappitaines et leurs adérans, comme perturbateurs du repos public et infracteurs de la liberté du pays, dont à cest effet et à ce que les vilages dud. pays soient deuement advertis de la présente délibération, est enjoinct à messieurs les consuls des chastellenies et ung chascun d'eulx, de retirer, auparavent partir, la présente délibération et icelle leur communiquer afin qu'ilz soient disposés à exécuter le contenu en icelle comme ne tendant qu'à leur conservation et de tout le général de ce pays, et advenant qu'il y eust des cappitaines dans led. pays, quy eussent commission de Mon^r, en ce cas, ilz seront tenuz de se conformer aux règlemens ordinaires conteneuz ez ordonnances de mond. Sgr et des lieutenans des Roys ses prédécesseurs, et arrestz de la Cour de Parlement de Tholose, sur les peynes conteneus en iceulx et partant que besoing serroict les s^{rs} de la Ylhère, juge de Comenge, et Ribayran sindic, et depputez aux Estatz généraulx de Guienne, sont priés de faire agréer et authoriser à mond. Sgr le Marquis, la présente délibération.

BERTIN [greffier des États.]

(Arch. de Muret : États de Muret, 12 novembre 1591.)

LXXI

1591. — Mars (?) et 1592. — Janvier

Les « Ligues campanères » en Comminges

Le Comminges, à peu près abandonné de ses défenseurs naturels, songea finalement à se protéger lui-même. Les excès des Huguenots, leur menace perpétuelle d'invasion du côté de Foix et de l'Isle-Jourdain, cette éventualité possible d'étranglement des communautés assises dans le Bas-Comminges, le jour où les ennemis, placés sur les flancs du pays, essaieraient de se donner la main, ces motifs poussèrent les Commingeois à une résolution virile. Il se produisit alors un fait extraordinaire, seulement possible à une époque de désorganisation sociale et d'énervement des pouvoirs publics. En dehors de la participation du gouverneur de la province au fonctionnement de la coalition défensive (car on ne sollicitait de lui qu'une approbation), en dehors même de l'action et du contrôle des États, l'on vit se former des Ligues particulières en Comminges et en Nébouzan.

Ces associations surent se restreindre aux régions dont les habitants, unis par des intérêts communs, devaient éprouver plus de zèle à les protéger. Le nom même des ligues spéciales formées en ces circonstances, *Ligues campanères*, indique dans quelle classe elles recrutaient leurs adhérents. Les villages voulurent essayer de régler leurs affaires sans le concours des chefs des châtellenies. Le menu peuple des campagnes tentait un intéressant essai d'action personnelle et allait se soustraire momentanément à la tutelle des États. Ce corps, dans l'universel désarroi, avait élargi ses attributions tandis que, par un contraste frappant, la misère générale diminuait ses moyens d'action. Il supporta impatiemment la formation des Ligues. Il perdait, par elles, en considération et en ressources... On agit sans lui, on refuse de lui remettre les tailles prélevées dans les lieux confédérés. Fomenter une de ces Ligues ou lui appartenir, c'est, à son jugement, rébellion punissable, il en poursuit les auteurs et se réjouit quand le collecteur les fait emprisonner. Les Ligues campanères reconnues par le gouverneur de la province n'existent pas légalement pour lui. Il les appelle « prétendues

Ligues », met des entraves à leur fonctionnement et travaille à les anéantir. Il prive de sa protection, quelque mauvaise affaire survenant, toute communauté qui adhère à une des Ligues récemment établies. Certains villages se détachent alors de la confédération... Pourquoi se créer un ennemi nouveau?...

Grâce à ces désunions trop accentuées, les Religionnaires étendent leur maîtrise. En 1593 ils ont la joie de voir les Ligueurs champêtres et les États eux-mêmes, solliciter une trève. On contracte avec eux : leur puissance est donc reconnue autant que redoutée. Ces singuliers concordats diminuent beaucoup l'utilité des Ligues campanères, sagement inspirées dans leurs mobiles, mais rendues presque inefficaces par leur isolement de l'action des Etats.

**

Nous n'avons pas des documents sur la formation des Ligues campanères en Comminges avant l'année 1591. Cependant nous pouvons affirmer qu'elles parurent antérieurement à cette date. En effet, le Parlement de Toulouse sanctionna, en mai 1591, la Ligue organisée par Frontignac, Sauveterre, Pointis et autres lieux circonvoisins. Or ces communautés adoptèrent le pacte fondamental préexistant, déjà établi en divers endroits du Comminges et du Nébouzan. Le mouvement gagna vite les campagnes. En octobre, on voit les habitants de Céadous, Charlas, Montgailhard, Lespugue, Saint-Pierre-du-Bois, Saint-Loup, Anizan et autres villages former un sindicat. Ils veulent, par ce moyen, se rendre capables « de réduyre les gens volleurs et hommes de maulvayse vye, en grandz nombres... [qui] commettent plusieurs meurtres, sacrilèges, raptz, voleries et aultres crimes exécrables, au grand détriment et ruyne de tout le peuple ». [1]

Le marquis de Villars et le Parlement de Toulouse approuvent cette confédération (23 oct. et 4 septemb. 1591). Il est désormais permis aux communautés syndiquées de lever, en leur juridiction, un impôt spécial, déterminé par elles et de se procurer des armes « pour pouvoir courir sur lesd volleurs et assassinateurs cryminels, pour les saisir et mettre en voz mains [du marquis de Villars] ou de la justice, affin d'en estre faicte la punition condescendante à leurs maléfices. »

Toutefois, les États modifièrent absolument leur conduite vis-à-vis des Ligues en 1592. Il était temps de se raviser. Les Ligues

---

[1]. Liste des Lieux confédérés de la Ligue campanère publiée aux États tenus à Muret, en mars 1594 : « Martisserre, Agassac, Conelhes, Rimlas, Lussan, Montagut-de-Benque, Montoussin, Francon, Terrebasse alias Esquiédasé, Bachas, Montolieu, Boussan, Eux, Peyrissas, Sainct-Andreau, Lilhac, Esparron, Montbernard, Sainct-Laurens, Siadous, Mongailhard, Charlas, Cardailhac, Lalouret, Latou, Sainct-Marcet, Sainct-Ignan, Larcan, Bousin. » (Arch. de Muret, *loc. cit.*)

jouissaient d'une évidente faveur. Au lieu de leur bouder davantage n'était-il pas d'une politique adroite de s'emparer du mouvement pour en bénéficier, pour l'empêcher même de verser en certains excès. Tel fut l'avis des États. Ils tentèrent donc la création d'une Ligue commingeoise, à laquelle le Couserans était naturellement annexé et que l'on ouvrit aussi aux communautés du Nébouzan désireuses de s'y joindre.

Nous possédons le règlement de cette Ligue, approuvé par les États de Comminges réunis à l'Isle-en-Dodon le 14 janvier 1592. Il est permis de le considérer comme le résumé des dispositions les plus pratiques et les plus sages remarquées dans les Statuts des confédérations similaires. Cette impulsion donnée aux derniers éléments de résistance encore disséminés en Comminges n'eut qu'un tort : celui de venir trop tard.

Statuts de la Confédération du Comminges

I. — Tout associé prêtera serment, en sa paroisse, entre les mains du Curé ou du Vicaire, d'observer le règlement de la Confédération.

II. — « Se maintenir en l'Union de l'Eglise catholicque,... s'opposer au desseing des hérèticques,... se garantir des pilheries, ravaiges, rançonnemens et aultres voyes d'hostilité », tel est le but de la Ligue commingeoise.

III. — Les Confédérés promettent d'obéir à tous les ordres du Roi et de ses magistrats, de respecter les droits de tous Seigneurs justiciers, comme par le passé, de payer les impôts répartis par les États assemblés en vertu de la volonté royale.

IV. — Les alliés « protestent qu'ils n'entendent recepvoir en ladicte Association aulcunes personnes qui ayent les mains ensanglantées, tachées du sang des pauvres confédérés, s'ilz n'ont esté absous, déclarés immunes et innocens par la justice... » ni ceux qui continuent les hostilités sous prétexte de religion.

V. — Si quelque capitaine parcourt le pays sans autorisation du Lieutenant du Roi ou du Parlement, et le ravage, les Confédérés le poursuivront de concert afin de l'abattre.

VI. — Dès qu'une communauté fera entendre « l'advertissement du tocsin, les alliés se rendront au rendez-vous qui leur sera baillé », sous peine d'amende pécuniaire à fixer par le Conseil de la Confédération qui en déterminera seul l'emploi.

VII. — Les Confédérés s'assembleront, portant leurs armes, toutes les fois que M. le maréchal de Villars le requerra, pour le bien du pays. — Les troupes confédérées étant en marche seront nourries par les villes et villages alliés et elles ne pourront se séparer que lorsque M. le Maréchal les aura congédiées.

VIII. — Les soldats des armées confédérées qui oseraient rançonner les villages, prendre le bétail, etc., seront punis « suivant la rigueur de justice. »

IX. — Un Prévôt de justice nommé par les Etats de Comminges accompagnera les troupes et devra châtier avec sévérité les soldats coupables de quelque excès. Les capitaines aideront en ceci le Prévôt, sinon ils seront tenus pour responsables et punis.

X. — « Seront tenus les Consulz de chasque ville et village faire lire publiquement lesd. articles, iceulz, la lecture faicte, faire atacher contre un poteau et lieu éminant affin que personne n'en prétende ignorance ; deffendre, inhiber aux soldatz qui seront dans leurs districtz et juridiction de prendre aultre parti que celluy de lad. Association à peyne d'estre déclarés ennemys et perturbateurs du reppos publicq, privés de leurs droictz et biens qu'ilz posséderoient dans lesd. districtz et juridictions, néalmoings sera permis et loisible ausd. habitans desd. lieux et autres, leur courir sus et les tailher en pièces. »

XI. — Les villages recevront copie des présents articles et seront exhortés à donner leur adhésion ; s'ils la refusent, ils seront tenus pour ennemis « et faulteurs d'aultre party que celuy de lad. association. »

XII. — La Confédération se place sous la protection des Evêques, en particulier sous celle de l'Evêque de Comminges, et des autres ecclésiastiques des lieux alliés :

on les priera de vouloir prêter secours et faveur à cette Ligue qui travaillera à procurer la défense de la Religion catholique et le soulagement des pauvres diocésains. — Semblable demande sera adressée aux gentilshommes et aux Seigneurs justiciers.

Le Règlement ci-dessus dressé doit être soumis à l'approbation du Parlement.

(Archives de Muret : Etats de L'Isle-en-Dodon, janvier 1592.)

*
* *

Les Statuts que l'on vient de lire trouvèrent des adhérents même en dehors du Comminges, du Couserans et du Nébouzan : plusieurs communautés les adoptèrent en Astarac, Magnoac et Rivière-Verdun. Les liens qui rattachèrent ces pays, indifférents jusque-là les uns aux autres, quand ils n'étaient pas rivaux entre eux, se fortifièrent rapidement. L'union se fit pour le soutien d'une cause vraiment commune. Les délégués nommés par les lieux confédérés eurent même entrée aux Etats pour connaître exactement et sans délai les décisions prises. L'esprit séparatiste paraissait enfin anéanti.

LXXII

1593. — Janvier

Opinion du Marquis de Villars relativement aux soldats du Haut-Comminges

L'éloge des troupes réunies par la Ligue campanère se lit dans une missive datée d'Auch, en janvier 1593, adressée aux Etats par le Marquis de Villars. Le Maréchal était alors de retour d'une expédition en Bigorre. Les soldats improvisés du Haut-Pays de Comminges l'avaient accompagné. Dès sa rentrée, le Marquis communiqua au juge, S. de Cazalas, et aux Etats, l'excellent parti que, d'après lui, on pouvait tirer des soldats commingeois, à condition cependant d'établir, soit dans la levée, soit dans la conduite de ces nouvelles troupes, « quelque bon ordre. »

Messieurs. Par l'essay que j'ay fait ces jours passés des gens de pied que les villaiges assossiez du Pays de Commenge et Nébouzan m'ont volontairement fornyz au voyage que je viens de faire en Bigorre, je treuve qu'il y auroict moyen de tirer du service d'eux et d'en espérer dorsnavant une assistance asseurée si on establissoit en cela quelque bon ordre, et juge qu'il ne seroit que bien à propos d'y pourveoyr dès maintenant plus tost que d'attendre davantaige. Sur ce qu'il m'en semble aussy j'ay advisé de vous faire proposer de ma part, là-dessus, ce que M. de Cazelas vous fera entendre et de prendre l'occasion de vostre assemblée pour en délibérer meurement, comme je vous prie bien fort de vouloir faire et de vous représenter la commodité que ce sera d'avoyr ces gens-là aussy asseurés. M. de Cazelas à quy j'en ay discoureu bien particulièrement vous représentera mieux que je ne vous sçaurois escrire ce qui me fait désirer d'employer ces hommes là, et m'en veux bien remettre à sa suffizence et à la créance que je vous prie de luy donner.

Me recommandant, sur ce, bien affectueusement à voz bonnes grâces, et priant Dieu, Messieurs, qu'il vous donne la sienne.

D'Aux [*Auch*] ce ... Janvier 1593.

Vostre bien affectionné à vous faire service,

VILLARS.

A Messieurs, Messrs des Estatz du Pays de Commenges.

<small>(Pièce originale. — Archives de Muret : États de Muret, janvier 1593.)</small>

LXXIII

1593

ENTRÉE DES DÉPUTÉS DE LA LIGUE CAMPANÈRE AUX ETATS DE COMMINGES

Rien ne prouve mieux, pensons-nous, l'importance de la Ligue campanère que l'admission de ses délégués aux Etats du Pays de Comminges. L'exception est ici d'autant plus extraordinaire que les États ouvrent la porte de leurs assemblées à des gens étrangers à leur juridiction : Nébouzan, Astarac, Magnoac, Rivière ; et cela non à titre de membres passifs, mais avec faculté de « transiger et accorder ». C'est un rarissime et peut-être unique exemple de pareille faveur.

En l'assemblée génerale tenue en la ville de Boloigne par les Confédérés de Comenge, Nébozan, Estarac, Magnoac et partie de Rivière, les an et jour bas escriptz, sur certaines remonstrances faictes des ungs et des aultres et entre aultres choses : A esté délibéré et arresté d'ung commun accord de toute l'assemblée que deux hommes estoient depputés de Comenge, l'ung desquelz a esté Jehan Désirat, marchant, depputé de Céadous, et deux de Nébozan, deux d'Estarac, deux de Magnoac et ung de la ville de Boloigne ausquelz a esté donné charge, plain pouvoir et mandament, d'aller et revenir aux Estatz de .... et aux Estatz de Muret de Comenge, aulx despans de toute la conférance, pour entendre ce que se tractera et arrestara et y faire transiger et accorder sy besoing est. En foy de quoy avons fait expédier ces présentes ausdictz depputés pour leur servir et valoir où il apartiendra par le notaire, nostre secretayre, le sixziesme de mars 1594.

De mandament de ladicte assemblée

DURAND, not.

(Arch. de Muret : Etats de Muret, 24 mars 1594)

LXXIV

1593-1594

LA LIGUE CAMPANÈRE ET LES TAILLES

Nous avons fait observer précédemment qu'une des causes de l'hostilité des Etats pour les villages confédérés était le refus de ceux-ci de payer les Tailles [1]. Dans la Déclaration suivante divers délégués de ces villages s'engagent, au noms de leurs communautés respectives, à apporter fidèlement aux collecteurs les contributions légales. Leur délibération, intéressante à ce premier point de vue, a de plus l'avantage de nous montrer la Ligue campanère dans l'exercice de son active autonomie :

---

1. En 1594, mois de mars, le « Rolle des Reffractaires et Refusans à payer les Tailles ordinaires », indique 26 lieux dont voici les noms : « Salerm, Escanecrabe, Montesquieu, Contrazy, Taurinhan, Fontanilhes, Sahuguède, Sainct-Laurens, Montbernard, Larcan, Figuas, Lilhac, Agassac, Saint-Cizi, Lalouret, Genssac-de-Commenge, Charlas, Montgailhard Siadous, Sainct-Andreau, Eulx, Benque, Montagut-de-Benque, Semolhan, Le Plan, Monberault. » (Arch. de Muret : États de Muret, mars 1594.)

Déclaration des lieux confédérés de Commenge

En l'Assemblée tenue par Pierre de Poy, depputé de Sainct-Loup; Pierre Sogne, consul de Céadous; Jehan Cédous, consul de Montgualhard; Jehan Bordes, scindic de Sainct-Marcel; Tianon [Etienne] Casenave, scindic de Sainct-Ignan; Jehan Sentgès, depputé de Laloret; Bésian Boé, scindic de Latou; Estienne Casaugran, consul d'Esparron; Arnauld Devesac, scindic de Sainct-Andréau; Galhardet Arroède, depputé de .....; Anthoyne Lecusan, depputé de Montagut de Borjac; Jehan Darbon, scindic de Bachas; Jehan Dardignhac, consul de Montholieu; Ramond Caubet, consul de Lilhac; Pierre Salies, depputé de Montbernard; Savary Faur, depputé de Sainct-Laurens; et plusieurs aultres Confédérés de la comté de Comenge, sur les remonstrances faictes par Jehan Désirat, de Céadous, ayant commandement des messieurs les gens tenantz les Troys Estatz du pays et comté de Comenge, en la ville de Muret, lequel Désyrat a représenté que la présente assemblée fasse déclaration s'ils veulent payer et obéyr aux impositions et cotisations que ont esté faictes et se fairont par les susd. s^{rs} tenentz lesd. Estatz, lesquelz tout d'ung commun accord ont dict et déclaré qu'ilz veullent payer et obéyr aux impositions et cotisations que ont esté faictes et se fairont d'authorité des seigneurs desditz Estatz généraulx, appelé ung scindic du plat pays, et que aussy lesd. s^{rs} desd. Estatz seront suppliés voloir fère corto[i]sie sur les despens faictz pour les arrérages passés et rejeter, s'il leur plaist, sur tout le pays, et cependant ordonner que les prisonniers seront eslargis, et delay convenable pour cotiser, lever et payer.

Et ainsin a esté délibéré et arresté au lieu de Lilhac le XXVIIe jour du mois de mars, l'an 1594.

De mandement de lad. Assemblée:

Durand, notaire.

(Arch. de Muret: États de Muret, mars 1594.)

LXXV

1592

Trêves restreintes en Couserans et en Comminges

Les ducs de Montmorency et de Joyeuse conclurent, on le sait, une Trêve pour la province de Languedoc [1], le 14 décembre 1592. Cette conduite porta les communautés du Couserans et du Comminges rapprochées du pays de Foix à demander avec assurance, aux Etats du comté, l'autorisation de traiter encore avec leurs redoutables voisins. Le marquis de Villars et les Etats de Comminges approuvaient définitivement ces compromis particuliers. Une requête d'Arnauld Arasse, consul de Saint-Lizier, nous montre qu'à l'occasion de la Trêve de Languedoc il y eut *Conférance* entre nos Commingeois et les Religionnaires du pays de Foix. Les archives de Muret ne paraissent pas avoir conservé le moindre fragment de procès-verbal des séances tenues à cette occasion près de Mazères. La courte note du consul de Saint-Lizier nous fait regretter davantage la disparition de ces documents.

1° Trêve particulière avec les Huguenots du Comté de Foix

Supplie humblement Arnauld Arrasse consul de la cité de Sainct Licer que pour la négociation de la trefve authorisée par Mgr le marquis de Villars... agréée par ceste assemblée, entre ceulx des chastellenyes de Castilhon, Salyes, Sainct-Julien, les villes de Sainct-Licer, Sainct Gyrons et viscomté de Couserans, d'une part; et les Huguenotz et ceulx de la comté de Foiys, d'aultre; led suppliant auroyt esté député pour assister par deulx foys à l'assemblée convocquée aud. comté de Foys, ez lieux de Canté et Pirt (?) près de Masères, pour entendre l'intention de ceulx du contrère party sur l'arrest des articles de la Trefve accordée par Messieurs les ducz de Joyeuse et Montmorancy, au pays de Languedoc, ausquelz il auroict vacqué par l'espace de quinze jours à ses despens....

« Taxé dix escutz pour tout. »

(Arch. de Muret : États de Muret, janv. 1593.)

---

1. Cfr. *Hist. gén. de Languedoc*, t. XI. p. 831.

**

Les communautés voisines du comté de Foix ne signèrent pas, seules, des Trêves particulières avec leurs adversaires. Le Haut-Pays de Comminges devança les Etats dans cette voie de politique pratique. Sans doute les concordats conclus par les mandataires de quelques pauvres villages pouvaient risquer de n'être que très éphémères et peu respectés; leurs résultats furent cependant avantageux au cours de l'année 1592. A l'exemple du marquis de Villars les États approuvèrent nettement ces Trêves, en janvier 1593, et intéressèrent les gentilshommes à leur conservation.

2°. — Trêves particulières dans le Haut-Pays de Comminges

Sur la remonstrance faicte par aulcungs du pays hault, à ce que fust le bon plaisir desd. Estats aultoriser et approuver la Trêve faicte audict hault pays de Commenge et la faire approuver et entretenir à toutz les gentilhommes dud. hault pays, attendu que Mgr le marquis de Villars...... l'a agréée, ayant esgart que leur industrie et moyen de gagnier leur vie n'est que de trafic, labourage, marchandisse et bestailh, suppliant lesd. Estatz l'advoir pour agréable, à la charge qu'ils contribueront à toutes impositions et cotisations que conviendra faire à cause des garnisons et aultres charges, comme ilz ont accostumé faire sy devant pour la conservation de ce pays, sans rien altérer de ce qui est de leur debvoir, ny que ceulx du bas pays y trampent en rien.

L'affaire mis en délibération, pour les considérations au long desduictes par aulcungz dud. pays hault, et veu la déclaration qu'il a pleu faire, audit Sgr marquis, de l'avoir pour agréable, en conséquence d'icelle les gens desd. Estatz ont agréé la Trêve faicte par ceulx du pays hault, suivant les offres par heulx faictes..... et à cest effaict les s[rs] barons de Montberault et Taurignian sont esté priés par l'assemblée, d'icelle faire establir et signer par toutz les gentilhommes du pays hault à ce qu'elle soict entreteneu et exactement observée, comme plus à plain est conteneu ez registres du pays.

(Arch. de Muret : États de Muret, 6 janvier 1593.)

LXXVI

1592. — 4 ET 18 NOVEMBRE

PROJET DE CONSTRUCTION D'UN FORT PRÈS DE L'ISLE-JOURDAIN

Afin de mettre quelque obstacle aux incursions des Religionnaires de l'Isle-Jourdain, en Comminges, le marquis de Villars projeta la construction d'un fort que l'on édifierait le plus près possible des Huguenots. Les pièces ci-dessous indiquent ses intentions et les moyens à prendre pour les réaliser. La première est adressée « au s^r de Bérat, maistre de camp d'un régiment de gens de pied. »

1°. — LEVÉE DES MANŒUVRES POUR LA CONSTRUCTION DU FORT

Les ravaiges et ruynes que la ville de l'Isle-en-Jourdain occupée puis longtemps par les ennemis a faictz, non seullement en ladicte comté, mais en Commenge, Rivière-Verdun et aultres lieux circonvoysins, sont sy cogneus d'ung chascun et apportent tant de préjudice, que s'il ny est donné quelque prompt et salubre remède, il est à craindre que le mal prenant acroyssement, comme il a faict jusques icy, ne parachève de ruyner ou mectre au désespoir tous lesdictz lieux circonvoysins, et donne telle audace aux ennemys et imprime telle peur au cœur des villes voysines, que leur totalle ruyne s'en ensuyve. Ce que désirant esviter, après avoir songé à tous les moyens qu'il y a d'arrester le cours de telles misères et donner quelque soullagement au peuple, foullé par iceulx, nous n'en avons poinct treuvé de plus convenable que de faire ung fort le plus près qu'il sera possible de ladicte ville, dans lequel l'on puysse lougier une guarnison de gens de cheval et de pied, bastante pour empescher les coursses desdictz ennemis et couvrir lesdictz païs contigus qui souffrent le plus de ruyne, ce qu'ayant résolu de faire et desseigné le lieu, il ne reste tant seullement pour l'avancement de cest œuvre, que ledict païs rapporte de son cousté ce qu'il peult et doibt pour son bien et reppos jusques à tant que Dieu nous aye faict la grâce de leur tirer ceste espine du pied, et pour ce faire, il est besoing que pour les fortifications et establissement dudict fort le païs fournisse les manœuvres nécessaires pour le faire, que y travailhent incessamment jusques à ce qu'il soyt en deffance, ayant besoin pour cest effect de deux cens hommes par jour, et en ayant faict faire le despartement le plus justement qu'il Nous a esté possible sur les chastellenies de Muret, Samathan, l'Isle-en-Dodon, Lombès, Saincte-Foy et partie des lieux deppendans de lad. comté de l'Isle, comme estans touts lesdictz chastellenies et leurs deppendances le plus travailhées et ruynées par ladicte guarnison de l'Isle et celles qui recevront plus de commodité et soullagement dudict fort.

A ceste cause Nous vous mandons de faire, le plus diligemment que vous pourrez, mectre la main à la construction et fortiffication dudict fort que Nous vous avons desseigné, et pour ce faire, que les chastellenies et lieux contenus en la liste et despartement qui en a esté faict le plus justement et esgallement qu'il a esté possible fourniront, par l'espace de deux moys, le nombre des manœuvres qu'ilz ont esté par nous cottizés, avec les utilz nécessaires qui seront par vous ordonnés avec vivres ou argent pour en achapter à mesme temps qu'ilz seront par vous mandés, et en cas de reffus ou dilayement y seront constrainctz par toutes voyes deues et raisonnables et par la rigueur de la guerre sy besoing est, de ce faire vous donnons plain pouvoir et puissance. Sy mandons à tous gentilhommes, magistratz, juges, consulz des villes et villatges, cappitaines de gens de cheval ou de pied vous prester main forte pour l'exécution de nostre présente ordonnance.

Faict à Beaumont le quatriesme jour de novembre mil v^c quatre vingtz douze.

EMMANUEL DE SAVOYE.

Par mon dict seigneur : DE LA ROSÉE, ainsy signé.

Coppie extraicte de son propre original par moy Jehan Forlup, notayre royal du lieu de Bérat, [y] habitant, devers moy remys par le seigneur et baron dudict Bérat, et par moy bien et deuement collationné, à laquelle n'a esté rien adjousté ny diminué.

En foy de quoy me suis icy soubsigné : FORLUP, notère.

(Arch. de Muret : États de Samatan, 1593.)

*
* *

Les 12,000 manœuvres qu'il fallait, selon les intentions de Villars, appliquer pendant deux mois à la construction du fort, devaient être fournis comme il suit, par les châtellenies voisines de L'Isle :

2º. — TABLEAU DE RÉPARTITION DES MANOEUVRES, POUR DEUX MOIS,
A RAISON DE 200 HOMMES PAR JOUR

Châtellenie de Muret : 45 manœuvres par jour	2.700
Châtellenie de Samatan et Cité de Lombez : 60 *item*	3.600
Châtellenie de l'Isle-en-Dodon : 41 *item*	2.460
Sainte-Foy et Rieumes : 40 *item*	2.480
Cinq villages rapprochés de l'Isle-Jourdain, 14 *item*	840
Total des manœuvres	12.000

(Arch. de Muret : États de Samatan 1593.)

*
* *

Par autre ordonnance datée de « Castelnau-de-Maignouac », le 18 novembre 1592, Villars enjoignait à S. de Cazalas, juge, de prélever sur différents lieux, les sommes et les denrées nécessaires aux constructeurs du fort et à l'entretien de la future garnison. Il exigeait 300 écus, 530 sacs de blé, 50 pipes de vin et 10 quintaux de poudre.

3º. — LEVÉE DES SOMMES ET DENRÉES DESTINÉES AUX MANOEUVRES
ET AUX SOLDATS.

Emanuel de Savoye, marquis de Villars, etc., à Mᵉ Sébastien de Cazalas, etc. Comme pour couper aux courses, ravaiges que la garnison de l'Isle-en-Jordain a faictz jusques icy, aux pays circonvoisins, Nous aurions treuvé n'y avoir remedde plus prompt que d'adviser à la fortiffication dud. lieu près de lad. ville, dans lequel seroit estably tel nombre de soldatz qui seroit jugé nécessaire et suffizant pour empescher doresnavant que les ennemys n'eussent l'accès si libre pour aller et venir dans lad. ville de l'Isle, lesquelz soldatz demeureroient dans lad. lieu par forme de garnison, et pour pourveoyr au recouvrement des moyens nécessaires tant pour subvenir à lad. fortiffication qu'à l'entretênement desd. soldatz, Nous aurions imposé les sommes, deniers, bleds et aultres choses nécessaires pour cest effect sur les chastellenyes de Muret, Sainct-Mathan, l'Isle-en-Dodon, et aultres, suyvant le despartement et commission particullière qui en ont esté sur ce expédiés, et d'aultant que Nous aurions résoleu d'imposer sur tout le pays de Commenge et ses Aydes aydants ce à quoy lesd. chastellenyes de Muret, St Mathan et l'Isle-en-Dodon ont esté cottizées, Nous vous mandons d'imposer et asseoyr sur tout led pays de Commenge et ses Aydes aydantes toutes les sommes de deniers, bledz et aultres choses à quoy se monte la cotte part desd. chastellenyes... etc., le fort portant le foible, etc..

Donné à Castelnau-de-Maignouac le xviiie jour de Novembre 1592.

Emanuel de Savoye.

Par Monseigneur : de la Rosée.

(Arch. de Muret : Etats de Muret, janvier 1593.)

4°. — Tableau de répartition des Sommes, de la Poudre et des Vivres

Levée de 300 écus :

Châtellenie de Muret	66 écus	40 sols
It. de Samatan et Cité de Lombez . .	99 »	20 »
It. de l'Isle-en-Dodon	63 »	20 »
Sainte-Foy et Rieumes	57 »	20 »
Cinq villages rapprochés de L'Isle-Jourdain . .	13 »	20 »
Total	298 écus	120 sols

**

Levée de la Poudre :

Châtellenie de Muret	2 quintaux	1/2
It. de Samatan et Cité de Lombez.	3 »	1/2
It. de l'Isle-en-Dodon	2 »	
Sainte-Foy et Rieumes	1 quintal	1/2
Cinq villages rapprochés de l'Isle-Jourdain .		1/2 quintal
TOTAL	10 quintaux.	

**

Levée du Blé :

Châtellenie de Muret	118 sacs
It. de Samatan et Cité de Lombez	169 »
It. de l'Isle-en-Dodon.	107 »
Sainte-Foy et Rieumes, ...	86 »
Cinq villages rapprochés de l'Isle-Jourdain . . .	50 »
TOTAL.	530 sacs

**

Levée du Vin :

Châtellenie de Muret.	12 pipes
It. de Samatan et Cité de Lombez	17 —
It. de l'Isle-en-Dodon	11 »
Sainte-Foy et Rieumes	8 »
Cinq villages rapprochés de l'Isle-Jourdain . . .	2 »
TOTAL	30 pipes

(Arch. de Muret : États de Muret, janv. 1593.)

**

Le plan stratégique du marquis de Villars avait été, en 1586, efficacement exécuté par Ph. de Fontenilhes. Voici en quels termes du Bourg expose le résultat des manœuvres de notre Comuningeois autour de l'Isle-Jourdain : « Pour avoir esté cerné au mois de juing, audict an [15]86, par le feu sieur de Fontenilhes[1] de plusieurs fortz, fort près des portes de tous les endroictz de la dicte ville, qui nous infestoient nuit et jour pensant nous affammer, nous privant de la

---

[1]. Ce document que M. Ph. Tamizey de Larroque a publié dans la *Revue de Gascogne*, t. XV, p. 85, fut rédigé par Du Bourg, le 1ᵉʳ octobre 1596, deux ans après la mort de Ph. de Fontenilhes. — Cfr : *Les Huguenots en Comminges*, n° L, 2ᵉ.

mesture, nous fusmes constraint faire nourrir la plupart de nos gens de guerre sur les habitans d'icelle ou du consulat, ce qui dura l'espace de six mois, ayant esté secouru au mois de novembre ensuivant, par messieurs de du Massés et de Fontrailhes (Michel d'Astarac, baron de Fontrailhes), par le moyen duquel secours lesdictz fortz furent rompuz les ungs, les aultres quittes des ennemys, et eusmes un peu plus de liberté. »

Villars eut l'idée d'une entreprise semblable, recommandée par l'heureuse expérience que Ph. de Fontenilhes en avait tentée, mais les Etats de Comminges n'en agréèrent pas l'essai. Lorsqu'ils eurent à délibérer sur l'acceptation des deux commissions de MM. de Bérat et de Cazalas expédiées à ces mandataires en vue « d'asseoir et imposer certaines sommes de deniers pour la construction d'un fort près de l'Isle-Jourdain, pour empescher les courcers et ravaiges de l'ennemy, néantmoins pour faire maguesins de bledz, vins, poldres, boletz et munitions », les gens des États s'excusèrent. Ils déclarèrent « n'y avoir lieu pour le présent comme chose impossible au pays. » Et comme, en ce moment, diverses communautés du Haut-Comminges, fatiguées de se liguer sans grand résultat, avaient conclu des Trêves particulières avec les Huguenots, à la façon des Aides situées en Couserans [1], les États émirent le vœu de conclure une Trêve générale. C'était le parti le plus sage. Les barons de Péguilhan et de Taurignan furent donc envoyés à M. de Villars pour « le supplier très humblement vouloir révoquer lesd. commissions, néanmoins trouver bon qu'il luy plaise que le pays accorde la Trefve cependant, comme ceulx du Haut-Pays [2]. »

LXXVII

1593. — Janvier-Mai

Les Huguenots de l'Isle-Jourdain et le Comminges (suite) Négociation d'une Trêve avec G. du Bourg

L'année 1593 qui devait donner à la France de si solides espérances de sécurité, fondées sur l'abjuration du roi de Navarre (25 juillet), trouva les États de Comminges singulièrement désireux de pacifier le pays. Peu auparavant, Villars et Matignon avaient conclu une Trêve pour la province de Guyenne; mais, comme le prouve assez le projet de construction d'un fort près de l'Isle-Jourdain, les Religionnaires — du moins ceux de cette ville — n'en avaient tenu aucun compte. Les Commingeois s'avisèrent donc de négocier une

---

1. Voy. *Huguenots en Comminges* : n° LX, 2, note, et n° LXX.
2. Arch. de Muret : États de Muret, janvier 1593.

Trêve générale avec leurs voisins. Il s'agissait de s'entendre avec Georges du Bourg, gouverneur de l'Isle-Jourdain, et avec Marabat, gouverneur de Mauvezin[1]. La délibération des États tire ses motifs de « la pauvreté et misère du peuple. » Il y avait, en effet, beau temps que les Religionnaires travaillaient efficacement à le ruiner.

1°. — Projet de Trêve du Comminges avec les Huguenots de l'Isle-Jourdain et de Mauvezin

Sur la remonstrance faicte par aulcuns desd. Estatz concernant la pauvreté et misère du peuple, et pour luy donner relâche et moyen de respirer, a esté advisé de rechercher tous les moyens possibles pour parvenir à la trefve soubs le bon plaisir de Mgr le marquis de Villars[2]... et pour cest effect, et icelle négocier ont esté nommés et depputés M^{rs} les barons de Péguilhan, de Savinhac, de Montagut, juge de Comenge, et de Borderia, consul de Muret[3], auxquelz ont donné toute puissance de la faire et négocier en la meilleure forme que se pourra faire pour le soulagement du pauvre peuple, et telle qu'ilz adviseront, promectant avoir pour agréable tout ce que par iceulx sera faict et négocié en cest endroict et les en relever...

Faict à lad. assemblée le xve jour du mois de janvier 1593.

(Arch. de Muret : États de Muret, janvier 1593.)

**

Les négociateurs de la Trêve, munis d'un sauf-conduit délivré par du Bourg, s'en allèrent donc à l'Isle. Mais des critiques acerbes

---

1. Aujourd'hui chef-lieu de canton, dans l'arrondissement de Lectoure (Gers). — Ce village est parfois appelé *Mauvezin-des-Huguenots*.

2. « Ledict s^r marquis [de Villars] sera très humblement prié de vouloir accorder la trefve avec l'ennemy aulx fins que le peuple puisse vivre et faire leur trafic ordinaire, et au cas lad. trefve ne se pourroit faire, trouver bon qu'on accorde avec le s^r du Bourg, gouverneur de l'Isle-en-Jourdain, et luy donner quelque somme de deniers sur tant moings desd. tailles afin que les cources et ravaiges cessent, et que les habitans dud. pays passans et repassans, puyssent franchement faire leurs affaires. » (Arch. de Muret : États de Muret, janv. 1593.)

3. Noble Gabriel de Borderia, plusieurs fois élu premier consul de Muret, appartenait à la famille des deux juges dont il a été question précédemment (*Hug. en Comm.*, XIII et XXIX). Gabriel paraît avoir été envoyé vers du Bourg, en cette circonstance, afin de recommander plus spécialement au gouverneur de l'Isle la ville de Muret : « Ayant esgard aux réquisitions faictes par les consuls et habitans de Muret, a esté arresté qu'ilz seront compris et nommés en lad. trefve pour en joyur de mesmes, et à ces fins, y pourront envoyer leurs depputés si bon leur semble. » (Arch. de Muret : États de Muret, janv. 1593.)

s'exercèrent bientôt au sujet de quelques-uns d'entre eux. Certains de leurs adversaires tentèrent de rendre suspecte la sincérité de leur conduite. Aussi les délégués se plaignirent-ils aux États avant même toute conclusion de paix et demandèrent-ils approbation solennelle de leurs actes.

2°. — Plaintes des Négociateurs de la Trêve

Sur la plaincte et remonstrance [faictes] par les s^rs de la Ylhère, scindic de la Noblesse, et de Borderia, premier consul de la ville de Muret, disans qu'en l'assemblée générale dernièrement tenue en la ville de Muret, avec les aultres nommés en lad. délibération, ilz auroient esté nommés et dellégués pour traicter et négocyer la trefve avec le s^r du Bourg, et à ceste occasion et [pour lad.] négociation leur auroict conveneu aller à l'Isle-en-Jordain et aultres lieux nécessaires pour parler avec led. du Bourg et aultres du contraire parti, en quoy ilz ont appourté tout ce quy a esté de leur pouvoir et pour la trefve et soulagement du pays, et quoyque en ce faysant, ilz n'ayent faict aultre chose que ce que leur auroict esté prescript par lesd. Estatz tendant au bien et solagement du pouvre peuble, ce néanmoins, seroient advertis que aulcuns mal affectionnés au solagement et repos du pouvre peuble auroict [médict] d'eulx et des aultres sieurs depputés jusques avoir volu dire que en négociant lad. trefve, lesd. depputés ou aulcuns d'eulz, tenoient la main ausd. ennemis pour leur rendre les villes dud. pays, et aultres imposteures et calompnies semblables, lesquelles, si elles sont tollérées, ne se trouvera homme qui veulhe négocier les affaires du pays, les priant au surplus, avoir pour agréable lad. négociation[1].

A esté arresté que contre telz calomniateurs sera requis

---

1. Un second document des archives des Etats, relatif au même fait, expose l'incident en ces termes : MM. de la Ylhère et de Borderia disent « qu'il y a plusieurs qui calompnient ceulx qui négocient pour les affaires du pays, les appellant *traictres, larrons* et qui *veullent trahir les villes du païs et d'aultres, que tout aussi tost que les Estatz sont despartis et renvoiés, plus tost les deliberations sont descouvertes et publiées à l'ennemy*, avec une infinité de calompnies, tellement que d'ors en avant ne se trouvera personne qui veulhe contracter, ny négocier. » (Arch. de Muret : Etats de Samatan, 30-31 mai 1593.)

au nom des Estatz à la diligence du scindic du Tiers-Estat, d'auctorité de M. le juge de Commenge... pour en estre faicte exacte poursuite et procéder à punition. Ayant, au surplus, les gens desd. Estatz, pour agréable la négociation faicte par lesd. s^{rs} de La Ylhère, de Borderia et aultres, tant [avec le s^r] du Bourg que tous aultres, attendu que ce a esté du mandement desd. Estatz et pour le bien et solagement du pays.

(Arch. de Muret : États tenus à Samatau en mai 1593.)

*
* *

Les avances des Etats de Comminges à du Bourg et Marabat ne furent pas de longtemps agréées. Du mois de janvier 1593 aux premiers jours de juillet, il y eut de nombreuses sollicitations de la part des catholiques. Du Bourg tardait à dessein à donner une réponse catégorique. MM. de Combis et « Françoys Ségouffin, bachelier ez-droictz, habitant de Saint-Thomas », envoyés à l'Isle afin de décider le gouverneur, ont laissé chacun le *journal* ou *mémoire* de leurs infructueuses missions. Nous allons fondre en un même récit les détails fournis par nos narrateurs.

3°. — Voyages de Ségouffin et Combis a l'Isle-Jourdain

Sur l'ordre de M. de Montaigut, nos délégués plutôt officieux, accompagnés d'un laquais, se rendirent à l'Isle, le 22 janvier, « pour sçavoir les *articles* de la Trefve offerte par Mr du Bourg. » Ils lui demandèrent, notamment, « pour combien il vouldroict quitter ledit païs tant des prétendus arrérages que aultres deniers » qu'il exigeoit « tant pour le pacé que pour l'année courante... par lequel fust dict : qu'atendeu que l'assemblée de Plieux touchant le faict de la Trève généralle estoit presque finie et arrestée, led. du Bourg ne le pouvoict résouldre de cest afère, qu'il n'eust veu les *articles*, ce qu'il feroict dans cinq ou six jours. »

Le 4 février, Ségouffin appelé par du Bourg revint à l'Isle « pour sçavoir son intention. » En lui donnant communication des *articles de la Trefve acourdée à Plieux,* le gouverneur déclara : « que en iceulx il ne trouvoit ny chair ny poisson. » Et il ajouta qu'il ne pouvait « quitter le païs des arrérages et pour l'année courante, moings de 10.000 escuz. » La taxe était, comme on voit, assez forte. Ségouffin paya quinze sols au secrétaire de du Bourg afin de retirer copie des articles dressés à Plieux et les transmit à MM. de Montaigut, de Péguilhan, de Cazalas, de Borderia et autres réunis, le 7 février, à Samatan. Il prépara ensuite une entrevue des députés officiels du Comminges avec du Bourg. La rencontre eut lieu le 24 « près du chasteau de Caumont » où il fut « ympossible ausd. seigneurs dépeutés de s'acourder avec led. du Bourg. » Mais, dans le courant de ce même mois de février, Ségouffin en compagnie tantôt de Combis, tantôt de Jean de Fontenilhes, ne manqua pas de retourner plusieurs fois à l'Isle, et un beau jour le gouverneur huguenot lui annonçait qu'il se contenterait de 8.300 écus. Puis regrettant cet excès de générosité il fit savoir qu'il s'en tiendrait « à ce qu'estoit de la Trefve de Plieux. » Que tenter après cette réponse ? On pria simplement du Bourg « de surseoir les courses sur led. comté de Comenge. » Par bonheur, vers la fin du mois de février, le chef des Religionnaires de l'Isle, diminuant de beaucoup ses prétentions, accepta la promesse d'un paiement de 2.000 écus. Il poussa même la condescendance au point d'accorder aux supplications de Ségouffin un sursis de trente jours : il attendra, dit-il, « par tout le moys de mars et moïennant ceste partie il ne sera coureu sur led. païs jusques à la fin du moys de may. »

Cette convention ne supprima pas, dans la suite et jusqu'au mois de juillet, tout différend entre du Bourg et les Commingeois. Du Bourg ayant manqué à ses engagements, le 16 et le 21 juin Combis s'acheminait de nouveau vers l'Isle en vue d'aplanir les difficultés. Le 10 juillet c'est vers Mauvezin qu'il dirigeait ses pas : « Suis party pour aller à Mauvoysin, et ayant trouvé Mr de Maravat quy montoit à cheval pour aller aulx champs, me comanda l'attendre jusques à son retour qui fust le mercredy sur le tard, par insin je m'en revins le j[e]udi après disner.»

Nous verrons bientôt les États de Comminges embarrassés de leur promesse trouver à grand'peine les 2.000 écus réclamés par du Bourg et perdre, au moindre retard, le bénéfice d'une sécurité si chèrement acquise.

(Arch. de Muret : États de Muret, 24 mars 1593.)

*
* *

Tandis que Combis et les États attendaient le bon plaisir de Georges du Bourg, celui-ci permettait à ses troupes de « courir » en Comminges, c'est-à-dire de dévaster le pays. La ville de Samatan, si facilement accessible aux Huguenots de l'Isle-Jourdain, et les communautés avoisinant la Save éprouvèrent en particulier les horreurs de ravages à peu près continuels. Lisons, pour nous convaincre, un *Mémoire* « de M. d'Abbadie, médecin de Samatan. »

4° — « Courses » des Huguenots de l'Isle

Le VIII° apvril 1593 les sieurs consulz de la présente ville de Samatan obtindrent lêtre de madame de la Vallète, adressante au sieur du Borg, gouverneur à l'Isle, pour luy prier eust commissération tant du pays de Comenge que pouvre ville de Samathan, ne permettre que lesd. courses se fissent, et qu'il luy pleust venir en quelque honeste composition [tant] avec led. pays que ville, me priarent vouloir prendre la peine la luy apourter et l'en requérir vouloir venir en acord tant avec led. pays que ville.

Plus le X° dud. moys me priarent vouloir aler treuver le s' baron de Péguilhan, M. de Montégut et M. Daudirac, pour, avec leur bon conseil, treuver expédiant à la négociation et accord dud. pays avec led. s' du Bourg qu'estoit prest faire courir en Comenge, et en nous en retournant rencontrasmes le s' de la Hillère venant du Fossat. Luy ayant référé ce dessus fust de mesme advis que je retournasse vers led. s' du Bourg pour négotier avec luy accord général, et cependant que les courses cessassent : ce que je fis volontiers.

Le XIII estant de retour en ceste ville [de Samatan] lesd. s'^rs consulz me mandarent vouloir aler treuver lesd. s'^rs, attendeu que led. s' du Bourg ne vouloit entendre en aucun accord que le pays ne lui payast 2000 escutz que luy estoient promis, ou du moings, bailler pour iceulx bonnes cautions dans l'Isle mesme...

Le XVIII° may 1593 led. s' de la Hyllère me commanda vouloir pourter une des siennes lettres au s' Dengays commandant à l'Isle en l'absence dud. du Bourg, et luy prier, au nom du pays, patienter quelque temps, et ne courir poinct dans Comenge...

(Arch. de Muret : Etats de Muret, 24 mars 1594 :
« Compte des journées et vacations de M. d'Abbadie, médecin de Samatan. »)

Il ne suffisait pas cependant de traiter avec du Bourg, il importait surtout d'obtenir l'approbation et l'appui du maréchal de Matignon, gouverneur de Guyenne au nom du roi de Navarre. Lui seul pouvait garantir les engagements que du Bourg contracterait peut-être, mais que, sans cette précaution, notre huguenot ne respecterait pas longtemps. C'est Gabriel de Borderia, premier consul de Muret, qui vit le Maréchal à Bordeaux en mai 1593. De retour en Comminges, il exposa aux États réunis à Samatan (30 mai, 1, 2 et 3 juin) les divers incidents de sa négociation. A ce sujet, le greffier de l'assemblée, Raymond Bertin ne peut s'empêcher d'observer que l'orateur fut prolixe, qu'il prit son temps et se mit à l'aise : « Led. sieur de Borderia, *après long discours*, auroict faict apparoir des *articles* par luy présentés aud. sʳ Mareschal avec la lettre dud. sieur. » Cette harangue préliminaire ne nous est point parvenue. Nous savons seulement que le délégué rappela son exactitude à remplir les « Instructions à luy baillées par le pays » et qu'étant « arrivé en la ville de Bourdeaulx, il auroict représenté *au long* le contenu d'icelles à Monsʳ de Matignon et discoreu *longuement*, en plusieurs foys, sur le contenu d'icelles, et après tout, donné requeste aud. sieur de Matignon. » A défaut de la narration de Borderia nous possédons sa requête au Maréchal, la réponse de celui-ci et une lettre de Roquepine son mandataire.

5° — Requête de G. de Borderia au Maréchal de Matignon.

A Monseigneur de Matignon, Mareschal de France, Lieutenant général pour le Roy, en Guienne.

Humblement vous remonstre de Borderia depputé des Estatz de Commenge, pays de frontières, que puis la trefve accordée entre vous Monseigneur, et Monseigneur le marquis de Villars, et publiée audict pays de Comenge, tenant pour l'Union soubz l'obéyssance dudict seigneur Marquis, ledict pays de Commenge s'est de sa part contenu en tout debvoir de paix et soulagement du pouvre peuple, suyvant vostre dict commandement, sans qu'il y aye heu ne puisse avoir plainte de la moindre contrevention, et bien que les desportemens du party contraire quy est de vostre obéyssance deubssent estre semblables, comme chascun s'asseure avoir esté vostre intention, néanmoins le sieur du Bourg commandant sous vostre dicte obéyssance en la ville de l'Isle-en-Jordain, s'estant longuement faict solliciter de faire publier lad. trefve, ne l'a voulu faire qu'après une infinité de ruynes et ravages commis par sa garnison, lesquels luy ont esté par plusieurs foys représentés sans aucun amendement ni cohertion, que pis est, durent encore et empirent tous les jours jusques au désespoir du pays, qui a mieulx aymé commettre le suppliant par devant vous, Monseigneur, que d'empirer le mal et remettre tout aux premiers désordres et vastations, et parce que le suppliant est adverty que led. s^r du Bourg pren prétexte de sa contrevention sur les deniers royaulx réservés à Vous, Monseigneur, par lad. trefve, et autres prétendus par led. s^r du Bourg à son particulier, le suppliant est chargé par ses Mémoyres de vous représenter en premier lieu l'exemption dont led. pays ha tousiours jouy, de toutes charges extraordinères, comme font tous les pays de frontières, ce quy ne fust jamais contreversé. Quant aux tailles ordinères led. pays n'en cogneust ne accorda jamais au feu Roy que sa cottité de quatre milliers de livres, taillon et crue de trois solz, dont la part dud. pays de Comenge monte dix mil tant d'escutz, comprinses les Aydes aydantes, et non aydantes, desquelz encore Sa Majesté leur avait baillé espérance de descharge, encores en ha led. pays heu composition dud. seigneur marquis de Villars, à huict mil tant escuz comprinses les Aydes.

Quoy veu, Monseigneur, et la pouvreté dud. pays, qui ne vous pourroit estre représentée qu'à l'œil, vous ploise acorder aud. pays pareille composition, y comprenant les susd. Aydes, demeurant les non aydantes à la diligence de vos recepveurs, suyvant le privilège de leur dict pays, en tout cas que leurs dictes charges n'excèdent lad. somme de dix mil tant d'escuz que est leur part de plus haultz debvoirs qu'ilz ayent accordé au feu Roy, comme dict est, moyennant laquelle somme ilz soyent quittes de tous prétendus restes envers led. s^r du Bourg et aultres, ausquelz soict baillé telle loy en ses depportemens et ses garnisons, que led. pays en soict asseuré et aye occasion de Vous en randre grâce, néanmoins affin de couper toute source et occasion de discorde aud. pays, amplier lad. trefve généralement à tout icelluy, comprins tous forts, villes et chasteaux, avec généralle inibition de tous actes d'ostilité.

(Arch. de Muret : Etats de Samatan, 30 mai 1593.)

* * *

A quoy touteffoys led. s^r Maréchal de Matignon n'auroit voleu respondre, mais dict de parolle qu'il envoyeroit aux Estatz de Comenge ung gentilhomme de sa part, pour leur faire entendre ce qu'est de sa volonté, et aussi il escriroit ausd. Estatz. La lettre est de cette teneur :

6º. — Réponse du Maréchal de Matignon aux Etats de Comminges

Messieurs. — J'ay receu vos lettres et entendeu ce que le s^r de Borderya, présent porteur, m'a représanté de vos partz, sur quoy je ne puys vous répondre sans estre mieulx esclaircy de vos intentions. Et pour ce que j'ay tousiours désiré de vous voyr à repos et vous gratiffier de tout ce qu'il me seroyt possible, j'ay advisé estre à propos de fayre trouver en vostre assemblée un gentilhomme, de ma part, lequel je y envoieray pour cest effect (si vous luy voulez fayre donner asseurance de son voïage et retour), au jour que me manderés, vous priant croyre qu'en tout ce que j'auray moyen de m'emploïer pour vostre soulagement, je feray avec aultant d'affection que je me recommande à vos bonnes grâces, et prie Dieu vous donner,

Messieurs, en santé, bonne et longue vye.
De Bordeaux, ce vi^e may 1593.

V[ost]re entyèrem[en]t bon et plus parfaict amy,
MATIGNON.

Messrs, j'ay donné un passeport aud. de Borderya p[ou]r f[ai]re vostre assemblée pendant ce moys. Vous adviserez de l'advanser le plus que v[ou]s pourrez, et me ferez savoyr de vos no[uv]elles.

A Messrs, Messrs des Estatz du pays de Comenge.

<small>(Pièce originale. Signature et suscription autographes. — Archives de Muret : Etats de Samatan, 30 mai 1593).</small>

*
* *

Après, led. s^r de Borderia auroit prié led. s^r Maréchal de Matignon luy nommer le gentilhomme, qui luy auroict dict que cestoit Mr de Roquepine auquel auroit escript se trouver aud. jour d'huy à ceste assemblée (comme ils l'avoient arresté), lequel s^r de Roquepine luy auroit respondu par ceste lettre :

7°. — Lettre du mandataire du Maréchal de Matignon a G. de Borderia

Monsieur de Borderia. J'ay receu la vostre. Je vous diray que comme je partès de Bordeaulx, M^r le Maréchal me dict qu'il m'envoyeroit les Mémoyres et Instructions sellon son intention pour traicter des affaires avec les Etatz de Commenge, ce qu'il n'a encores faict. Je veoys que le terme que vous me mandés de lad. tenue desd. Estatz est bien court. Aussy ne puis-je partir sans avoir nouvelles de Monsr le Maréchal qui fera ainsi que je ne m'y pourrai trouver ausd. Estatz, s'ilz ne sont prolongés, dont, si la prolongation en est faicte, m'en pourrés advertir.

Sur quoy attendant, je demeure, Monsieur, vostre très affectionné à vous servir : Roquepine,[1] ainsi signé.

A Condom, le dimanche.

Je ne vous pourrois dire du jour que pourray m'acheminer que je n'aye nouvelles de Monsr le Maréchal, et soubdain que je en auray je vous en advertiray, Agen ou Auch, de celle que vous me manderés : faictes moi savoir, je l'adresseray.

Et au-dessus est escript : à Monsr, Monsr de Borderia.

<small>(Arch. de Muret : Etats de Samatan, 30 mai 1593)</small>

1. Olivier de Roquepine, fils naturel de Jean du Bouzet, Seigneur de Roquepine.

LXXVIII

1593 — Juin-Juillet

Les Huguenots de l'Isle-Jourdain et le Comminges (suite)

Conclusion d'une Trêve avec G. du Bourg

Après l'audition des pièces que nous venons de produire, les États de Comminges entrèrent en délibération. La question sur laquelle ils devaient opiner était celle-ci : *Comment importe-t-il de se conduire, vis-à-vis du gouverneur de l'Isle Jourdain, en attendant l'intervention du maréchal de Matignon ?* Le procès-verbal de la séance va nous permettre d'entendre l'avis des membres des États.

1° — Opinion des États

MM. Jean de Fontenilhes et Jehan de Lambez s^r de Savignac « sont d'advis de entrer en offre pour troys mois. »

M. François de Polastron s^r de La Yllère « est aussi d'advis de entrer en offre pour avoir la Trefve [afin] qu'on puisse recueillir les fruictz et pour quatre mois, pendant lesquels on se puisse aussi retirer vers M^r le mareschal de Matignon. »

M. Jehan d'Orbessan s^r de La Bastide de Paulmès est de même avis.

M. François de Nohé s^r de Montesquieu « est d'advis de entrer en offre, et que du Bourg nous quitte toutes restes et tailles et aultres impositions, et pour le terme de trois mois ou quatre, et quel accord qu'il y aye, avoir asseurance et indempnité. »

M. de Noalhan « est d'advis d'envoïer en offre de deux mil escus pour trois mois et que du Bourg baille asseurance de faire et entretenir la Trefve. »

MM. Vital Suau, vicaire général de Lombez, S. de Cazalas, juge, et Jean Bertin, procureur du Roi, opinent dans le même sens.

Les consuls de Muret, Samatan, Isle-en-Dodon, Aurignac, Saint-Julien, Castillon, Salies, demandent quatre mois de répit et offrent une somme à déterminer.

Les consuls d'Aspet, de Fronsac, Saint-Lizier, Lombez, ainsi que B. Cabalby, sindic de Couserans, offrent 3,000 écus.

<small>(Archives de Muret : États de Samatan, juin 1593.)</small>

2º. — Délégation de M. de Combis vers du Bourg

Et led. tout veu et entendeu, les gens desd. Estatz par meure délibération ont arresté qu'il seroyt envoyé vers le s^r du Bourg, gouverneur de l'Isle-en-Jourdain, homme de créance, de la part des Estatz, pour négotier avec luy et sçavoir son intention, et à cest effect noble Françoys de Combis, de Lombès, a esté nommé, et apprès la nomination dud. Combis, ayant derechef délibéré, lesd. s^{rs} des Estatz ont arresté que ayant receu passeport dudit s^r du Bourg pour led. s^r de Combis, led. s^r de Combis se transportera à l'Isle-en-Jourdain et remonstrera de la part dud. païs que, aux conditions contenues aux remonstrances faictes et mémoyres baillés aud. s^r de Borderia, vers led. s^r Mar^{al} de Matignon, lesquelles remonstrances ont esté mentionnées par led. s^r de Roquepine du mandement dud. s^r Mar^{al} comme led. s^r de Borderia l'atteste, le pays fera ce qu'il trouvera estre raisonnable en baillant bonnes et asseurées cautions dans la [ville de l'Isle-Jourdain] ou ailheurs, et rendre les deniers qu'il a esté par ledit s^r accordé.

<small>(Archives de Muret : États de Samatan, juin 1593.)</small>

3º. — Lettre des États a du Bourg en vue d'obtenir un passeport

Monsieur. Nous estans assemblés en ceste ville de Samatan attendant la venue du sieur de Roquepine et voyant qu'il ne arrive, avons advisé de vous escrire ceste-cy pour vous prier nous envoyer ung passeport pour M. de Combis pour aller devers vous et vous faire entendre de la part de l'Assemblée ce que ne vous pouvons escrire, et la présente n'estant à aultres fins, vous

baisons les mains et demeurons, Monsieur, voz bons amys à vous servir :
   Les Gens des Estatz du Païs de Commenge.

<small>(Archives de Muret : Etats de Samatan, juin 1593.)</small>

4°. — Autre lettre des États a du Bourg.

Monsieur. Nous vous avons ce matin envoyé ung porteur exprès pour scavoir si aviés nouvelles asseurées de M. de Roquepine pour faire fin à ce que a esté commencé, pour traicter de la trefve. Et entendeue la volonté de Monseigneur le Mareschal de Matignion néanmoins recouvrer de vous ung passeport pour M. de Combis, de Lombès, depputé par les Estats pour vous faire entendre de vive voix la volonté dud. Païs, et attendant vostre response ce soir avons receu la vostre, à laquelle vous sera respondu selon que le Païs jugera raisonnable, ce que entendrés demain par led. depputé, et sur ce, nous demeurons, Monsieur, voz humbles serviteurs :
   Les Gens des Trois Estatz.

<small>(Archives de Muret : États de Samatan, juin 1593.)</small>

5°. — Seconde délégation de Combis et de Borderia vers du Bourg

Et advenou le lendemain, premier jour de juing, au mesme lieu assemblés tous lesd. s^{rs}, seroict survenu led. s^r de Combis, qui auroit discoreu de sa délégation vers led. s^r du Bourg suyvant la commission à luy donnée par les Estatz, lequel luy auroict respondeu par des demandes hors de raison et ne seroit voleu entrer en aulcune offre, et par meure desliberation a esté arresté que de rechef led. s^r de Combis avec le s^r de Borderia retourneroient aud. l'Isle-en-Jourdain parler avec led. s^r du Bourg pour composer sur le faict de la trefve, leur donnant puissance d'entrer en offre avec luy au nom du pays comme ilz verront estre nécessaire pour quatre mois. Et de tout les gens desd. Estats se sont remis ausd. s^{rs}

de Combis et de Borderia délégués pour y pourveoir comme ilz adviseront bon estre, pour le profit du pays et comodité des habitans.

<small>(Archives de Muret : États de Samatan, juin 1593.)</small>

*
* *

6°. — Réponse de du Boúrg aux Négociateurs

Le lendemain 2ᵉ desd. mois et an, estant de retour lesd. sʳˢ délégués, et à ceste occasion s'estans reassemblés lesd. sʳˢ des Estatz, iceulz sʳˢ délégués apprès avoir discoreu leur négociation avec led. du Bourg, lesd. sʳˢ des Estats ayant entendeu la response dud. du Bourg, le reffus qu'il faict de bailler asseurance, son ambigüe response et demande excessive, apprès avoir longuement et meurement délibéré, et suyvi par plusieurs foys les voix et oppinions de tous l'ung apprès l'autre, ont arresté qu'il seroit envoyé ung gentilhomme de la présente assemblée vers led. sʳ de Roquepine, quy est à Condom, pour sçavoir l'intention dud. sʳ Maréchal et la commission qu'il luy a donnée, et ausd. fins le sʳ de Noalhan a esté nommé par lad. assemblée, lequel a accepté lad. charge et promis y fère son debvoir suyvant les mémoires et instructions à luy baillées par lesd. Estatz. Et ce pendant qu'il seroit establi dans led. pays une bonne et forte garnison[1].

<small>(Archives de Muret : États de Samatan, juin 1593.)</small>

*
* *

On a remarqué la mention faite, dans le document précédent, de la missive de G. du Bourg aux États. Voici copie de cette « ambigüe response. »

<small>1. Il fut décidé que jusqu'à la fin du mois d'août le pays entretiendrait, sous les ordres de MM. Jean de Fontenilhes et de Salerm, 60 maitres et 30 arquebusiers. M. de Noalhan devait contrôler les troupes avec l'assistance des consuls des lieux « où la garnison seroit establie. » S. de Cazalas s'engageoit à inspecter les garnisons de Muret et des villes dans lesquelles l'appelleraient ses fonctions de judicature. — Arch. de Muret : loc. cit.</small>

7º. — Lettre de du Bourg aux États de Comminges

Messieurs, pour responce à la vostre je m'apperçoys de ce que j'ay creu par cy devant, c'est que vous désirés plus gaigner temps que de venyr à ung solide accort. Je vois bien que vous vous mocqués de moy, mais si vous pensés que je ne le cognoisse, je vous prieré de croire le contrère, et me tenyr, Messieurs, vostre affectionné servitéur

Du Bourg.

Ce second de Juing 1593.

A Messieurs, Messieurs tenans les Estatz de Comenge, à Samatan.

(Archives de Muret : États de Samatan, juin 1593.)

Quelle qu'ait été la mauvaise volonté de du Bourg elle dut céder devant la tenacité des Commingeois et aussi, sans doute, devant la volonté du Maréchal de Matignon. Cette trève laborieuse, cause de tant de paroles et de tant d'allées et venues, fut enfin signée au mois de juillet. Un billet de du Bourg permet de croire que Borderia en fut le négociateur définitif.

8º. — Missive de du Bourg agréant l'entremise de G. de Borderia

Messieurs. Je vous envoye le passeport que vous demandés pour Monsieur de Borderya. Il ne tiendra poinct à moy que mettions quelque fin à l'accord ancommencé pour le soulagement du povre peuple, pourveu que vous vous veulhés mètre à la raison : pour moy vous m'y treuverés tousjours disposé, comme j'ay tousjours esté. Et sur ceste vérité, je demeure, Messieurs, vostre humble voisin et serviteur.

Du Bourg.

Ce 3º Juillet 1593.

A Messrs Messrs les députés des Estats du Pays de Commenge.

(Archives de Muret : États de Lombez, juillet 1593.)

9º. — Articles accordés entre les Députés
du pays de Commenge et Monsieur du Bourg, gouverneur et
commandant pour le service du Roy
dans la ville de l'Isle-en-Jourdain et comté d'icelle

Que le sieur du Bourg et ceulx qui sont soubz son commandement et dépendance d'icelluy, ne pourront faire aulcun acte d'ostilité dans le pays de Commenge, ses aydes aidantes qui sont Sainct-Girons, Viscomté de Couzerans, Lescure et Monbrun, Mauléon, Encausse, Montespan, Sauveterre et Gaujaigues, ny entreprendre par aulcune ville, lieu, fort, maison de gentilhomme, ny aultre quelconque.

Tous les habitans duquel pays et aydes aidantes, de quel estat, qualité et condition que soict, porveu que ne soient gens de guerre, pourront aller, revenir, séjourner et négotier en toute seureté où bon leur semblera, soict en Guienne, Languedoc ou ailleurs, sans estre molestés, ni offencés en leurs personnes, montures, équipages, or ny argent, par ceulx qui deppendent du gouvernement dud. s' du Bourg.

Comme aussy les Messieurs de la Noblesse et autres gens de guerre seront et demeureront en asseurance dans led. pays, allant et revenant, séjournans, faisans et négotians leurs affaires.

Et moïennant ce, le sieur du Bourg, les habitans de l'Isle et tous ceux qui deppendent du commandement dud. sieur, de quelque estat, qualité et condition qu'ilz soient, pourront aller, venir, négotier et traficquer par tout le pays de Commenge, sans estre troublés, molestés, ny vexés en leurs personnes, biens et comerce, par les habitans dud. pays, sauf qu'il ne sera permis aux ungs ny aulx aultres d'entrer es villes du contraire parti que par permission de ceulx quy y commandent.

Et au cas, aultres que ceulx qui dépendent du comandement du sieur du Bourg vouldroient entreprendre sur le pays de Commenge, led. sieur du Bourg promet que

ceulx de sa garnison et comandement ne les assisteront,
ny secouront aulcunement ; comme pareilhement ceulx
du pays de Comenge promettent de n'acister ny secourir
ceulx de son party contre le sieur du Bourg et ceulx qui
deppendent de son comandement, sauf et réservé si les
supérieurs et leurs maréchaulx de camp marchoient avec
armes, tant pour l'ung que pour l'autre parti.

Et moïennant ce dessus ne sera faicte aulcune cource,
jusques au premier de janvier prochain venant, sur les
habitans du pays de Comenge, autres toutesfois que des
gens de guerre, ne faisant aulcune promesse, en ce qui
concerne les actes d'ostilité, que pour les quatre mois qui
commencent le 8 juilhet et finiront le 8 novembre.

Faict à l'Islé-en-Jourdain le VIIIe jour de juilhet 1593.

Du Bourg, signé.

Collationné à son original par nous secrétaire des
Estatz du pays de Comminges.

BERTIN.

(Archives de Muret : États tenus à Muret, mars 1594.)

Il est stipulé, à la fin de ce document, que la trêve est placée
sous le bon plaisir des chefs de l'un et de l'autre parti : ceux de
Comminges poursuivront, par le ministère de G. de Borderia, la
négociation entamée avec le maréchal de Matignon. — Quant aux
États ils chargèrent MM. de Péguilhan et de Cazalas d'obtenir
l'entière validation de la trêve, devant le Parlement de Toulouse.
Les délégués remplissaient ce devoir le 11 juillet R. Bertin, greffier des Etats, expédia copie du contrat et des autre pièces : « parce
que, dit-il, la Cour les a volleus voir. » — (Arch. de Muret : États
de Muret, mars 1594.)

LXXIX

1593. — Juin-Juillet

Les Huguenots de l'Isle-Jourdain et le Comminges (suite)

Surveillance des Huguenots de l'Isle et de Mauvezin par MM. de Fontenilhes et de Salerm

Un accord avec les Religionnaires de l'Isle et de Mauvezin paraissait, en juin 1593, chose si douteuse aux Commingeois, qu'ils tentèrent de se procurer quelque sécurité par la levée de 60 maîtres d'armes et de 30 arquebusiers. Les États de Lombez déléguèrent le commandement de ces troupes à MM. Jean de Fontenilhes et de Salerm, sous le bon plaisir du marquis de Villars.[1]

1°. — Requête des États au Marquis de Villars

Monseigneur. — Nous estans assemblés en ceste ville de Samatan pour entendre le succès de la délégation du s^r de Borderia et de ce qu'il avoit négocié avec M. le Mareschal de Matignon pour l'exécution de la trefve et ne voyant arriver le gentilhomme qu'il y devoit envoyer pour en prendre une résolution, et remarquant d'ailleurs les estranges et insolans desportemens de s^r du Bourg gouverneur de l'Isle, qui ne cesse de pilher et ravaiger nostre païs et y commectre tous les actes d'hostilité les plus cruelz, si que avons advisé après avoir despêché de nouveau devers le s^r de Roquepine à qui led. s^r Mareschal avoit donné la charge de ceste négociation, que advenant que ne puyssions venir d'accord avec luy, comme nous n'en faisons plus d'estat, de dresser une bonne et forte garnison de soixante mestres et trente arquebousiers à cheval commandés par les s^{rs} de Salerm et Fontanilles, le tout soubz vostre bon plaisir, ayant pour cest effect depputé le s^r Amans présent porteur pour vous faire entendre et vous supplier très humblement de nostre part, avoir pour agréable la susdicte nomination et establissement de lad. garnison.

Et d'aultant que le s^r de Casalas, juge de ce païs, nous presse infiniment, en vertu de voz commissions, de procéder au despartement des deniers du tailhon, nous vous supplions très humblement nous en vouloir descharger, ou de nous permettre qu'ilz soient employés à partie du paiement desd. garnisons, veu l'extrême pouvreté de ce païs, et à cest effect imposer silence aud. s^r juge, néanmoins faire commandement aux consulz et habitans de la

---

[1]. Cfr. *Les Huguenots en Comminges*, n° LXXVIII, 6, dont les pièces suivantes sont le complément.

ville de Samatan, Andofielle, Saint-Thomas, et aultres de vostre gouvernement de recevoir les susdictes trouppes, lesquelles ne leur peuvent porter foulle aulcune attendeu qu'elles sont souldoyées et très bien payées par le païs, avec pareil commandement à toutes les villes et lieux de vostre gouvernement de sonner le batseing et se mettre en armes à mesmes temps que les ennemys s'en approcheront, sur les peines que vous plairra arbitrer, et de ce, en faire expédier les ordonnances à nostre depputé que nous ferons inthimer à un chascung.

Toutes lesquelles susd. choses ainsi délibérées à nostre dicte assemblée pour le bien et advancement du parti, de vostre service et conservation de ce païs, nous nous asseurons, Monseigneur, que vous les aurés pour agréables, comme venant de la part de ceux qui vous sont entièrement acquis et qui ne manqueront jamais de vous rendre le respect, debvoir et obéissance qu'ilz vous doibvent, avec très humbles supplications à Dieu, Monseigneur, qu'il luy plaise vous conserver en ses grâces.

De Samatan, ce 3ᵉ juing 1593.

Vos très humbles serviteurs :
Les Gens des Estatz de Commenge.

(Archives de Muret: États de Samatan, juin 1593.)

*_**

Le marquis de Villars ratifia bien vite le choix de l'assemblée de Samatan. La lettre de nomination des chefs de troupes sous-entend que MM. de Fontenilhes et de Salerm devront principalement surveiller du Bourg et Marabat. Pour ce motif, ces capitaines fixeront leurs garnisons à Samatan, Andoufielle et Saint-Thomas [1].

---

1. Les hommes d'armes logèrent provisoirement à l'Isle-en-Dodon, un local propre à les recevoir n'étant pas encore aménagé à Samatan. C'est par le billet ci-dessous transcrit que les États prévinrent les consuls de l'Isle-en-Dodon de l'envoi temporaire des troupes en leur ville :

« Messieurs. — Nous avons prié messieurs les sindicz et Abbadie de vous aller trouver de nostre part pour vous prier trouver bon pour deux ou trois jours que M. de Salerm avec sa troupe soit receu dans le faubourg de vostre ville attendant que nous ayons faict préparer son logis près de l'ennemy comme nous en sommes toujours, après ceste chose que nous croyons ne nous vouldriés desnyer comme amateurs du bien et repos public, et que d'ailleurs cella ne vous appourtera incommodité aulcune, etc. » — (Arch. de Muret : États de Lombez, juillet 1593).

2°. — Nomination de MM. J. de Fontenilhes et de Salerm

Emanuel de Savoye, marquis de Villars, etc..... aux consulz des villes du pays et comté de Commenge et aultres villes et lieux circonvoisins du pays de Rivière-Verdun, etc... salut.

Les gens des Estatz dud. pays de Commenge n'aguières assemblez en la ville de Sainct-Mathan, nous ont faict remonstrer que pour garentir la province qu'ilz représentent, des foulles et oppressions qu'elle a accoustumée de recepvoir par les courses et ravaiges des ennemys et particullièrement pour s'opposer à celles que la garnison de l'Isle-en-Jordain faict ordinairement, l'assemblée auroict arresté que pour les occasions susdictes led. pays de Commenge entretiendroict dorsnavant et durant la présente année, soixante hommes d'armes et trente harquebuziers à cheval, soubz la conduicte des sieurs de Fontenilles et de Sellerm et que nous serions priez d'agréer la nomination susd., et ce faisant, d'ordonner à iceulx s^{rs} de Fontenilles et de Sellerm les logis nécessères et commoddes pour pouvoir bien et à propos employer les forces susd. sans quoy elles demeurcroient inutiles, et le pays privé du bien qu'il espère de la despence où il est volontairement voleu entrer pour leur entretènement...

Pour ces causes, etc... vous mandons, etc... et nommément à vous consulz des villes de Samathan, Andofielle et Sainct-Thomas quy avez esté jugés les plus commodes, vous ayez à recepvoir... lesd. s^{rs} de Fontenilhes et de Sellerm, etc., (avec leurs lieutenants et compagnies) etc.

Faict à Agen le xvie du moys de juing 1593.

Emanuel de Savoye.

Par Monseigneur : La Rosée.

(Pièce originale. Signature autographe. — Archives de Muret: États de Lombez, juillet 1593.)

Le marquis de Villars, en vue de faciliter la besogne à MM. J. de Fontenilhes et de Salerm, fit commandement aux communautés du Comminges et aux lieux limitrophes situés en Rivière-Verdun, de sonner le tocsin dès que l'ennemi huguenot serait signalé. Cette précaution, soutenue par des injonctions sévères, n'était point superflue. De son côté, du Bourg ne manquait pas de prescrire aux villages qu'il pouvait terroriser que, lors du passage de ses compagnies, on ne sonnerait pas l'alarme [1].

3°. — ORDRE DE SONNER LE TOCSIN A LA VUE DES COMPAGNIES HUGUEEOTES

De par Monseigneur de Villars, lieutenant général pour le Roy au pays et duché de Guyenne.

Il est très expressément enjoinct aux consulz des villes, villaiges, fortz et aultres lieux indifféremment du comté de Commenge et pays circonvoisins, sur peyne de deshobéissance et d'estre traittez comme ennemys et adhérans à iceux, de sonner doresnavant le toquesain chascun en son lieu à mesure que les ennemys paroistront et seront descouvertz et mesme aux habitans de se lever et mestre en armes et en estat de s'opposer au passage ou retour d'iceux ennemis, favoriser en ce les s^{rs} de Fontenilles et de Sellerm, chefz et conducteurs des gens de guerre que le pays susdict entretient, et suyvre en ce que sera et concernera les exploictz de guerre l'advis et conseil d'iceulx.

Faict à Agen le XVIe jour du moys de juing 1593.

EMANUEL DE SAVOYE.

† [Place du Sceau]   Par Monseigneur : LA ROSÉE.

(Archives de Muret : États de Lombez, juillet 1593.)

---

1. Cfr. *Huguenots en Comminges*, n° LII, 4.

La missive suivante, par laquelle M. de Salerm remercie les États de la charge à lui confiée pour le commandement des compagnies, est une des rares pièces de ce genre conservées dans les Archives de Muret.

4. — Lettre de M. de Salerm aux États de Comminges

Messieurs. — J'ai resceu la lettre et créance qu'il vous a pleu m'envoyer par le s^r d'Abadye. Vous me ferés beaucoup d'honneur de croire que j'expozeray ma vie, mes moyens et mes amys pour la deffance ou service du pays, à quoy je me dispozeray quand il vous plaira, et pour vostre particulier, d'aussi fidelle affection que je desire me conserver,

Messieurs, vostre très fidel serviteur,

SALLERM.

De Sallerm ce 2e juing 1593.
A Messieurs, MM. des Estatz de Commenge.

(Pièce originale. Signature autographe. — Archives de Muret : États de Samatan, mai-juin 1593.)

LXXX

1593. — Juillet-Aout

Mésaventures du Juge de Comminges en quête du Marquis de Villars

Sébastien de Cazalas et le baron de Péguilhan ayant reçu mission des États de faire approuver la trêve de Lombez par le Parlement de Toulouse, s'acquittèrent de ce mandat le 11 juillet. Sitôt après, le Juge de Comminges se mit à la recheche du marquis de Villars qu'il croyait en résidence à Agen, afin d'obtenir ratification de l'accord. — Nous possédons le *journal* dans lequel sont consignés les incidents de cette curieuse pérégrination.

En la ville de Lombez et au mois de juillet dernier où la trefve fust résoleue avec le s^r du Bourg... nous aurions esté depputés avec le sʳ de Péguilhan pour icelle faire agréer à la court [de Parlement¹], et moy particulièrement j'aurois esté depputé seul pour m'acheminer devers Monsʳ le Marquis, pour icelle en tous ses chefs faire aggréer et authoriser.... pour quoy faire je suis party de ceste ville² pour aller trouver led. sʳ de Péguilhan en Tholose et faire aggréer lad. trefve à la Court le 11ᵉ dudit mois de juillet, et ceste poursuite faicte, je me suis, suyvant ma charge, achaminé devers led. sʳ Marquis qu'on m'asseuroit estre à Agen, si qu'estant arrivé à la Magistère j'aurois eu advis que les ennemys estoient ordinairement sur le passage et qu'il m'estoit impossible de passer sans ung extrême danger. De sorte qu'ayant esté constrainct de rabrucher chemin à Moissac où on m'auroit asseuré que de nuict je pouvois passer seurement par eau, j'aurois trouvé ung batteau et mis sur la rivière avec Mʳ Amans consul de ceste ville et quy est à présent dans les Estatz, que j'avois prié de faire le viatge avec moy, ayant envoyé les chevaux et serviteurs par terre, duquel batteau j'aurois payé deux escutz et demy jusques aud. Agen.

Estant arrivé à la [juridiction?] de Las Peyres³, sur la minuict, nous aurions par malheur faict rencontre des Huguenotz lesquelz nous auroient faict abborder, et nous ayans saisis prisonniers et nous conduisans à Puimirol, ayans confessé que nous estions des merchantz traficquantz, par artiffice et un grand heur et bénédiction de Dieu, nous feusmes mis en liberté dans trois heures

---

1. Les Députés des États étaient munis de cette requête adressée « à Messeigneurs de Parlement : — « Supplient humblement les Scindicz des trois Estatz du pays de Comenge que pour obvier à la continuation des courses, ravages, rançonnementz et aultres actes d'hostillité exercés par la garnison de la ville de l'Isle-en-Jordain tenant le contraire party, sur les habitans dud. pays, avec une très grande désolation d'iceluy, les Supplians pour le soulagement d'iceulx et leurs pays circonvoisins, auroient advisé de faire trefve avec ceulx qui commandent dans lad. ville, aux meilleures et plus commodes conventions qu'il leur auroict [esté] possible, ainsi que la Cour verra par les articles cy-attachés... » — (Arch. de Muret : États de Lombez, juillet 1593.)

2. De Muret.

3. Laspeyres, lieu aujourd'hui compris dans la commune de Clermont-Dessus (Lot-et-Garonne).

apprès en payant à trois soldatz doutze escutz. Ilz nous auroient aussi prins nos deux espées, et pour en achapter deux aultres j'aurois payé quatre escutz.

Estant arrivé à Agen pançant y trouver M. le Marquis, quy touttefois s'en estoit allé à Marmande cinq ou six jours auparavant, dès le jour mesme je feuz atteint d'une grande maladie qu'à peine eus-je moïen de pouvoir faire despêche à M. le Marquis m'ayant, le lendemain, saisy la fiebvre continue, qui me continua ung fort long temps ; mais me commençant de remettre, m'ayant esté communicquée par le s^r Amans, qui tousjours m'assista en ma maladie, la response dud. S^{gr} Marquis, j'aurois remarqué que tant s'en falloit qu'il aggréast nostre négociation de la trefve, qu'au contraire il se plaignoit infiniment contre nos Estatz et moy particulièrement, de ce que, par le IVe article de lad. trefve, nous aurions acco dé la suspention d'armes pour quatre mois, s'en plaignant d'une façon très aspre, sur ce quoy je luy aurois faict de nouveau despêche aud. Mirande. Et pour les deux viatges à cause des dangiers des chemins, j'aurois payé aux porteurs 4 escutz.

Et n'aïant, par la dernière despêché, rien plus obtenu que par la première, m'ayant esté renvoyées toutes mes requètes sans responce et s'estant rendu led. s^r Marquis à Esguilhon, ne pouvant à cause de ma foiblesse aller à cheval, j'aurois loué ung batteau avec ung passeport, que par le moïen de mes amis j'avois obteneu des consulz et gouverneur du port Sainte-Marie, et me suis achaminé par eau aud. Esguilhon, duquel batteau et du porteur que j'avois envoyé audit Port Sainte-Marie, j'aurois payé 3 escutz.

Arrivé à Esguilhon, après avoir remonstré aud. s^r Marquis comme la nécessité et l'exemple de nos voisins avoit constrainct noz Estatz de faire lad. trefve, avec toutes les considérations que j'estimois devoir estre apportées, j'aurois obtenu ma despêche suyvant l'intention desd. Estatz et la charge quy m'avoit esté comise, ayant à cest effect remis les deux ordonnances que j'en avois obtenues entre les mains du scindic du Tiers Estat.

Pendant ma maladie ayant esté atteint jusques à extrémité de vie, je fis aud. Agen de très grandes et extrêmes despances, car, quoique je n'eusse que trois chevaulx, l'hoste me fit payer pour quatre, m'ayant à moy, à cause de la despence que ma maladie luy avoit apportée, soit en bois, chandelles, linge, que aultres incommodités, faict payer aultant que pour deux.

J'avois esté aussi pendant ma maladie visitté toutz les jours deux fois du médecin auquel chasque fois le sʳ Amans avoit bailhé une pièce de 22 ou 24 sols, teneu le lict environ 35 jours, pendant lesquelz, soict pour le médecin ou pour l'appotiquère, j'aurois faict d'extrêmes despences.

[La fièvre qui avait repris le Juge à Castelsarrasin, le saisit de nouveau à Muret après sa rentrée] : estant tumbé en recheutte, je feus remis dans le lyct pour cinq sepmaines ou environ, comme les conseulz et habitantz de ceste ville peuvent attester.

(*Journal de M. le Juge de Commenge.* — Arch. de Muret : États de Muret, mars 1594.)

LXXXI

1593. — Septembre

Les Huguenots de l'Isle-Jourdain et le Comminges (*suite*)

Nouvelles entrevues avec Du Bourg

Les Commingeois eurent encore à s'entendre avec Du Bourg, après la conclusion de la paix, au sujet du paiement des sommes promises. Il reste trace des entrevues préparées à cette occasion dans ces deux pièces émanées l'une du gouverneur de l'Isle, l'autre de sa chancellerie.

1º. — Billet de Du Bourg a De Combis

Monsieur. Je vous envoye le passeport que demandés pour vous, Messieurs de Cotray et Bertin. Vous serés les bien venus quant il vous plairra. Et sur ce je demeure, Monsieur, vostre affectionné serviteur :

Du Bourg.

A l'Isle, ce XVIII° VII^{bre} [1593].
A Monsieur, Mr de Combis.

(Archives de Muret : Etats de Muret, 20 mars 1594.)

2°. — Passeport accordé par Du Bourg. [1]

Le seigneur du Bourg, s^r de Clermont, gouverneur et commandant pour le service du Roy dans la ville de l'Isle-Jordain et comté d'icelle.

A tous capp^{nes}, chefz, leurs lieutenans, enseignes et aultres gens de guerre, tant de cheval que de pied, sur lesquelz nostre pouvoyr s'estend, commandons, ceulx qu'il fault prier, prions et requérons, de laisser passer en toute liberté et assurance, Messieurs de Combis, Coutray et Bertin s'en venant en ceste ville pour parler

---

[1]. A propos des nombreux passeports expédiés par du Bourg, il y a lieu de faire observer que le gouverneur de l'Isle n'aurait pas supporté qu'on en fit mépris ; mais de son côté il ne se gênait point pour contester même ceux du maréchal de Matignon. Lors de la délégation de Borderia vers le maréchal, celui-ci délivra un sauf conduit au député de Comminges (9 juin 1593). Or du Bourg se trouvait à Bordeaux en ce moment. Le passeport lui fut présenté par voie d'huissier. Mais l'officier eut à écrire au dos de la pièce cette protestation : « ... coppie [a esté] baillée au s^r du Bourg, gouverneur de l'Isle, parlant à luy, trouvé en la ville de Bourdeaux, quy a faict responce qu'il requiert estre ouy par devant led. Sgr mareschal de Matignon, sur led. passeport, comme ayant esté donné sans l'ouyr. — Par moy huissier au Parlement aud. Bourdeaux : De Castet. » — (Arch. de Muret : Etats de Samatan, juin 1593.)

La mauvaise humeur ressentie par du Bourg pour le manque d'égards qu'il reprochait à Matignon, retomba sur les malheureux Commingeois. Dans un *Mémoire* adressé par M. de Noalhan, au nom des États, à Roquepine, on voit quels ont été les résultats de l'affaire du passeport :

« Bien que le s^r Mareschal [de Matignon] par le passeport et sauvegarde par luy expédiés aud. s^r de Borderia en faveur du païs, eust faict inhibition et defense à tous ceulx de son obéissance de ne commettre aulcung acte d'hostilité dans led. païs, et que lad. inhibition fust esté inthimée au s^r du Bourg, qui estoit lors, pendant le mois de may, à Bourdeaulx, et que par là il n'en peult prétendre cause d'ignorance, ce néanmoins, le dimanche 23e dud. moys et pendans le temps de lad. sauvegarde et passeport, il auroit commis tous les actes d'hostilité dans led. païs, tué, pilhé et ravaigé, et faictz prisonniers, de quoy s'estant allé plaindre le scindic dud. païs aud. s^r du Bourg, dans lad. ville de l'Isle et représenté la contravention à l'Ordonnance dud. s^r Mareschal, et requis de mettre en liberté les prisonniers, et rendre le bestailh par lui saisy, il n'en auroit voulu faire aulcung estat, ains déclaré que sans avoir esgard à lad. sauvegarde ilz continueroient leurs courses et ravaiges, comme il a faict pendant le temps d'icelle. » (Arch. de Muret : États de Samatan, juin 1593).

à nous et s'en retourner à Lombès, sans permètre qu'il leur soict faict ny donné aulcung trouble ny empeschement, car de ce leur avons donné assurance par les présentes.
Faict à l'Isle-Jordain le xviii° septembre 1593.

Du Bourg.

Par mondict seigneur : Bardion.

(Archives de Muret : États de Muret, 20 mars 1594.)

LXXXII

1594. — Mars

Les Huguenots de l'Isle-Jourdain et le Comminges (suite)

Négociation et Conclusion de la Trêve de 1594

Les Commingeois préparèrent un nouveau concordat avec les Huguenots de l'Isle et de Mauvezin, à l'expiration de celui de 1593.

Les Etats généraux de Guyenne, récemment réunis à Moissac, avaient bien résolu la pacification du pays (c'était d'ailleurs, en ce moment, la volonté de toutes les provinces), mais nos Religionnaires trouvaient toujours le moyen de se soustraire aux conventions générales afin de rendre inévitables des conventions particulières plus fructueuses pour eux. Le Comminges envoya donc, encore une fois, des députés à du Bourg et à Marabat. On choisit comme délégués, les Etats tenant séance à Muret[1] au mois de mars 1594, MM. de Péguilhan, de Montagut, de Saubens, de Montesquieu, Combis, Dupont et Vergery.

Voici le texte des instructions que reçurent les négociateurs ; elles se réfèrent à l'impôt fixé par l'assemblée de Moissac.

---

1. Noms des principaux personnages présents aux États ouverts, le 17 mars 1594, dans le couvent des Cordeliers de Muret : Le juge de Comminges ; François Durand, vicaire général de Couzerans ; Vital Suau, vicaire général et official de Lombez. — Nobles F. de Polastron, sgr de la Vilère, sindic de la Noblesse ; Jean de Lambès, sgr de Savinhac ; Jean d'Orbessan, sgr de La Bastide-de-Paulmès ; Odet de Goyrans, sgr de Montagut ; Jean de Toges, sgr de Noalhan ; Fr. de Nohe, sgr de Montesquieu ; Jean de Commenge, baron de Péguilhan ; Bertrand de Lamothe, sgr de Saubens. — MM. Pierre de la Lauze, receveur des tailles ; Etienne du Boysset, receveur du taillon ; Jean Bertin, procureur du Roi ; Thomas Amans et Antoine Hébréard, consuls de Muret ; Bertrand Rivis et noble Jean Campan, consuls de Samatan ; B. Cabalby, sindic de Couserans ; D. Casteras, sindic du Tiers ; Jean de Claria et Fr. de Combis, consuls de Lombez ; Bertrand Lasalle et Bernard Salin, consuls de Saint-Lizier ; les députés des autres chefs-lieux de châtellenie et ceux de Bagnères, Sauveterre, etc.

1º. — Instructions et Mémoires baillés aulx Depputés de la Trêve

Pour servir d'Instructions à Messieurs de Pégulhan, de Montagut, de Saubens et Montesquieu ; Combis, Dupont et Vergeri, en la conférence qu'ilz sont priés de faire de la part et comme depputés de Messieurs les gens tenans les Estatz du pays de Commenge, avec les sieurs du Bourg et Marabat, commandant ez villes de l'Isle-en-Jourdain et Maubezin, pour le traicté de la trêve.

Et pour servir à leur négoce ilz se représenteront qu'aux Estatz généraux de Guienne, dernièrement tenus en la ville de Moissac, la trêve pour ceste présente année 1594 a esté accordée par tous les depputés de l'ung et de l'aultre parti,[1] excepté ceulx de ce pays de Commenge[2] qui auroient incisté au contraire, comme cy-après sera représenté, en ce seulement que regarde les Impositions, à la condition que le chef de nostre parti imposeroict jusques à la somme de deux cens trente mil escus, et le chef du contraire parti jusques à la somme de deux cens soixante mil escus, à quoy comme dict est, led. pays de Commenge n'auroict en aulcune façon volleu consentir, ains protesté, comme appert de leurs protestations incérées au procès-verbal.

Et pour monstrer de la justice de leurs incistances et protestations, ilz auroient représenté comme le pays de

---

1. On trouvera dans les archives de Muret (États de Comminges tenus à Muret en mars 1594), le texte intégral des « *Articles de la trefve et cessation d'armes pour tout le pays et gouvernement de Guienne*, accordés entre les depputés de l'ung et l'aultre party soubz le bon plaisir et auctorité des chefs des partis et de leurs lieutenans généraux audict païs de Guienne pour l'année 1594. » — Nous n'insérons pas ce document, si intéressant qu'il soit, parce que les Commingeois acceptant en principe et quant à l'esprit la Trêve de Guyenne, en firent avec les Huguenots, leurs voisins, une application particulière et imprévue.
Le complément indispensable des articles officiels du concordat de 1594 se lit dans « *Les Articles secrets de la Trêve de Guienne*, rédigés et sanctionnés à Lavit-de-Lomagne, par les députés des deux partis, le 4 février. Cette convention est relative à la modération et au mode de levée des impositions votées précédemment à Moissac par les États généraux de Guyenne. — *Item, Ibid.*

2. Les députés du Comminges aux États généraux de Guyenne avaient été MM. Fr. de Polastron, seigneur de la Yllère, sindic de la Noblesse ; S. de Cazalas, juge ; et Casteras, sindic du Tiers.

Comenge est, la mercy Dieu, entièrement uny pour le parti, et sans que le parti contraire jouysse d'aulcune ville, ny lieu, aud. pays ; que, pour le remettre en cest estat et que pour recouvrir les villes que les ennemys y auroient surprises, led. pays seroict entré en plusieurs grandes et extrêmes despences pour raison desquelles il demeure endebté en de notables sommes.

Que d'ailleurs et pour plus grande considération, ledict pays, en la pluspart, et pour le moings de trois parties les deux, est aboutissant et limitrofe du pays de Foix, et mesmes, dans led. pays, occupé par le parti contraire et qui ne recognoist aulcunement le chef dud. parti de Guienne comme estant un gouvernement séparé et particulier avec lequel il fault que tous les membres dud. pays, aboutissans à lad. comté de Foix, entrent en convention particulière comme ne pouvans estre offencés d'autres que d'eulx et ausquelz la trêve de Guienne est du tout inutille et infructueuze, n'estant donq raisonnable que aultres entrent en la despence de la trêve de Guyenne que ceulx qui en reçoivent de la commodité et soulagement.

Qu'il est notoire ausd. sieurs du Bourg et de Marabat que par led. tracté de la trêve il est nottament porté qu'aulcune chastellenie, ville ny lieu ne pourront estre constrainctz au paiement que de ce qui eschera à leur part et sans qu'ilz puissent estre constrainctz pour la cottité des lieux circonvoisins, et qu'estant le pays de Commenge composé de neuf chastellenyes et que lesd. sieurs du Bourg et Marabat ny aultres du parti contraire dud. gouvernement de Guyenne ne peuvent constraindre aud paiement que trois chastellenies, scavoir : Muret, Samatan et l'Isle-en-Dodon[1] [et Sauveterre-Gaujagues ayde aydante dud. pays], en restent les six[2] que sont de trois parties les deux, lesquelles fault par nécessité pour leur soulagement, repos, et conservation, qu'ilz pourvoient à leur indempnité envers ceulx dud. comté de

1. Les mots qui suivent, placés entre crochets, sont écrits à la marge dans l'original.
2. Aurignac, Salies, Aspet, Saint-Julien, Fronsac, Castillon.

Foix qui est du parti contraire, desquelz seulz ils peuvent estre offencés, pour lesquelles considérations principalles les depputés dud. pays de Commenge n'ont peu consentir à l'octroy des Impositions accordées ausd. Estatz généraulx de Guienne.

Que touteffoys pour monstrer combien ilz ont d'affection au repos et soulagement du peuple et à l'exécution dud. traicté de la trefve accordé en Guyenne, et en tant que le debvoir et la raison leur peult permètre et pour tous ceulx qui peuvent recepvoir solagement d'icelle, qui sont lesd. trois chastellenies et Sauveterre-Gaujagues, et de tout ce qu'il pourra escheoir à leur part de l'imposition accordée par lesd. depputés de Guienne aud. parti contraire et de lad. somme de 260.000 escus, ils offrent en faire le despartement et paiement aux termes et conditions pourtées par lad. trêve de quoy lesd. sieurs depputés en dorront toutes les asseurances en tel cas requises, en recepvant toutesfoys acquitz et descharges suffisantes du sieur mareschal de Matignon chef du parti contraire, ou ses recepveurs, en bonne et deue forme, et non aultrement.

Qu'en ce que regarde les aydes non aydantes comme sont Begorre, Pardiac, Fites, Afites, Puyderieux et Lapeyre, Sainct-Sevé de Restaing, ils n'entendent empêcher qu'ilz ne soient constrainctz au paiement de ce qui escherra à leur part suivant le despartement de lad. somme de deux cens soixante mil escus.

Et où lesd. sieurs depputés, comme il est à craindre, ne pourroient sur les susd. considérations obtenir la descharge desd. deux tiers, et que pour le bien et soulagement du pays ilz seroient constrainctz de passer oultre à l'octroy de plus grandes sommes, les gens desd. Estatz leur permètent de pouvoir.

Et par mesme moïen, lesd. sieurs depputés sont priés de la part desd. Estatz de procurer l'eslargissement de tous les prisonniers qui ont esté faictz par les garnisons desd. sieurs du Bourg et Marabat, soict des marchans d'Aurignac, du sieur d'Alexis, que habitans de Sainct-Loube, à la rétention desquels lesd. s^rs du Bourg et Marabat n'ont quoy tenir. Car en ce qui regarde les prisonniers de ceulx d'Aurignac, ilz auroient esté faitz prisonniers par la garnison dud. s^r de Marabat pendant le temps du traicté accordé l'année dernière avec led. s^r du Bourg, auquel tracté led. s^r de Marabat estoict interveneu et donné asseurance par sa lettre de ne rien entreprendre, ny courir sur le laborage, ny marchans trafiquans. Que lesd. prisonniers sont de lad. qualité et ont esté saisis faisans leur traficq et commerce, mesmes dans led. pays, et sur l'asseurance desd. s^rs du Bourg et Marabat, et par ce moïen ilz ne peuvent avoir aulcung droict de rétention.

Mesmes et pour une dernière considération, que par led. traicté de la trève généralle accordée en Guienne, et neufviesme article, tous prisonniers faictz l'année dernière 93 pour prétendus arrérages ou aultrement, sont eslargis ou mis en liberté, et par ce moïen led. s^r de Marabat comme amateur de l'entretien des règlemens et de la foy et promesse par luy donnée, ne peult ny doibt reffuzer l'eslargissement desd. prisonniers.

Quant aud. s^r Alexis et habitans de Sainct-Loube saisis par la garnison dud. s^r du Bourg, il est certain comme luy mesme accorde par la déclaration qu'il a faicte aud. s^r Alexis, du septiesme de ce mois, qu'il les retient pour le prétendu courant de ceste année, chose qu'il ne pouvoict que préalablement le despartement n'en fut faict, et par les constrainctes dud. s^r mareschal de Matignon son supérieur. Et d'allieurs si lesd. s^rs depputés demeurent d'accord avec luy pour led. prétendu courant de ceste année, lesd. emprisonnemens demeurent nulz et comme non advenus. Mesmes et pour une dernière considération à laquelle ne peult estre apportée valable responce, que led. emprisonnement fut faict pendant le temps de la conférence desd. depputés de Guienne, de l'ung et de l'aultre parti en la ville de Lavit, auquel temps toutes cources et actes d'ostilité estoient interdictes, laquelle seule considération rend lesd. emprisonnemens nulz et attemptatoires.

Comment qu'il en soit advenant que led. traicté réussise, lesd. sieurs depputés sont suppliés, par les articles qu'ilz apporteront, obtenir déclaration et asseurance desd. s^{rs} du Bourg et Marabat, conformément à la trêve génerale, accordée en Guyenne, qu'aulcune chastellenye, ville, ny lieu, ne pourra estre constraincte pour l'aultre.

Et néanmoings qu'ilz seront tenus de prendre les espesses au cours courant pour esviter le deschet qu'on a souffert l'année dernière.

Et pour asseurance entière dud. pays et aydes aydantes et moïennant l'asseurance qu'ilz dourront ausd. s^{rs} du Bourg et Marabat pour la partie qu'ilz leur accorderont, lesd. sieurs du Bourg et Marabat seront tenus de nous fournir des acquitz de tout ce qui pourra escheoir sur led. pays et ses aides aidantes, de la somme principalle de 260.000 escus, qui est environ 13.000 escus, à ce que par ce moïen, tous doubtes soient ostés et que tous les habitans dud. pays et aydes aydantes soient en asseurance sans pouvoir estre recherchés directement ny indirectement.

De mandement de Messieurs les Gens desd. Estatz.

BERTIN, secrétaire desd. Estatz.

(Archives de Muret ; États de Muret, mars 1594.)

***

Avant de partir pour l'Isle-Jourdain, les Délégués du Comminges se munirent d'un passeport que du Bourg leur fit expédier, sur la demande des Etats. Ainsi sauvegardés, ils joignirent au texte de leurs *Instructions* la déclaration suivante :

2º. — DÉCLARATION DES ÉTATS DONNANT MANDAT AUX DÉLÉGUÉS

Les gens des trois Estatz du pays et comté de Commenge, assemblés en la présente ville de Muret, délibérant sur le faict de la trefve génerale de Guyenne, accordée aulx Estatz généraulx tenus à Moyssac, et pour d'icelle jouyr et traicter au plus grand solagement de ce pays que faire ce pourra, ont priés et depputés de la part desd. Estatz, Messieurs de Péguilhan, de Montagut, de Montesquieu et de Saubenx, ensemble les s^{rs} de Combis, Dupont et Vergery, lesquelz ilz ont supplié de prendre la peyne de soy acheminer devers les s^{rs} du Bourg et Marabat, commandans ez villes de l'Isle-Jourdain et Mauvezin, pour avec eulx traicter et résouldre lad. trefve, en la meilheure forme que faire ce pourra, ausquels s^{rs} susdictz ont à cest effect donné tout plein pouvoyr et puyssance, promettant avoir pour agréable tout ce que par eulx sera faict et négotié... etc. Faict en l'assemblée généralle des Estatz du pays, le 20e jour du mois de mars 1594. Du mandement des s^{rs} desd. Estatz :

BERTIN, secrétaire desd. Estatz.

(Archives de Muret : États de Muret, 20 mars 1594.)

***

Du Bourg et Marabat reçurent assez mal les députés du Comminges. A leur rentrée à Muret, ceux-ci firent aux Etats la déclaration suivante :

3°. — RAPPORT DE M. DE PÉGUILHAN ET DE SES COLLÈGUES APRÈS LEUR ENTREVUE AVEC DU BOURG

Seroint survenus les sieurs depputés de la trefve, lesquelz, par l'organe du sieur de Péguilhan, en présence de tous les s^{rs} depputés de l'assemblée de ce comté auroient représenté que suivant la délégation et charge à eulx donnée ilz auroient parlé aulx sieurs du Bourg et Marabat et taché de prendre résolution certaine avec eulx sur la négociation de la trefve avec cessation d'armes, en conséquence de la trefve accordée en Guyenne. Sur quoy, quoyqu'ilz aient apporté tout ce qui a esté en eulx et le debvoir d'affection, ce néanmoingz il ne leur a esté possible en aulcune fasson de les fère parler certainement, aïant seullement ouffert d'assurer, pour leur regard et en ce qu'est de leur garnison, le païs et habitans, pour le laborage et comerce, et non pour les actes d'hostilité, pour tout le long de ceste année, et ce, moyennant la somme de xii mille escus et le soul pour livre, sçavoir huict mil escus pour le sieur du Bourg et quatre mil escus pour le s^r de Marabat, ensemble huict cens escus pour les gages de Taranque recepveur et cinq cens escus de prétendus restes, si mieulx lad. assemblée n'ayme advancer dans le xv d'apvril prochain au s^r du Bourg deux mil escus et au s^r de Marabat mille, avec promesse et asseurance d'en payer tout aultant au xv de may prochain, à la charge de faire allouer au pays lesd. parties sur' et tant moings des impositions prétendues par le Roy de Navarre et le Mareschal de Matignon, pendant lequel temps led. pays se pourra pourveoir comme bon luy semblera pour l'asseurance de lad. trefve, leur aïant au surplus déclaré qu'ilz ne peuvent esviter de courir et ravager le païs plus long temps s'ils n'est pourveu à l'advance par eulx requise.

(Archives de Muret : États de Muret, 22 mars 1594.)

***

En présence de ces exigences les Etats remirent au lendemain leur délibération. La séance fut, on le devine, assez animée. Chacun eut la liberté de discourir à son tour et d'exprimer son avis. — Ainsi que nous l'avons fait précédemment, recueillons l'opinion des membres de l'assemblée :

4°. — Discours du Juge. — Vote des Membres des Etats

Le s^r juge auroict représenté à l'assemblée comme l'affère le plus important qu'elle aie, c'est celluy qui regarde la négociation de la trefve, lequel par la délibération d'hier auroict esté remis à ce matin, auquel il importe de délibérer. Mais parce que c'est ung affère chatoilleux et que et l'ung et l'aultre des expédiens et offres faictz par les s^{rs} du Bourg et Marabat sont très préjudiciables au public pour estre constrainctz de leur bailler de l'argent, sans rien accorder de certain avec eulx, il supplie l'assemblée d'adviser s'il se porroict treuver aultre expédient plus doux et au soulagement du peuple, et à tout advènement, avant que se despartir de ces Estatz, pourveoir en quelque façon que ce soict à l'asseurance et indempnité dud. pays.

L'affère mis en délibération : M. l'archidiacre de Couserans, après le discours qu'il a faict, est d'advis d'advancer cependant la partie demandée pour vivre en paix et repos et gaigner temps, qui sont les 2.000 escus d'advance.

M. le vicaire général de Lombez, de mesmes.

M. le baron de Péguilhan est de mesme advis d'advancer les 2.000 escus pour du Bourg et mil escus pour Marabat.

M. le baron de Fontenilhes et M. de Savinhac sont de mesme advis.

M. de La Ylhère, scindic de la noblesse, est de mesme advis, et cependant treuveroict bon d'envoyer à Bordeaux.

M. de Labastide, de mesme.

M. de Montagut est de mesmes advis, et cependant pour meilheure asseurance est treuvé expédient d'envoïer à Bordeaulx vers Mr le Mareschal de Matignon.

MM. de Nolhan, de Lambès, de Montesquieu votent en ce sens.

Mrs les consuls de Muret sont de mesme advis d'advancer les deux mil escus à du Bourg et mil escus à Marabat et d'avoir bonnes assurences tant d'eulx que de leurs supérieurs.

Castilhon [les consuls de Castilhon] de mesmes, sauf si on pouvoict avoir meilheure condition de Marabat.

Tous les consuls des chefs-lieux de châtellenies, ceux de Montespan, ceux d'Encausse émettent un vote semblable.

Dézirat, pour la conférance campanère, est de mesme advis et treuve fort bon l'expédient de payer, voulant obéyr aulx délibérations et arrests des Estatz et payer à l'ennemi de ce que, par eulx, sera advizé.

Si ont esté d'advis que au cas la trefve ne s'observeroict et que l'ennemy treuvast quelque artifice pour l'interrompre et qu'il faulcist [fallût] faire la guerre, qu'en ce cas il sera employé vert et sec et tous leurs moyens et prendre les tailhes, tailhon, crues et aultres deniers, bénéfices et tout ce qu'ils treuveront jusques à l'extrémité pour faire lad. guerre et mangeront tout ce qu'ils ont.

S'entend aussi au cas que ceulx du contraire parti ne vouldroient accepter et se contenter de l'offre que le païs leur a faict de lad. advance, auquel cas M. le Marquis sera prié de tenir main forte.

(Archives de Muret: États de Muret, mars 1594.)

5°. — Résolution définitive des Etats

Sur quoy ouys les discours et ouvertures que ung chascung des depputés auroict faictz, et les veoix au long reculhies par led. s^r juge, d'ung commun consentement de tous lesd. s^{rs} depputés, mesme du susd. Désirat, depputé des prétendus villages confédérés dud. pays, auroict esté résoleu de passer par le dernier expédient comme plus utile au pays et que à cet effect l'advance requise par lesd. s^{rs} du Bourg et Marabat de la somme de 3.000 escus dans le 15 d'apvril, si tant est qu'on n'en puise retrancher, luy sera faicte et mesme donné asseurance de pareilhe somme pour tout le mois de may, si aultrement faire ne se peult, à la charge de retirer asseurance d'eulx, suivant leur offre, de faire valider lesd. sommes advancées sur et tant moings de ce que le pays sera constrainct d'accorder au chef du parti contrère, commettant à cet effect les s^{rs} de Combis et Dupont pour s'en aller en diligence treuver lesd. s^{rs} du Bourg et Marabat pour résouldre avec eulx toutes choses suivant l'intention dud. pays et présente délibération. Et par mesme moyen led. s^r de Combis en seul a esté depputé de l'assemblée pour s'acheminer à Bordeaulx devers led. s^r Mareschal [de Matignon] et Trésoriers généraulx de Guienne y establis, pour avec eulx traicter et résouldre lad. trefve, advenant que celle de Guienne ne réussisse, et en tout cas accorder avec eulx desd. impositions en la meilleure forme qu'il pourra et au plus grand soulagement du peuple. Lequel aussi est commis et deputté à faire l'advance ausd. sieurs de Marabat et du Bourg et leur donner assurance pour led. pays, et en retirer d'eulx pour la validation et descharge desd. advances, et néanmoings y faire tout ce qu'il estimera et jugera utile pour le païs, de quoy l'assemblée luy a donné tout pouvoir et puissance et promet le relever indempne, le tout néanmoings soubz le bon plaisir dudit s^r Marquis [de Villars] auquel led. s^r Combis est chargé d'en donner advis et se résoudre avec luy de l'yssue de lad. trefve de Guienne.

Et par mesme délibération et d'ung commung consentement desd. s^{rs} depputés a esté arresté que advenant que les ennemys nous voulcissent constraindre à une trefve honteuse et insupportable au peuple, qu'en ce cas le pays s'armera et sera establie une forte garnison pour s'opposer par la force aulx pernicieulx dessaingz desd. ennemys, auquel cas les s^{rs} consulz de Samathan, Lombez et aultres villes dud. pays, ont promis de faire ouverture de leurs villes et recepvoir lad. garnison, dont à cet effect et advenant que led. pays soict réduict à ceste extrémité, led. s^r Marquis sera supplié de treuver bon que tous les deniers des tailhes, tailhon, creues et décimes, soient retenus en la province pour estre employés au païement de lad. garnison.[1]

(Archives de Muret : États de Muret, 23 mars 1514.)

**

6°. — Conclusion de la Trêve de 1594

Ainsi qu'il était aisé de le prévoir, les membres de la Noblesse envoyés en premier lieu vers du Bourg et son digne collègue ne se

---

[1]. Sur la motion de J. Désirat, député de la Ligue ou Conférence campanère, ces mots furent ajoutés à la présente délibération : Dans le cas que « lad. trefve ne sortiroict effect et que les ennemys vouldroient acabler le peuple, ouys les consuls de Muret, Samathan et Lombez, ouverture sera faicte de leurs villes pour l'entretien des gens de guerre et que

soucièrent point de tenter une nouvelle ambassade. Il fallait se résoudre à demander la paix, et presque à laisser entendre que l'on subirait les conditions imposées. La corvée était dure. Sur la proposition de M. de Montaigut, de Combis accepta de la remplir. On lui adjoignit Dupont. Et comme on avait aussi décidé de faire agréer par Matignon et Villars les termes de l'accord souhaité, les Etats désignèrent Combis pour accomplir tout seul cette seconde partie de la tâche. Les Etats pressés d'en finir demandèrent à leurs députés de « dépescher et de partir ce jourd'huy après disner. » Sans perdre temps, Combis et Dupont prirent le chemin de l'Isle et de Mauvezin.

Les deux gouverneurs huguenots se montrèrent intraitables. Ils maintinrent les exigences manifestées à l'ouverture des négociations. Combis et son compagnon revinrent à Muret, « n'ayant gagné aultre chose si n'est que la trefve sera entretenue... à la charge de payer 2000 escus à du Bourg au 15 d'apvil, et 1000 escus à Marabat au 15 de mai, et de bailler assurance... et à Tarenque 200 escus. » Restait seulement à déterminer la date des paiements ultérieurs.

Sans rechigner davantage les Etats se soumirent à la loi du plus fort. Mais la grosse difficulté était de se procurer l'avance pécuniaire dont du Bourg fixait le versement à un terme si rapproché. On eut recours à Lalauze, receveur des tailles en Comminges : « estant led. s^r de Lalauze prié et reprié par lad. assemblée, auroict promis de fère pour le païs tout ce quy luy seroict possible... »

Le marquis de Villars approuva la trêve de 1594 et les conventions arrêtées entre le receveur et les Etats [1]. Il dût même agréer que, cette année, l'assemblée de Muret retint « le tailhon » pour la garde des villes et la conservation du territoire. L'assiette des impositions fut établie en conséquence : afin de subvenir à une partie des frais « de la trefve généralle de la Guyenne, suyvant l'accort faict avec les Gouverneurs de l'Isle-Jourdain et Mauvezin, et des garnisons dud. païs. »

Ainsi fut conclu ce laborieux concordat de 1594 ! La récente conversion de Henri IV au catholicisme eût dû, semble-t-il, enlever un peu de leur morgue aux Religionnaires de l'Isle et de Mauvezin. Il n'en alla pas ainsi. Tandis que l'idée d'un ralliement au roi de Navarre — qu'aucun obstacle ne séparait désormais des anciens

---

à ces fins les tailhes, tailhons, crues et deniers.... de Messieurs de l'Esglise seront retenus pour estre employés au paiement des gens de guerre. » (*Ibid.*)

1. Les habitants du Haut-Pays de Comminges renouvelèrent à cette époque leur trève particulière avec les Huguenots du comté de Foix : « Agréant cependant, par tant que besoing est, que aulcunes des chastellenies du Haut-Pais de la Province sont nécessitées d'accorder à ceulx de la Compté de Foix pour se rédimer des courses et ravages qu'ilz voyent estre très preppparés sur eulx, quy causeroient la totale ruyne... Advenant qu'il ne pleust à mond. Sgr [le marquis de Villars] leur en accorder la permission, sur laquelle ilz seront très marris de passer. » (Arch. de Muret : Etats de Muret, mars 1594.)

ligueurs, — prenait consistance et faveur en Comminges, du Bourg et Marabat s'accrochaient à une proie qui paraissait devoir leur échapper bientôt.

LXXXIII
1594. — 12 Mars
Lettre du Marquis de Villars aux États de Comminges

Après une entrevue avec Sébastien de Cazalas, le marquis de Villars écrit aux gens des États pour leur recommander la défiance à l'égard des Huguenots. Les trêves signées par cette sorte d'ennemis ne donnent point une vraie sécurité. Villars souhaite des garnisons plus nombreuses en Comminges, et surtout mieux surveillées. — On remarquera la double allusion au danger qu'ont récemment couru les villes de Périgueux et de Gimont.

Messieurs,

Comme je proposay aux Estatz généraux dernièrement tenus, l'entretènement des gens de guerre qu'il me sembloit nécessaire d'avoir, ils remirent aux provinces ce qui estoit pour les gens de cheval à y pourveoir, chascune pour soy à part, aux assemblées des Estats particuliers. Sur quoy j'ay discouru bien au long à Monsr de Cazalas, présent porteur, touchant ce qui est du païs, et prié de vous faire savoir mon intention là dessus. Je vous prie bien affectueusement aussy de le vouloir croire et vous représenter combien il importe que la province que vous représentez et les aultres de Guyenne, ayent des forces païées et en estat de servir à toutte heure. Le peu, ou du tout point de fiance qu'il y a aux ennemis vous doibt faire penser à beaucoup de choses. Je vous rapporterai l'exemple de ceux de Périgueux qui, après avoir traitté de la trefve avec ceux de l'autre party, feurent en danger de se perdre, deux jours après, par le moïen de l'intelligence que ceux mesmes avec lesquels leur traicté s'estoit faict avoient dedans.

Mais il y en a ung plus rescent qui est ce qui a pensé

advenir en ceste ville, qui nous doibt faire sages. Pour moy je vous diray que je ne puys ny ne doibs vouloir demeurer ainsy désarmé. Vous ne le debvéz pas désirer non plus, et si vous considéréz bien tout, je m'asseure que vous le jugerés ainsi. Je vous prie de le faire, et comme celuy qui désire aultant le bien du païs que le païs mesme, je vous en conjure et exorte.

La despence que l'entretènement de quarante Maistres (qui est ce que je vous demande et ce qu'il fault que j'aye d'entretenu) ne sera pas grande, faisant ce que Monsr de Cazelas vous dira que je suis résolu de faire pour soulager d'aultant le peuple. C'est peu de chose que cela au prix du bien qu'elle apportera. Pourveoyez-y-donc et joignés en cela le désir que vous avés du salut de la province avec celuy que j'ay de continuer à faire paroistre le soin que j'en ay.

Il fault aussy que je vous face sçavoir mon intention touchant ce que je désire estre faict pour le regard des gens de pied. C'est que, pour éviter les abbuz qui s'y commettent (dont advient que les garnisons se trouvent ordinairement faibles), je désirerois de changer l'ordre que l'on y a tenu jusques icy, et que les consuls n'ayent plus ceste charge-là, en quoy toutesfoys je n'entends poinct altérer les privilèges des villes. Ce que je désirerois est que chascune nommast trois des habitans pour avoir ce soing, et j'en choisirois l'un que je voudrois qui me respondist d'avoir l'œil et prendre garde à ce que le nombre des soldats entretenus feust tousiours complet, et que ce feussent gens qui servissent actuellement pour ce à quoy ils seroient particulièrement destinés, et aussy pour m'asister lorsque j'en auray à faire. Advisés-y, je vous prie[1]. Au reste, on m'a rapporté comme quelques

[1]. Les plaintes du marquis de Villars au sujet des garnisons étaient justifiées. S. de Cazalas, qui avait visité à titre de commissaire divers chefs-lieux de châtellenies, déclarait, à la même date, que si un nombre régulier de soldats formaient la garnison de Muret, les choses se passaient différemment en d'autres villes. Certains consuls osaient détourner une partie des fonds affectés à l'entretien des troupes et mettaient des garnisons diminuées. Cette conduite faisait courir aux villes de grands dangers.

C'est aux Etats tenus à Samatan aux mois de mai-juin 1593, que S. de Cazalas avait reçu

ungs mal affectionnés à nostre party se sont oubliés jusques-là, de se résouldre à proposer, en vostre assemblée, quelque chose à l'advantage du Roy de Navarre. Je ne puis croire qu'à la face de tant de gens de bien ils ausent entreprendre de faire cela[1]. En tous cas, touttefois, et s'ils estoient sy téméraires et maladvisés de le vouloir entreprendre, empeschés-les, je vous prie, et affin d'oster la volonté où d'aucungs pourroient entrer de prendre le mesme chemin, faictes-moi ce plaisir d'arrester le premier qui en ouvrira la bouche ou qu'il fera quelque aultre chose approchant de cela, et le mettre en quelque lieu où l'on le puisse trouver après, pour le faire punir et servir d'exemple aux aultres, comme je suis résolu de faire. Je vous en prie encor et d'aultant qu'il m'est possible et de m'advertir incontinant après, me remettant, des aultres particullarités que j'aurois à vous escrire à Monsr Cazelas qui les vous dira : qui sera l'endroict où je me recommanderay bien affectueusement à vostre bonne grâce, et prie Dieu qu'il vous donne la sienne.

De Gimont, le XIIe Mars 1594.

Vostre plus affectionné à vous servir :

VILLARS.

A Messieurs, Messieurs les gens des trois Estats du païs de Comenge.

(Signature autographe. — Archives de Muret, mars 1594.)

---

la charge de contrôleur général des garnisons du Comminges. M. de Noalhan surveillait particulièrement la garnison établie dans la ville de Samatan. Le juge eut à visiter surtout les troupes logées à Muret « comme aussi pour les aultres villes du païs, y allant ou passant à sa commodité, à ce que les soldatz soient capables, bien armés, de la qualité requise et le nombre ordinairement complet. » Ordre était adressé aux consuls des chefs-lieux de châtellenie de remettre les noms des hommes d'armes au juge de Comminges, « à toutes les réquisitions que par led. Sr juge leur seront faictes. » (Arch. de Muret : Etats de Samatan, mai-juin 1593.)

1. Le marquis de Villars prévoit ici le ralliement des Etats au roi de Navarre, et veut le prévenir. Il ne pouvait pas arrêter une adhésion qui s'imposait et qui s'opéra bientôt malgré ses efforts.

LXXXIV

1594. — Mars

Requête de la Ligue campanère

Dans cette requête, les habitants des *Lieux confédérés du Comminges* présentent aux États diverses observations sur les impôts qu'on exige d'eux et réclament l'élargissement de quelques prisonniers. Comme trois actes publiés plus haut[1], ce document émane directement de la curieuse Ligue campanère.

Messieurs les gens tenens les trois Estats au païs et compté de Commenge assemblés en la ville de Muret.

Le peuple confédéré des lieulx dud. Commenge vous remonstrent très humblement que de tant qu'il a pleu à nostre Dieu nous donner une trefve générale en la duché de Guienne pour toute la courante année à laquelle led. peuble veult entièrement obéyr tout ainsin qu'il est pourté par les artigles d'icelle faictz par les messieurs de depputés, rendre l'humilité qu'ilz doibvent aulx seigneurs leurs supérieurs comme est aulx messieurs du clergé et sieur général quatolique et messieurs de la noblesse et sieurs magistratz de la justice, leur pourter l'obéyssance, honneur et respect qu'ilz doibent aulx susd. seigneurs et leur païer toutz droictz à eulx apertenens, recognoistre les authorités que les villes cappitalles ont sur lesd. suppliants lesquelz vous supplient très humblement les vouloir aussy mainctenir et conserver en leurs livertés tout ainsin qu'il est pourté par les anciens règlemens et mesmes par les mesmes pactes et combentions faictz entre vous mesd. sieurs et le plat païs dud. compté, par lequel il est dict que toutes folles seront coutizées esgallement sur tous les gens dud. païs, le fort pourtant le foible, ce qui n'a esté observé despuis ses troubles passés pour le particulier dudit plat païs, combien que le paoubre peuple ait enduré toutz les passaiges de gens de guerre tant d'ung party que d'aultre, estans ransonés,

---

1. Cfr. *Les Huguenots en Comminges*, n°ˢ LXXI, LXXIII, LXXIV.

brullés, sacaigés, jaçoët que à chesque teneue d'Estatz généraulx ilz vous ount présenté leurs caïers des folles et doléances pour leur y faire droict, suibant les ansiens règlemens et pacte dud. païs, mais au lieu de ce faire l'on les a remis atendent une meilheure saison et, touteffois, despuis ces guerres dernières, les messieurs des villes cappitalles les ont constrains à païer une somme notable montant 9,680 escus chesque année et mesme l'anné passé nonobstant la trefve géneralle de France, pour les garnisons des villes qu'ilz disent tenir et touteffoys aulcuns souldatz forcins ne y ont esté jamais emploïés, lesquelles garnisons sont inutilles parce que les habitens sont suffisens pour la garde d'icelles, et sy est raisonnable que lesd. garnisons soient païées au despens du bloc du païs, il est aussy très raisonnable que les folles soufertes par les supplians soient esgalizées sur le général dud. païs, en observant le pacte d'iceluy, et de tant que par l'article dixiesme de la susd. trefve est pourté que les arrairages sont quites à ceulx qui n'ont acoustumé païer despuis ces guerres au contraire party, ce que les supplians n'ont faict, et que aussy il est dict par le mesme article que les prisonniers seront eslargis et ceulx que ount composé avec le countraire party ont en un quart de quitte. Et parce que les supplians ont des prisonniers ez villes de Muret et l'Isle-en-Dodon, en observant lad. trefve ilz doibvent estre mis en liverté, offrent leurs déviteurs païer dans le délay pourté par led. dixiesme article, sy à ce sont teneus par la teneur d'iceluy article, le reste des ararraiges qu'ilz poroint devoir.

A ceste cause, mesdictz sieurs, faisant droict ausd. supplians, plaira de vos vénignes grâces leur vouloir maintenir, conserver et observer les ansiens reglemens et pacte du païs, et au surplus abatre les susd. garnisons des villes, atendeu lad. trefve et telle somme emploïée pour icelles prétendeues garnisons estre divertie au paiement des impositions que conviendra faire ceste présente année pour le soulagement du pauvre peuple et par mesme moïen coutiser les folles que les supplians ont souffertes pour le passé despuis ces troubles atendeu qu'ilz ont trempé à l'entretien desd. garnisons et aultres frais faictz par lesd. villes, ou bien que les messieurs d'icelles soient teneus rendre et restituter les sommes que les supplians ont païées par lesd. prétendeues garnisons et en observent lad. trefve, ordonner que les susd. prisonniers seront eslargis suivant la forme pourtée par led. artigle, avec despens, et ce faisant lesd. supplians prieront Dieu pour vostre prospérité et sancté.

(Archives de Muret : États de Muret, mars 1594.)

LXXXV
1593-1594
Encore quelques faits relatifs à Du Bourg et Marabat

Levée des Deniers. — Prise du Bétail. Emprisonnement des Personnes.

Ainsi qu'on l'a constaté par la lecture des pièces qui précèdent, les malheureux habitants du Comminges avaient contracté l'obligation de gros paiements vis-à-vis des gouverneurs de l'Isle et de Mauvezin, au cours des années 1593 et 1594. Et de fait, tantôt les communautés envoyèrent une partie des tailles au maréchal de Matignon, tantôt par l'intermédiaire des receveurs elles les transmirent à du Bourg et à Marabat eux-mêmes. Nous devons consigner ici les preuves et les circonstances curieuses de certains paiements

Vers la mi-août 1593, Cotray, Combis et de Casteras, sindic du Tiers-Etat, demandent à du Bourg de vouloir patienter quinze jours, car : « le Trésorier n'avoit encore assemblé les deniers. » Ils paient les 1, 9, 10, 26 et 27 septembre. Les 21 et 22 octobre ils versent 1.008 écus. Peu après Cotray apporte 2.300 livres et, à cette occasion, il note une particularité : « me faulcist attendre quatre jours [à l'Isle-Jourdain] parce que le sr de Fonteralhe estoit à l'Isle, qu'estoit cause que je ne pouvoys jouyr dud. sr du Bourc. » Enfin le même Cotray obtient audience de du Bourg pour lui remettre des sommes de diverse importance aux dates suivantes : 15, 16, 18 et 19 novembre, 13 et 14 décembre, 7 et 11 février 1594.[1]

1. Voy. le *Journal des Vacations* de Cotray. — Arch. de Muret : Etats de Muret, mars **1594**.

Le délégué Combis transmet également de l'argent les 22, 25 et 27 juillet, le 1 et le 16 novembre, le 21 décembre 1593, ainsi que les 1, 8, 10 et 11 février 1594.— Souvent la somme promise n'est point encore recueillie et le terme va échoir ! MM. de Montégut, de la Yllère, de Cazalas et Combis envoient alors des messagers à Mauvezin et à l'Isle : on prie du Bourg et Marabat « d'avoyr patiance. » Du Bourg ne supporte guère les délais. Il déclare qu'on doit aller le trouver *pour cest affere.* Au besoin il récrimine contre les Etats auxquels il expédie « jornellement lettres de menasses sy on ne le payoit ! »[1]

Après l'expiration d'un délai accordé de mauvaise grâce, le premier mouvement de sa colère lui fait ravager un coin du pays et voler le bétail. En août 1593 il parcourt les terroirs du Pin, de Monès et de Laymont et enlève « plus de cent bestes boynnes [bonnes]. »[2] Aux Etats tenus à Muret, en mars 1594, les consuls de Puymaurin affirment « certain bestail leur avoir esté prins en l'année dernière par la garnison de l'Isle. »[3] L'année 1595 plusieurs villages du Comminges d'accord avec les Aides sont réduits à payer à du Bourg 4,343 livres « pour esviter les courses et ravaiges... et rédimer le bestailh. »[4] Parfois les animaux saisis sont vendus. Des villageois spoliés supplient du Bourg, le 2 septembre 1593, « de surseoir la vante du bestial prins. »[5]

Si les animaux manquent, les gouverneurs huguenots permettent qu'on fasse main basse sur des objets utiles. En 1594, leur receveur Tarenque dépouille des habitants de Montespan, Mauléon, Encausse, Sauveterre, Gaujagues, sous prétexte qu'ils doivent quelque argent à Matignon. Afin de stimuler leur zèle, il « uze de rigoreuses exécutions. »[6]

De la spoliation à l'emprisonnement des personnes il n'y a pas loin. Pour l'ordinaire, le débiteur est saisi personnellement. S'il échappe on prend le premier venu de la communauté.

1. Voy. le *Journal des Vacations* de Cotray et Combis. — Arch. de Muret : Etats de Muret, mars 1594, et le *Journal* de M. de La Ylhère : *Ibid.*, Etats de Samatan, avril 1596. — Combis ne put voir du Bourg le 5 janvier 1594, celui-ci étant, ce jour-là, « à la chasse vers Montbrun. » Voyez *Journal, loc. cit.*
2. Voy. *Ibid., Journal* de M. de La Ylhère. — Le Pin, Laymont et Monès formaient trois lieux compris dans la châtellenie de Samatan. Au spirituel Monès et Guayrimont étaient annexes de Gensac chef de paroisse.
3. Voy. *Requête des consuls de Puymaurin* (châtellenie de l'Isle-en-Dodon). — Arch. de Muret, 1594. Cfr. Etats de Samatan, mai-juin 1593.
4. Voy. *Cahier de l'Assiette.* — Arch. de Muret : Etats de l'Isle-en-Dodon, septembre 1595.
5. Voy. *Journal* de M. de la Ylhère, *loc. cit.* — A la suite d'une entrevue de MM. Combis et de la Ylhère avec Matignon, nos Commingeois obtinrent : « ordonnance dud. sr Mareschal que le bestial nous seroict randeu... » *Ibid.*
6. Voy. *Requeste des Scindics et Depputés de Montespan,* etc. — Arch. de Muret : Etats de Samatan, avril 1596. On sait que Montespan, Mauléon, etc., étaient comptés parmi les *Aides* de Comminges.

Lorsque la communauté elle-même est débitrice, les consuls et trésoriers risquent fort d'être considérés comme responsables. Le prisonnier est enfermé dans les *carces* de Mauvaisin ou de l'Isle. Il ne sortira que le jour où ses parents et amis auront soldé la dette entière et ses frais d'entretien. A ce propos les exemples se pressent sous notre plume :

En 1593 emprisonnement de Lavergne, trésorier du pays. Résolus à le tirer d'affaire, deux consuls de Muret, Anthoine Hébréard et Pierre Fargues, avec « leur chaperon et livrées consulaires », vont chez Magdelaine de Rocade femme dudit Lavergne. Dominique Casteras, sindic du Tiers, les accompagne... Il s'agit de trouver 700 écus réclamés par du Bourg. Nos consuls font ouvrir le grenier de Lavergne non sans « injonctions et sommations » préalables et sous le jet des récriminations que Magdelaine de Rocade ne leur épargne point. Ils prennent tout le grain qu'ils découvrent, « aulx fins d'esviter les courses et ravaiges qu'il [du Bourg] se jacte fère sur le bestailh de laboraige du pouvre peuple de ceste ville, à faulte de payement desd. 700 escus, et néanmoings pour rédimer de prison ledit La Vernhe, en laquelle il est détenu par led. du Bourg puys longtemps. » Les cent cétiers de blé saisis furent immédiatement mesurés au moyen « d'une punhère droicturière merquée de la merque de la ville » et enfermés dans « une salle basse de la maison dicte du Prieuré. » On les vendit le lendemain, 9 octobre, « jour de marché de Muret, à la place publique, à son de trompe et cry publicq. »[1] Ils produisirent 215 écus : l'emprisonnement de Lavergne devait encore se prolonger !... Vers la fin du mois de février 1594, Arnauld Cotray, Combis et le greffier Bertin essaient, après beaucoup d'autres, une nouvelle tentative auprès de du Bourg, et obtiennent cette fois « par importunité » l'élargissement temporaire de Lavergne et celui de son co-détenu Sendrané.[2]

A son tour, Arnauld Cotray fut enfermé en 1595. « Le sieur du Bourg... l'avoit constitué prizonnier comme caultion du pays pour la somme de 400 et tant d'escutz que le pays luy debvoit, conduict et mené aud. l'Isle où il l'auroict détenu 46 jours. »[3]

En avril 1596, les États de Samatan apprennent l'incarcération de Jehan Pimbert, Loys Laslades et Arnaud Bertholomeau, etc. Marabat les tient à Mauvezin sous bonne garde. Afin de procurer la liberté à ces infortunés, l'assemblée décide qu'on empruntera « en argent, bled ou aultre chose » de quoy effectuer le paiement de leur créance, soit 390 écus 51 sols[4].

« Ramond Batut, Pierre Sarrat laboreurs et Jehan Martin,

---

1. Arch. de Muret : États de Muret, mars 1594.
2. Voy. *Journal de Cotray.* — Arch. de Muret : *loc. cit.*
3. Voy. Arch. de Muret : États de Samatan, avril 1596.
4. Voy. Arch. de Muret : *Ibid.*

maistre cirurgien, habitans du lieu de Sainct-Loube, »[1] font savoir aux États de Muret (mars 1594), que le 1er février précédent du Bourg avait « mandé courir » sur leur territoire. Pris par les gens d'armes de du Bourg, nos « pouvres supplians » avaient été « menez et conduictz dans lez prisons de la ville de l'Isle. » Mais avant de mettre ces oiseaux en cage, les soldats ne manquèrent pas, comme bien on pense, de leur tirer quelques plumes. Au bout du compte Batut perdait « 8 livres d'argent et une espée de valeur de cinq livres », Martin « son espée et pétrisnailh de valeur de 12 escus, ensemble 40 sols d'argent. » Ces malheureux demeurèrent captifs jusqu'au 22 mars et ne furent « eslargis qu'en payant leur despance, iceule montant 12 escutz pour chascung qu'ilz auroient esté constrainctz payer plus tost qu'estre eslargis. »[2]

Un autre détenu, Saint-Calix, ne se plaint point, à la vérité, d'avoir été dérobé, mais avec ses compagnons il estime que sa réclusion se prolonge outre mesure.

« Vous sçavés, — écrit-il au greffier des États — le long temps qu'il y a que je suis prisonnier avec d'aultres à la requeste de Mr du Bourg, avec grandz frais et despens comme vous pouvés penser. » Saint-Calix a attendu avec anxiété des nouvelles des États récemment tenus, mais « l'homme dud. sr du Bourg » ne lui a su rien dire ou ne l'a pas voulu. Le voici donc qui rappelle à Bertin que moyennant 200 écus « oultre noz domaiges et intérestz », on mettra un terme à sa captivité[3].

Terminons sur ce fait notre nomenclature; nous pourrions la prolonger sans grandes recherches[4]. Les menus détails dont est composé cet article démontrent assez qu'en matière financière du Bourg et son compère n'entendaient pas plaisanterie.

LXXXVI

1594

Dénombrement baillé par le Sr du Bourg, gouverneur de l'Isle-en-Jordain, de l'argent par lui levé en Commenge

Voici, à titre de spécimen et comme complément des pièces précédentes, un des acquits envoyés par du Bourg aux États de

1. Dans la châtellenie de Samatan.
2. Voy., Arch. de Muret : États de Muret, mars 1594.
3. Voy. Arch. de Muret. — États de l'Isle-en-Dodon : Missive de Sainct-Calix à M. Bertin, procureur de la Court de Parlement de Tolose et greffier des Etatz du païs de Comenge, à Samathan.
4. Voy. notamment une délibération des États relative à quelques prisonniers d'Aurignac : Tarenque ne consentait à les libérer qu'au prix de 500 écus. — Arch. de Muret, 17-27 mars 1594.

Comminges en 1594. Cette liste indique les communautés qui, en tout ou en partie, ont payé les tailles promises au gouverneur de l'Isle, ainsi que la quotité du versement. — Les documents de cette nature directement émanés de la chancellerie de du Bourg sont assez rares aux archives des États.

Savignac	200 liv.
Pébées	21 liv. 1 sol
Seiches	100 liv.
Bragayrac	28 liv. 12 sols
La Fage	29 liv. 12 sols
La Bastide	40 liv.
Planiolle	20 liv.
Empeaux	40 liv.
Sabonères	75 liv.
Mongras	19 liv.
Sainct Tomas	80 liv.
Pompiac	100 liv.
Le Bézéril	7 liv.
Fontenilhes[1]	37 liv. 3 sols
Bragayrac	28 liv.
Noalhan	95 liv.
Lombès	160 liv.
Samathan	150 liv.
La Bastide	59 liv.
Pompiac	32 liv.
Frouzins	180 liv.
Roques	90 liv.
Gaujac	150 liv.
Somme	1741 liv. 8 sols

En escuz, 580 escuz petits 28 sols.

(Arch. de Muret : États de Muret, mars 1594.)

1. Les communautés de Fontenilhes, Frouzins et Roques étaient enclavées dans la châtellenie de Muret ; le Bézéril et Gaujac dépendaient de l'Isle-en-Dodon. Tous les autres lieux cités en cette liste étaient dans la châtellenie de Samatan.

LXXXVII
1594 — 1596
Henri de Navarre reconnu Roi de France par les États de Comminges

« Estant sur le poinct de mettre fin à lad. assemblée [tenue à Muret en mars 1594], led. sʳ juge auroict représenté ausd. sieurs des Estatz de se représenter la misère de ce siècle et comme par le moïen de l'union et commune intelligence qui a esté de tout temps entre les trois Ordres, ceste pouvre province a esté conservée et les ennemys qui c'estoient emparés et saisis d'aulcunes des villes dud. pays constrainctz, à leur honte et confusion, de s'enfuyr en aïant esté honteusement chassés, et que tout ainsin que par le moïen de lad. union lad. province a esté conservée, qu'il n'y a chose qui la peust plus esbranler que la division quy pourroict naistre entre lesd. trois Ordres, et aïant à ce propos admené plusieurs exemples, mesmes de ceulx des Romains, il auroict supplié la compaignie de continuer en ses sainctes intentions et de demeurer unis [1]... »

C'est par ce discours que Sébastien de Cazalas mettait fin, le 27 mars 1594, aux États généraux de Comminges réunis, dix jours durant, dans le couvent des Cordeliers de Muret. A ce moment la discorde menaçait, en effet, plus que jamais, de jeter le trouble dans le pays. Les partisans commingeois d'Henri de Navarre, dont nous avons constaté les manœuvres [2] dès l'année 1590, s'étaient multipliés depuis quatre ans. L'impossibilité de continuer la lutte dans une région aussi appauvrie que le Comminges paraissait évidente : la Ligue expirait. La cause du roi béarnais prenait, en ce quartier de Gascogne qui nous occupe, un crédit de jour en jour plus marqué. Toutefois il n'y avait pas unanimité dans le ralliement.

La portion éclairée des habitants du Comminges adhérait manifestement. Seules les menaces du Parlement de Toulouse, les hésitations si légitimes de la suprême Cour de justice à reconnaître le nouveau roi avant qu'il eût réalisé son entrée dans l'Église catholique, retenaient l'élan du clergé, de la noblesse et de la magistrature. [3] Quant au peuple, ruiné par les troupes huguenotes, il gardait

---
1. Voy. Arch. de Muret, loc. cit.
2. Cfr. *Les Huguenots en Comminges*, n° LXII.
3. Ce serait s'exposer à se mal orienter pour apprécier la situation morale du Comminges de 1594 à 1596 que d'oublier la dépendance de ce petit pays à l'égard du Parlement de Toulouse. Le Parlement ne voulait à aucun prix d'un roi huguenot. A diverses reprises, mais notamment en avril 1594 et en janvier 1595, il le fit déclarer à Henri de Navarre. Il subordonna toujours à la réconciliation du prince avec l'Eglise l'adhésion des peuples sur lesquels s'etendait sa juridiction. Il enjoignit, plusieurs fois, à toute personne officielle ou privée, de ne rien entreprendre contre l'exécution des arrêts destinés à tenir le

une rancune, une haine invincibles contre les Religionnaires. Henri de Navarre éprouvait le contre-coup de ces fâcheuses dispositions : ses attaches huguenotes le rendaient fort suspect à la masse qui n'oubliait pas de sitôt les oppressions de la veille et qui, d'ailleurs, restait attachée par dessus tout à sa foi religieuse... Un incontestable désir d'apaisement se propageait cependant de tous côtés. Henri pouvait seul offrir une réelle sécurité et garantir la paix. Quoique gênés, ses adhérents trouvaient le moyen de se déclarer; ils formaient en Comminges un parti puissant dès 1594. Cette année-là même, divers membres de ce parti plaidèrent, au sein des États, en faveur du Roi. Villars en eut connaissance et s'en plaignit. « On m'a rapporté comme quelques ungs... se sont oubliés jusques là de se résoudre à proposer en vostre assemblée

roi de Navarre en échec jusqu'à l'heure où il aurait traité avec Rome. On trouvera, dans le récit suivant, l'expression exacte des dispositions de nos parlementaires :

« Le s^r Abbé de Villeloing [de Bruyères] (1) depputé du clergé de Tholosa aux Estats de France convocqués à Paris, et le s^r président de Lestang, s'estans treuvés en lad. ville de Paris le xxiie de mars [1594], feurent congédiés par le Roy le xxixe du mesmes mois pour s'en retourner à Tholose, ausquels Sa Majesté commanda de faire entendre à Mgr de Joieuse, gouverneur de Languedoc, la prospérité de ses affaires et la bonté et clémence dont il uzoit envers les habitans de Paris et toutz aultres quy s'y estoient treuvés, et mesme de ceulx quy estoient depputés aulx susd. Estatz généraulx, ausquels il a esté permis par Sa Majesté retourner en leurs maisons avec passeportz et seurtés telles qu'ilz ont demandées, que Sa Majesté vouloit uzer de mesme clémence envers tous ses subiectz qui le recognoistroient et viendroient à luy, ce qu'il désiroit estre faict en corps et généralement par les Provinces, sans esmotion ni altération, comme il avoict esté faict en lad. ville de Paris.

« Et sur ce que feust représenté à Sa Majesté par les susd. de l'absence de Mgr le Cardinal de Joyeuse... sans la voulonté duquel s^r Cardinal la province de Languedoc ne prendroict résolution d'affère sy importante que les susdites, Sa Majesté, estimant que c'estoit pour mettre en longueur la résolution qu'il vouloit estre prise en lad. province de Languedoc, leur ayant dict qu'il ne vouloict estre abuzé, les susd. répliquant que ce n'estoit à ces intentions qu'ils proposoient l'absence dud. s^r Cardinal, ains pour représenter l'estat des affères dud. pays de Languedoc tels qu'ilz estoient, sur quoy Sa Majesté leur ayant dict qu'il faloit donc que le susd. Cardinal revint promptement, feust remonstré par les susd. que Sa Majesté pouvoit considérer où led. Sr Cardinal estoit plus utile eu service de Sa Majesté, à Romme ou en Languedoc, et sad. Majesté ayant recognéu que led. s^r Cardinal luy pouvoit grandement servir à Rome, les susdicts représentèrent qu'il importoit au bien du service de Sa Majesté que led. s^r Cardinal feut informé de ce qu'ilz avoient veu à Paris pendant sept jours derniers, et du progrès et prospérité des affères de Sa Majesté, et pour envoyer vers led. s^r Cardinal au susd. effect a esté baillé aux susd. pour mettre es mains du s^r de Joyeuse ung passeport en blanc pour envoyer vers le s^r Cardinal de Joieuse datté du xxixe mars ..

« La Court... après avoir veu ce que messire de Bruières, abbé de Villeloing, et François de Lestang, estans arrivés en la ville de Paris, auroient remis par escript... [déclare qu'il sera fait choix d'une] personne de qualité et intégrité requise qui sera esleue... pour tracter avec le Roi de Navarre... des affères concernant l'assurance et conservation de la religion catholique, etc... néantmoingz qu'il sera escript à Mgr le Cardinal de Joyeuse,

(1). Antoine de Bruyères, parent du cardinal de Joyeuse, prévôt du Chapitre métropolitain de Toulouse (1588-1606), abbé de *Villeloing* et non, comme on le lit en quelques copies erronées, abbé de *Villeloup*.

quelque chose à l'advantage du roy de Navarre[1], etc. » Mais le mouvement était irrésistible; au mois de mars les États adhérèrent à Henri de Navarre et choisirent des députés chargés d'aller lui prêter serment de fidélité. MM. de Péguilhan et de Cazalas nommés par leurs collègues s'adjoignirent Jean Daudirac, et tous trois entreprirent aussitôt « ung voyage faict à la Cour... pour la recongnoissance du Roi ».

Avant d'examiner les effets de cette démarche citons les pièces relatives à l'adhésion de nos Commingeois.

1º. — Adhésion des États de Comminges a Henri IV.

Dès l'ouverture de l'assemblée réunie à Samatan, au mois de mars 1594, Jérôme de Lingua, évêque de Saint-Lizier[3], et Sébastien de Cazalas, juge de Comminges, exprimèrent un avis favorable à Henri de Navarre; après eux Vital Suau, prévôt du chapitre de Lombez et vicaire général de Pierre de Lancrau, engagea avec vivacité les États à prêter serment de fidélité au nouveau Roi. Il dit textuellement : « que ceste recognoissance ne pouvoit ni debvoit estre différée, » car il était certain « que Nostre Sainct Père le Pape avoit résolu l'absolution en faveur de Sa Majesté, exhortant lesd. sieurs des Estatz de le recognoistre sans plus longuement différer comme nostre Roy, succédant à la couronne. »

C'est à la suite de cette harangue que les États de Comminges, agréant la proposition de Vital Suau, députèrent MM. de Péguilhan et de Cazalas vers « Sa Majesté..... pour luy rendre le debvoir et obéissance. »

(Archives de Muret : États de Samatan, mars 1594.)

archevêque de Tholose, estant de présent à Rome près de N.-S. Père, pour l'advertir de l'estat et disposition des affères de ce pays, et le prier d'intervenir envers Sa Sainteté pour ce qui concerne la .. conservation de la religion et reppos des consciences à cause des seremens cy-devant prestés. » — Voy. Arch. du Parlement de Toulouse : Reg. 139, arrêt du 28 avril 1594.

Le 7 janvier 1595, la Cour fait prier Sa Majesté de continuer « à poursuivre ainsin qu'Elle a faict cy-devant, envers N.-S. Père le Pape, le bénéfice d'absolution. » Ibid : Reg. 142, etc.

1. Voyez, ci-dessus, nº LXXXIII, la missive de Villars aux États.
2. J. Daudirac réclama ses frais de voyage aux États réunis à Samatan au mois d'avril 1596. Cela donna lieu à quelques chicanes basées sur ce qu'il n'avait pas reçu mission de l'assemblée elle-même. Daudirac répondit : « Qu'il fust prié par le sr de Péguilhan et par aultres faire le voyage pour le bien du païs, dont il s'excusa veu qu'il n'avoyt esté déllégué par lesd. Estatz du païs. Led. sr de Péguilhan dict aud. Daudirac qu'il avoict l'acte de sa délégation en main et l'a pressé de faire le voiage, comme il l'attestera et plusieurs de l'assemblée. » Certains gentilshommes dirent alors : « y avoyr acte particulier sur la dellegation dud. Daudirac qu'ilz ont signée, entre les mains du sr de Péguilhan. » — Archives de Muret : États de Samatan, avril 1596.
3. Jérôme de Lingua avait succédé à son oncle François Bonard, dans l'évêché de Saint-Lizier, le 29 janvier 1592. — Voy., à ce sujet, les rectifications renfermées dans les *Documents pontificaux sur l'Évêché de Couserans*, publiés par M. Douais.

2°. — Adhésion de P. de Lancrau, évêque de Lombez,
a Henri IV.

L'évêque rappelle au Roi une précédente lettre d'adhésion. Il se réjouit de la conduite des Etats, prie Sa Majesté de se montrer clémente envers ses sujets, et lui demande d'être tenu pour quitte des décimes de l'année courante. — Allusion aux méfaits des Huguenots de l'Isle et de Mauvezin.

Sire

Jaçoit que j'aye naguères escript à Vostre Majesté comme je rendois journellement très humbles grâces à Dieu de ce que voz tres humbles subiectz et très obeyssants serviteurs vous recognoissent pour leur vray roy et naturel seigneur, et que cela apporteroit une bonne paix et tranquillité perpétuelle en votre royaulme, si est ce que s'en allant Monsieur de Pegulhan vers Vostre Maiesté pour mesme effaict de la part des Estatz de vostre comté de Comminges, j'ay encore prins la hardiesse de luy escrire ce mot par luy me promettant que Vostre Maiesté aura pour très agréable sa delegation pour l'avoir de toute ancienneté cogneu tres affectionné au service d'icelle. Il vous sçaura bien discourir comme vostre comté s'est comporté durant ces troubles derniers m'asseurant que Vostre Majesté usera envers elle de sa clemence et misericorde accoustumée, l'ayant aussy prié de vous fère entendre particulierement le maulvais traictement que j'ay receu pendant les dictz troubles de ceulx qui commandent à Maulvoisin et à l'Isle-en-Jourdain qui me faict tres humblement suplier Vostre Majesté me vouloir tenir quitte du reste des decimes de ceste presente année, pour le terme d'octobre prochain, qui peult monter mille livres, ensemble de ce en quoy je pourroyz estre demeuré redevable de la dernière aliénation du temporel, qui peult monter cinq cens escuz, d'autant qu'il a esté par le passé tout alienné par l'auctorité de voz prédécesseurs, estant hors de ma puissance de pouvoir fournir lesdictes sommes promettant que doresnavant tout ce qui sera imposé par

Vostre Maiesté d'en payer ma cotte part moiennant qu'il plaise à Dieu que nous puissions jouyr paisiblement, lequel je supplie très humblement,

Sire, vous fere la grace de vivre longuement en parfaicte santé, de regner heureusement en bonne paix avec voz subiectz et voisins, et enfin de vous fere participant du royaulme des cieulx.

De Vostre Maiesté, le très humble serviteur et tres obeissant subiect

P. DE LANCRAU, E. de Lombez.

A Lombez, ce 8° juing 1594 [1]

3°. — MISSIVE DE J. DU BOURG A HENRI IV
POUR LUI ANNONCER LA VENUE DES DÉPUTÉS DU COMMINGES

Il apprend au Roi la résolution prise par les États de Comminges, lui fait l'éloge du zèle de J. Daudirac et de MM. de Péguilhan et de Cazalas. — Allusion aux obstacles que rencontre, en ce moment, la proclamation d'Henri de Navarre en Comminges.

Sire,

Le sieur d'Audirac [2] qui vous rendra la présente, informera Vostre Maiesté au vray de l'estat des affaires de ce pays. Il est home confidant et occulé qui a tousjours esté serviteur de Vostre Maiesté, mesmes du temps que tout le pays nous estoit contraire. C'est pourquoy du vivant du feu roy il fut déposé de son estat de sindic de Comenge, pour s'estre opposé en tout ce qu'il pouvoit aux remuemens des Ligueurs [3]. J'ay pensé estre de mon

---

1. M. Philippe Tamizey de Larroque a publié cette missive en 1865 (*Revue de Gascogne*, t. VI, p. 290). Tout en indiquant la date exacte du document, le très regretté érudit donna une note fixant la mort de P. de Lancrau à 1590. Cette erreur se voit dans plusieurs biographies de notre évêque, notamment dans le *Supplément* de l'*Histoire de la Gascogne*, (p. 580). Nous avons sous les yeux une autre lettre écrite par Lancrau en 1597 : on savait d'ailleurs que cet évêque avait poussé loin sa verte vieillesse. — Voy. à l'*Appendice* du présent volume la lettre d'adhésion d'Urbain de Saint-Gelais, évêque de Saint-Bertrand, à Henri IV.

2. Appelé parfois, mal à propos, Dandirac. (*Revue de Gascogne*, t. XV, p. 84.)

3. Nous estimons, conformément à l'opinion de du Bourg, que J. Daudirac était depuis longtemps favorable au parti du roi de Navarre (Cfr. *Les Huguenots en Comminges*, n° LXII), mais nous devons dire que lorsque les États dépouillèrent de ses fonctions le

debvoir d'advertir Vostre Maiesté de ce que dessus, à ce qu'elle puisse prendre plus d'assurance sur le fidelle raport qu'il vous faira de ce qui concerne vostre service, Pour lequel Monsieur de Pegulian s'est montré très affectionné, et procuré de tout son pouvoir ez Estatz derniers de Comenge la recognoissance due à Vostre Maiesté pour laquelle aussy Monsieur le juge s'est fidèlement employé, et quoyque d'aultrefois il aye maintenu le party contraire, toutefois despuis quelque temps, il s'est réduict soubs vostre obéissance, ayant exhorté et persuadé plusieurs villes à faire le semblable : tellement que par l'intermission et industrie des susdictz, le pays de Comenge s'est résoulu de recognoistre Vostre Majesté, envoyant à ces fins lesdits sieurs devers vous pour, au nom dudict pays, rendre à Vostre Majesté l'obéissance qu'ils vous doibvent. Je les ay extremement sollicités avant leur départ de faire que par toutes les villes de Commenge vostre nom fut réclamé par cry public et que les feus de joye fussent faicts et toutes aultres cérémonies en tel cas requises. Mais je n'ay peu ganier ce point : ils ont délayé encores pour les raisons qu'ils fairont entendre à Vostre Majesté[1], ce qui me gardera d'user de plus longs discours que pour supplier Vostre Majesté me faire cet honneur que de me croire pour jamais, Sire, vostre très humble, très obéissant et très fidelle subject et serviteur :

A l'Isle, ce 14 juin [1594].[2]   Du Bourg.

sindic du Tiers, ils invoquèrent des motifs tout autres que ceux indiqués en cette lettre par du Bourg

« Les gens des Estatz considérant que M⁹ Jehan Daudirac, jadis scindic du Tiers Estat, a esté par eulx révocqué long temps, et que durant sa charge il a receu grandes et notables sommes de deniers du païs sans rendre compte, moings aulcun acte ny papier de ces délégations, ny d'aultres affaires et negociations qu'il prétend avoir faictz pour le païs, mesme que soubz prétexte de quelque poursuicte de procès du païs contre le maistre des pontz et canetz et foresiz et portz et passaiges, se seroit saysi de tous les privilèges du païs, et néantmoingz de tous aultres actes qu'il se seroit peu adviser et icelles par subtilz moyens ousté des mains du greffier dud. païs, se couvrant du manteau de scindic, et à présent, en haine de ce que le païs l'a ousté de sa charge ne veult rendre aulcung acte, ny compte de ses légations, ny argent par luy receu... » Sur ce, l'assemblée maintient la révocation de Daudirac et le somme de transmettre les titres dont il est détenteur. — Arch. de Muret : États de Salies, avril 1591.

1. Cfr. *Les Huguenots en Comminges*: Note introductive au n° LXXXVII.
2. Document publié par M. Tamizey de Larroque, dans la *Revue de Gascogne*, t. XV, p. 84.

4°. — LES DÉLÉGUÉS COMMINGEOIS CHEZ HENRI IV

Les députés du Comminges admis à prêter serment de fidélité entre les mains du Roi, reçurent de lui ratification des privilèges et libertés de leur pays. La pièce qui témoigne du fait est datée du « camp de Laon. » Nous en empruntons la teneur à l'historien des populations pyrénéennes[1].

Les gens des Trois États de notre pays, comté et recepte de Commenge [nous ayant][2], par leurs députés fait entendre le vouloir qu'ils avaient de nous rendre à l'advenir le devoir de fidélité et d'obéissance qu'ils recognoissent nous devoir naturellement; nous acceptons de bon cœur le serment de fidélité qu'ils nous font par leurs députés... [Suit la confirmation des privilèges du pays]... leur accordons et permettons de ne mettre en aucune ville et château dudit pays aucuns gouverneurs particuliers, si ce n'est en cas de nécessité notoire et apparente... etc.

Donné au camp de Laon, au mois d'août 1594, le sixième de notre règne.

5°. — OPPOSITION A LA RECONNAISSANCE D'HENRI IV EN COMMINGES

Au mois de novembre (1594), les Etats assemblés à Muret entendirent officiellement « ce que les Délégués vers la Majesté du Roy pour luy prester le serement de fidélité avoient obtenéu et faict. » A la suite du récit de MM. de Péguilhan et de Cazalas, on députa MM. de la Ylhère, de Montesquieu, Bonnet, consul de Muret, et de Claria, consul de Lombez, « pour aler en Tolose vers Messieurs de la Court de Parlement pour leur fère entandre la résolution quy avoyt esté prise... »[3]

1. M. Castillon a malheureusement écourté ce document et, selon son habitude, n'en a point indiqué la provenance. On ne saurait cependant révoquer en doute l'authenticité de la pièce. Chaque fois que les Commingeois ont eu à repousser les empiétements successifs du pouvoir royal battant en brèche les derniers vestiges des libertés anciennes, sous le règne d'Henri IV et de ses successeurs, ils ont, entre autres reconnaissances, invoqué celle du camp de Laon. En ces rencontres, les officiers royaux les moins favorables aux libertés provinciales n'ont jamais opposé de contredit.
2. A la place des mots mis ici entre crochets, on lit dans l'*Histoire des populations pyrénéennes* « de façon qu'ils ont. » — Nous pensons que c'est une lecture défectueuse.
3. Voy. *Journal des Vacations de M. de La Ylhère*. — Arch. de Muret : Etats de Samatan, avril 1596.

Comment le Parlement accepta-t-il la chose ?... Nous l'ignorons. Il faut convenir que c'était le prévenir assez tard d'une « résolution » qui était devenue fait accompli. Mais nous connaissons plusieurs des incidents que souleva, en diverses villes commingeoises, la conduite des Etats.

***

Le 8 mai 1595, il y a désaccord entre les habitants de Saint-Lizier au sujet d'Henri IV : les consuls eux-mêmes sont divisés. A la requête de ceux-ci, le sindic Dupont se transporte en leur ville « afin de tascher réunir tout le monde. » Le surlendemain, de bonne heure, il leur explique l'intention des Etats, rassure son tumultueux auditoire et calme « le conseilh et le peuple. » A la fin les uns et les autres se retirent « contenus et résolus pour le service du Roy. » [1]

Une bonne partie de la population de Saint-Girons se défie du nouveau monarque et refuse de se conformer à la volonté des Etats. Elle craint d'ailleurs d'avoir à payer double imposition, l'une aux trésoriers royaux, l'autre au marquis de Villars lequel envoie, comme par le passé, le rôle des contributions, de châtellenie en châtellenie. N'osant peut-être pas s'exposer à quelque mauvais coup, Dupont ne va point exhorter les révoltés en leur propre ville. Il fait assigner les consuls de Saint-Girons auprès de Saint-Lizier, et le 10 juin, il les somme de reconnaître Henri IV ; mais nos consuls n'en veulent encore à aucun prix, quoique le mandataire des Etats les menace « de leur faire perdre la garnison » établie chez eux. [2] Cependant les habitants de Saint-Girons se rendent dans le courant d'août. Nous les voyons, le quatrième jour de ce mois, expédier une délégation vers le maréchal de Matignon afin de « prester serment de fidellité. » Dupont les accompagne jusqu'au village de La Vernoze [3], autour duquel campaient alors les troupes de Matignon.

A la faveur des hésitations d'un grand nombre, durant cette période d'indécision qui précéda la proclamation définitive des droits d'Henri IV en Comminges, des gens de guerre à mine suspecte et même à mauvais desseins parcourent le Haut-Pays. Joignez-y les coupeurs de bourse avérés. Malheur au collecteur des tailles qui voyagerait sans escorte. C'est surtout cette impopulaire catégorie d'officiers publics qui connaît alors « les dangiers nottoires des chemins ! » Tout individu désireux, comme l'on dit, de

---

1. Voy. *Journal des Vacations de Dupont.* — It., *ibid.*
2. Arch. de Muret : *loc. cit.*
3. Communauté située dans la châtellenie de Muret, aujourd'hui Lavernose, canton de Muret, Hte-Gne.

pêcher en eau trouble, a l'air de soutenir la Ligue contre le Béarnais. Il veut accentuer le malentendu et prolonger le désordre : le Haut-Pays, trop copieusement servi sous ce rapport, « est confict et farcy » de gens de cette sorte. Aussi cette portion du Comminges paraît longtemps irréductible. A Castillon, Aspet et Fronsac on foule aux pieds l'autorité des Etats. Ici encore la question d'argent fait dévier le sentiment qui aurait instinctivement porté la masse vers le roi de Navarre... Le petit montagnard dont le pécule est si mince pouvait-il mal accueillir les derniers tenants de la Ligue quand ils « inhiboient le peuple de ne payer poinct les impositions faictes à l'assemblée des Estatz généraulx ? » M. de Barbazan, le justicier des méfaits de Milhasson,[1] est envoyé en ces quartiers rebelles afin de les réduire « en l'obéyssance du Roy et du pays. » Ce gentilhomme ne fut évidemment pas sans besogne !

Si toutefois le peuple avait examiné, en ces circonstances, la conduite de la noblesse et des magistrats, il eût remarqué sa grossière erreur. De son côté, le clergé n'y allait pas seulement de quelques belles promesses, il y mit, malgré ses privilèges, une part de son revenu. Il agit de la sorte dans les diocèses de Couserans, de Lombez et de Saint-Bertrand. Lorsqu'une demande d'argent est notifiée, au nom de Matignon, à l'évêque de Comminges — messire Urbain de Saint-Gelais se délassait pour l'heure de ses tumultueuses prouesses en son château d'Alan (8 septembre 1595) — il n'oppose pas de difficulté et accepte, lui, vraie personnification de la Ligue à Toulouse, le projet d'une contribution pécuniaire en faveur d'Henri. L'évêque de Saint-Lizier venait d'en faire autant. Mais ces exemples ne furent pas compris, furent-ils même aperçus ?... Or, tandis que le Haut-Pays de Comminges se montrait plus tenace, en sa résistance, que le Couserans, il se passait à l'autre extrémité du comté des scènes de désordre vraiment singulières. Hâtons-nous de quitter les montagnes pyrénéennes — au sommet desquelles on ne s'est pas jeté si vite que le prétend la légende aux genoux *del nosté Henric* — et allons prendre des nouvelles de la bonne ville de Muret[2].

6°. — Les Muretains et Henri IV.

Le ralliement des Etats de Comminges à Henri de Navarre produisit à Muret un effet semblable à celui qu'il provoqua en d'autres

---

1. Cfr. *Les Huguenots en Comminges*, n° LXVI.
2. Le désarroi jeté d'abord en Comminges par la reconnaissance du roi de Navarre fut signalé aux États de la Ligue languedocienne tenus à Lavaur au mois de décembre 1594. D'après une note des nouveaux éditeurs de l'*Histoire générale de Languedoc*, les États déclaraient alors : « que les provinces où Henri IV avait été reconnu souffraient plus que jamais de la guerre ; que le Comminges et la Gascogne étaient ravagés, la ville de Muret prise... » — Voy. *op. cit.*, t. XI, p. 845.

parties du Comté. Des divisions et bientôt après des luttes intestines s'ensuivirent. Comme dans le reste du pays le peuple laissa percer ses soupçons et se persuada même que les nobles et les bourgeois de la ville tramaient une trahison. Jusque-là on s'était tenu en garde contre « l'ennemi huguenot. » Pendant le jour une surveillance permanente, exercée du haut des tours du château et de celles de Salles, de Saint-Germier et du Rastelier [1], pendant la nuit les rondes faites à la lueur des torches, soit dans les rues étroites de la modeste capitale, soit sur les bords escarpés de la Louge [2] que longeaient force masures (bien propres à dissimuler les manœuvres d'un invisible ennemi), avaient procuré la sécurité. Aujourd'hui pour la masse aveuglée les adversaires se trouvaient dedans : ils vivaient au cœur même de la place. Personne d'ailleurs n'avait oublié à Muret que c'était Henri de Navarre dont se réclamaient depuis si longtemps les détrousseurs et malfaiteurs publics cantonnés à l'Isle-Jourdain. En 1579, l'ami des George du Bourg et des Marabat désirait traverser Muret : les consuls et le conseil de communauté, décidés à lui tenir portes closes et ponts levés, n'avaient accordé passage au prince huguenot que sur l'intervention de Catherine de Médicis [3]... Et tout à coup des ligueurs très en vue — tels évêques connus à Muret où ils se rendaient pour la tenue des Etats, par exemple ; ou encore le juge S. de Cazalas et le baron de Péguilhan — déclaraient qu'il fallait s'humilier et ne point se souvenir !... Les nuances de sentiment et les subtilités de dialectique échappent au vulgaire. A Muret, ce vulgaire qui avait pâti et qui restait misérable, *ayant consumé* selon sa forte expression *le vert et le sec*, voyait dans le ralliement proposé, soumission sans compensation certaine. Il restait en face d'un roi huguenot : de 1594 à 1596 il ne voulut point l'accepter. Qu'arriva-t-il ?... Au dehors, du Bourg et Marabat, nous le verrons bientôt, s'empressèrent de

---

1. La tour du Rastelier était située près de la porte Saint-Germier, sur la Louge. — Relativement aux autres tours, Cfr. *Les Huguenots en Comminges* : XXXVIII et XL.

2. « Passaige de rondes, lesquelles rondes passoient par les maisons qui sont sur la rivière de Louge. » (Arch. de Muret : Comptes de Pierre Terrery, collecteur des Tailles, 1596.)

3. Etant à Toulouse le 11 avril 1579, à l'occasion de son fameux voyage de pacification en Guyenne et Languedoc, Catherine de Médicis écrit au Roi son fils : « Il y a aussy une petite ville appellé Muret, qui est à troys lieues d'icy sur la rivyère, par où il fault qu'il [le Roi de Navarre] passe nécessairement pour venir à Castelnaudarry. Ceulx de ladicte ville et aulcuns de ladicte Relligion prétendue réformée, principallement des principaulx serviteurs en Foix de mondict filz le roy de Navarre, se sont tant faict la guerre et sont si fort ennemis les ungs avec les aultres, que j'ay eu grande peine à fayre consentir aux habitans dudict Muret de laisser passer mondict filz le roy de Navarre par ladicte ville ; encores crains-je bien qu'il y ait du désordre, quelque peine que je mette d'y obvier et l'esviter... » Le 12 avril elle écrit : « J'espère aller demain disner à Muret, où se trouveront ledict jour de demain mesdictz filz et fille, les roy et reyne de Navarre. » — Voy. *Lettres de Catherine de Médicis*, t. VI, pp. 333 et 336, publiées par M. le Comte Baguenault de Puchesse, 1897.

donner raison au public obstiné, en recommençant le pillage. Et cela pour punir les gens du Comminges qui refusaient de reconnaître Henri IV ! On avouera que pareille tactique devait aliéner forcément au Béarnais les cœurs des Commingeois, et retarder l'heure de la réconciliation. — Au dedans, ce fut un désaccord si prononcé que sous peine d'émeute, et probablement de violences, les royalistes durent quitter la ville et se cacher. Voici la liste des principaux personnages de Muret qui furent forcés « comme tenans le party du Roy » de se réfugier soit à Toulouse, soit dans des métairies éloignées de leur domicile ordinaire :

Jean de Roquade.	Le Cappitaine Brac.
Arnauld de Roquade.	Le Cappitaine Terrès.
Noble Jean de Borderia, escuyer.	Madame de Barrau.
Noble Gabriel de Bordéria, escuyer.	Michel de Montjuif.
Noble Barthélemy de Vasconia.	Vidal Roux.
Bertrand Sendrané.	Les héritiers de M. de Lacassaigne.
Bernard Sendrané, notaire.	M⁰ Rahou, advocat en la Cour.
Jean Cambornac.	Héritiers de M. De Abbatia.
Pierre de Pégurier.	Héritiers de M. De Guérin.
Le Cappitaine Cyrié.	Sire Anthoine Séguálla.
Jean Bonnet, jeune.	Noble Michel Ambelot.
Jean Bertin, procureur du Roy.	M⁰ de Ségla, secrétaire du Roy.
Ramond Bertin.	Héritiers de Brieude.
Anthoine Hébréard.	Arnauld Souriguère.
Bertrand Laligne.	Paulet Avezac.
Thomas Amans.	Noble Denys Morion.
Le Cappitaine Esparavent.	Dominique Casteras.
Sire Jean de Lavergne, marchand.	Arnauld Davruse 1.

**

Durant « l'exil » des royalistes les ligueurs muretains exercèrent, tant à l'intérieur qu'à l'extérieur, force déprédations. On redoutait aux environs ceux de Muret qui avaient « prins le party contrère. » MM. de Fontenilhes et de Péguilhan avec leurs compagnies protégeaient particulièrement les villages menacés par la garnison que Villars entretenait à Muret[2] : en juin 1594, le Marquis était attendu en cette ville.[3] Mais arriva un moment où la

---

1. Voy. Arch. de Muret : *Comptes* de Pierre Terrery, collecteur des tailles. (Papiers de la communauté de Muret, 1596.)

2. Voici, à titre de spécimen intéressant, le « *Rôle des Soldatz* que sont à la Tour et Porte de Sainct-Germier, pour le mois de mars 1596, par comition de M. le marquis de Villars : Francès Bonnet, Pierre Nadau, Louis Lanòs, Bernat Ribos, Laquaso, Jehan Ribes, François Lasudrie, Jehan Despuntous, Manaut Lanos, Jehan Escobé, Pierre Masot, Bernat Sarios, Arnaut Fauré... an foé de quoé ay signé led. *Rôle* come sargent de lad. compaine : DE BONNET, sargant. » (Arch. de Muret : Papiers de la communauté de Muret en 1596.)

3. Payé 46 solz « pour certain pain et vin... prins pour les soldatz qui attendoient M. le Marquis certain jour qu'il debvoit arriver. » (Arch. de Muret : Papiers de la communauté. *Comptes du Receveur de la ville* : Acquit du 15 juin 1594.) Au reste, Villars a

garnison se tourna contre les citadins eux-mêmes sans considérer s'ils appartenaient au Roi ou à la Ligue. Dès lors double motif pour en venir aux mains. Il y eut une assez vive escarmouche à Muret en septembre 1596. Cela résulte d'une requête de Jean Lasserre qui vint prier les États réunis à Samatan, au mois de mars 1597, de lui accorder une indemnité pour avoir été blessé au combat de Muret. A l'époque indiquée ci-dessus, Lasserre guerroyait ici à titre de capitaine envoyé au secours de la ville par les consuls de l'Isle-en-Dodon. Il avait pour lors reçu deux blessures l'une à la tête, l'autre à la main gauche. Le Parlement s'émut de cette situation périlleuse et, à la requête des consuls muretains, il donna, le 25 septembre, l'arrêt suivant :

7º. — Arrêt du Parlement de Toulouse concernant la ville de Muret

Sur les plainctes faictes à la chambre séant en vacations, par les consuls de la ville de Muret, de ce que aucuns cappitaines et soldatz estans cy devant en garnison en lad. ville se sont renforcés dans la tour dicte de Salles, comettans tous actes d'hostilité sur les habitans d'icelle, au lieu d'en vuyder, suyvant ce qui leur a esté enjoinct d'auctorité de la Cour, et veu aussi le procès-verbal faict par Pierre Cassan, huissier en icelle, touchant l'estat où se trouve à présent lad. ville, du 23ᵉ de ce moys..., lad. Chambre a ordonné et ordonne que lesd. cappitaine et soldatz estans en lad. tour et aultres endroictz de lad. ville de Muret, vuyderont, leur enjoignant de ce faire incontinent et sans délay sur peyne d'estre déclarés rebelles, désobéissans au Roy, perturbateurs publics et crimineulx de lèze-majesté, et aux habitans de lad. ville, s'employer en toute diligence à ce que lesd. cappitaine et soldatz vuydent icelle, pour la remettre en sa première liberté soubz l'obéissance de Sa Majesté, suyvant ses décretz...

(Archives du Parlement de Toulouse : Reg. 152, fol. 355.)

surveillé d'assez près le Comminges au cours des évènements que nous étudions. Il séjourna quelque peu à Lombez au commencement de décembre 1593 : « Au mois de décembre dernier... estant venu le Sʳ Marquis, de deçà, et arrivé à Lombez... » (Arch. de Muret ; États de Muret, mars 1594 : *Journal du Juge de Comminges*.)

*
* *

En exécution de cet arrêt, les conseillers de Fillère et d'Aussargues vinrent à Muret, avec le titre de commissaires-délégués du Parlement de Tholose et travaillèrent à rétablir la paix[1]. Ils mirent sur pied une assez nombreuse compagnie qui fut distribuée dans les tours, sur les murailles et aux portes de la ville, sous les ordres des capitaines Vergery, Bon, Esparavent, Capellier, Barcoda, Barres, Guéry, Laroque, Jugonous, Lapogne, etc. On remarquait dans la troupe MM. de Lasplanes, de Trémolet, de Poucharramet, du Lherm, d'Aignan, etc.[2] Les mercenaires, prompts à dauber les ligueurs trop confiants, prirent la fuite devant MM. de Parlement et leurs hommes d'armes.

*
* *

Nous venons d'assister aux suprêmes efforts de la Ligue et de décrire les désordres que suscitèrent, sur divers points du Comminges, les imprudentes manœuvres des ligueurs. En fait, dès le 13 mars 1596, la coalition n'existait plus, pas même de nom. A cette date, en effet, Toulouse avait officiellement reconnu et proclamé les droits d'Henri III de Navarre à la couronne de France. Sans ombre de contradiction le pays commingeois suivit cet exemple[3]. — Après qu'elle se fut soumise au roi Henri, la ville de Muret, siège principal des États, introduisit en son blason les *chaînes de Navarre*, à côté des ôtelles de Comminges et des lys de France[4].

[1]. Cinq mois avant l'arrivée de MM. de Fillère et d'Aussargues à Muret, le Parlement y avait envoyé (24 avril 1596) le conseiller Lecomte afin d'aviser « à la conservation et garde d'icelle ville à l'obéissance de lad. union des catholiques, [pour] informer des entrepr es et conjurations intervenues en lad. ville, procéder et décréter contre conjurateurs et fauteurs, etc. » — Voy. Arch. du Parlement de Toulouse : Reg. 144, fol. 87.

[2]. Voy. « Rolle du bled que le Raymond Laquelhe, consul de la ville de Muret .. ay prins des habitans de lad. ville par mandement de MM. de Filhère et d'Auxargues, conseillers et comisères de la Court de Parlement de Tholose, estans dans lad. ville pour l'exécution des arretz de lad. Court, concernpant la vuidenge de la garnison de lad. ville... duquel bled en fut faict pain de monition pour l'entretenement des gens de guerre employés à cest [effect] dans lad. ville, par mandement de lad. Cour, aux mois de septembre et octobre derniers 1596. » (Arch. de Muret : Papiers de la communauté de Muret. Et encore : « Rolle de la chár prinse de Bonsom, etc. » lt., Ibid.)

[3]. Ce malheureux pays se trouvait dans une disette extrême. Les États de l'Isle-en-Dodon (12 septembre 1596), délibérèrent d'envoyer des députés à Bordeaux afin de prier les trésoriers généraux de faire procéder à une « vériffication » dans le pays de Commenge, « des terres et lieux hermes et incultz coltuzés aux tailhes et desquelz n'y a moyen d'estre payé tant à cause que les tenanciers sont mortz ou absans et les biens vaccans. » (Arch. de Muret : loc. cit.)

[4]. Cfr. *Les Sceaux consulaires de Muret*, note publiée par nous dans la *Revue de Comminges*, en 1897, t.XII, p. 314. — Dès 1596-1597, les armoiries de Muret sont figurées comme il suit : Ecartelé, au 1er de France [semis de fleurs de lys], au 2me de Comminges [quatre ôtelles], au 3me de Muret [une enceinte de murailles], au 4e de Navarre [chaînes].

LXXXVIII

1596

Plaintes des Habitants de Sainte-Foy contre les Gens de guerre et les Muretains

On a vu précédemment qu'en l'année 1596 les barons de Fontenilhes et de Péguilhan étaient censés protéger le territoire menacé par les ligueurs de Muret. Ces deux capitaines établirent leur camp[1] dans la juridiction de Sainte-Foy de Peyrolières où l'on adhérait à la cause du Roi de Navarre. La conduite de leurs voisins avait irrité les soldats en garnison à Muret qui essayèrent, à leur tour, *cources et ravaiges* aux environs du village rallié. Voilà dès lors les habitants de Sainte-Foy en bien triste posture, ayant à se plaindre non seulement de leurs ennemis inattendus, mais aussi des hommes de guerre qui, toujours sous prétexte de les défendre, les grugeaient sans vergogne.

Le scindic des consuls, manans et habitans de la ville de Saincte-Foy vous remonstrent humblement qu'ayant esté par vos deslibérations arresté que les compaignies des gens de guerre des S^{grs} de Péguilhan et Fontenilhes seroient establyes, lougées et payées et entretenuez dans certaines villes de vostre pays pour le service du Roy, tenant la campaigne couverte et empeichant les cources de ceulx du contraire party mesmes de la garnison de Muret principalle ville de vostre pays, ce néantmoingz led. s^r de Fontenilhes prévoiant que plus aisément il se pourroict employer avec sa compaignie, il se seroict lougé dans led. lieu de Saincte-Foy, quy n'a rien de commung avec led. pays de Commenge, estant nottoirement du pays de Rivière, laquelle, ores que auparavant elle eust recogneu le Roy par seingnalz et démonstrations apparentes, non obstant lesquelles ceulx dud. Muret les auroient semondz[2] et requis se vouloir conserver et mentenir, sans permettre que d'icelle [garnison] leur feust faict aulcunes cources, leur offrant et donnant assurance que ce faisant ne seroict

---

1. M. de Fontenilhes menait à sa suite 40 cuirassiers, 25 arquebusiers à cheval et 30 arquebusiers à pied.
2. C'est-à-dire *semoncés*.

rien entreprins sur eulx de leur costé, à quoy n'ayant esté satisfaict, occasion de l'exercisse de guerre journellement faicte par la garnison dud. sr de Fontenilhes illec résidant, lesd. habitantz (advenu le despart dud. sr, pour aller treuver Mgr. de Matignon, maréchal de France, ez environs de Grenade)[1] restans descouvertz et sans deffence auroient beaucoup souffert par ceulx de lad. garnison dud. Muret, tant en seysie de leurs personnes, rançonnement d'icelles que de toute espèce de bestailh, quy excède de valleur de plus de mil à doutze cens escuz voyre important la toutalle ruyne de certains particuliers.

Ce considéré, Messieurs, et que occasion de la réception dud. sr avec sa compaignie dans lad. ville il n'y a aultres ville ny lieu quy aye receu oppression, foulle, ny souffert dégasts de ceulx dud. Muret que icelle, tant pour les lougis, récréance de garnison, que incurtion de ceulx du contraire party, revenant le tout au soulagement de vostre pays, vous servant comme de courtine, barrière et deffance et dans lequel lad. garnison estoit désignée et ordonnée, sera vostre bon plaisir, etc... [indemniser les habitants de Sainte-Foy[2].]

(Archives de Muret : États de Samatan, avril 1596.)

LXXXIX

1594-1596

Henri IV récompense S. de Cazalas

Un des premiers soins d'Henri proclamé roi par les Etats de Comminges fut de témoigner sa gratitude à Sébastien de Cazalas.

---

1. Il serait curieux d'étudier la stratégie de Matignon aux alentours de Toulouse, à cette date décisive pour la cause d'Henri IV en nos contrées (1595-1596.) Le dévoué serviteur du roi de Navarre, après avoir séjourné un peu plus de sept semaines à Lavernose où il logeait chez le seigneur du lieu (juin 1595), poussa jusqu'à Samatan. Son but était « d'empescher que l'armée de M. de Joyeuse n'entrast en ce païs. » Comme on le constate, Matignon s'était transporté du côté de Grenade au commencement de 1596. — (Cfr. *Les Huguenots en Comminges*, LXXXII, n° 5, et le *Cahier des Délibérations des États tenus à Samatan* en décembre 1605.)

2. En 1595-1596, il y eut aussi stationnement coûteux des gens de guerre à Martres-Tholosanes, au Plan, à Saint-Christaud, Saint-André, etc., etc. (Archives de Muret : États de Samatan, avril-mai 1596.)

L'influence du juge avait été certainement prépondérante, au sein des États du Comté, en la grave affaire du ralliement au Roi de Navarre. Henri ne l'ignorait pas. Il avait d'ailleurs reçu de du Bourg un témoignage assez explicite[1]. Par lettres patentes données au camp de Laon le 4 août 1594, renouvelées à Coucy le 16 janvier 1596, Henri IV accorda donc à S. de Cazalas, « eu considération des bons et agréables services qu'il luy a faictz tant en l'exercice de son office que en la réduction du païs de Comenge en l'obéyssance dud. s^r », 33 écus un tiers de pension annuelle à prendre « sur les amendes qui seront adjugées en la judicature dud. Comenge. »

(Archives de Muret : Parchemin.)

XC

1597

Lettre d'Henri IV au marquis de Villars relativement a la garnison de Muret

Dans cette missive, adressée au marquis de Villars devenu simple gouverneur de Grenade-sur-Garonne et de Muret, le roi de France assigne à la garnison de cette dernière ville la garde du château et confie aux consuls la surveillance des portes et des tours.

Henry par la grâce de Dieu, etc... à nostre amé et féal cappitaine, etc...

Sur la plaincte qui nous a esté faicte par les habitans de lad. ville qu'ilz recevoient très grande incommodité de ce que la garde des tours et portes de lad. ville estoient tenues et occupées par ceulx de la garnison quy y est establie, et recognoissant que cella n'est aulcunement nécessaire, désirans de faire jouir lesd. habitans de leurs franchises et libertés, ainsi qu'ilz avoient accoustumé, Nous avons ordonné que lad. garnison se contiendroit dans le chasteau de lad. ville et pour la garde d'icelluy, et, ce faysant, que les tours et portes d'icelle demeureront libres et remises en la garde des consulz et habitans d'icelle, comme elles auroient accous-

1. Voy. ci-dessus LXXXVII, n° 3.

tumé... Donné à Sainct-Germain-en-Laye le 2ᵉ jour d'apvril l'an de grâce 1597, et de nostre règne le 8ᵉ.

HENRY.

(Archives de Muret. — Copie insérée dans le Recueil du xvıᵉ siècle, fol. 268.)

XCI
1597

MISÉRABLE SITUATION DE CONTRAZY ET DE MONTESQUIEU-DE-LAVANTÈS

Deux pièces particulières dépeignent vivement la ruine à laquelle se trouvaient réduits en 1597, les rares habitans de ces villages [1]. L'horreur de la position est, semble-t-il, mise ici en relief par la naïveté des expressions.

A vous, etc... Vous remostrent très humblement les consulz et pouvres habitans du lieu de Contrazy en la chastellenye de Sallyes que pour raison des guerres et troubles passés, pour [par] l'ouppression de ceulz de la nouvelle et préthendue religion que ordinèrement ont ravaigé, pilhé et saccagé toutte condicion et espèce de bestailh appartenant aux pouvres habitans, mesmes mis le feu et faict brusler leurs pouvres maisons, où n'y auroict demuré que seullement troys ou quatre, sy que par ce moïen les pouvres habitans auroint esté constrainctz quitter led. lieu n'ayant, ilz, peu faire le labouraige requis et nécessaire, et au moïen de lad. oppression led. lieu et terroyr demure toutallement en ruyne et décadence, les terres incultes, sy que pour le jour d'huy led. lieu en demure sy désert et pouvre qu'il n'y a que troys à quatre habitans que s'y sont randeus, et le reste fuytifs et absentz, pour n'y avoyr demurance ny habitation...»

(Archives de Muret : Etats de Samatan, mars 1597.)

1. Compris l'un et l'autre en la châtellenie de Salies.

Ajoutons à ces traits que lorsque l'on a essayé de mettre en vente divers terroirs afin d'assurer le paiement des tailles de la communauté, aucun lot n'a trouvé d'acquéreurs. A la suite de la requête ci-dessus transcrite, on lit la liste de plusieurs propriétés agricoles absolument stériles depuis longues années, à cause de la disparition et de la mort, en pays lointain, des tenanciers légitimes. A l'égard de nombreuses terres « personne quy se dise ny veuilhe estre hérétier. »

A peu de choses près la situation est la même à Montesquieu-de-Lavantès. Il reste seulement en ce village 40 ou 50 maisons et d'une vingtaine à une trentaine d'habitants [1].

XCII

DATE INCERTAINE
EXCÈS DES GENS DE GUERRE A FROUZINS

La rareté des documents relatifs au village de Frouzins, enclavé dans la châtellenie de Muret, nous décide à insérer celui-ci quoique la date n'en soit pas indiquée avec certitude. Du moins est-il incontestable que la présente requête se réfère à des évènements survenus alors que le marquis de Villars était gouverneur de Guyenne.

A Vous Messieurs les Gens des Troys Estatz, etc...

Supplie humblement le scindic des consulz, manans et habitantz du lieu de Frozin deppendant de la chastellenie de Muret, que lesd. habitans ou grand'partie d'iceulx auroient esté vizittés par le vouloir de Nostre-Seigneur du fléau de peste et contagion, (que Dieu nous veulhe préserver) l'année passée, que fust cause qu'ilz, pour en faire guérir une infinité, se seroient endebtés de notables sommes; ne pouvans icelles païer, les créan-

[1]. Un document du mois d'avril 1599 nous fournit, sur le compte de Contrazy et de Montesquieu-de-Lavantès, les détails complémentaires qui suivent : Les consuls déclarent à cette date « que occasion les troubles passés, une grande partie de leurs terroirs auroit demeuré déserte, et sans estre aulcunement labourée, et ne s'y trouve tenanciers ny possesseurs. » Ceux qui restent sont « pouvres enfans orphelins, femmes vefves, ou aultrement réduictz à telle misère qu'ilz sont destitués de tous moyens, etc. » (Arch. de Muret : Etats d'Aurignac, avril 1599.)

ciers les auroient mis en instance, ensemble à M. du Maynial quand vivoict président en la cour, Sr de Frozin, comme leur caution, de la somme de 800 frančz; enfin par jugement des Requestes ilz auroient esté condampnés avec despens évalués à 35 escuz, quelques soubz, qu'il leur fault païer, ne scaichant d'où les tirer, d'aultant qu'ilz ont esté ruinés tant pour les impositions que M. le Marquis [de Villars] leur a faict païer pour l'entretènement de son armée, qu'est de bled, avoine, vin, motons et charrettes pour ayder à l'atelage de l'artillerie, huict cens francz pour ung cheval qu'on tua aud. Frozin et blessure d'ung de ses gendarmes, le tout faict à heure de dix ou onze de nuict, qu'ilz vindrent loger aud. Frozin, perte de chevaux mis ausd. charrettes, guérissement d'ung charretier qui a ung coup d'arquebuzade, que de l'entretènement qu'on fist à trois cens chevaux conduictz par MM. Dulaur et d'Antin, les compagnies de gens de pied conduites par le cappitaine Marc et régiment de M. de Bérat, que ung chascung d'eulx pour le moins y a demeuré plus de huict jours, de quoi les villes et villaiges circonvoysins en peuvent actester, mesmes des pilhiages et effortz de maisons et fortz qu'ils ont faict et plusieurs aultres insolance, à cause desquelles, et des battemens qu'on leur a faict, les aulcuns ne se peuvent gaigner leur pouvre vie, ains tous les jours vont au pain quérant.

A cauze de quoy, M^{rs}, les pouvres suppliantz vous supplient très humblement avoir pitié et compassion d'eux et de leur misérable vie, et ce fayzant plerra à voz bénignes grâces ordonnor, attendou les faictz susd., qu'ilz sont ruynés de tout en tout, et que presque ilz n'ont moyen de se substanter le cœur d'ung morceau de pain, à cauze que par le moyen des pilhiages et batementz ilz sont destituez de tous moyens, qu'ilz seront rembourcez de tous lesd. fraiz, lesquelz on pourra mètre sur tout le pays, et ilz en bailheront au vray le rolle et aquitz et quictes, ou tout le moins partie d'iceulx, ou bién, en tout évènement, qu'ilz n'en paieront aulcuns quelz que soient jusques à ce que les fruitz, qu'il plaize à Dieu garder, soient reculhis, affin de subvenir aux affaires du pays, le proffit duquel ilz désirent aultant que pour eulx mesmes, et s'assurantz de vostre bonne justice, prieront Dieu qu'il vous doinct ce que désirés, d'ung si bon cœur, qu'ilz demeurent à jamais voz fidelz serviteurs.

(Archives de Muret : Etats de Samatan, mars 1597. ?)

XCIII

1598

LE CAPITAINE PANGEAS EN COMMINGES

1°. — PANGEAS A LILHAC, ANAN, MONDILHAN, SAINT-LAURENT-DES-RELIGIEUSES ET MONTBERNARD

Nous avons signalé plus haut[1] les courses des gens de guerre en Comminges et leurs excès durant la période d'hésitation qui précéda la reconnaissance du Roi de Navarre en ce pays. Pangeas devint la terreur des villages situés en la châtellenie de l'Isle-en-Dodon, au cours de l'année 1598. Il traînait à sa suite 2.000 arquebusiers. Tantôt il les présentait en masse à la limite des juridictions importantes et faisait mine d'envahir le lieu, afin d'obtenir un gros paiement. Tantôt il disséminait la troupe et l'envoyait par fractions vers les villages moins considérables. Les longues délibérations n'étaient point du goût de Pangeas. On n'avait espoir de recevoir quelque grâce qu'en s'exécutant vite et bien. Souvent même il fallut payer après avoir subi l'incendie et un pillage partiel.

A peine la sinistre colonne était-elle signalée que la communauté menacée, réunie par un tocsin lugubre, se résignait à vider la bourse du collecteur particulier. Si l'escarcelle était à sec « les manans et habitans » enduraient l'invasion et ses conséquences habituelles. Pendant que s'exerçaient ces violences, les victimes députaient des messagers vers les villages voisins : « ... seroict survenues les nouvelles du passaige des troupes conduictes par le sieur de Pangeas qu'on craignoit ravageassent le païs !... [2] » Et, en

---

1. Voy. *Les Huguenots en Comminges* : LXXXVII, n° 5.
2. Voy. Arch. de Muret : États d'Aurignac, avril 1599. — *Compte de M. le Juge de Commenge.*

en effet, c'était le *ravage* comme les Huguenots de toute marque et leurs compères l'entendaient et le pratiquaient au xvIe siècle. Voici d'ailleurs des détails précis.

Les consuls de Lilhac « pour esviter les ravaiges que telles gens ont costumé fayre », préviennent heureusement et Pangeas et ses partisans. A la vue du chétif village le capitaine se contente de quarante-cinq écus et continue sa marche[1]. Il rançonne et pille plus ou moins les communautés d'Anan et de Mondilhan[2]. A Saint-Laurent des Religieuses où il demeure cinq jours, « non seullement a-t-il desnué [les habitants] de bled, vins, bestailhs et toute aultre chose comestible, mais qui pis est leur a faict pasturer les bledz aulx chevaulx et aultres fruictz, brusler les meubles et desmoly les maisons généralement, sy bien que ne reste rien ausdits suppliant pour se soubstanter et subvenir à leur grande calamité, estant la ruine par eulx soufferte de valeur de plus de mille escutz[3]. »

Sur ces entrefaites (avril 1598) les États avertis que Pangeas « vouloit envahir le païs de Comenge pour exercer sa tirannie », lui adressent M. de la Bastide de Paulmès « pour aller sonder et sçavoir son dessain. » Moyennant 600 écus, Pangeas fait stationner ses hommes et les capitaines Rosiès, Lacave et Figuier, dans la juridiction de Montbernard. Il a l'air d'abord de vouloir ménager le reste du pays, mais il trouve bien son compte en ce malheureux quartier. Quatre jours durant « il faict des despences audict villaige pour plus de 500 escutz oultre les vollemens, pilheries et sacaigemens » qu'il y permet. Les paysans sont réduits « à la faim et au pain quérant. » Ce nouveau Mongonméry « faict un grand desguat et despence et porte grande incommodité, jusques à uzer de bruslure... » Si les États n'envoient de prompts secours c'en est fait de Montbernard, car bon nombre de tenanciers du lieu « sont en danger de morir de faim[4]. »

Puymaurin, déjà si maltraité par les Huguenots[5] en 1587, allait recevoir à son tour la visite de Pangeas. Par bonheur cent écus remis à propos éloignèrent l'ennemi. — On va voir dans la requête suivante les circonstances de l'évènement.

2°. — Pangeas et Puymaurin

A nos Seigneurs tenans l'assemblée pour le païs et compté de Comenge en la ville d'Aurignac.

Messieurs. — Les consulz et pouvres habitans de Puy-

---

1. Voy. *Ibid.* — *Requête des consvls de Lilhac.*
2. Voy. *Ibid.* — *Requête de ces villages.*
3. Voy. *Ibid.* — *Requête des consuls de Saint-Laurent.*
4. Voy. *Requête des consuls et habitants de Montbernard* : *It.*, *Ibid.*
5. Voy. ci-dessus : LI.

maurin vous remonstrent très humblement qu'estant le sieur Pangeas avec ses trouppes qui estoient composées de 2.000 harquebousiers ez cartiers d'Armaignac, environ le moys d'apvril dernier, eulx ayant esté advertis par aulcung de leurs amys estant de la suite dud. s^r de Pangeas estoit deslibéré se venir louger avec sesd. trouppes aud. Puymaurin, résoleu n'en bouger que au préalable le païs et compté de Comenge ne luy eust promis de donner une grande somme de deniers qu'il disoit le Roy luy auroict assigné dans iceluy, les pauvres supplians voyans que ce seroict leur totale ruyne, ensemble des lieux circonvoysins, auroient incontinent faict entendre ledict advertissement à Messieurs les consulz et habitans de l'Isle-en-Dodon, chef de chastellenie, de laquelle led. Puymaurin seroict adjacent, puis leur voulloir despartir de leurs moyens et forces pour se opposer au logement desd. trouppes, à quoy néanmoingz ilz n'auroient daigné entendre, non pas seullement pour envoyer ung homme.

Et s'estant approché led. s^r de Pangeas avec ses trouppes jusques au lieu de Blagean quy n'est que à deux lieues de Puimaurin, n'auroient peu faire de moingz que de se retirer à deux gentilshommes de leurs voysins quy estoient aulcument parans et amys dud. s^r de Pangeas, et estans suppliés voulloir se acheminer vers icelluy sieur de Pangeas aulx fins le détourner, s'il estoit possible, de son dessain, ce que n'auroient peu obtenir sans luy promettre une somme de cent escutz soleil que les pauvres supplians auroient esté constrainctz luy ramasser et luy envoyer le mesme jour, qu'il auroict reçus avec promesse faicte ausd. gentilhommes icelle somme seroit prescomptée et teneue en compte sur aultre plus grande somme à luy promise et accordée par les scindicz et depputés de lad. compté, chose très juste et raisonnable et à laquelle ilz vous supplient très humblement voulloir faire, et avoir esgard aussy, s'il vous plait, à la pauvreté et misère qui, despuis, leur a esté envoyée par le moyen de la gresle et tempeste tumbée ceste année et présente récolte sur les fruictz qu'ilz ont entièrement tous perdus, n'ayant rescueilhy ny grains, ny vin, chose fort desplourable, et plus, voir la plus grande part des biens et maisons abandonnés, et les habitans et bien tenans d'iceulz absens et retirés en Espaigne, et par ce moyen les pauvres supplians empêchés de pouvoir nullement estre payés des deniers imposés.

En terminant leur requête, les habitants de Puymaurin demandent cent écus et exemption de tailles pour une année[1].

<small>(Archives de Muret : États d'Aurignac, avril 1599.)</small>

* * *

Il était opportun de produire cette pièce et d'analyser celles qui la précèdent en cet article pour prouver que les bienfaits de l'ordre et de la paix ne se firent pas sentir tout d'un coup, en nos Pyrénées, après la reconnaissance du nouveau roi. Mais, si pitoyable que fût la situation des communautés commingeoises à la fin du xvie siècle, le relèvement était possible : elles touchaient au terme de leurs malheurs. Désormais l'œuvre de réconciliation et d'apaisement se poursuivra dans le royaume, non sans secousses il est vrai, parfois même avec des mesures violentes que l'histoire a sévèrement jugées. Ces faits ne sont point de notre domaine. Désormais tout l'intérêt de nos documents se concentre sur la ville de Muret : nous allons en expliquer le motif.

XCIV

1610-1620

Soulèvements dans le Comté de Foix. Garde de Muret.

Notre dessein n'est point de raconter les soulèvements des Religionnaires dans le pays de Foix quelques années après l'assassinat de Henri IV. Ces évènements ne se rattachent que d'une manière indirecte à notre sujet. Ils sont d'ailleurs assez connus et l'expédition du maréchal de Thémines est demeurée célèbre. On sait quel fut le sort de certains villages rendus par trop illustres pendant

---

1. Cfr. *Autre requête des Consuls de Puymaurin.* (Arch. de Muret : États de Muret, mars 1600.)

les guerres de religion : les Bordes, le Carla, Camarade, etc., et il est aisé de se renseigner sur les curieuses péripéties du siège du Mas d'Azil [1]. Il nous suffit donc de marquer ici, pour l'intelligence des pièces suivantes, que les portions du territoire commingeois, sur lesquelles les Huguenots auraient pu accéder par le comté de Foix et le Couserans, furent, durant cette nouvelle période de troubles, notablement exposées. La prise de Muret eût été très avantageuse aux Religionnaires : elle leur eût permis d'évoluer sur un terrain d'action assez étendu et de menacer de près la ville de Toulouse.

Aussi la conservation du château de Muret devient-elle, dès 1612, une des préoccupations des Capitouls et du Parlement. Après le *dernier sanglot*[2] *de la Ligue*, pour parler comme Lafaille, cette place, ainsi que Grenade-sur-Garonne, avait passé sous le gouvernement du marquis de Villars. L'annaliste de Toulouse nous apprend qu'aux termes d'un traité conclu avec le roi, l'ancien lieutenant de la Ligue en Guyenne devait garder deux ans le château de Muret[3]. A l'expiration du contrat (1598) qui avait créé Villars *engagiste*, le Parlement, toujours jaloux de conserver intacte et exclusive de tout autre son autorité sur notre forteresse, « rendit un arrêt par lequel il estoit enjoint à la garnison du château de le vuider[4]. » Mais le seigneur de Montpezat éluda cet arrêt et par suite d'une convention avec le marquis de Villars il acheta, pour le prix de 72.000 livres, les droits seigneuriaux en cette place[5]. Son premier soin fut d'y établir une garnison. Le nombre de soldats entretenus à Muret à partir de 1610 paraît avoir varié selon les ressources des bourgeois du lieu et les exigences du temps.

Et certes les Religionnaires du comté de Foix ne rendirent que

---

1. Voy., pour tous ces faits : *Le memorial historique... de ce qui est arrivé... dans le Païs de Foix*, etc., par J.-J. de Lescazes (1649) ; l'*Hist. gén. de Languedoc*, t. XI ; l'*Histoire du Comté de Foix*, par M. Castillon, t. II ; l'*Histoire des Ariégeois*, par M. Duclos, (Militaires, t. I); les *Annales de Pamiers*, par M. J. de Lahondès, t. II, etc.

2. Voy. *Annales de la ville de Toulouse*, t. II, p. 325.

3. *Item, ibid.* p. 518.

4. *Ibid.*

5. Voy., *Histoire gén. de Languedoc*, t. XI, pp. 907 et 909, note. — Nous passons vite sur tous ces faits, espérant les traiter avec plus de développements dans l'*Histoire de la ville de Muret* qui est en préparation. Toutefois nous avertissons nos lecteurs que, selon une note des nouveaux éditeurs de l'*Hist. gén. de Languedoc (loc. cit.)*, Muret aurait été *engagé* à Matignon. Nous n'avons trouvé cette donnée nulle part. D'après Lafaille et nos documents il s'agit de Villars. Et cela se comprend. Henri IV était trop gentilhomme pour refuser le titre de *gouverneur* (au moins comme fiche de consolation), au brillant ligueur de la veille. En temps et lieu nous verrons comment M. de Montpezat remplit cette fonction et devint insupportable aux Capitouls et au Parlement. Ses manœuvres firent le jeu des orgueilleux parlementaires et entraînèrent la destruction du vieux château. Nous convenons que MM. de la Cour eurent de par ailleurs de légitimes raisons de poursuivre la destruction du château de Muret ; mais en eussent-ils été dépourvus, ils n'en auraient pas moins souhaité la disparition d'une place qu'ils ne pouvaient pas totalement gouverner.

trop longtemps nécessaire le maintien, à Muret, d'une milice coûteuse ! En 1612, M. de Roquelaure, gouverneur de la province de Guyenne, et M. François de Clary, premier président du Parlement de Toulouse, dénoncent à la communauté muretaine des ennemis capables de la surprendre. A cette époque, nos consuls déclarent avoir reçu de ces hauts personnages « des divers advis... de plusieurs entreprises » projetées contre leur ville. Leur devoir est d'empêcher « les mauvais dessaings que les ennemys de Sa Majesté pourroient avoir. » Tel autre avertissement arrive de trop bonne source. C'est « Monsieur l'Evesque de Pamyès » François d'Esparbès de Lussan, (bien placé, on le sait, pour recueillir des informations sûres, car les Huguenots ne se gênaient guère en son diocèse) qui annonce « que diverses entreprises et conspirations » sont tramées « par les ennemys de Sa Majesté contre la ville de Muret, pour icelle surprendre et s'en emparer.»

En conséquence de ces admonestations on redouble de vigilance. La garnison du château, composée d'arquebusiers et de carabiniers, est permanente du 15 novembre 1612 au 31 mai 1613, du 15 septembre 1614 au 15 avril 1615, du 20 août 1615 au 31 mai 1616. Dans le même temps on répare les murailles délabrées de la ville. Le roi permet qu'on emploie à ces travaux une partie des tailles réservées à la construction du nouveau pont de Toulouse. Les habitants de Muret subissent un impôt extraordinaire, contribuent à la surveillance des portes et forment une petite milice supplémentaire.

Avec beaucoup de soin on fait la ronde chaque nuit, à la lueur des falots[1]. Les alarmes tantôt accentuées, tantôt affaiblies, durent jusqu'en 1620 : au milieu de cette année, M. Gilles Le Mazuyer,[2] premier Président du Parlement, adresse aux consuls de Muret la lettre suivante :

Missive de M. le Mazuyer aux Consuls de Muret.

Messieurs les Consulz. — Jusques à présent vous et vos concytoyens avés heu assés d'advis des justes desplaisirs que le Roy a des soulèvements d'armes dans ce royaulme et qui se font contre son auctorité. A cest effect, pour y obvier, non seulement il a faict deffences d'armer

---

1. Voy., pour ces diverses particularités : « *Estat des Garnisons* que les Consuls, manans et habitans de la ville de Muret ont été contraints tenir en icelle, etc. » Trois cahiers. — *It*, diverses Ordonnances royales et celles de M. de Montpezat. (Arch. de Muret : Papiers de la Communauté.)

2. M. F. de Clary que nous avons mentionné plus haut fut premier Président de 1611 à 1615. M. Gilles Le Mazuyer occupa cette charge de 1615 à 1631.

et d'errer gens de guerre sans commissions de son grand scel registrées aux sentences, mais aussi enjoinct aux villes tant catholiques que de celles tenues par ses subiects faisants profession de la Rel. prét. R. de faire quelques gardes bourgeoises, sans entrer en deffiances les unes contre les aultres.

Ce commandement n'a aultre obiect que pour empêcher que soubz de faux prétextes on ne s'empare des villes pour opprimer ses subiectz et empêcher qu'avec liberté ils ne puissent luy produire les effects de leur fidélité.

Et d'aultant que en ces commancements de mouvements, à divers desseings, on pourroit avoir entreprise sur vostre ville dont on parle diversement, à cest effect il est de vostre debvoir de veiller à vostre conserva[ti]on commune, et s'il se présente quelque chose de tel, vous recuillir sans souffrir y estre innové, ny recevoir gents de pied ou de cheval soubs quelque prétexte que ce soit, jusques à ce que en ayant donné advis à la Cour, elle vous aye prescrit ce qui est du service du Roy et de vostre bien dont elle aura tousiours un particulier soing.

N'estant la présente à aultre fin que de le vous enjoindre de sa part, à peine d'en respondre en vos propres et privés noms, aux commandemens de la Cour j'y joindray mes prières et demeureray,

    Messieurs les Consuls,

        Vostre affectionné pour vous servir.

De Tholose ce XXIV juillet 1620.

                    Le Mazuyer.

(Lettre originale. — Archives de Muret : Papiers de la communauté.)

*
* *

Cette missive fut confirmée par celle que M. de Pins fit transmettre aux consuls de Muret le 21 novembre de la même année. Sa lettre portait en substance « qu'il estoit adverty, par ung de ses amis, que ceulx de la Religion avoient desseing de surprendre la présente ville de Muret[1]. » Les consuls avisèrent de ce danger

---

1. Voy. Arch. de Muret : Papiers de la communauté.

possible les gens du roi par un messager expédié à Toulouse. De toutes ces craintes il résulta de nouvelles mesures préventives que nous allons décrire.

XCV

1621

MISSIVE DES CONSULS D'AUTERIVE[1] A CEUX DE MURET

Ils leur annoncent la prise de Laurac-le-Grand près Castelnaudary. Les Religionnaires ne se sont pas encore rendus maîtres du château.

† Messieurs. — Nous avons eu présentement advis par Messieurs les consuls de Sainte-Gabelle[2] de la prise de Lauriac-le-Grand près Chaurry[3] par ceux de la Religion, dimanche matin, de quoy lesd. sieurs consuls de Sainte-Gabelle ont esté certiffiés par Mons' Pelet leur juge qui est à Fanjaux. Toutefois les catholicques tiennent encore le chasteau[4]. Vous vous servirez, s'il vous plaist, de cet advis et vous garderez de surprise, et asseurés que nous rendrés la réciproque où l'occasion se présentera, nous croirés, s'il vous plaît.

Le mesme nous a esté asseuré par plusieurs autres qui sont venus ce jour d'huy au marché de nostre ville.

Messieurs vos plus affectionnés serviteurs :
Les Consuls d'Hauterive. — CAZENEUVE, consul *(signé.)*
D'Hauterive ce 24 may 1621.

(Archives de Muret : Papiers de la communauté de Muret.)

1. Aujourd'hui chef-lieu de canton de la Haute-Garonne *(Altaripa)*.
2. On écrit actuellement ce nom d'une façon baroque : *Cintegabelle*. (Chef-lieu de canton de la Haute Garonne.) — La forme Sainte-Gabelle rappelait la patronne du lieu *(Suncta-Gabella)*.
3. Abréviation du mot Castelnaudary *(Castrum Novum de Arrio)*.
4. En mai 1621, les Religionnaires surprirent « Laurac le Grand en Lauragois, où furent commis de crimes énormes et notamment une très grande cruauté : sçavoir qu'ayant treuvé, dans ledit Laurac, un prestre, on chargea sur lui une selle de cheval, bride et mords en bouche, et, montant sur son dos, le firent marcher certain temps des pieds et des mains, en cette posture, à grands coups d'esperons ; et, non contens de telle indignité, après lui avoir crevé les yeux et coupé les mains, fut cruellement massacré de sang-froid : inhumanité sans exemple ! » — Voy. *Le Mémorial historique*, de J.-J. de Lescazes, chap. XLI.

XCVI

1621

Soulèvements dans le Comté de Foix
Garde de la ville de Muret (suite.)

L'année 1621 obligea les habitants de Muret à tenir garnison exacte. — Dès le mois de janvier, les consuls recevaient de M. de Roquelaure, lieutenant du roi en Guyenne, l'injonction « d'aller apprendre de luy en la ville d'Agen, où il est à présent, l'ordre qu'ils doibvent tenir pour la conservation de la ville au service du Roy et empescher que ses ennemys ne s'en saisissent [1]. » Lorsque MM. Hiouphi et Laurens, consuls, envoyés vers le lieutenant royal en vue d'entendre ses volontés furent de retour, ils prirent connaissance des commandements à eux, adressés dans l'intervalle, par M. le Mazuyer. Les prescriptions étaient identiques. Aussitôt, afin de « pouvoir faire la garde nécessaire pour la conservation de lad. ville veu les desseings et entreprises que ceulx de la prétendue Religion de la comté de Foix ont d'attempter sur icelle, attendu la proximité dud. pays de Foix... » les consuls font encore réparer les tours et les murailles et fermer, par un appareil de briques et de cailloux, les portes de Salles et du château, percées l'une et l'autre dans l'épaisseur des remparts. La tour des Morons est consolidée et la guérite de surveillance élevée près du château, et des boucheries communales mieux aménagées. On établit des palissades en avant de la porte de Garonne et trois des avenues donnant accès à cette porte sont obstruées. Pendant toute l'année 1621 la garde est ininterrompue; les postes sont maintenus sur la place du Mercadieu, à l'extrémité du pont de Garonne, au couvent des Cordeliers, aux Boucheries, au pont Saint-Germier, à la porte de Salles, à la tour des Morons... [2].

Les troubles du pays du Foix légitimaient ces précautions que l'on ne doit point estimer excessives. En effet, les Religionnaires — et les pillards, dont le désordre a toujours favorisé les manœuvres, — prenaient chaque jour plus d'audace dans toute la région méridionale. Le Parlement fut prévenu que les Huguenots tenaient des assemblées au Lherm à quelques lieues de Muret [3] Il était urgent d'aviser. Les injonctions, on va le voir, ne firent pas défaut.

1. Voy., Arch. de Muret : *Délibération du Conseil de ville*, 24 mars 1621.
2. Voy. Arch. de Muret : Papiers de la communauté de Muret, notamment divers procès-verbaux du Conseil de ville, en 1621, et plusieurs « *Rolles du boys et charbon despensés à la garde*.
3. Les paroisses de Muret étaient comprises *in archipresbyteratu Sancti Andreae de Heremo*. — Relativement aux réunions de Religionnaires au Lherm, voy., Arch. du Parlement, Reg. 411.

1º. — Lettre du Duc de Mayenne aux Consuls de Muret

Messieurs. — Ayant sceu que vous désiriez de faire murer une des portes de vostre ville pour la seureté d'icelle et empescher les entreprises que les ennemys du Roy pourroient faire, je trouve bon que vous la fassiez murer si vous trouvez qu'il soit nécessaire pour vostre seureté et conserva[ti]on, vous priant faire bonne garde tant de jour que de nuict, et ne recepvoir aucuns gens de guerre ni autres qui puissent troubler votre repos, soubz quelque prétexte que ce soit, sy vous n'en avez un commandement exprez et très particulier du Roy, scellées (sic) de son scel avec mon attache sur icelles, de crainte que soubz couleur de son service vous ne fussiez surpris, ou bien un particulier adveu de moy, qui ne désire que votre bien et contentement, estant, Messieurs,

Vostre très affectionné amy :
Du Mas d'Agenois, le 23 juin 1621.   Mayenne.

(Lettre originale, signature autographe. — Archives de Muret : Papiers de la communauté de Muret.)

2º. — Lettre des Capitouls aux Consuls de Muret.

Messieurs,
La présente sera pour vous donner advis de vous garder mieux que vous ne fistes jamais, et vos murailles et vos portes, et mettre tousiours quelque sentinelle pendant la nuit hors de v^{re} ville afin de mieux descouvrir si on aproche des murailles, car l'ennemy veille de toutes parts pour surprendre les maladvisés. Ne ferés faulte d'en donner advis à vos voisins. La présente n'estant à aultres fins, nous demeurerons tousiours,
Messieurs,
Vos meilheurs et plus affectionnés amys et voisins à vous servir :

Les Capitoulz de Tholose.
De Thle ce vii septembre 1621.

Au v^so : Missive de Messieurs les Capitouls de Thle à MM. les Consuls de Muret.

<small>(Lettre originale. — Archives de Muret : Papiers de la communauté.)</small>

3°. — Lettre des Consuls d'Auterive a ceux de Muret.

Messieurs,

Nous vous envoyons ce messager exprès pour vous advertir comme les Huguenots de la Compté de Foix sont assemblés pour donner sur vostre ville asseurement avec les Huguenots mescontents de l'Isle et Mauvoisin[1]. C'est pourquoy faictes bonne garde s'il vous plaict et donnez à ce pourteur un cart d'escu que luy avons promis, et croyez-nous,

Messieurs,
Vos très humbles serviteurs :
Les Consuls d'Haulterive.

D'Haulterive à dix heures du soir ce 14 septembre 1621.

<small>(Archives de Muret : Papiers de la communauté de Muret.)</small>

4°. — Lettre de M. Le Mazuyer aux Consuls de Muret.

Messieurs les Consuls,

Pendant que le roy victorieusement poursuit les effets de ses conquêtes à vostre descharge et pour le repos de ses estats, j'apprends qu'il y a des rebelles qui taschent de s'atrouper et tirer païs par divers endroictz pour ioindre Monsieur de Rohan et surprendre des places s'ils peuvent. J'ay à vous dire que vous preniez garde à vostre ville, et que vous faciez vos gardes exactes, et en donniés advis à ceux qui sont dans le chasteau affin que n'en advienne fortune par quelque surprise. Il y a des personnes qui sont en estat de tenir la campagne de devers Larmaignac, l'Isle, Mauvaizin et aultres désespérés : il faut esviter les surprises. Au surplus j'ay appris qu'il y a un moulin à poudre en vostre ville qui est en estat de tra-

---

1. On verra au n° XCVII les causes de ce mécontentement.

vailler. Il le faut occuper. On me dict qu'il y a des salpêtres qu'on peut convertir en poudres : mandés moy la quantité qu'il y en a et ce que nous pouvons espérer des ouvriers de vostre moulin qu'ils puissent faire par iour, le paiement y sera continu. En attendant de recepvoir responce de vous ie finiray la présente après vous avoir donné advis que présentement on me vient de dire que, dans la tranchée, on a tiré un coup de mousquet vers Monsieur le duc de Mayenne [qui] a esté atteinct[1]. Je suis infiniment marry qu'il n'a[it] voulu croire tous ses amis qui ont préveu cest accident. Son courage le portoit à se prostituer perpétuellement. Je luy en ay escript plusieurs fois. Il estoit impossible, en usant de la façon, que cest accident n'arrivast pas.

Je suis, Messieurs les Consuls, vostre très affectionné à vous faire service.   Le Mazuyer.

De Tolose ce 17 septembre 1621.

A Messieurs les Consuls de la ville de Muret.

(Lettre originale. — Archives de Muret : Papiers de la communauté.)

5°. — Lettre de M. Le Mazuyer aux Consuls de Muret

Messieurs les Consulz,

Ceux qui sont ennemis de l'Estat s'asemblent de toutes parts pour traverser la rivière de Garonne à troupes, qui est le subiect qu'il vous est enioinct, en l'estandue de v^{tre} juridiction et du voysinage, de rompre leur desseing et de vous y opposer à la force à l'assistance de Messrs de la noblesse du pays ausquels j'escriprois si je scavois leurs noms. Mais s'y agissant du service du roy et de l'exécution des arrests de la cour que je vous envoye, je m'asseure que vous y apporterez ce qui est de vostre debvoir. J'apprends que ce sont gens de pied et de cheval qu'on fait couler de devers l'Isle et Mauvoysin pour joindre Mr de Rohan.

---

[1]. Allusion aux événements survenus à Montauban, lors du siége de cette ville (septembre 1621). Henri fils de Charles de Lorraine, duc de Mayenne, y trouva la mort. — Cfr., *Hist. gén. de Languedoc*, t. XI, p. 951, et t. XII, col. 1660-1674.

Je suis adverty qu'ils prennent leurs retraites aux maisons des sieurs Delmoinau et de Gratens, mais eux et tous aultres qui feront trahison au roy leurs maisons seront rasées et (eux) seront chastiés.[1] —

Messieurs les Consuls, votre très affectionné à vous faire service.

LE MAZUYER.

De Thle, ce 22 sept. 1621.

(Lettre originale. — Archives de Muret : Papiers de la communauté.)

6°. — MISSIVE DE M. DE CIRON[2] AUX CONSULS DE MURET

Messieurs,

Je vous ay bien voulu donner advis comme nous sommes advertis de très bonne part qu'il est très important au service du roy que vous soigniés la garde de vostre ville fort exactement parce que les ennemis du roy ont de très mauvais desseings sur plusieurs villes, de sorte que vous debvez vous tenir tous en estat de vous deffendre en cas vous seriez attaqués, et faire en sorte que tous vos voisins se tiennent ausi prests soit pour se deffendre pareillement, ou pour secourir leurs voisins, ou pour courir sus aux ennemis du roy aux passages. Avec l'asseurance que j'ay de vos bonnes volontés au service de Sa Majesté, je demeure,

Messieurs,

Vostre bien obéyssant et très affectionné serviteur :

DE CIRON.

De Tolose, ce VII de novembre 1621.

(Archives de Muret : Papiers de la communauté de Muret.)

1. Du mot *adverty* au mot *chastiés* l'écriture est de M. Le Mazuyer. Le renseignement que le premier président ajoute au texte de la missive coupe la phrase en deux : *Je suis Messieurs les Consulz*, etc.

2. Procureur général du roi au Parlement de Toulouse.

7°. — Missive des Consuls de Beaumont[1] a ceux de Muret.
Copie de Missive des Consuls de Saint-Sulpice[2]

(Lettre relative au siège de Varilles)[3]

† Messieurs. Eu esgard à l'importance de l'affaire n'avons voulu faire faulte de, en toute diligence, vous envoyer ce messager avec la copie cy soubz escripte de la lettre à nous envoyée par M^{rs} les consulz de Saint-Sulpice. Pour nous, y ferons le possible, espérant que vous ferés le semblable en toute diligence comme vos voysins, amis et zellés au service de notre roy, cependant vous prions nous croire,

Messieurs,

Vos plus affectionnés amis, voysins, serviteurs :

Les Consuls de Beaumont.

De Beaumont, 12 novembre 1621.

(Teneur de ladite Lettre)

Messieurs. Le s^r de Barbazan a esté ce matin en n^{tre} ville nous faire entendre comme Varilles est assiégé. Il s'en est allé à Thle pour avoir des forces. Nous vous prions vous tenir prêts pour demain afin de leur donner secours suyvant vostre pouvoir. Vous pourrez aussy en donner advis aux Messieurs de Muret, Lagardelle et autres vos voysins.

Vous pouvez nous croire, Messieurs, vos plus affectionnés serviteurs :

Consulz de Saint-Sulpice. — Tillol, consul *(signé)*.

De Saint-Sulpice, ce 12 novembre 1621.

(Archives de Muret : Papiers de la communauté.)

1. Aujourd'hui dans le canton d'Auterive (Haute-Garonne).
2. Aujourd'hui dans le canton de Carbonne (Haute-Garonne).
3. Ville située dans le pays de Foix, auj. chef-lieu de canton de l'Ariège. — Au sujet du siège de Varilles par le baron de Léran (11 nov. 1621), Voy. *Le Mémorial historique*, chap. XLII, et *Hist. gén. de Languedoc*, t. XI, p. 954.

XCVII

1621

Les Huguenots de l'Isle-Jourdain et le Comminges (fin)
Soumission de Du Bourg
Destruction des Fortifications de l'Isle

Revenons au trop fameux du Bourg. Après avoir fait la guerre que l'on sait aux Commingeois pour favoriser le roi de Navarre, il se maintint, huguenot obstiné et hostile à ses voisins, en son gouvernement de l'Isle, malgré Henri IV. Le voyage de Louis XIII en Languedoc (1621) le décida à se soumettre. Le Parlement de Toulouse fut, en effet, informé sur ces entrefaites que le redouté capitaine voulait « quitter le gouvernement [de l'Isle-Jourdain] avec les armes, canon et munitions qui sont en lad. ville, en luy baillant récompense de 15.000 escus, pour luy estre baillée en deniers comptans [1]... »

Il importait trop à la sécurité de Toulouse et de tous ceux qui avaient quelque intérêt à sauvegarder à l'Isle, de se débarrasser de ce fléau pour ne point chercher à réaliser les conditions proposées. Le Parlement essaya donc d'obtenir diverses contributions pécuniaires de la ville elle-même et du Chapitre de Saint-Etienne. Ce dernier avait depuis longtemps cessé de percevoir le moindre revenu des bénéfices lui appartenant en cette région, car du Bourg, on le verra tantôt[2], avait tout anéanti.

Le Chapitre métropolitain fit donner au Parlement, par l'entremise de M. de Claret, chanoine-cellérier, l'assurance de sa bonne volonté en cette affaire. Or, tandis que l'on négociait en ce sens, le duc de Mayenne et le marquis de Villars vinrent à l'Isle et reçurent officiellement la place au nom du roi. Ils s'y trouvaient le 26 juillet 1621. Sur l'avis d'un ami, la communauté de Muret dépêcha vers ces hauts personnages une délégation que conduisit M. de Tilhia, lieutenant du Juge en Comminges. Voici la lettre que les Muretains avaient reçue :

1°. — Missive de M. Lavernhie[3] aux Consuls de Muret

Messieurs. Le zelle qui m'a tousiours animé à l'honneur et réputation de vostre ville et vos contentemens parti-

---

1. Voy. *Délibération du Chapitre métropolitain de Toulouse*, du 15 juillet 1621. (Arch. de la Hte-Gne : fonds du Chapitre, Reg. 146, fol. 151 v.)
2. Voy., n° XCVIII.
3. Pour *Lavergne*.

culiers m'oblige par trop à rechercher soigneusement les occa[si]ons de vous en randre témoignage, et particulièrement en celle qui s'offre présentement de vous donner advis (come je fais par ce porteur exprès) de l'arrivée de Monseigneur et de Monsieur le Marquis de Villars dans l'Isle en Jourdain depuis ce matin, d'où ils doibvent partir demain pour s'en retourner vers le Mas ou à Granade. Estimant que vous ne manqueres point, soudain après avoir receu ceste lettre, de vous mettre en debvoir de les aller saluer et asseurer de vos très humbles services et fidelles obéissances, avec offres de tout ce qui despand de vostre ville.

Il vous importe donc, Messieurs, que ce soye au plus tost afin que vous n'ayés pas la paine de les suivre plus loing. J'ay du regret que Messieurs de Granade vous ayent devancés en ce debvoir, et ayent eu desia soing de recouvrer les armes de Monsieur le Marquis pour se disposer à luy faire son antrée. Je m'asseure que vous en ferés de mesmes, et si vous ne les avés point, je vous les envoyrai, si vous le désirés, puisqu'il se résout dans huict ou dix jours de vous aller voir. Cependant il fault prendre garde qu'il ne vous surprenne. Je suis arrivé ce matin en ceste ville pour des affaires qui regardent le service du Roy et de Monseigneur, lequel je vais trouver de ce pas à l'Isle pour lui rendre compte du succès de ma légation. Je serays très aise de vous y rencontrer, ce soir ou demain matin, avant que Monseigneur et Monsieur le Marquis n'en deslogent, pour vous y rendre tous les services que vous pouvés espérer, Messieurs, de vostre très humble et très aff[né] serviteur : DE LAVERNHIE.

A Tolose, ce lundy matin, 26 juilllet 1621.
A MM. les Consuls de Muret.

(Archives de Muret ; Papiers de la communauté.)

***

Un sieur de La Pujade et sa compagnie, logés à Sainte-Foy de Peyrolières, maltraitèrent les délégués muretains tandis qu'ils revenaient de l'Isle après avoir salué le duc de Mayenne et le marquis de Villars. Celui-ci instruit du méfait écrivit ses condoléances aux consuls et fit rechercher les coupables :

2°. — MISSIVE DU MARQUIS DE VILLARS AUX CONSULS DE MURET

Messieurs.

J'ay apprins avec beaucoup de desplaisir qu'en vous en retournant de rendre vos devoirs à Monsieur (le) duc de Mayenne vous avez esté outragés par le chemin. Je désire bien fort de sçavoir d'où cela procède afin de vous y procurer la satisfaction quy est raisonnable. C'est pourquoy je vous prie d'en faire informer puis envoyer par après l'information, vous asseurant que vous en recepvrez toutes sortes de [réparat]ions, vous désirant tesmoigner en toutes autres occasions que je suis,
  Messieurs,
   V^{tre} plus affectionné à vous faire service :
     VILLARS.

A Ville Brunié, ce 30 juillet 1621.

Au verso : « Copp. de lettre de Monseig^r le marquis de Villars. »

(Lettre originale. — Archives de Muret : Papiers de la communauté.)

***

Toutefois le Parlement s'occupait de faire détruire le repaire de du Bourg. M. de Masnau fut chargé de moyenner cette besogne. Ce conseiller enjoignit aux communautés voisines de l'Isle d'envoyer en ce lieu des ouvriers munis de solides outils afin de procéder à la démolition des murs.

Vu le danger que Muret aurait pu courir si on eût diminué le nombre de ses gardiens, cette ville fut dispensée d'abord de fournir des manœuvres[1]. Mais il fallut se résigner le neuf août (dix ou onze jours après le commencement de l'entreprise), à se priver de quelques soldats ou habitants. L'ordre du duc de Mayenne présent à l'Isle était aussi formel que détaillé.

1. Voy. Arch. de Muret : *Comptes consulaires de 1621, passim.*

3º. — Lettre du Duc de Mayenne aux Consuls de Muret

Messieurs.

Je suis en ceste ville de l'Isle par le commandement de la Cour de Parlement pour faire procéder aux desmolitions du chasteau et de toutes les fortifications, et y ay séjourné onze jours sans vous appeler. Mais à présent le trouvant nécessaire pour la grandeur de ces desmolitions, et les circonvoisins y ayant sans cesse travaillé despuis mon arrivée, je vous prie m'envoyer le plus de gens que vous pourrez avec picques, tranches, pelles et paniers, et il me suffira que vous m'y assistiez pendant trois jours au plus pourveu que ce soit avec grand nombre. Vous le pouvez en y constraignant et mandant ceulx qui deppendent de vostre juridiction. Je me le promets de vostre zelle à l'honneur de Dieu et au service du roy, et si vous y manquiez, vous me nécessiteriez avec regret de requérir contre vous.

Vostre bien affectionné à vous servir,
Mayenne [1].

A l'Isle-Jourdain le viiie Aoust 1621.

(Lettre originale. — Archives de Muret : Papiers de la communauté.)

XCVIII
En quel état se trouvaient, a la fin du XVIe siècle, les Églises voisines de l'Isle-Jourdain ?

Grâce aux nombreux témoignages que nous avons précédemment produits, nos lecteurs savent à quoi s'en tenir sur l'aménité des rapports de du Bourg avec les Commingeois Avant de prendre congé du personnage, nous voudrions ajouter quelques traits au tableau des ravages qu'il a causés. Examinons dans ce but en quel pitoyable état G. du Bourg et sa bande réduisirent les églises des villages voisins de l'Isle : Renoufielle, Clermont, Cassemartin, Sainte-Livrade et Pradère. Les excès commis en ces pauvres com-

[1]. L'Ordonnance officielle qui accompagne cette missive ne contient pas de nouveaux détails. — It., Ibid.

munautés nous sont révélés par les rapports des commissaires du cardinal de Joyeuse, archevêque de Toulouse. Tout commentaire affaiblirait de pareils documents.

C'est au mois de septembre 1596 que le P. Martin Rouelle, jésuite, Jean de Chabanel, recteur de la Daurade, et le chanoine Baricave, pénitencier, visiteurs nommés par le Cardinal, remplirent leur mission. On comprend aisément pour quel motif ils ne se rendirent pas à l'Isle-Jourdain[1]. Voici dans quelle situation ils trouvèrent les églises en ces quartiers.

* * *

Relation[2] *de ce qu'avons peu cognoistre de la paroisse de Renoufielle, visitant led. lieu par mandement de Monseigneur le Cardinal de Joyeuse, archevêque de Tholose, le 12 septembre 1596.*

« L'esglise principale de lad. paroisse estoit assise et située ioignant le pont de la rivière de Save, sur le fossé du chasteau et ville de l'Isle; mais auiourd'huy il n'y en a aucun vestige, ny du cimetière qui estoit tout ioignant, sinon de petites motes de terre du haut d'un pied, ayant esté desmolie lad. esglize par deux fois, et semble à l'advenir ne pouvoir estre réédifiée aud. lieu pour plusieurs causes qu'on peut voir[3]. »

Après avoir visité Renoufielle, le délégué de l'archevêque se rend aux annexes Clermont et Cassemartin. A Clermont il est reçu par le vicaire du lieu, par les consuls et les habitants. Voici ce que le P. Rouelle constate : « Il n'y a point d'esglise en lad. annexe ayant esté desmolie par deux fois pour estre fort proche du chasteau de M. du Bourc, gouverneur de l'Isle, mais il y a une petite maison de tourtis et gazon de quatre canes de long et de trois de large... — La plus part [des habitants] ne peut voir l'autel ny le prebtre quand il dict la messe pour ce qu'ils sont hors de la susd. maisonnète, exposés à la pluye. — M. du Bourc, seigneur du lieu, a rebasti son chasteau des matériaux de l'esglise. » — « Nota que M. du Bourc, seigneur du lieu, a prins tous les matériaux de l'église qu'il a faict desmolir et a prophané le cimetière qui est devant son chasteau. »

A Cassemartin[4] autre annexe de Renoufielle, Rouelle déclare

1. Cfr., *Les Huguenots en Comminges*, n° L, texte et notes.
2. Communication de M. l'abbé Esparbès, ancien professeur au petit séminaire de l'Esquile.
3. Le visiteur a ajouté cette indication : « Quant à la principale église il y a si longtemps qu'elle n'existe que tous meubles et revenus d'icelle sont comme prins et faudra interroger le curé, qui est à Tolose, s'il en sçait aulcune chose. » — Après sa destruction par les Religionnaires, l'église de Renoufielle, très rapprochée des remparts de l'Isle-Jourdain, fut reconstruite un peu plus loin. Ce nouvel édifice a disparu après 1793. Une croix avec une inscription indique le lieu où s'élevait autrefois cette église, au N.-O. de l'Isle.
4. Ce lieu est appelé dans les anciens actes « *Parochia De Quercu* (chêne, en patois *cassé*) Martino. »

avoir « trouvé l'esglise toute ruynée et descouverte... vieux autels de terre et brique tous rompus, etc. [1] »

La situation n'est pas plus belle à Sainte-Livrade, paroisse visitée par J. Chabanel, recteur de la Daurade, cette même année 1596 : « Icelle esglise, dit-il [2], a esté démolie à force de canon l'année nonante [1590], pilhée et dépuplée de tous ornements, croix, calices, cloches, et de tout le reste qui estoit pour le service de Dieu et cent ou six vingt [120] habitantz tués ou massacrés, et du despuis a esté remise en partie (et l'on y est tant seulement au couvert) par Monsieur le Prieur de la Daurade [3] et Recteur. Elle est encore à présent déporvcue de la plus part des choses nécessères pour avoir, les hérétiques, prins et ravi les fruictz quatre années despuis la prinse dud. lieu [4]. »

Quant à l'église de Pradère, M. Baricave, chanoine-pénitencier de la Métropolitaine de Toulouse, n'en trouva que les ruines, le 12 septembre 1596. L'édifice était démoli « depuis neuf ans en ça. » On ne célébrait plus de culte en ce lieu, et depuis vingt ans il n'y avait point de recteur [5].

XCIX

1621

Les Milices en Comminges et les Huguenots du Comté de Foix

En vue de s'opposer aux entreprises des Religionnaires du pays de Foix, les Sindics de Comminges adressèrent aux consuls des chefs-lieux de châtellenie la missive suivante : ils leur enjoignaient de procéder à la levée de troupes prêtes à se rendre sur les points du territoire qui seraient le plus menacés.

---

1. Les notes relatives au déplorable état de la paroisse de Renoufielle et de ses annexes sont extraites de la liasse 582, série G. (Arch. de la Haute-Garonne.)

2. Eglise de Sainte-Livrade dédiée à saint Vital.

3. Il était *patron* de la cure.

4. Arch. de la Haute-Garonne : série G, liasse 593. — *Ibid.*, Déclaration identique de M. Filhouze, chanoine de l'Isle et curé de Sainte-Livrade depuis quatorze ans.

5. En 1586, la levée des fruits décimaux appartenant, dans la paroisse de Lisserre, à la communauté des Prébendés de la Douzaine, de l'église Saint-Etienne, est impossible à cause des guerres. (Voy. *Arch. des Notaires de Toulouse* : Reg. de J. Fossé, *ad annum*, f. 975 et suivants.) En 1590 « tout le bien [des Prébendés de la Douzaine] est occupé par les hérétiques de Lille *(sic)*, ils n'en recueillent que bien peu, de sorte que pour chascun d'eux il n'y sauroit y avoir cent livres. » — (Voy. *Arch. de la Hte-Gne* : Fonds des Jésuites, *Pancarte du Card. de Joyeuse*, 1590, n° 51.)

Enfin, relativement au vol des biens des Religieuses du Tiers-Ordre de Saint-François établies à l'Isle-Jourdain. Voy. *Arch. de la Hte-Gne* : *Fonds du Tiers-Ordre de Saint-François*, divers feuillets détachés.

Messieurs.

Estant à craindre que les ennemis du Roy qui tiennent la campagne dans la comté de Foix ne se jettent dans ce pays, où il leur seroit tres facile de comètre toute sorte de violences et ravaiges s'ils nous prenoient au despourveu et désarmés, nous avons creu estre de nostre devoir de vous faire ces lignes pour vous prier de vouloir faire mettre en estat tous ceux qui se trouveront propres pour porter les armes dans vostre ville et chastellenye, mandant pour cest effect en toute diligence à chacun des villages qui en deppendent, d'armer et ecquiper demy doutzaines de soldats plus ou moings selon leur portée, lesquels se tiendront prests pour servir le Roy et le pays soubs la conduite de Messieurs les Scindics de la Noblesse, lorsqu'ils seront mandés par vous, quy prendrés la charge de les assembler et conduire au randez-vous qui vous sera donné. En nous assurant que vous ne manquerez d'affection ny de diligence pour l'exécution de cet ordre quy est estably pour vostre bien et conservation, nous continuerons d'estre tousiours, Messieurs,

Vos très affectionnés serviteurs :

De Bonnefont, etc., etc., *(signés)*.

De Bonnefont, ce 16 novembre 1621.

(Archives de Muret : Papiers de la communauté.)

C

1621

Les Huguenots du Comté de Foix et l'Édit de Nantes

Plusieurs paroisses du diocèse de Rieux, voisines du pays de Foix, étaient situées en Comminges [1]. C'est principalement au nom de ces paroisses, dans lesquelles les Religionnaires n'observaient point les édits de pacification, que le Sindic du Clergé de Rieux

---

1. Il s'agit de diverses communautés de la châtellenie de Saint-Julien. — Cfr : *Le Comminges et le Nebouzan*, etc., par M. Alph. Couget : *Revue de Comminges*, t. I.

adressait en 1623, aux Commissaires royaux, la supplique transcrite ici.

Supplie humblement le Scindic du Clergé de diocèze de Rieux qu'au dict diocèze, depuis longues années, les lieux de Saverdun, le Carla, le Maz d'Azil [1], les Bordes, Sabarat, Camarade [2], etc., sont occuppés par ceulx de la Religion préthendue réformée, et en iceulx les esglises, chappelles et maisons apartenantes aulx ecclésiastiques ont esté desmolies, bruslées et sacaigées, iceulx de la Religion se sont emparés des ornemans et vazes sacrés, ont chassé et exillé les ecclésiastiques desdictz lieux, sans qu'en aulcuns desd. lieux ilz ayent peu estre rétablis, à cause du pouvoir et authorité qu'ilz se sont acquis ausd. lieux, qu'a esté cause que le divin service a cessé et cesse encore non obstant l'Edict de Nantes et Ordonnances des commissaires et exécutions d'icelles, ont donné du trouble et empeschement ausd. ecclésiastiques.

(Archives de la Haute-Garonne. Fonds de l'évêché de Rieux, L. 46.)

CI

Janvier-Février 1625

Garde de la ville de Muret

Louis d'Epernon, duc de Gramont, gouverneur de la province de Guyenne, écrit aux consuls de Muret. Il leur recommande de veiller exactement à la conservation de leur ville. Ses deux billets sont accompagnés de lettres du premier président du Parlement. — Il

---

1. Cfr. : *Abbaye du Mas d'Azil*, etc., par M. l'abbé Cau-Durban. Foix, 1897.
2. Voy. au sujet de la destruction de ces repaires de Huguenots *Le Mémoirial historique* de J.-J. de Lescazes, à Tolose, chez A. Colomiez. M.DC.XLIV. — « Le dimanche dernier d'aoust [1623], les aproches des villes des Bordes et Sabarat ayant esté heureusement faits par ladite armée (du maréchal de Themines), le lundy à minuit, premier septembre audit an, le feu y fut mis par les habitans mesmes, qui se sauvèrent dans le Mas-d'Azil. Après laquelle fuite et embrasement l'armée print sa route vers le chasteau de Camarade, qui fut totalement démantelé, ruyné et razé, en attendant que les canons, de difficile passage, peussent estre conduits vers le Mas-d'Azil, où furent faits les aproches le jeudy ouziesme dudit mois de septembre, et non sans de grandes escarmouches de part et d'autre, etc. » — Cfr. *loc. cit.* : chap. XLIV. — (Nous citons l'ouvrage de De Lescazes d'après la réédition qu'en a procurée M. Pasquier, aujourd'hui archiviste de la Hte-Gne.)

est bon d'observer que ces missives sont postérieures à la destruction du château de Muret (1622.)

1°. — Lettre du Duc de Gramont

Messieurs les Consuls.

Sur les advis que i'ay receu de bonne part ie vous ay voulcu fere cette lettre, pour vous prier et exhorter, autant qu'il m'est possible, de fere bonne garde en vostre ville et la conserver seurem[t] en l'obéissance du Roy : le iugeant ainsi nécessaire pour le bien du service de Sa Maiesté et le vostre particulier. En quoy, sy vous avez affere de mon assistance, ie vous la donneray de bon cœur, et vous feroy paroistre en ce quy despend de mon pouvoir, que ie suis,

Messrs les Consuls,

Vostre plus affectionné et meilleur amy,

Louis de Gramont.

Bourd[x] ce xi janvier 1625.

(Lettre originale. — Archives de Muret : Papiers de la communauté.)

2°. — Lettre d'envoi de la précédente par M. Le Mazuyer

Messieurs les Juges et Consulz.

La présente sera pour vous enioindre de la part de la Cour de faire garde en vostre ville pour la conserver seurement en l'obéissance du Roy et prévenir les effects de ceux qui voudroient user de surprise. Elle l'a ainsy jugé nécessaire pour le bien du service ds Sa Maj[té] et le vostre particulier.

Et néantmoings vous faict tres expresses inhibitions et deffences d'user d'aulcunes voyes d'hostilité ny souffrir qu'il en soit faict par aulcung, ains contenir toutes choses dans l'ordre des edictz, et si quelqu'un y attempte, la faire réparer par l'ordre de la iustice. Si vous apprenez quelque chose d'important vous en adviserez la Cour.

Je suis, etc.

Le Mazuyer.

De Thle ce 18 janvier 1625.

(Lettre originale. — Archives de Muret : Papiers de la communauté.)

3º. — Lettre du Duc de Gramont

Messieurs les Consuls.

Les advis que ie reçois tous les iours des pernicieux desseins qu'ont les ennemis du Roy et du repos public me donnent subiect de vous f^{re} ceste lettre pour vous dire que vous ayez à veiller soigneusement à v^{re} seureté, et conservation soubs l'obéissance de Sa Maj^{té}. Et pour cest effect ie iuge à propos et nécessaire que vous faciez garde ouverte dans v^{re} ville afin d'esviter toutes surprises et mauvais accidentz. Vous ne manquerez donc de satisf^{re} à cella, comme ie vous en prie, incontinent après la prés^{e} reçue. Et vous asseure qu'en toutes occasions ou ie vous pourray tesmoigner ma bonne vollonté ie vous feray paroistre que ie suis, M^{ers} les Consuls,

Vostre entièrement meilleur amy,
Louis de Gramont.

De Bordeaux, ce 5 février 1625.

(Lettre originale. — Archives de Muret : Papiers de la communauté.)

4º. — Lettre d'envoi de la précédente par M. Le Mazuyer

Messieurs les Juges et Consuls.

Vous avez receu cy-devant commandement de faire faire bonne garde, mais vraysemblablement, sur l'obiect du calme qui paroist, vous avez estimé que ce n'est qu'une fausse allarme et on se sera relasché. Mais Monsieur le Gouverneur vous réitère ce commandement comme fait aussy la Cour de Parlement sur la notoriété que les mauvaises volontés augmentent et qu'on continue les desseings de surprendre les villes. Le seul moyen d'en arrester l'effect c'est de faire bonne garde. J'y joins mes prières.

Je suis asseuré de vos affections veu mesme qu'il s'y agist du service du Roy et de v^{re} salut.

Je suis, etc. Le Mazuyer.

De Thle ce 5 février 1625.

(Lettre originale. — Archives de Muret : Papiers de la communauté.)

CII

1625. — Avril-Novembre
Cinq autres missives de M. Le Mazuyer
aux Consuls de Muret.

Le premier Président du Parlement de Toulouse presse les consuls de Muret de conserver leur ville à l'abri des surprises. Reproches pour leur insouciance.

1. — Messieurs les Officiers et Consulz.

Ce qui est des commandemens du Roy vous doibt estre assés recommandé mesme quand il s'agist de v^{re} conserva[ti]on et salut, néantmoings la Court est advertie que vous négligés grandement la garde de v^{re} ville nonobstant qu'elle soit assurée que les mauvaises vollontés de ceux qui sont portés à la rebellion, sont tous les jours, à chercher les avantages pour tacher à surprendre les villes du Roy. C'est pourquoy elle vous enjoint d'y mettre meilleur ordre à peyne d'en respondre en vos propres et privés noms. Prévalés vous de l'authorité de vos charges pour chastier par mulctes et aultres peynes ceux qui sont réfractaires à vos ordonances. N'estant la présente, etc.

De Thle ce VII Avril 1625.   Le Mazuyer.

(Lettre originale. — Archives de Muret : Papiers de la communauté.)

2. — Messieurs les Juge et Consuls.

La Cour a tant réitéré à v^{re} ville le commandement de faire bonne garde qu'elle ne peut qu'imputer à blasme si vos propres intérests ne vous induisent à prévenir les inconvéniens qui peuvent survenir par les trahisons et surprises. C'est le subiect de la présente à ce que vous y veilliez plus exactement que cy devant. Que s'il se présente quelque advis qu'on aye entrepris sur quelque ville ou chasteau voisin vous (puissiez?) au son du tocsin, de proche en proche, avec la noblesse, vous entresecourir, affin de rendre impuissans les desseings de ceux qui, de moment en moment, ne font qu'attendre les advantages pour tascher de surprendre quelques villes ou places, tenir la campagne et faire voleries, et troubler le repos public contre la foy des édicts.

La présente n'estant à autre fin, etc.

LE MAZUYER.

De Thle ce 7 May 1625.

(Lettre originale. — Archives de Muret : Papiers de la communauté.)

3. — Messieurs les Juge et Consuls.

La présente sera pour vous dire que les rebelles au Roy savent fort bien le mauvais estat auquel est vostre ville et que vous ne faictes point de garde, ny vostre fermeture n'est accommodée comme il fault. Sachez donc qu'ils ont desseing de vous surprendre et qu'ils ont marqué qu'il y a un pan de mur, entre la Garonne et le Rouch, (sic)[1] qui leur est de facile accès. On dit que ce sont gens de Mazères qui ont l'entreprise et qu'ils ont qqs traistres et espions dans vostre ville. Il sera de vostre prudence d'y veiller et metre l'ordre nécessaire. Ce n'est pas que je le veuille croire et vous exciter à jetter des soubçons mal à propos sur aulcung de vos concitoyens, mais l'advertissement en la rage des rebelles est bon à prendre et en faire vostre proffit et vous conserver mieux que vous n'avés faict jusques à présent. Il y va de vos biens, des vies de vous et de vos enfans..... Au surplus, le Roy n'entend que pour estre de la Religion prétendue refformée ses subiects soient mal traictés, ains seulement ceulx qui sont en la rebellion et qui font actes d'hostilité.

Je vous envoye l'arrest de la Cour sur ce poinct.

Je suis, Messieurs les Juge et Consulz, etc...

LE MAZUYER.

De Tholoze ce 14 May 1625[2].

(Lettre orginale. — Archives de Muret : Papiers de la communauté.)

1. La Louge.
2. Les premiers mots de la lettre suivante prouvent que celle-ci est du 13 mai. Par erreur M. le Mazuyer l'a datée du 14.

4. — Messieurs les Consuls.

Despuis vous avoir escrit hier de l'entreprise qu'il y avoit sur vostre ville j'ay pensé que vous aviez un grand adventage pour vostre conserva[ti]on aux deux tours qui vous servent de portes, et que ny ayant point de montées ains seulement des eschelles, il est à désirer que à chascune d'icelles vous ayez toutes les nuicts six hommes qui y couchent et qu'elles soient garnies de vivres et armes; du moins si quelque surprise survenoit, ce que Dieu ne veuille, par là à l'instant ou pourroit à la faveur desd. tours faire entrer toute sorte de secours et d'assistance avant qu'ils eussent moyen de se recognoistre. Je vous prie de ne négliger cest advis et veiller à vostre conserva[ti]on et mètre ordre à tout ce qui y est nécessaire, particulièrement aux gardes.... Je suis, etc.

De Tholoze ce 14 may 1625.

LE MAZUYER.

(Lettre originale. — Archives de Muret : Papiers de la communauté.)

5° — Messieurs les Officiers et Consuls.

La présente sera sur le subiect de la conserva[ti]on de vostre ville à laquelle, par notoriété, vous vous rendés si nonchalans que ie ne peutz qu'en redoubter quelques inconvéniens. Cela vous doibt estre fort sensible puisque le hasart en retombe sur vos vies, biens, fortunes et stabilité de vos familles. Il ne faut que 200 coquins pour, en une surprise, faire des désordres très grands. Vous sçavez qu'ils ne sont guères esloignés et que dans leurs monopoles il y a de la facilité très grande. C'est pourquoy estant la province en guerre guerroyante, et les commandemens vous ayant esté réitérés à diverses fois par Monsieur le Gouverneur de Guiène et par la Cour de Parlement, suivant ce que la Roy nous a commandé, ie le vous réitère encore par la présente pour vous dire que le tout despandant de vostre ordre, si vous ny apportés ce que vous debvés pour fayre la garde exacte, vous respondrés au Roy de tout accident.

Je demereray, Messrs les Consuls, etc.

Le Mazuyer.

De Thle ce 29 Novembre 1625.

(Lettre originale. — Archives de Muret : Papiers de la communauté.)

CIII

1632. — 30 Juillet

Missive du Duc d'Epernon, Gouverneur de Guyenne, aux Consuls de Muret.

Ayant à vous fere entendre de vive voix chose quy importe au service du Roy et au repos de vo[t]re communaulté, je vous fais ceste lettre pour vous dire qu'incontinent après que vous l'aurez reçue, vous envoyés pour cest effect quelqu'un d'entre vous vers moy qui me trouveray en ce lieu-cy, à quoy m'asseurant que vous ne manquez de satisfaire, je demeureray,

Messrs les Consuls, vostre plus affné et parfèt amy :

Louis de Gramont

MM. les Consuls je juge nécessaire pour le service du Roy et pour vous empescher de surprise, que vous fassiez fère bonne garde de vostre ville par les habitans, comme on a accoustumé de fère en semblables occasions.

De Mont^ban ce 30 Juillet 1632.

Lettre de Monsieur d'Espernon.

(Lettre originale. — Archives de Muret : Papiers de la communauté.)

CIV

1632. — 22 Août.

Missive du Chevalier de la Hillière aux Consuls de Muret.

A Messieurs les Consuls de Muret.
Messieurs,

Je vous fais ceste lettre de la part de Monseig' d'Espernon quy m'envoya hier en ceste ville sans qu'il eust le temps de vous escripre luy-mesme. L'on luy a dict que vous ne vous acquités pas trop bien du comandement qu'il vous a faict, quy est une bonne et exacte garde de nuict et de jour en vostre ville, et prendre bien le soing de n'y laisser personne suspecte au service du Roy.

Il veut qu'ung de vous autres Messieurs veniez en diligence à Montauban pour l'informer de l'ordre que vous tennés sur ce subiect. Si vous ne vous en acquités comme le service du Roy le requiert il vous donnera un Gouverneur et une bonne garnison pour vous garder à vos despens, ce que vous pouvez esviter en bien obéissant. Vous scavez combien il importe pour le service du Roy, et pour le particulier de ceste grande ville, que vous vous conserviez. C'est tout ce que mon dict Seigneur m'a comandé de vous escripre, et pour moy je vous suplie de croire que sy jamais j'ay moyen de vous rendre du service, je le feray de bon cœur, estant, etc.

Le Chevalier de la Hilhère.

A Toulouse, ce 22 Août 1632.

(Lettre originale. — Archives de Muret : Papiers de la communauté.)

APPENDICES

Comme complément à notre enquête sur les guerres du XVIe siècle en Comminges nous devons publier en appendice :

1º — Quelques additions aux pièces déjà données.

2º — Divers documents groupés sous ce titre : *Les Huguenots à Saint-Bertrand*. Le haut intérêt de ce second appendice n'échappera à personne, mais il sera surtout, nous l'espérons, apprécié des Commingeois.

Iᵉʳ APPENDICE

I

1562. — 8 Août

LETTRE ADRESSÉE PAR ORDRE DU PARLEMENT DE TOULOUSE AUX SINDICS DE COMMINGES

Avis aux sindics du Comminges de préserver le pays des surprises des Huguenots.

Scindicz. Par lettre que nous avons receue ce matin du seigneur de Terride, avons advertissemens des assemblées et conspirations qui se font en plusieurs endroictz du pays par les ennemys du Roy, pour surprendre les villes et lieux dud. pays, et icelles metre hors l'obéyssance dudict seigneur. De quoy vous avons bien voulu advertir, afin que de vostre part doniez ordre à la garde et seurté des villes et lieux de vostre pays de Comenge, en sorte qu'elles soient tenues et conservées en l'obéyssance dud. seigneur, à quoy ne ferez faulte, et sur ce prions le Créateur vous conserver en sa grâce.

Escript à Tholose, en Parlement, soubz le signet d'icelluy, le huictiesme jour d'aoust 1562.

Les gens tenans la Cour de Parlement pour le Roy à Tholose, vos bons amys : RAISSAC.

A Messieurs, Messrs les scindicz du pays de Comenge.

+ Place du sceau, avec cette inscription :
S[IGILLUM] secrete Curie Parlamenti THLE.

(Pièce originale. — Archives de Muret : Papiers de la Communauté.)

II

1569

FAITS RELATIFS A LA PRISE DE LESCURE[1]

Le 17 septembre 1570, le sindic des habitants de la vallée de Molins en Castillonnais représente aux États de Comminges réunis à Samatan :

Que le dernier jour de julhet 1569, l'ennemy s'estant assemblé en la comté de Foys avecque une grande armée conduicte par les Viscomtes ou Monguoméry, pour se acheminer au pays de Béarn, Mgr de Bellegarde, gouverneur de Tholose, auroit mandé audict scindic, ensemble à M^r l'Évesque de Coserans[2], ne faire faulte à toute diligence mander et lever dud. pays, en armes, pour se assembler et empêcher le passatge de lad. armée sy faire se pouvoit.

Conformément à cet ordre, le sindic rassembla 125 arquebusiers qui furent employés à la surveillance des passages pendant trois jours.

Après la prise de Lescure par les hommes que conduisait de

1. Cfr., *Les Huguenots en Comminges*, n° XXIII.
2. Hector d'Ossun.

Solan, le sindic vint prêter main forte à Hector d'Ossun avec 80 arquebusiers, et dès que la reddition du lieu eut été opérée il s'engagea dans la ville de Saint-Girons où tout était en mouvement. Les consuls firent fermer les portes de la ville afin de retenir la petite troupe « luy donnant à entendre que on voulait aller assiéger ou recognoistre le Mas d'Azil. »

(Archives de Muret : Etats de Samatan, septembre 1569)

III

1572-1573

Les Huguenots a Lescure, Mérigon, Montbrun Contrazy, Camarade, etc.

Nous avons assigné déjà au 18 décembre 1572 la prise de Lescure et de Mérigon. Plusieurs documents, dont la concordance quant aux dates n'est pas toujours parfaite, prouvent que ces lieux et les villages circonvoisins ont été occupés plusieurs fois, selon le hasard des courses des séditieux, en 1572 et 1573. Il suffira d'extraire les passages principaux de nos dossiers pour compléter les renseignements consignés au n° XXXV.

1° — Prise du chateau de Mérigon

Elle s'accomplit le douze mars 1573 « par intelligence, trahison et surprinze. » Trois ou quatre jours après l'évènement on se préoccupait de délivrer la place. Dans ce but « feust faicte assemblée de deux cens hommes ou plus, tant de Montesquieu, Daumazan, La Bastide et aultres lieux pour faire vuyder lesd. ennemis dud. chasteau, à laquelle assemblée y estoit M. de Coserans, accompaigné de plusieurs gentilshommes à cheval et grand nombre d'arquebuziers à pied, auxquels ne fust possible faire vuider lesd. ennemys... » Sur ces entrefaites s'était accomplie l'invasion de Montbrun. On a vu plus haut que cinq ou six cents Religionnaires se rendirent alors en ce village et à Mérigon « pour aydor et secourir à leurs compagnons » que l'Evêque de Saint-Lizier voulait mettre en déroute. La rencontre entre Huguenots et Catholiques se produisit « le jour de Pasques fleuries, » tandis que brûlaient « les méteries des païsans et habitans des environs. » La conséquence du désastre, « des rançonnemens » et de « la prinse du bestailh de labour et aultre » fut l'émigration des infortunés survivants. Ils s'en allèrent ailleurs « pour gaigner leur vie, qu'est une grande pitié et doleur !.. »

(Archives de Muret : États tenus en 1573.)

2° — Excès des Religionnaires aux environs de Taurignan[1]

Supplient humblement les pauvres habitantz des lieux de Lorp, Galhan, Mercenac, Senteralhe, et aultres de la juridiction de Taurignan, que à ces derniers troubles ilz auroient esté misérablement sacaigés, pilhés et bruslés, en partie masacrés par ceulx de la nouvelle prétendue relligion, et conduictz en telle extrémité qu'ilz sont aujourd'hui constrainctz de recourir à la mercy des gens de bien pour se pouvoir retirer et loger. Les aulcuns ont esté constrainctz quicter femmes et enfantz et s'en aller aulx Espaignhes, les aultres d'extrème pouvreté se sont retirés aulx hospitaux, estant la calamité si grande que si vostre charité n'a pitié d'eulx n'est possible ausd. habitans se rellever...

Vu la présente requête, les Etats accordent 150 livres « moytié au scindic de Lorp et l'aultre moytié aulx aultres. »

(Archives de Muret : États réunis en 1573.)

3°. — Excès des Religionnaires
a Lescure, Montesquieu-de-Lavantès et Contrazy

A vous, etc... Supplient humblement les Consolz et habitans de Lescure, Montesquieu et Contraire, en vostre recepte, que comme vous soict notoire que par les actes et attestations faictes tant par devant M. le Sénéschal de Tholose que officiers dud. pays, cy attachés, que despuis le premier du moys de septembre 1572 que les ennemys et rebelles à Dieu et au Roy estans de la nouvelle prétendue Relligion, perturbateurs du repoz public, se sont emparés des fortz dud. lieu de Lescure[2], Camarade, Galhan, Mérigon et aultres, les habitans ont esté constrainctz vuider et abandonner lesd. lieux, leurs biens

1. Cfr., *Les Huguenots en Comminges*, n° XXXV.
2. Il fut question, aux Etats de Comminges assemblés à Muret les 23 et 24 mai 1576, de sommes cotisées en vue « de la desmolition du chasteau de Lescure. » — Arch. de Muret : loc. cit.

tant meubles que immeubles, sans pouvoir rien joyr d'iceulx, estans lesd. meubles pilhés et sacagés, les bastimens bruslés et abbatus, voire la plus grand part des habitans tués et massacrés, les aultres mortz de pouvreté, peu d'iceulx habitans en vye, et iceulx encore constrainctz aller mendier sa et là, ou gaigner leur vye, ceulx qui peuvent, à la sueur de leur corps... les ennemis ne voulant joyr du béneffice de la paix...

(Archives de Muret: États réunis en 1573.)

4º. — ATTESTATION EN FAVEUR DE CONTRAZY

Nous Bernard Béhorre et Pey-Arnauld Chayne consulz du lieu de Montardit à tous ceulx qui ces présentes verront, salut.

Par teneur de cesdites présentes scavoir faisons comme les consulz et habitans et manans du lieu de Contraire, nos voysins, nous ont requis leur voulhoir attester des domaiges, bruslementz, rançonnementz et emprisonnements inférés et portés ausd. habitantz par les gens de la Religion à présent résidanz ez lieux de Camarade et Lescure lieux circonvoysins dud. Contraire, et néanmoings exillemenz desd. habitantz.

Nous donc voyans la requeste desd. habitans nos voysins estré très juridicque, ne avons peu faire de moings que leur porter le tesmoignage que en sçavons, qu'est : qu'il est très certain que iceulx habitans après avoyr esté pilhés, rançonnés, emprisonnés et bruslés, pour rendre leurs personnes et vye à assurance sont esté constrainctz quicter leurs biens et se rendre fuytifs d'iceulz...

De Montardit le 22 novembre 1573.

(Archives de Muret: États réunis en 1574.)

5º — ENCORE LES RELIGIONNAIRES A MONTBRUN

Le 10 janvier 1574, à Tholose, Arnauld Barthès consul, et Loys Laporte, habitantz de Montbrun, déclarent à Bertrand Cambus, chirurgien dudit Tholose : « que causant que ceulx de la novelle oppinion rebelles à Dieu et au Roy ont commancé et continuent journellement à fère courses en armes et en grand trouppes, tant à pied qu'à cheval, ez environ du lieu de Montbrun, le tout pour le surprendre et l'avoir en leur subiection, pour à quoy obvier ilz ont présenté requeste à la cour de Parlement de Tolose à ce qu'il leur soict permis pouvoir mectre garnison, et enjoindre à toutz habitantz ou particulliers dud. lieu en tenir en leurs fortz pour la garde et deffence d'iceulx et les tenir soubz l'obéissance du Roy... » Cambus est requis de veiller à la conservation de la maison « forte, à quatre murs, » qu'il possède à Montbrun. Aussitôt notre chirurgien obéit, donne la clef de son habitation, permet qu'on y place un gardien et promet de payer sa part des frais.

(Archives des Notaires de Toulouse : Acte de Puyméjean. — *Paroisses* : M.)

IV

1573

Religionnaires vers Saint-Lizier et Saint-Girons

Aux Etats tenus à Muret le deux décembre 1573,

... Mre Guillaume de Cau, viccaire général de Monseigneur l'Evesque de Coserans, assisté de Me Pierre Vitalis consul de Sainct-Lézé, a remonstré que ez environs dud. Sainct-Lézé et Sainct-Girons les ennemys de Dieu et du Roy y font plusieurs cources, commettant une infinité de maulx, murtres et voleries, pillent et sacaigent le peuble, a requis l'assistence leur porter secours et leur accorder garnison souffizante pour leur fère teste attandu qu'ilz ne sont que bien peu esd. lieux et l'importance d'iceulx...

A esté accordé ausd. habitans de Sainct-Lézé et Sainct-Girons vingt-cinq soldats arquebusiers forains pour leurs garnisons pour deux mois seullement et sans conséquence, etc...

Et faisant droict sur les réquisitions et remonstrances faictes par le sindic du Tiers Estat dud. pays, a esté arresté que tous gentilshommes et aultres quelz que soient ayans maisons fortes, chasteaulx ou aultres places desquelles l'ennemy se pourroit saisir, seront tenus les garder afin de n'estre surprinses de l'ennemy aulx fins que demeurent à l'obéissance du Roy, et où n'en vouldroient fère, en seront faictes plaintes et remonstrances au Roy pour iceulx faire desmolir. Et au surplus qu'il seroict enjoinct à toutz habitantz des villes et villaiges se tenir en leur garde, et icelles [villes] tenir en l'obéyssance du Roy, et à tous mariniers tenans bateaulx sur les rivières iceulx tenir en asseurance et garder que les ennemys ne s'en puyssent saisir, sur peyne de confiscation de corps et de biens ; enjoinct tant aux consulz de Muret que aultres dud. pays et comté de Commenge estans proches desd. rivières y tenir leur creue[1] et en faire les poursuictes sur peyne d'en respondre.

(Archives de Muret: États de Muret, décembre 1573.)

V

1573

A PROPOS DU FORT DE LA CAVE [2]

Les gens des États de Comminges... en délibérant sur la lettre missive envoyée à lad. assemblée par Madame de Mauléon et icelle présentée par M° Pierre Rieupol, disant que pour reprendre le chasteau fort de la Cave estant dans le corps de Commenge et iceluy remettre à l'obéyssance du Roy, elle auroict presté aulx scindicz dud. pays et à leur prière et réquisition, trois pièces d'artilherie avec promesse de les luy fère reffère où et quant se romproient, le cas estant advenu et que led. chasteau a esté rendu à l'obéyssance dud. s', requérant que suyvant lad. promesse led. païs luy fera reffère lesd. pièces.

Et après en avoir meurement desliberé, ayant esgard que led. païs s'est servy desd. pièces et que le chasteau a esté rendu à l'obéyssance dud. s', ouys sur ce M° Arnauld

1. Augmentation de garnison, crue ou supplément de soldats.
2. Voy. Les Huguenos s en Comminges, n° XXXVI.

du Four, substitut du procureur du Roy à Salies, etc., a esté arresté que pour fère reffère lesd. pièces sera baillé à ladite dame ou à son certain mandement, par le trésorier dud. païs, la somme de cent livres.

(Archives de Muret : États de Muret, décembre 1573.)

Le 16 février 1607, les États tenant séance à Muret, M° Saus Dussolier, consul de Salies, représenta que le château de La Cave ayant été démoli, le S^{gr} de Laffitte, maître dud. château, faisait instance contre les consuls de Salies afin de les obliger au relèvement de cette place. Les États nommèrent aussitôt des commissaires parmi lesquels Jean Daffis, évêque de Lombez, pour prendre avis à Toulouse et décider ce qui serait convenable[1].

VI

1576

Lettre des États de Comminges a Mgr de Termes

Monseigneur. Suyvant le propos qu'il vous pleust yer représenter à ceste assemblée, il feust escript à Tholose s'il y avoit paix assurée, et ce matin avons obtenu response qu'elle avoit esté publiée à Paris. Et toutesfois le seigneur de Méru estoit venu trouver son frère M^r le maréchal de Dampville avec cent chevaulx, et tous les deux avec quatre cens chevaulx et huict pièces de baterie seroient allez devant Pezenas faisant bruit qu'ils vouloient venir à Castres. L'on ne sçait pas qu'ilz ont délibéré de faire. Cependant le pays a délibéré d'entretenir la garnison de Sent-Lézé et Villefranche et les vingt-cinq salades, pour empescher que l'ennemy ne ravaige. Et vous prie ne prendre en mauvaise part la response que vous fut yer faicte, parce que nous espérons plus tost la paix que la guerre, et nous estimer que nous serons tousjours de voz affectionnez serviteurs, et que nous mettrons en devoir de recognoistre le bon office que vous a pleu nous

1. Voy. Arch. de Muret : États de 1607.

fère pour le bien et solaigement dud. pays, et s'il vous plaisoit encores tenir la longueur des affaires pour mieulx assurer la vérité de lad. paix.

Priant le Créateur, Monseigneur, longuement en toute prospérité vous conserver en sa grâce et nous en la vostre, que nous saluons de noz humbles et affectionnées recommandations.

De Muret, ce xxiiiie may 1576.

Vos humbles serviteurs :
LES GENS DES TROYS ESTATZ DE COMMENGE,
BERTIN, greffier.

Monseigneur. Despuis vous avoir escript la présente avons receu la vostre et sommes marris, ayant cogneu par effaict vostre bonne volonté et zèle du repos public, que vous soyez en faicherie et calompnie de malins qui ne tâchent que à la ruyne de ce pouvre pays, vous assurant que jamays [n'avons eu] telles oppinions, ny ne vous tiendrons que comme père du pays et espérons à vous fère cognoistre par effect.

BERTIN, greffier [des Etats.]

A Monseigneur, Monseigneur de Termes, gentilhomme ordinaire de la chambre du Roy.

(Archives de Muret : États de Muret, 24 mai 1576.)

VII

1579.

LETTRE D'HENRI DE NAVARRE A M. DE PAILHÈS, APRÈS LA PRISE DE SAINT-LIZIER [1].

Mon cousin, la contravention aux édictz du Roy mon seigneur puis naguère faicte, comme j'ay entendu, par aucuns se disans de la relligion, lesquelz sans commandement ny adveu se sont saisiz de la haulte ville de Sainct Lézer..... est cause que j'ay incontinant dépesché

1. Cfr., *Les Huguenots en Comminges*, n° XLII.

vers Monsr d'Audo luy envoyant pouvoir suivant celluy qu'il a pleu à Sa Majesté me donner pour les aller faire desloger [1].

***

On lut, aux États de Comminges tenus à Samatan en février 1581, les Lettres patentes signées « à Saint-Maur-des-Fossez le 8 aoust 1580, » par lesquelles le Roi frappait le pays d'un nouvel impôt en vue d'assurer la sauvegarde des villes concédées aux Religionnaires. A ce propos les Commingeois se plaignirent non sans raison. Faisant allusion à la prise de Saint-Lizier, en 1579, ils disaient : « car lorsque se pensoient jouyr du bénéffice de la paix et *articles de la conférence* faicte entre la Reyne mère du Roy (Catherine de Médicis) et le Roy de Navarre, alors lesd. ennemys leur ont prins et invadé la citté de Sainct Lézé, Garravet et aultres. »

(Archives de Muret : États de Samatah, février 1581.)

VIII

1579

M. DE LAMEZAN CHARGÉ DE PACIFIER LA CHATELLENIE DE L'ISLE-EN-DODON

Les sindics du pays de Comminges firent certaines remontrances aux États réunis à Muret le 27 janvier 1579, « sur l'invasion et trahison des villes, *et conspirations des habitans d'icelles.* » Aussitôt l'assemblée de décider :

Que le sieur de Lamezan, sindic de la noblesse, se transportera ez lieux de Puymaurin, Sainct Laurens, Anan, Coelhes et aultres lieux de la chastellenie de l'Isle-en-Dodon, pour admonester les habitans de se contenir en paix, union et concorde, et vivre en la crainte de Dieu, en leur religion catholicque, romaine et apostolicque, et tenir lesdites villes à l'obéyssance de Dieu et du Roy, et néantmoings led sr de Lamezan constraindre le cappitaine ou lieutenant dud. l'Isle-en-Dodon de rendre les clefs du chasteau entre les mains des consulz auxquelz il est en-

---

1. Voy. *Lettres inédites de Henri IV*, publiées par le vicomte Charles de la Hitte, p. 33. — Auch, 1886, *Archives historiques de la Gascogne*.

joinct de se garder de surprinse, et de faire contenir les habitans en paix. »

(Archives de Muret : États de Muret, janvier 1579.)

IX
1583-1585
Rectification concernant le Chateau d'Aurignac

Nous avons affirmé au n° XLVI des *Huguenots en Comminges* que l'on procéda, en 1583, à la démolition du château d'Aurignac. La note qu'on va lire modifie cette assertion, et prouve ou bien que le projet de destruction de cette place ne fut point exécuté en 1583-84, ou bien qu'il ne fut réalisé qu'en partie.

M° Estienne Lère, consul de la ville d'Aurignac, a requis l'assemblée [États de Samatan, juin 1590], de luy pourvoyr de remède convenable suivant les réquisitions par luy faictes aux Estatz tenus à Saint-Julien, scavoyr de faire crüe et augmentation de soldatz dans leur ville, n'en ayantz que cinq seulement de solde, avec lesquelz il leur est impossible pouvoir seullement guarder le chasteau de leur dicte ville, attendeu la grandeur dud. chasteau et circuyt d'icelluy et aussi que lad. ville est de grande guarde y ayant besoing quinze à seize centinelles à chaque mutation.

(Archives de Muret : États de Samatan, 6, 7, 9 juin 1590.)

X
1585-1587
Arrêts du Parlement de Toulouse
afin de sauvegarder Encausse[1], Miremont, Valentine[2] et Montsaunès[3]

I. — Le 7 décembre 1585 la Cour de Parlement enjoint aux Consulz d'Encausse...

---

1. Dans la châtellenie d'Aspet.
2. Dans le Petit-Comminges ou Cominges languedocien.
3. *Item.*

... Pourveoir à ce que les habitans dud. lieu soient fournis d'armes et que led. lieu soit tenu en bonne et seure garde soubz l'obéyssance du Roy, sur peyne d'en respondre en leurs propres et privés biens et de leur propre vie, des inconvéniens qui en adviendroient par leur faulte ou négligence.

<small>(Archives du Parlement de Toulouse: Série B, reg. 93. fol. 176.)</small>

II. — Le 3 décembre 1586 la Cour, vu les requêtes d'Adrien d'Aure vicomte de Larboust, capitaine du château de Miremont en Nébouzan (20 mai 1586), et celle des habitants de Saint-Gaudens (18 août 1586), ordonne

...que pour la garde et deffense du chasteau de Miremont à l'obéyssance du Roy, seront mis quatre soldatz soldoyés à raison de dix livres chascung pour moys aux despens du scindic dud. pays et viscomté de Nébouzan...

<small>(Ibid.: B, reg. 103, fol. 121.)</small>

III. — Le 18 avril 1587 la Cour ordonne

...que l'une des portes de lad. ville [de Valentine] sera murée et fermée suyvant la délibération prinse par les consulz, avec inhibition et deffence à toutes personnes donner trouble ou empeschement à lad. fermeure de porte, sur peyne d'estre déclairés et punis comme rebelles à Sa Majesté, néanmoings que contre ceulx qui ont cy-devant donné empêchement à lad. fermure sera enquis par le premier magistrat royal sur ce requis...

<small>(Ibid.: B, reg. 106, fol. 164.)</small>

IV. — Sur requête des habitants de Figarède (21 et 23 janvier 1587) contre Pierre de Montauban, chevalier de l'ordre de Jérusalem, commandeur de Montsaunés, la Cour ordonne (28 avril 1587),

...que désormais les consulz et habitans dud. lieu de Figarède seront tenus envoyer chascung jour et par tour, cinq desd. habitants dud. lieu pour faire la garde au chasteau de Montsaunès, et à ce pourront estre constraincts par mulctes et déclarations de peynes...

<small>(Ibid.: B, reg. 106, fol. 201.)</small>

XI

1586-1587

Arrêts du Parlement relatifs aux Huguenots de l'Isle-Jourdain

Les documents nombreux que nous avons publiés[1] sur les méfaits des Religionnaires de l'Isle-Jourdain doivent être complétés par quatre arrêts du Parlement de Toulouse concernant ces mêmes « rebelles et séditieulx. »

I. — Veue la requeste présentée par le Procureur général du Roy, et ce pour obvyer aux pernicieuses entreprinses des rebelles de la nouvelle opinion ayans faicte délibération et desseing de mettre en afferme et arrentement les fruictz et revenuz tant des personnes ecclésiasticques[2] que autres subiectz du Roy catholique, iceulx prendre et enlever, et par là avoir moyen de continuer leurs rébellions, courses, vouleries et voyes de hostilité qu'ilz exercent continuellement sur les subiectz catholiques, et mesme ez environs des villes de l'Isle-en-Jourdain, Malvezin, Mas-Garnier et aultres lieux circonvoisins, et attendu que le s' de Matignon, mareschal de France, commandant pour Sa Majesté en Guyenne, est éloigné desdits lieux, à cause de quoy l'on ne pourroit recourir à luy ne en avoir tel et si prompt remède qu'il seroit requis, feust enjoinct aux scindicz du pays de Cumenge, Rivière-Verdun et comté de l'Isle, et aultres que besoing sera, se assembler le plus promptement que faire se pourra pour délibérer et pourveoir sur les moyens à ces fins nécessaires.

La Cour, agréant la requête, ordonne en conséquence.

(Archives du Parlement de Toulouse : Série B, reg. 100, fol. 27.)
Arrêt du 5 Juillet 1586.

II. — Veue la requeste présentée par le Procureur général du Roy, ensemble la commission du seigneur de Matignon... au s' de Fontanilhes, chevalier de l'ordre,

---

1. Cfr., *Les Huguenots en Comminges*, n° IV, etc.
2. Cfr., n° XCVIII, note relative aux dîmes de la paroisse de Lasserre.

etc... La Court ayant esguard à la susdite requeste et attendeu l'urgente nécessité, a enjoinct au scindic du pays de Comenge, sur la somme contenue en lad. commission, en tant moings d'icelle, fournir et deslivrer dans troys jours, après l'inthimation de cest arrest, la somme de 1.200 escus soleil pour estre employés à l'entretènement des forces et compaignies qui ont esté levées aux environs de l'Isle pour la conservation du pays et asseurer la récolte des fruictz [1]...

Passé le délai déterminé, le syndic sera contraint par toutes voies raisonnables.

(*Ibid.* : B, 101, fol. 49. — Arrêt du 4 Août 1586.)

III. — Veue la requeste présentée par le Procureur général du Roy à ce qu'il soyt enjoingt aux scindics des comté de l'Isle, viscomté de Fesenzaguet et villaiges de la Viguerie de Tholose estans en Guyenne, promptement s'assembler et pourvoyr aux moyens et expédientz convenables pour l'entretènement des compaignies mises et establyes aux environs de la ville de l'Isle, afin d'empêcher et retenir les courses, ravaiges et pilheries des rebelles de la nouvellle opinion c'estans emparés de ladite ville de l'Isle [2].

La Chambre séant en vacations, veu l'urgente nécessité, et jusques à ce que par le S^{gr} de Matignon... y soit aultrement porveu, ayant esgard à lad. resqueste a enjoingt et enjoingt aux scindicz s'assembler dans troys jours prochains et délibérer sur la continuation de l'entretènement des compaignies, tant de pied que de cheval, estant aux environs de lad. ville, ou de tel nombre que sera advisé estre nécessaire à la conservation dud. pays et pourveoyr

---

[1]. Voy. encore aux *Archives du Parlement de Toulouse*, relativement à la cueillette des fruits en Comminges : B, 108. fol. 204. (Arrêt du 19 mai 1587.) — Et les arrêts des 24 juillet et 9 décembre 1587 : B, 109 et 111, fol. 291 et 168.

[2]. Le 27 juin 1586 les consuls de Lévignac présentent requête au Parlement « touchant les courses et entreprinses faictes par ceulx de la nouvelle oppinion qui se sont emparés de la ville de l'Isle-Jourdain. » La Cour ordonne l'emprisonnement de trois prévenus : Gérauld Teulé, Jehan Carbonnel, fils d'autre Jehan dit Tescolin, et Estienne Banide. — (*Ibid.*, B, 99, fol. 243.)

aux plus prompts expédiens et remèdes que faire se pourra..... sommes requises à la solde et payement desd. compaignies durant le temps et espace de deux moys, et ce à peyne de 4.000 escutz et de respondre par iceulx scindics à leur propre et privé nom de tous inconvénientz et deffault qui en pourroyent advenir. Permettant lad. Chambre ausd. scindics, aux fins du remborcement des sommes qui seront à raison de ce advancées, s'assembler devant le plus prochain magistrat requis, imposer, cottizer lesd. sommes tant sur les manans... dud. comté que des villes de Mauvoizin, Touget et aultres lieux du viscomté de Fesenzaguet estans à troys lieues aux environs dud. Isle... ensemble sur les villages de lad. Viguerie de Tholose estans en Guyenne non contribuables en Languedoc, le tout en vertu du *dictum* de cest arrest et sans aultre commission.

(*Ibid.* : B, 102, fol. 113 : Arrêt du 6 Octobre 1586.)

IV. — Sur la requeste présentée par le Procureur général du Roy à ce qu'il pleust à la Court pourveoir à faire cesser les cources, volleries, leurres et impositions de deniers et aultres ravaiges qui se comectent ordinairement du cartier de Gascoigne par les séditieux et rebelles qui occupent les villes de l'Isle-en-Jourdain, Mauvoysin et aultres aud. pays sur les bons subiectz du Roy catholicques, habitans ez envyrons despuis la rivière de Save jusques à Grenade, et puis lad. ville de l'Isle-en-Jourdain jusques à Sainct-Mathan, Montpezat, Cazères, le Fosseret, descendant du cousté de la rivière de Garonne jusques à la ville de Tholose...[1] La Cour défond de favoriser ces rebelles, les acomoder de vivres, armes et chevaulx et aultres munytions de guerre, leur fère logis... et moings permectre qu'ilz prennent les talhes, décimes, etc...

(*Ibid.* : B, 111, fol. 160. — Arrêt du 7 Décembre 1587.)

1. Cfr., *Les Huguenots en Comminges*, no LV, note.

XII

1587

M. de Fontenilhes a Lombez

La requête dont on va lire les termes se réfère à un séjour que fit M. de Fontenilhes à Lombez antérieurement à 1588. — Il y a là un incident à noter.

Supplie humblement Pierre Guilleron, licencié, chanoine de l'Hospital Nostre-Dame de Roncevaulx et commandeur de Samathan, que pendant la garnison du s^r de Fontanilhes en la ville de Lombès, auroict esté faict coupper à pié et ras de terre ung bon nombre de chesnes à haulte fustaie portés aud. Lombès pour la provision dud. s^r, comme aussi pour la subvention de la garde de Samathan, de manière qu'il n'y a esté rien layssé dans la forest de mettairie du suppliant, scittuée en la jurisdiction dud. Samathan...

Pierre Guilleron demande une indemnité et les États de Comminges lui répondent par ces mots peu courtois : « Se pourvoiera comme bon lui semblera. »

(Archives de Muret : États de Samatan, février 1588.)

XIII

1587

Autres particularités concernant la prise de Puymaurin [1]

1°. — Arrêt du Parlement de Toulouse

Veue la requeste présentée par le Procureur général du Roy, la Court enjoinct au S^{gr} de Montesquieu mettre les personnes qu'il a en son pouvoir, chargées de la conspiration, invasion et surprinse du lieu de Puymaurin, ez mains des consuls de l'Isle-en-Dodon [2], pour estre

---

1. Cfr. *Les Huguenots en Comminges*, n° LI.
2. Voy. *Ibid*, note.

admenés et conduictz soubs bonne et seure garde ès prisons de la Conciergerie, ce qu'est enjoinct faire ausd. consulz le plus promptement que faire se pourra sur peine de privation de leurs charges, et d'estre procédé contre eulx comme faulteurs des rebelles, sauf à estre rembourcés des frays de lad. conduicte par le syndic du pays de Comenge auquel aussi enjoinct de ce faire à peine de 4.000 escus et autre arbitraire.

(Archives du Parlement: B, 107, fol. 63. — 7 mai 1587.)

2°. — AUTRE ARRÊT

Sur la requeste présentée par le Procureur général du Roy que attendu l'invasion et surprinse faicte par les rebelles du lieu et chasteau de Puymaurin, lequel naguères ilz auroient délaissé après l'avoir saccaigé et pillé, et réduict les habitans d'icelluy à telle extrémité de pouvreté qu'il leur seroict impossible de y faire la garde nécessaire pour le maintenir en l'obéyssance du Roy, ce que ne pourroyct estre faict sans grands frays et despense, et pour obvier aux inconvéniens que derechef en pourroient advenir, il fust pourveu à faire desmanteler led. lieu et chasteau.

La Cour ayant esgard à lad. requeste et pour pourveoir et obvier ausd. inconvénians qui en pourroient advenir, a ordonné et ordonne que led. lieu et chasteau seront desmantelés et mis hors de deffense, et mis en tel estat que lesd ennemis et rebelles ne s'en puissent de rechef prévaloir, enjoignant au syndic du pays de Comenge faire procéder aud. desmantèlement.....

(Ibid.: B, 107, fol. 291.)

3°. — REQUÊTE DU S^{gr} DE CASTELGAILHARD

La pièce suivante signale la présence, à Puymaurin, de l'un des capitaines huguenots qui ont été le plus funestes au Comminges: Antoine-Gabriel de Sus [1]:

---

[1]. Voy. *Les Huguenots en Comminges*, n° LIX: *Prise de Samatan (1589) et les Huguenots à Saint-Bertrand* (II° Appendice).

A vous Messieurs tenans les Estats généraux du pays et comté de Comenge. — Supplie humblement Jehan d'Orbessan, S^{gr} de Castelgailhart, que s'estans les héréticques saisis du lieu de Puymaurin, il auroict esté prié par Mr de Junsset, MM. les consuls de Samathan et de l'Isle, fère sortir le s^r de Sus dud. lieu de Puymaurin, et donné charge lui promètre la somme de 3000 escus. Et quoy qu'il eut seu remonstrer ne luy fut possible le fère condescendre de sortir de lad. place, moings de lad. somme de 3000 escus, et le rachapt de certains prisonniers détenus par Mr de Bérat, pour lesquels il fust constrainct poinct ne rompre le négoce, et les fère vuyder, plus tost promètre aud. s^r de Bérat la somme de 500 liv. de laquelle il luy en a payé 95 escus, et si est fort pressé d'acquiter le reste pour le bien général du païs, qui ne luy doit estre à préjudice. Voudroit vous supplier qu'ayant esgard que sa promesse a esté faicte pour espargner la ruyne que led. Sus portoit ordinairement à ce païs, etc....

Il demande un remboursement.

(Archives de Muret: États de Saint-Julien, mars 1591.)

4°. — Requête de Pierre Bon

Supplie humblement Pierre Bon de la ville de l'Isle-en-Dodon, que par mandement de Monsr de Junset, ung des scindics de la Noblesse, et attendent la venue de Monsieur de Montégut subrogé par Monsr de Monberault à la garde du lieu de Puymaurin, il se seroyt jetté avec quatre vingtz harquebuziers dans led. lieu de Puymaurin à l'instant que les ennemys de Dieu et du Roy qui s'en estoyent saisis et emparés l'eurent quitté, dans lequel lieu et pour le conserver soubz l'obéyssance de Sa Majesté et garder que lesd. ennemys n'eussent moyen de le reprendre et s'en prévaloyr à l'advenyr il auroyt demeuré, délayssant toutes ses affayres, avec les susd. soldatz vingt et deux jours entiers sans avoyr rien receu que seulement partie de sa despense, à rayson de quoy vous plerra, mesd.

sieurs, ordonner que le suppliant sera payé et remborcé des diettes et vaccations exposées à lad. garde,
Et ferés bien.

(Archives de Muret : États d'Aurignac, avril 1587.)

5°. — Requête des Capitaines Camparan et Monréjeau

A vous, etc. — Supplie humblement Jehan de Camparan et le cap^{ne} Morégeau, cap^{nes} des lieus et villes de Bosens et Mazères, que en la année 1587 aulcuns du contrère parti se estans emparés de la ville et fort de Puimaurin, lesd. supplians pour lors auroient esté commandés à lever chascun pour son particulier compagnie de gens à leurs propres cotz et despens, peu de temps après auroinct esté congédiés, et pour avoir remborçement des deniers et sommes par eulx fornies à la noriture de leurs bandes de soldatz, vous auroint jadis présenté aultre requeste, estant la assemblée en la ville de Salies, au blanc de la quelle auriés respondeu que aulx généraulx Estatz luy seroict porveu de taxe, et despuis ladite assemblée le sieur de Montagut commandant pour Sa Majesté en la ville de l'Isle-en-Dodon auroict escript particulièrement aud. cap^e Camparan par la quelle luy commandoit le plus hâtivement que fère pourroict se achaminer vers lad. ville de l'Isle avec vinct et quatre souldats arcabosiers et pour le mettre en garnison dans lad. ville de Puimaurin, la quelle receue, tout aussi tost se seroit mis au toutal devoir de satisfère aud. commendement et deffaict [de fait] se achaminant avec lesd. soldatz vers lad. ville de l'Isle où estant arrivé auroict trubé que des jà le païs avoit porveu à lad. garnison dud. Puimaurin.

Quoy veu, tant par lesd. s^{rs} de Montagut que par les s^{rs} de la Ylhère, Juncet et Audirat sendictz de lad. comté, les toutz ensemble auroient aussi pour lors congédié led. suppliant et sad. compaignie.....

La requête s'achève par une demande de paiement.

[Signé] J. Camparan.

Accordé : X escus à chascung, *sans conséquence*, etc.

(Archives de Muret : États de Muret, novembre 1591.)

XIV

« Mémoire » relatif a la prise de Samatan[1]

Mémoyre de ce que j'ay forny pour le peys :

Premièrement. Le jour que Samatan fust prins j'envoyés à Tholose advertyr la Cour de Parlement de la dicte prinse et la supplyer de nous ayder à la reprinze, et par ce mesmes, mander à Monsr le Jutge de Commenge qu'yl mandat au greffier d'avertyr les Estatz de se assembler pour adviser à la reprinze deud. Samatan et à la conservation du peys. Le messatgier demeura troys jours aud. voïatge, auquel ay donné xxx s.

Plus, pour ce que Monsr le jutge me manda qu'yl ne sçavoyt où estoit le Greffier et qu'yl n'en avoyt encores peu sçavoyr novelles, je envoyés ung messatgier à Roquètes où il estoyt retyré au commanssement que la peste vint à Muret. Le messatgier n'en trouvant novelles aud. Roquètes ala près de Muret pour se enquéryr de luy, et n'en trovant novelles se retyra à Monsieur de Saubens pour voyr d'en povoyr sçavoyr novelles : en cela il a vaqué troys jours. Je luy ay payé xxx s.

Item. Monsieur de La Mesan m'escripvit ugne lettre de Bordeaus par laquelle me mandoyt qu'estant aux eaues, auroyt antandeu la prinse de Samatan, quoy ayant antandeu, s'en estoyt allé à Bordeaus pour trover moyen la recovrer et de là à Monsr d'Espernon qu'il se assuroyt la recovrer et Madame de la Valète quy me escripvit qu'elle désiroyt se employer pour le recovrement deud. Samatan, que je luy mandasse mon advis pour toutes ses occasions. Je despéchis Bécanna notère de Montbrung, à cheval, pour faire antandre tout ce dessus à M. de Savinhacq et aux aultres nos délégués pour recovrir l'artilherye de Tholose, aud. Tholose.

D'aultant que led. s^r de Savinhac estoit empêché pour la cour de Monsr de Joieuze et des Messieurs de Tholose,

---

1. Cfr. *Les Huguenots en Comminges*, n° LIX.

led. Becanna ne peult avoyr despêche de sa léguation pour scavoyr l'avis desd. s^{rs} délégués, sur ce dessus, demura tant aud. Tholose que à aler et venyr, quatre jours, despendit x [escus]...

Item, m'a faleu envoyer à Tholose vers M. de Ribayran et Monsr le jutge, comme ilz peuvent tesmonier, par deux foys, pour leur donner advis sur l'assemblée de nos Estatz généraulx et de la prinse de Jegun, et délibération de nos ennemis de s'en venyr par dessa pour nous assiéger. Ay donné aux messatgiers, à chascung, trente sols, sans compter la despense qu'ilz ont faicte chez moy au partyr et au retorn...

Item. Monsr de La Mesan arivé, Monsr de Junset me manda prier aler jusques à La Mesan pour aviser à ce qu'estoyt de faire, sur ce que M. de La Mesan avoyt obteneu pour le recouvrement de Samatan, pour raison de quoy j'ay faict deus voyatges aud. la Mesan et à Junsset, et oltre ces deux voïatges nous fismes ugne assemblée aud. Junsset pour adviser s'il estoyt nécessère ho non, de assembler les Estatz, où estoyt M. Ribayran, les Conssulz de Samatan, de l'Isle et de Lombés, et d'autant que lesd. conssulz de Samatan et de Lombés ne peurent ariver le jour de l'assignation j'y vaqués deus jours aud. voïatge.

Item, se sont feites plusieurs assemblées, voyre plus d'une douzeine, pour négotier des affaires deu peys : cela ne se peult faire sans despense, etc...

Item, le xxvie janvier 1590 Messyeurs de Montastruq, de Junsset, de La Mesan, de Bonrepaulx, les conssulz de Samatan et de Lombés, estans assemblés au Planté où nous avions apellés aussy les sieurs de Savinhac, de Salerm, de Montagut, ..., et de Montesquieu quy ne s'y trouvèrent pas, et c'estoyt pour adviser d'esviter, s'yl estoit possible, la venue de l'armée des Huguenautz de venyr puys deçà, que seroyt s'ylz hy viennent l'antyère ruyne de tout le peys, et voyant que lesd. Srs de Savinhaq et les autres sy nommés ne sy trouvoient point, et que nous estions en petit nombre, fust arresté d'avertyr les villes et les pryer d'anvoyer quelqu'ung d'antre eulx de chaque ville, à l'Isle et retorner an advertyr ugne bonne partye de la noblesse, ce que Monsr de Junsset et moy avons [faict]. Led. sr de Junsset envoya au hault peys et moy par le bas... etc.

Item. Le jour que Monsieur de La Mesan morut, Mr de Junset me manda pryer me trover sur le chemin de Samatan à la Ylhère, se que je fis, ont je trovis les srs de Junsset, d'Estanssan, de la Batut et de Morrejeau quy me firent entendre comme Mr de La Mesan avoyt ordonné par son testament que la ville de Samatan feut randue au peys, en deschargeant, led. peys, ses enfans des despences qu'yl avoyt fêtes et desguatgeassent les ostages; que Madame de La Mezan voloyt suyvre la volunté dud. sr son mary, que sy Mr de Junsset et moy luy voulions responder de l'acquiter qu'elle estoit preste de nous bailher la ville, ce que nous ne voulusmes faire, mès advisames que je advertyroys Mr de Savinhag de tout ce dessus, quy estoyt au camp, pour en advertyr Mr le marquis [de Villars], afin d'esvyter la roynne deu peys, qu'yl luy pleust de sursoyr sa venue aud. Samatan, jusques à la tenue des Estatz.

Item. M. de Savinhaq m'escripvit ugne lettre que Messieurs des Estatz ont vue, qu'yl voyoit nostre peys roynné, qu'il me prioyt d'aller trover Madame de La Mezan et voir s'yl y avoyt moïen qu'elle randit la ville, encores que j'en deusse respondre. Enfin j'ay faict des voyatges à Samathan et deus à la Has[1] et à Sént-Andreau[2] pour aller trover à cest effect Monsr le Marquis [de Villars.]

Comptes de Mr de la Ylhère, approuvés par les États.

(Archives de Muret : États de Saint-Julien, mars 1590.)

---

1. Localité située dans le voisinage de Samatan.
2. Dans la châtellenie d'Aurignac.

XV

1590

Gens de guerre a Saint-Hilaire[1]

A vous Messieurs des Trois Estatz du pais et comté de Commenge assemblés en la ville de Sainct Julien.

Supplie humblement le scindic des consulz, manans et habitans de Saint-Alary, que le pouvre lieu dud. Saint-Alary a esté puys le moys de septambre jusques au mois de febvrier entièrement ruyné par les compagnies de gens de guerre tant à pied que à cheval qui ont passé et séjourné aud. lieu en nombre sept à huict companies, scavoir :

La compainie du capitaine Beaumont avec cent hommes à pied séjourné deux jours. — Après seroint aussi venus les sieurs de Pontéjac et le capitaine Sarda avec leurs compainies de gens à cheval, en nombre de 60 chevalz et séjourné ung entier jour. — Comme aussi y seroict allé le capitaine Ségla avec sa compainie de gens de pied en nombre de 80 hommes, demeuré deux jours, et le capitaine Martre disant avoir comission de Monsieur le marquis de Villars pour dresser sa compainie, l'auroit ..... (?) dressée aud. lieu et y auroict séjourné l'espasse de cinq jours et après y seroict retourné led. capitaine Ségla avec sa compainie et Mr le capitaine Montaigut avec le nombre de 180 hommes demeuré ung jour et aussi y seroint allées et y séjourné les companies du sr de Gensac et le capitaine Marc avec leurs compainies, led. sr de Gensac, de gendarmes à cheval, et le capitaine Marc, de gens de pied, en nombre de 200 hommes de manière que, à raison de ce, le pouvre villaige est reduict en une extrême pouvretté, ne leur ayant presque rien laissé, leur ayant despendu plus de 1.500 livres, et, en oultre, leur auroict esté aussi cottisé 3 cetiers bled, 6 cetiers avoyne, une barrique vin et 3 motons, pour leur part du magasin de l'armée de

---

1. Dans la châtellenie de Muret.

s^r le marquis de Villars que le suppliant a aussi payé, que n'est raisonnable que le pouvre lieu que sont *(sic)* tres catoliques et de l'Union, qu'en souffrent si grandz frais pour tout le général du pays.

Ce considéré, etc....., leur adjuger la somme de quinze cens livres ensemble led. magasin, et seront tenus prier Dieu pour vostre estat et prospérité, et ferez bien.

Desingues, pour le suppliant.

(Archives de Muret : États de Saint-Julien, mars 1590.)

XVI

1590

Missive du marquis de Villars aux États de Comminges

Messieurs. Ung chascung peult reconnoistre le mal que ceste province a senti et le hazard qu'elle a coureu pour n'avoir, de bon heure, prins une ferme résolution d'empescher et destourner les oraiges que l'on voyoit de loing tomber sur icelle, ausquelz ayant et auparavant, et depuis la tenou des Estatz généraux, remédié le mieux qu'il m'a esté possible, jugeant par les choses passées qu'il n'y a rien plus raisonnable que de mètre quelque bon ordre et ferme establissement pour sa conservation, et que cella ne ce peult aisement faire que par une assemblée d'Estatz généraux laquelle estant composée, comme j'espère, des plus notables et affectionnés hommes de ceste province, il sera presque impossible qu'ilz ne treuvent les remèdes propres ou pour sa guérison, ou du moings pour sa conservation, et pour ne tomber au mesme inconvénient de l'année passée, j'ay trouvé convenable et à propos de convoquer lesd. Estatz généraux en ceste ville d'Agen tout au commencement de ceste année prochaine, ausquelz je vous prie envoier de personnes califfiées et zellées au parti de la Ste Union avec procurations et mémoires suffisantes pour résouldre tout ce qu'on jugera estre nécessaire au bien et repos de tout le pays, et les faire rendre ici au 25ᵉ du mois de janvier prochain, auquel jour j'ay donné le rendé-vous aux depputés des aultres provinces particullières. L'asseurance que j'ay que vous aymés tant l'advancement du parti de l'Union et le bien du général et particullier de voz provinces, me persuade que vous ne fauldrés de satisfaire à chose si juste, de quoi, encore un coup, je vous prie le plus affectionnement qu'il m'est possible, et me tenir — Messieurs — pour vostre bien affectionné à vous faire service :

VILLARS.

D'Agen ce xxᵉ décembre 1590.

A Messieurs, messieurs les gens tenans les Estatz du pays de Comenge.

(Pièce originale, signature et suscription autographes : États de Salles, avril 1591.)

XVII

1573

Absolution des Censures encourues par un Religieux de la Daurade qui avait porté les armes contre les Huguenots

Plusieurs prêtres ont combattu les Huguenots par les armes. Nous en avons signalé divers exemples[1]. La pièce qui suit nous offre un modèle d'absolution des censures que ces ecclésiastiques avaient encourues par leur conduite opposée à la discipline de l'Eglise.

Reverendissimi in Christo domini ac illustrissimi Cardinalis Georgii de Armaignaco Prioris prioratûs Beate Marie deaurate Tholose, Ordinis cluniacensis, huius in omnibus obediens Eligius Guigonis, sacre theologie doctor ac humilis Prior claustralis et Vicarius in spiritualibus et regularibus eiusdem domini Cardinalis in dicto prioratu, Dilecto Nobis in Xᵗᵒ domino Iohanni Andoino

[1]. Voy., *Les Huguenots en Comminges* : XXIII, XXXIII, XXXIV, etc.

de Montgach eiusdem monasterii religioso presbitero expresse professo, salutatem in Domino sempiternam.

Humiliter supplicasti charissime ut tibi dignaremur de gratiâ, absolutionem conferre a sententiâ excom[municationis] et ab irregularitate quam times incurrisse portando arma contra hereticos huguenaldos pro deffensione Ecclesie, Rei publice, Patrie et regie corone.

Nos timorate tue conscientie providentes, post interrogationem factam si aliquem occidisses, aut lesisses, vera confessione acceptâ, te neminem occidisse aut enormiter lesisse, sed tantum interfuisse neci aliquorum et audacter et æquanimiter tutasse partes bonas, de consensu maiorum nostri Capituli, tue supplicationi humiliter annuentes, absolvimus te a sententia eccomunicationis *(sic)* et irregularitatis propter arma et vestimenta militaria huiusmodi sumpta et prolata viriliter, resistendo hereticis, ac etiam absolvimus te ab officio aliquando non persoluto, cum salutari penitentia tibi iniuncta et in pristinum statum te restituimus ut possis et valeas officium divinum et missam celebrare, et alios actus ecclesiasticos exercere...

Datum Tholose die decima sextâ mensis septembris anno Domini millesimo quingentesimo septuagesimo tertio.

Concedimus ut supplicatum est : Eligius Guigonis, Prior claustralis.

De dicti d^{ni} Prioris claustralis mandato : De la Bonne, *sic signatus*, etc.

(Archives de la Haute-Garonne. — Fonds de la Daurade : Liasse 71.)

XVIII

Formule d'abjuration de l'Hérésie

Cette formule intéressante d'abjuration du protestantisme était usitée dans le diocèse de Rieux, dont une partie se trouvait comprise en Comminges. — C'est évidemment la traduction en langue vulgaire d'un texte français ou latin.

Jou N... d'un cor contrit et humiliat reconesqui et confessi devant la tres sancto Trinitat et touto la cour celesto, et vous autrés quetz aïsi témoings, d'avé grandement peccat en crésen atz hérétiquos et à lours différentos hérésios, principalement à las de Calvin et Luter, mès ar̀os que per la gracio de Diu, iou me reconesqui, jou abiurri, execri et anathématisi libroment, volontarioment et sincerement, toutos las susditos hérésios et toutos autros, de qual nom et sorte que se sion. De plus jou consenti en toutos causos dambé la Sancto Gleïso de Romo et confessi de cor et de bouco et prometti de garda toutiour sincerement d'aïsi en devant aquella fé que la Gleïso de Romo tén, gardo et predico et toutos aquellos susditos causos jou prométi et juri de fa.

Plassio à Diu de m'y aïuda et aquestis Sanctis Evangelis que soun sius !

(Archives de la Haute-Garonne : Fonds de l'Evêché de Rieux, L. 46.)

XIX

Excès de Mongonméry a Saint-Gaudens

Le précieux document qu'on va lire a été publié pour la première fois, en 1890, par M. Adolphe Baudouin, alors archiviste de la Haute-Garonne[1]. Cette pièce, rédigée à la requête du Chapitre collégial de Saint-Gaudens : « pour conservation de son droict au procès qu'il a pendant en la Court [de Parlement] contre le scindic du Chappitre de l'église cathédrale de Rieux », doit être rapprochée de ses compléments indispensables, savoir : l'*Enquête sur les ravages faits par les Huguenots dans le comté de Bigorre*[2], l'*Itinéraire de Mongonméry*[3] et diverses notes publiées par nous au cours du présent travail[4].

Reste cependant à étudier la partie encore la moins connue des exploits du farouche pillard. Quel chemin Mongonméry a-t-il suivi du 29 ou 30 juillet, date de son départ de Mazères, dans le comté de Foix, au 2 août date de son arrivée à Saint-Gaudens? De quelle façon a-t-il

1. Voy. *Revue de Comminges*, t. V, p. 113, d'après un texte trouvé aux archives du Chapitre de Rieux.
2. Voy. *Les Huguenots en Bigorre*, p. 160 et suivantes.
3. Voy. *Les Huguenots dans le Béarn et la Navarre*, p. 175.
4. Voy. *Les Huguenots en Comminges*, n° XXV, etc., et *Les Huguenots à Saint-Bertrand*, n° I.

traité les villages qu'il a rencontrés sur sa route? Nous possédons aujourd'hui la réponse à ces questions : on la trouvera dans une prochaine publication de documents qui recevra pour titre : *Les Huguenots dans le diocèse de Rieux*. Actuellement il faut se borner aux méfaits commis par Mongonméry dans la capitale du Nébouzan, au diocèse de Comminges. M. Baudouin les résume en ces termes : « Pendant le temps que ces quatre ou cinq mille Huguenots logèrent chez eux [à Saint-Gaudens] — vingt-quatre heures au plus, je pense, — toutes les ressources des habitants en argent et en vivres furent épuisées. Mais à ce prix la ville fut épargnée, *je ne dis pas le clergé*. L'enquête montre à quel point il fut maltraité. Mongonméry avait lâché la bride au fanatisme de ses soldats. Ils firent de la collégiale une écurie : n'eût été que le temps manquait, il leur eût permis aussi bien de la détruire... [1] » Ceux qui connaissent cet intéressant édifice ne manqueront pas d'ajouter : et c'eût été grand dommage!

Inquisition faicte par auctorité de mes très honorés seigneurs messeigneurs les premier et segond présidants de la cour souveraine du Parlement séant à Tholose, commissaires depputés par le roy nostre sire sur la vente des biens temporels des ecclésiastiques, par nous Louys Maurelhi, bachelier ez droits, lieutenant principal de Monsieur le juge de Nébozan, ayant charge et exprès mandement desdits seigneurs, pour la partie du scyndic de l'églize collégialle de la ville de Sainct Gaudens suppliant à ce qu'il soit le bon plaisir desdits seigneurs avoir esgard aux saccagemens et pilherie que a esté faicte de leurs biens par les ennemys de Dieu et du roy, pour les descharger des sommes à eux imposées, veu leur dégast : commencée en la ville de Sainct Gaudens le vingt uniesme jour du mois de novembre l'an mil cinq cens soixante neuf et continuée comme s'ensuyt.

Maistre Ramond Pastor, advocat en la cour de M^r le séneschal de Nébozan et consul de la ville de Sainct Gaudens, aagé de quarante ans ou environ, possédant en biens deux mille livres, tesmoing adjourné à la requeste

---

1. Voy. *Revue de Comminges*, t. V, p. 115-116.

dudit scyndic, produit, receu et juré, qui a déposé sur le contenu des articles [par] led. syndic bailhés, les an, jour, lieu et pardevant que dessus.

Et interrogé sur le tiers article par led. scyndic produit, a dit sçavoir que le mardy, segond jour du moys d'aoust dernier passé, les séditieulx ennemys de Dieu et du roy conduictz par le conte de Montgoumery viendrent et lougèrent en la présente ville de Sainct Gaudens; et y arrivarent environ l'heure de deux heures après mydi[1], de façon que personne ne s'en aperceust, jusques à ce que on les veist en la rivière de lad. ville, estant en nombre de huict ou neuf milhe hommes[2], tant à cheval que à pied, et y entrarent d'amplée, de sorte que non tant seulement les chanoynes et autres gens de l'églize de lad. ville, mais la plus grand partie des autres habitans feurent constraincts se chercher [cacher] et abandonner leurs habitz cléricals et en prendre de laïcs, pour crainte d'estre treuvés, veu le massacre qu'ils commettoient [commençoient] de fère estans en lad. rivière, car ils tuarent douze ou treze personnages[3] tant éclesiastiques que laïcs. Néantmoins, pour la susd. crainte feurent constrains lesd. gens de églize abandonner leurs moyens et domicilles, et laisser les biens que avoient dans icelles, ainsin qu'est notoire non tant seulement aux habitans de lad. ville mais aux circumvoisins que despuys en sa [ça] l'ont veu et en ont ouy parler.

Sur les quatriesme, cinquiesme, sixiesme, septiesme, huictiesme, neufiesme, dixiesme et unziesme desd. articles par luy leus, a dit : que lesd. ennemys estans dans lad. ville se seroient saisis des églises, les portes desquelles ont entièrement rompues, comme ont les coffres, armoires et tous les bancs que y ont treuvé, entièrement aussy la

---

1. VARIANTE. Environ deux ou trois heures après-mydy. — *(Déposition d'Arnaud Souppène.)*
2. C'est exactement le double du nombre donné par Gaches. Ou le témoin exagère, ou l'armée de Montgomméry s'était bien grossie en route ; la première hypothèse est la plus vraisemblable. A. B. — Nous aurons à discuter le plus ou moins de vraisemblance des deux hypothèses en notre prochaine enquête sur les *Huguenots dans le Diocèse de Rieux*. J. L.
3. VARIANTE. Où en auroient tué dix ou douze. — *(Déposition de Louis Malet.)*

sancte custode où reposoit le *corpus Domini*; ont brisé et bruslé les saincts et sainctes et reliques[1] du glorieux martir monsieur S¹ Gaudens, ensemble celles de madame sancte Quiteyrie sa mère, estant encachées [enchâssées] dans une cache [châsse] de plate [d'argent] en forme d'églize, à l'entour de laquelle y avoit plusieurs pierres précieuses. En ont semblablement tiré une effigie assez grande d'argent, doré en aulcuns droits [endroits], garnie de pierres précieuses que l'on l'appeloit la capse de sainct Gaudens, où avoit plusieurs reliques, ne sçauroit bonnement dire combien pouvoit peser; plus en ont porté deux petits coffres d'argent à l'entour desquels y avoit quelque pierrerie, et certains autres reliquaires que on ne sçauroit dire si estoient d'argent ou léton, toutesfois estoient dorés. Y avoit en lad. églize deux belles croix, l'une d'argent, grande et belle, et autre de cristal avec le pied d'argent, force calices d'argent dorés, les encenchiés [encensoirs], quatre grans bourdons d'argent que les profanistes[2] pourtoient en faisant le service divin. Y avoit aussy de gros chandeliers de léthon, bassins, lampes, cierges, et toutes les susdictes choses en ont porté, car luy déposant ne les a vues despuis en sa. Ont aussy rompu la font baptismale et les eaux-bénistiers, comme luy déposant a veu, rompant et emportant tous les acoustremens de l'églize que estoient dans la sacrestie d'icelle,

---

1. VARIANTE. Et ossements de monseigneur sainct Gaudens, patron de lad. églize et ville, comme feirent aussi de madame sante Quiteire, sa mère, estans inhumés dans une châsse faicte en forme d'églize. *(Déposition de Louis Malet.)* — Le Bréviaire actuel du Diocèse de Toulouse, écho de l'ancienne liturgie commingeoise dans son récit des sacrilèges de Mongonméry à Saint-Gaudens, s'exprime ainsi : « [Quaedam] ossa [Sancti Gaudentii], metu haereticorum, duce Mongomerio, igne et ferro templa vastantium, in ecclesiam Sancti Michaelis Montis Avezani [Mondavezan] lata sunt. Nec vanus fuit pro sacro pignore trepidantis Ecclesiae timor. Mongomerius depopulata provincia, in urbem irruit, sancti Martyris quae supererant *reliquias igne vorandas tradit…* »

2. Ce mot qui ne se trouve dans aucun dictionnaire d'érudition a conservé toute la force du latin *profanus*. Il désigne évidemment des serviteurs *non clercs* de l'église, comme bedeau, sacristain, etc. A. B. — A l'encontre de M. Baudouin nous estimons que ce terme désigne les ecclésiastiques chargés, dans la célébration des offices canoniaux, d'entonner les antiennes, les psaumes, etc., *(profari*, parler avant.) Pour accomplir cette fonction on était revêtu de la chappe et on tenait des bourdons : cela se pratique encore ainsi en plusieurs églises de Toulouse. On ne voit pas d'ailleurs ce que des sacristains ussent fait des bourdons du Chapitre !… t. b.

comme capes, chasupples, diacres, subdiacres bien garnis de leurs affers[1], le tout de drapt d'or, valours, satin, damas et autres estophes, avec les albes de toilhe; ne sçauroit dire quel nombre y en avoit, toutesfois estoit si bien garnie que églize de ce pays.

Sur le doutziesme et trésiesme articles, a dit qu'ils rompirent le coffre appelé les archifs du chapitre, dans lequel ils tenoient leurs documens, les libres, brustes [troncs], missaulx et autres que y estoient pour le service de l'églize. Et en oultre ont brisé les images et retables qui [y] estoient, en sorte que enfin lad. églize feirent estable. Ont en oultre rompu les orgues qui y estoient et les vitres, n'ayant enfin rien laissé en lad. églize que les murailhes, comme présentement chescun le peult voir.

Sur les quatorsiesme et cinquiesme [quinziesme] articles, a dit que les ennemys rompirent et brisèrent les portes tant des graniers que cave dud. chapitre; et de là prins et emporté les grains qui y estoient; ne sçauroit dire quelle quantité en y pouvoit avoir, bien dit que la plus grande partie des gerbes qu'avoient esté amassées en lad. ville et autres lieux estoient desja despiquées; et néantmoins pilhèrent et saccagèrent les maisons estans dans le sceptre [cloitre] où les chanoynes y résident, sans y avoir laissé blés, vins, ny autre meuble.

Sur le sexiesme, a dit n'en sçavoir rien si non qu'il a veu une coppie du libre des affermes dud. chapitre entre mains d'ung desd. ennemys, qui s'enforma avec luy qui estoient les fermiers, mais s'ils ont faict payer ou non, il n'en sçauroit déposer.

Sur le dixseptiesme article, a dit avoir entendeu que les ennemys bruslarent l'églize du lieu de Villeneufve[2] apartenante aud. chapitre, ensemble qu'ils en ont porté tous les ornemens, croix, calices, reliquaires qui y estoient, comme aussy y ont rompu les caches [châsses][3]. De ce

---

1. C'est-à-dire ornements du diacre et du sous-diacre tels que dalmatique, étole, manipule, etc.
2. Villeneuve-de-Rivière près Saint-Gaudens.
3. VARIANTE préférable : Les cloches. — *(Déposition de Louis Malet.)*

dégast et ruyne led. déposant ne sçauroit estimer, bien dit que c'est la cause la plus pitoyable qu'on ayt jamais ouye.

Sur les dixhuitiesme et dixneufiesme, a dit n'en sçavoir rien si non que le moulin d'Estournemilh a esté vendu pour la somme de deux mille libres tournoises pour certaine cotisation imposée aud. chapitre; et touchant aux métairies, si elles sont vendues, n'en sçait rien, toutesfois s'en remet à la vérité.

Sur le vingtiesme, a dit ne rien sçavoir, s'en remettant aux actes.

Sur les vingtdusiesme et vingt troisiesme articles, a dit que les fruicts décimaulx du lieu de Lendorthe à eux apartenans feurent vendus à noble Gaston de la Tour, seigneur dud. Lendorthe, pour la somme de deux mille libres, qu'est cause que pour raison desd. aliénations les portions des chanoynes et prébandiers sont beaucoup diminuées; et de ce que leur est demuré, faut qu'ils payent les décimes et autres empromts.

Sur le vingtquatriesme, a dit que occasion dud. saccagement, pour le présent est impossible au scyndic dud. chapitre achapter calices, croix et autres reliques ou ornamens pour le service de lad. églize, ains ont esté constraincts de empromter es églizes circumvoisines une croix, libres et capes.

Sur le vingtcinquiesme et dernier article, a dit que une partie desd. bénéficiers [qui] ont esté saccagés par lesd. ennemys, vont à l'églize et font le service divin avec habits de gens laïcs, n'ayant moyen de s'en achepter d'autres. Et ce dessus dit sçavoir pour ainsin avoir veu, esté présent, ouy et entendu. Récolé a persévéré et s'est signé : PASTOR, *ainsin signé*.

Syre Guillaume La Pène, habitant de la ville de S¹ Gaudens et consul d'icelle de la présente année, aagé de quarante ans ou environ, possédant en biens mille escuz sol, tesmoing adjourné, etc.

Et interrogé sur le tiers, a dit que le segond jour du moys dernier passé, les ennemys de Dieu et du roy, conduitz par le conte de Montgoumery entrèrent en ladite ville, estans en troupe de huit à neuf mille hommes tant à cheval que à pied, et les habitans ne s'en aperçurent jusques à ce qu'ils furent en la rivière de lad. ville, à quatre ou cinq tretz de arcbalestre près, où ils commencèrent à massacrer les gens de églize qu'ils treuvèrent, en sorte qu'ils en tuèrent de unze à douze personnages, tant gens de églize que autres, et estans entrés dans lad. ville d'amblée, les gens de églize feurent contrains s'en aller et prendre habyt de laïcs, abandonnant leurs maisons et biens qu'ils havoient[1].

Sur les 4e, 5e, 6e, 7e, 8e, 9e, 10e et 11e articles par luy leus, a dit que estans les ennemys entrés en lad. [ville] se saisirent soudain des églizes, et rompant les portes, coffres et armoires, et en premier lieu rompirent le lieu où reposoit le saint corps divin, ont prins et brisé les os et reliques de monsieur St Gaudens et de madame Ste Quitayre, sa mère, enchachés dans une cache de plate, faicte en fourme d'églize, avec quelques pierres prétieuses à la ronde. Prindrent et emportarent semblablement une effigie d'argent, image dud. St Gaudens, en partie d'or, à l'entour de laquelle y avoit plusieurs pierres prétieuses, de pesanteur que ung homme avoit assés à faire à la porter aux processions en faisant le discours [*discursus*, parcours] par la présente ville.

Touchant aux deux petitz coffres d'argent environnés de pierres prétieuses, ils y estoient; ne sçauroit dire que sont devenus. Semblablement en ont porté deux croix : une grande d'argent, estans les images des douze apostres au pied, et une autre de cristal, le pied d'argent, auxquelles a entendu y avoir du bois de la vraye croix :

---

1. VARIANTE : Feurent constraintz les ecclésiastiques les uns s'en feuir, les autres soy cacher et les autres [soy] dissimuler en habitcz [laïcs] de peur de tomber en leurs mains et d'estre massacrés, comme auroient esté dix ou douze autres qui avoient esté tués en la rivière de ladite ville. — *(Déposition de Jean Baide.)*

mais n'en sçauroit autrement déposer. Aussi ont rompu les calices, encenchiés, les quatre bourdons d'argent que les profanistes pourtoient au service de l'églize, et généralement en ont porté les joyaulx d'or et d'argent qu'ils ont peu avoir en leur puissance, comme ont aussy emporté les vaisseaulx, lampes, cierges et toutes les luminaires de lad. églize, rompu la font baptismale; et aux bénéficiers ont aussy premièrement rompu et deschiré tous les ornamens ecclésiastiques qui estoient dans lad. églize, comme capes, chasupples, diacres, subdiacres, albes de toilhe, le tout de drapts d'or, valours, satin, damas, camelot, taffetas et autres estofes, le nombre desquelles ne sçauroit imprimer [exprimer], toutesfois estoit lad. églize garnie d'accoustremens [autant] que églize que feut aux environs.

Sur le douziesme et trésiesme articles, dit qu'ils rompirent le coffre appellé les archifs, dans lequel le chapitre tenoit tous et chescuns les documens de leurs droits et avoirs[1]; bruslarent aussy les libres, images, retables dans lad. églize estans, de sorte que en fin la réduirent en forme d'estable en y mettant leurs chevaulx, n'y ayant laissé autre chose que les murailhes.

Sur les quatorziesme et quinziesme articles, a dit qu'ils rompirent les portes des graniers et cave dud. chapitre desquels tirarent les grains qui y feurent treuvés, et à son jugement y en avoit bon nombre à cause que leurs affermes estoient déjà despiquées; pilharent aussy les maisons desd. chanoynes estans dans le sceptre de lad. églize, que à leur sortie n'y feust treuvé que les murailhes. Et touchant au moulin, n'en sçauroit déposer de tant qu'il n'y alla de lors, ny a esté despuys.

Sur le seiziesme, a dit ne rien sçavoir.

Sur le dixseptiesme, a ouy dire que l'église de Villeneufve apartenante aud. chapitre estoit bruslée, et emporté ce que estoit dedans. Et touchant l'estimation du

---

1. VARIANTE : « Les documens et instrumens de leurs droictz et avoirs, la librairie et images. » — *(Déposition de Jean Baide.)*

dommage causé, n'en sçauroit déposer, toutesfois c'est la chose la plus pitoyable que on ayt jamais veu en ces quartiers.

Sur les dixhuitiesme et dixneufiesme articles, a dit que le scindic possédoit deux moulins sur la rivière de Garonne, l'ung appellé d'Estournemilh que a esté vendu pour la somme de 2.000 livres pour payer certaine coutisation imposée aud. chapitre, et l'autre appellé de Aulne, de moindre valeur, de la ruyne duquel ne sçauroit déposer pour ce qu'il n'y a esté. Et touchant aux métairies[1] ne sçait si sont allienées ou non, toutesfois s'en remet aux actes, comme faict aussy de la cotisation alléguée aud. dixneufiesme article.

Sur le vingtuniesme, s'en remet à la vérité.

Sur le vingtdeuxiesme, dit sçavoir que led. chapitre aliéna les fruictz décimaulx du lieu de Landorthe pour 2.000 livres à noble Gaston de la Tour, pour payer certaine cotisation imposée aud. chapitre; et pour raison desdites alhiénations, la portion que toche à chescun chanoyne et prébandier est beaucoup diminuée et d'autant que encores, de ce qu'il leur reste faut qu'ils payent les décimes et autres impositions.

Sur le vingtquatriesme, a dit que, occasion desd. saccagementz et bruslamens, est impossible au scindic. dud. chapitre achapter aulcuns ornamens pour décorer lad. églize ne faire le service divin, ains ont esté constrains s'emprompter des églizes circumvoisines croix et aultres ornamens d'églize.

Sur le vingtcinquiesme et dernier article, a dit que occasion dud. saccagement, aulcuns des bénéficiers de lad. églize sont constrains aller au service divin avec habits de gens laïcs, n'ayant moyen pour le présent s'en achapter d'autres.

Et ce dessus a dit sçavoir pour ainsin l'avoir veu, entendeu. Récolé, a persévéré et s'est signé ainsin : G. LAPÈNE.

1. VARIANTES : « De Sauldet et du Poy, alias du Puy. » — (Déposition de Louis Malet et Jean Baide.)

[Suivent huit autres dépositions à peu près identiques des personnages ci-après indiqués :

Noble Louis MALET, écuyer, lieutenant du Sénéchal en la vicomté de Nébozan; M° Jehan BAIDE, avocat en la cour dud. Sénéchal; M° Jehan PICOT, mêmes fonctions; Jehan BONNET; Gaudens VAYSSE; Arnauld SOUPPÈNE, avocat en la cour du susd. Sénéchal; Jeannot LÈRE; Bertrand VALLETTE.]

(Revue de Comminges : t. V, p. 117.)

XX

NOTE SUR MESSIRE MICHEAU MALAUBÈRE

On a lu à la page 67 des *Huguenots en Comminges* quelques documents relatifs à Micheau Malaubère, prêtre et capitaine à la fois. Le rôle de cet ecclésiastique n'a pas été médiocre dans la région gasconne durant les guerres de la seconde moitié du XVI° siècle. Voici, à ce sujet, un relevé d'indications complémentaires que M. Paul Courteault, professeur au lycée de Bordeaux, a bien voulu nous adresser :

I. 1568, 24 mars. — Les consuls d'Auch, après avoir pris connaissance d'une commission délivrée par Monluc à Micheau Malaubère pour lever une compagnie de prêtres « la part où bon luy semblera », décident d'envoyer l'un d'eux vers Madame de Monluc « pour luy faire la prière de luy démonstrer la pouvreté de ladite ville » et qu'il « luy plaise comander audict Malaubère de fayre sa compaignie à aultre part » — (Archives municipales d'Auch : BB, 5. *Registres consulaires*, fol. 263.)

II. *It.*, 26 mars. — L'un des consuls d'Auch remontre « comme M° Michel est derechef arrivé avec quelques soldatz requérant lougis, comme sa commission porte, et vivres luy estre administrés en payant. » Les consuls arrêtent que « Malaubère avec ses soldatz seront logés sur gens d'esglise et sur les hostes et leur sera faict droict sur les frays par eulx faictz. » — (*Ibid.*, fol. 264.)

III. *It.*, 7 avril. — Les consuls d'Auch refusent de recevoir la compagnie levée par M° Michel Malaubère, logée à la porte de la ville. — (*Ibid.*, fol. 265.)

IV. *It.*, 11 avril. — La compagnie du capitaine Malaubère forte de 200 soldats est admise dans la ville d'Auch, mais seulement pour y passer la nuit et à condition de payer les vivres. — (*Ibid.*, fol. 266.)

V. 1569, 12 janvier. — Réception par les consuls d'Auch d'une lettre de Monluc datée d'Agen, 7 janvier 1569, les priant de bien accueillir le capitaine Malaubère. (Voy. *Histoire de la ville d'Auch*, par Lafforgue, t. I, p. 391.) Les consuls décident de le « gratiffier le melheur que faire se pourra. » — (*Ibid.*, fol. 270-271.)

VI. *It.*, 12 février. — Réception d'une commission de Monluc, adressée au juge de Fezensac ou à son lieutenant, pour départir la somme de 200 écus soleil, 24 livres 4 sols, nécessaires à l'entretien de la compagnie du capitaine Malaubère, et d'une missive du même portant exemption pour la ville d'Auch « des gendarmes, passaige et lougis. » — (*Ibid.*, fol. 291.)

VII. 1571, 23 avril. — M° Michel Malaubert (*sic*), apporte aux consuls d'Auch une lettre de Monluc « disant qu'il s'en va aux bains en compaignye de Mr de Bordeaulx et que à nuyt seront en ceste ville et demande leur voulloir bailler logis. » Les consuls décident « que l'on baillera lougis à Messieurs de Monluc et de Bourdeaulx et leur sera faict présent de deux barriques de vin blanc, autre claret, de la contenance de deux pippots et demy châscune, et de deux moutons et que deux de Messieurs les consulz en compaignie de dix ou dotze hommes des aparans de la ville yront au devant desdits sieurs. — (*Ibid.*, fol. 400.)

II⁰ APPENDICE

LES HUGUENOTS A SAINT-BERTRAND

Les historiens modernes de la ville de Saint-Bertrand ne déterminent pas d'une manière concordante les époques où cette place fut prise par les Huguenots. Quelques-uns — tels le baron d'Agos[1] et M. Alphonse Couget[2] — indiquent les années 1577, 1586 et 1593. Quelques autres, comme M. Morel[3], s'arrêtent à 1584, 1589 et 1593, ou bien à la suite d'Armand Marrast[4] optent pour 1586, 1589 et 1594.

Disons-le d'abord : les dates 1584 et 1589 sont absolument controuvées, autant d'ailleurs que celle de 1594 substituée par Julien Sacase, le trop patient correcteur d'Armand Marrast. On sait que ce polémiste, improvisé historien, a multiplié les erreurs dans son étude du Comminges, de Saint-Bertrand et de Saint-Gaudens. Par distraction il avait attribué à 1514 les méfaits des Religionnaires de 1593.

Pour les année 1586 et 1593 aucun doute n'est possible, mais reste 1577.

Tandis que MM. d'Agos et Couget abondent en détails fort curieux quand ils racontent les sièges assignés aux dates postérieures (1586 et 1593), ils se contentent d'affirmer la prise de 1577, sauf toutefois l'épisode de la femme Paterette qui aurait donné entrée aux Huguenots « par sa maison, située sur les remparts,

---

1. Voy. *Notre-Dame de Comminges*, par Louis de Fioncette baron d'Agos. — Saint-Gaudens, imp. Abadie, 1876, pp. ix et 135.
2. Voy. *Revue de Comminges*, t. VII, p. 203 : *Enlèvement et restitution de la Licorne*. — Cfr., *Études historiques sur le pays des Quatre-Vallées*, 1874, par B. Barifouse, p. 88. — M. Castillon, dans son *Histoire des Populations pyrénéennes*, t. II, p. 164-165, s'en tient aux dates 1589 et 1594.
3. Voy. *Essai sur Saint-Bertrand de Comminges*, 1852, p. 51-53.
4. Voy. *Histoire du Comminges*, etc., 1889, p. 46-47.

pendant que les chanoines chantaient matines [1]. » Mais il y a lieu de se demander si M. d'Agos n'a point confondu les évènements de 1577 avec ceux de 1586. Du moins un document que nous produirons tantôt semble-t-il autoriser ce soupçon. La pièce dont nous parlons, rédigée il est vrai au XVIII° siècle, mérite cependant sérieux examen car elle vient de Larcher, un érudit qui avait à sa disposition les archives capitulaires de Comminges, et se trouve amplement justifiée par un acte de 1587 [2]. Or, quand Larcher, parle de la trahison d'une femme, du vol des lampes et des calices de la cathédrale, il fixe à 1586 la date de ces évènements que M. d'Agos place en 1577. A eux seuls ces incidents forment la substance du récit de M. le baron d'Agos qu'il appuie, par une trop brève indication, sur une attestation des consuls de Saint-Bertrand et sur les dépositions de plusieurs vieillards [3]. Mais pourquoi ne pas publier de pareils témoignages ? A quelle époque les a-t-on consignés par écrit ? Comment expliquer la confusion, à tout le moins partielle, des faits, que ces pièces impliquent ?... Quel est le nom de l'aventurier qui s'empara de la ville antérieurement à 1586, le nom de celui qui la délivra ?... Sans nier absolument le siège de Saint-Bertrand en 1577, nous nous croyons autorisé, jusqu'à preuve du contraire, à le considérer comme problématique, ou, si l'on préfère, comme environné de beaucoup d'obscurité. Sur ce point nos recherches personnelles n'ont abouti à aucun résultat. En revanche les textes sont nombreux quand il s'agit des incursions des Religionnaires et de leurs excès en 1586 et 1593.

Après avoir donné quelques renseignements sur des faits antérieurs à ces époques, nous publierons in extenso le dossier qu'annonce le titre du second appendice : *Les Huguenots à Saint-Bertrand.*

I

1567-1568

PARTICIPATION DES HABITANTS DE SAINT-BERTRAND A LA REPRISE DE L'ABBAYE DE L'ESCALE-DIEU ET A L'EXPÉDITION DE TERRIDE EN BÉARN

L'abbaye de l'Escale-Dieu dans la Bigorre fut prise et incendiée en 1567. Voici, d'après Larcher, l'exposé de ce fait auquel prirent part les habitants de Saint-Bertrand.

---

1. Voy. *Notre-Dame de Comminges*, p. 123-124. — Cfr. *La Vie de Saint Bertrand*, par M. l'abbé Bouche, p. 274-275.
2. Voy. *Les Huguenots à Saint-Bertrand*, n° II, 4.
3. Voy. *Notre-Dame de Comminges*, p. 124.

Quoiqu'il y eut plusieurs Religionnaires en Bigorre à cause du suport que la reine Jeanne d'Albret leur donnoit, ils ne firent aucun mouvement dans la Comté jusqu'en 1567. Alors un bandit nommé Jean-Guilhem de Linières descendit de la vallée d'Aure, traversa la Bigorre avec une poignée de gens et alla loger dans le village de Ger situé à l'extrémité du Béarn. Sa troupe s'y accrût par la jonction de quelques habitans de Tarbe et de Rabastenx. Aidé de ce renfort il alla piller à Pintac la maison d'un prêtre qui étoit opulent, il porta son butin dans l'abbaïe de l'Escale-Dieu, s'y établit, et faisoit contribuer les villages du Nébousan et de Bigorre qui étoient voisins de l'abbaïe.

Il avoit projeté de s'emparer du château de Mauvesin que les Huguenots de Béarn et de Foix désiroient de posséder pour assurer leur communication, mais il manqua son coup. Les seigneurs de Montsérier, de Tilhouse et d'Ouront le forcèrent dans l'Escale-Dieu, emmenèrent Jean-Guilhem, les six principaux de la bande et seize de leurs complices dans la ville de Saint-Bertrand, et les firent de là conduire au bout de quinze jours à Toulouse, où ils furent exécutés dans la place de Saint-Georges. Le reste de la troupe fut tué dans l'abbaïe [1].

Au souvenir de ce premier exploit les habitants de Saint-Bertrand joignirent, en 1570, dans des *Remonstrations* au maréchal de Damville, celui de leur contribution à l'expédition de Terride en Béarn (1569.) — Nous n'avons pas à nous attarder sur ces évènements d'ailleurs assez connus. Il nous suffit de signaler en passant le rôle des habitants de Saint-Bertrand comme nous l'avons fait déjà pour leurs voisins dans *Les Huguenots en Comminges* [2].

Les habitants de Saint-Bertrand représentent au maréchal de Damville, en 1570, le triste état auquel ils étaient réduits.

---

1. Voy. *Archives de Tarbes : Registres de Larcher.* — Cfr. *Huguenots en Bigorre*, l'*Acte de remise* du chef des incendiaires de l'abbaye de l'Escale-Dieu pour être par le s^r « de Montserier conduit et remis entre les mains et au pouvoir de Monsieur de Monluc ou de Monsr le premier président de Toulouse, ou bien de Monsr de Bellegarde, pour y subir les peines qu'ils [de Linières et ses compagnons] méritent. » p. 110. — Voy. aussi l'*Histoire religieuse de la Bigorre*, par Bascle de Lagrèze, p. 340 et suivantes.

2. Voy. *loc. cit.*, n° XXI.

Remonstrations des habitants de Saint-Bertrand à très illustre et puissant seigneur Monseigneur de Dampville, maréchal de France, gouverneur et lieutenant-général pour le Roi en provinces de Guïenne, Languedoc, Provence et autres lieux, suivant son ordonnance du 27 janvier 1570, sur la requeste renvoyée par le Roi.

Lesd. consuls par commandement de feu Mgr de Bellegarde que Dieu absolve, de par le Roi et M. de Monluc, eurent ordre, le 8 octobre 1567, de tenir ladite cité sous seure et bonne garde.

Ils tiennent tout tems des gardes aux portes de lad. cité qui font laisser les armes aux portes d'icelle aux viateurs, et donner raison de ce qu'ils viennent faire et négotier. — Ilz assemblèrent 300 soldatz sous la charge du seigneur de Palatz. Peu de jours après partirent de Pau certain nombre d'ennemis sous la conduite du capitaine Jean-Guillaume de Linières qui prirent l'abbaye de l'Escale-Dieu où ils furent assiégés. On y fit des prisonniers qui restèrent 15 jours dans la cité et menés au nombre de 23 à Tolose où ils furent exécutés.

Les Etats Généraux de Guyenne furent assemblés le 19 décembre 1567 à Gimont, le 11 décembre 1568 à Tolose. Les habitans de Saint-Bertrand, quoiqu'ils ne fussent qu'au nombre de 25, envoyèrent des vivres à M. de Terride qui étoit à Navarrenx. Le comte de Mongonméry passa tout près de la ville, brûla plusieurs villages, la garnison l'empêcha de brûler la cité : les compagnies de Malsès et de Fontenilles étoient dans le païs. Palatz garda la ville durant sept mois avec 300 soldats nourris et soldoyés par les habitans. Le Roi exempta de toutes impositions tant l'Evèque ou économe de lad. Évêché que Messieurs du chapitre et clergé.

Les États de l'Union ou de la Ligue furent assemblés par ordre du Parlement de Tolose, au faubourg Saint-Ciprien, depuis le 27 juillet jusques au 12 d'août 1567. M. de Montespan était surintendant de l'armée qui devoit être payée sur les diocèses d'Auch, Comenge, Couserans,

Tarbe et Lombès; sur les baronies de Terride, Faudoas, Marestang; les vicomtés de Couserans, Monléon, Encausse, Sauveterre, Montespan, Auterive et Lomagne et la vicomté de l'Isle.

Capitaines

  M. de Comenge. . . . 50 salades.
  M. de Fontenilles . . . 50 »
  M. de Monluc . . . . 50 »
  M. de Montespan . . . 50 »
  M. de Laur . . . . . 50 »
  M. de Montbernard. . . 50 » et 30 arquebusiers à cheval.
  M. le Baron de Péguilhan. 40 cuirasses.
  M. de Faudoas . . . . 65 salades et 45 arquebusiers à cheval.
  M. d'Antin . . . . . 25 cuirasses.
  M. de Baudéan . . . . 25 »
  M. de Pepious . . . . 25 »
  M. de Salerm. . . . . 25 »
  M. de Pontéjac . . . . 25 »
  M. de Bernet. . . . . 40 arquebusiers à cheval.

Le chef aïant par mois 30 écus soleil, le soldat 6 écus 2 tiers par mois. M. de Gajan étoit capitaine. Les gens de pied étoient composés des régiments de Bérat qui avoient 6 compagnies de cent hommes; de Boulet, de 4 compagnies de 100 hommes; de Gignan, de 6 compagnies de cent hommes. Il avoit sous lui les capitaines de Salenave et du Puy et le capitaine César. Le tout coûtoit 6.000 écus par mois.

(Archives de Tarbes: Registre de Larcher, ff. 81-82.)

II

1586

PRISE ET DÉLIVRANCE DE SAINT-BERTRAND-DE-COMMINGES

Le trop fameux baron de Sus, qui devait s'emparer de Puymaurin en 1587 et de Samatan en 1589[1], occupa la cité de Saint-Bertrand le 22 avril 1586. Assiégé par les catholiques que l'évêque Urbain

---

1. Voy. *Les Hugueno's en Comminges*, n°° LI et LIX, et 1er *Appendice*, n°° XIII et XIV.

de Saint-Gelais menait au combat, de Sus se rendit après une résistance de 48 jours. Le pays de Comminges contribua de ses deniers¹ à la reprise de cette place¹ et les Toulousains, sur lesquels l'évêque de Saint-Bertrand exerçait le plus grand ascendant, envoyèrent quelques pièces d'artillerie.

En souvenir de la délivrance de la ville, Urbain de Saint-Gelais institua une fête que l'on célébrait chaque année le 8 juin.

I. — Récit de Larcher, auteur d'une *Vie inédite de saint Bertrand*

Le baron de Sus, calviniste, prit, le 22 avril 1586, la cité de Comenge, par la négligence des habitans qui étoient de garde et la trahison de quelques bourgeois qui favorisoient les sectateurs des nouvelles opinions.

Ce baron de Sus n'étoit pas de la maison d'Astorg et de la branche de Montbartier, mais béarnois et seigneur de la Salle près Pau, de la Bastide de Ceserac, de Bourganeuf, et de Susmion. — Une femme poussa la trahison jusqu'à indiquer aux Huguenots le lieu où l'on avoit caché le trésor de la Cathédrale dans le souterrain du cloître. Les soldats y prirent 15 lampes d'argent appartenant aux autels du Saint-Sacrement et de la Sainte-Vierge, et une quarantaine d'autres lampes de même métal appartenant aux autres chapelles de l'église, de plus 120 calices et un milier pesant d'argenterie. Le chapitre dût payer une rançon de 10.000 liv. Un soldat s'étant emparé du chef de saint Bertrand et de diverses autres reliques les cacha en un puits, à Puisségur près de Lectoure. Or Jean de Hanly, archidiacre, et Jean de Chastanet, chanoine de Lectoure, les achetèrent pour 60 livres et firent connaitre au chapitre de Comenge cet heureux évènement. Les chanoines envoyèrent quelques délégués pour les recevoir à Valcabrère, en l'église des Cordeliers où on les avoit déposées, le 25 mai 1591. Le chapitre de Comenge reconnaissant remercia celui de Lectoure en lui offrant un ornement violet complet sur lequel on avoit brodé ces mots : *ob restitutas Sancti Bertrandi reliquias.*

(Archives du Grand Séminaire d'Auch : n° 16.554.)

1. Voy. *Les Huguenots à Saint-Bertrand*, n° II, 3.

II. — Arrêts du Parlement de Toulouse touchant la prise de Saint-Bertrand

1°. — Arrêt du 28 Avril 1586

Veue la requeste présentée par le Procureur général du Roy sur le faict de l'invasion faicte naguières par aucuns vouleurs, de la ville de Sainct-Bertrand de Commenge, la Court a ordonné et ordonne qu'il sera enquis de ladite invasion, murtres, bruslemens et autres excès sur ce interveneuz, par le premier des conseillers, huissier ou magistrat royal sur ce requis pour ce faict, et l'inquisition rapportée, estre ordonné et procédé contre les coulpables ainsi qu'il apartient, et cependant a enjoinct et enjoinct à tous seigneurs juridictionnels, gentilzhommes, consulz, communaultés, se assembler à tocquesin ou autrement pour courir sus ausd. vouleurs coulpables desd. excès, et leurs adhérans, les rompre et tailler en pièces, et faire tous aultres effortz pour remectre lad. ville en l'obéyssance du Roy.

(Archives du Parlement : Série B, Registre 97, fol. 222.)

2°. — Arrêt du 6 Mai 1586

Veues les requestes présentées par le Procureur général du Roy, Messire Urbain de Sainct-Gelays, conseiller dud. Roy en son Conseil privé et en la Cour de Parlement, évesque de Cumenge, et le scindic de la ville de Montréal-de-Rivière, sur le faict de l'invasion et occupation naguères faictes par aulcuns voleurs soy disans de la nouvelle opinion et préthendeue religion, de la ville de Sainct-Bertrand de Cumenge, la Court ayant esgard ausd. requestes, et attendu l'importance de lad. ville, a enjoinct et enjoinct aulx scindicz et consulz tant dud. pays de Cumenge que de Rivière et Verdun, se assembler le plus promptement que pourra estre faict pour adviser et apporter, chascun en son endroict, les moïens convenables, et remectre lad. ville soubz l'obéyssance du Roy, subvenir et contribuer aulx frais, vivres, munitions à ce nécessaires... Enjoinct à tous seigneurs juridictionnelz, gentilzhommes, consulz, communautés... desd. pays, se assembler et venir en armes pour aider de tous leurs moïens au recouvrement et délivrance d'icelle ville, et au surplus faict défenses à toutes personnes, de quelque estat et condition que soient, de ne aider ou acomoder lesd. voleurs de vivres ou aulcuns aultres moïens sur peine d'estre punis comme complices et crimineulx de lèze majesté et aultre arbitraire, et en oultre qu'il sera enquis tant contre ceulx qui ont faicte lad. invasion, que ceulx qui leur auroient tenu la main ou auroient eu intelligences ausd. fins, et quy leur donnent advertissemens, etc., etc.

(Ibid., B, 98, fol. 13.)

3°. — Arrêt du 12 Mai 1586

Veues les requestes présentées par le Procureur général du Roy et messire Urbain de Sainct Gelays, conseiller du Roy en son conseil privé et en la court, évesque de Comenge, à ce que les scindicz de Comenge, Rivière et Verdun, feussent constrainctz contribuer la somme de quatre mil escuz pour estre employée aulx fraiz nécessaires pour la deffance desd. pays et remettre la ville de Sainct-Bertrand en l'obéyssance du Roy, ensemble l'arrest du sixiesme de ce mois.

La Court ayant esgard ausd. requestes, attandeu l'importance de lad. ville et nécessité présente, et veue aussi l'offre faicte par led. de Sainct Gelays, évesque, se obliger pour icelle somme rendre au cas qu'elle ne feust employée ausd. fins, a ordonné et ordonne que lesd. scindicz de Comenge, Rivière et Verdun, seront tenuz dans trois jours mectre icelle somme de 4.000 escus pour estre employée à la deffance desd. pays et pour remectre icelle ville en l'obéyssance du Roy[1].

---

1. Dans une lettre adressée au maréchal de Matignon, le 8 avril 1588, les États de Comminges assuraient que la reprise de Saint-Bertrand et de Puymaurin leur avait coûté 6.076

La Cour enjoinct aux sindics de cotiser lad. somme : celui de Comminges cotisera tant sur led. pays que « sur les vicomtés de Cozerans et aultres lieux des aydes dud. comté de Comenge et lieux circonvoisins de lad. ville de Sainct-Bertrand. »

(Ibid., B. 98, fol. 102.)

4°. — Arrêt du 8 juillet 1586.

La Cour a ordonné et ordonne que la ville de Sainct-Bertrand de Comenge naguières réduicte en l'obéyssance du Roy sera remise ez mains et pouvoir de Messire Urbain de Sainct Gelays évesque dud. Comenge, et ce faisant les seigneurs et gentilzhommes que y sont de présent avec leurs trouppes et gens de guerre vuideront et délaisseront lad. ville, ce que leur est enjoinct fère et à chascun d'eulx, et au surplus ordonne aussi que les Reliquaires et aultres ornemens apartenans à lad. esglise cathédralle mentionnés en l'*Inventaire* sur ce faict, et mesme l'*Alicorne*[1] dont mention est faicte en lad. requeste et informations, seront aussy remises en lad. esglise, et à ces fins tous détempteurs constrainctz par toutes voyes deues et par corps, enjoignant à tous gentilshommes, seigneurs juridictionnels, consulz et communaultés, se employer à la restitution de lad. alicorne et exécution du contenu en cest Arrest, à peyne de 10.000 escus et aultre arbitraire.

(Ibid., B., 100, fol. 57)

III. — Lettre de Catherine de Médicis à Henri III touchant la prise de Saint-Bertrand

Le rôle joué à Toulouse, durant la Ligue, par l'évêque de Saint-Bertrand, Urbain de Saint-Gelais, lui a valu, et lui vaut encore, les épithètes les plus dures. Ainsi qu'on va le voir, Catherine de Médicis parlait du prélat commingeois en de meilleurs termes. Le jugement

---

écus : « ... la somme de cinq mille escutz employés pour le recouvrement des villes de Sainct-Bertrand et de Puymaurin, avec les intérestz qui viennent mil septante-six escutz selon l'estat de nostre collecteur... » — Arch. de Muret : États de l'Isle-en-Dodon, avril 1588.

1. Il sera fait plus ample mention de la fameuse « licorne » dans les documents relatifs à la prise de Saint-Bertrand en 1593.

de la reine est à rapprocher de celui de Jean Daffis. Dans l'appréciation si flatteuse du premier Président du parlement de Toulouse se reflète l'opinion des diocésains d'Urbain de Saint-Gelais :

« Sire, je ne puis obmettre vous faire très humble requeste qu'il vous plaise commander à Monsieur l'évesque de Commenge de ne se despartir poinct de ces endroicts, y estant si nécessaire pour vostre service, que chacun juge que le salut du pays de Commenge deppend de lui, et la noblesse et tous autres estats l'ont en telle estimation, que par sa prudence et le grand debvoir qu'il y a faict, ce dict pays qui estoit en grand danger de se perdre, a esté par luy conservé sans aucun inconvénient[1]. »

Monsieur mon fils, l'évesque de Commenge vous a faict ce bon service, comme vous avez naguières entendu, d'avoir pris la ville de Saint-Bertrand de Commenge, très forte place située entre les monts Pirénées et qui importe merveilleusement à vostre service ; car elle tient en seureté la pluspart de tous ces quartiers-là et donne faveur et moyen de retirer voz deniers, tant des tailles que aultres subventions et aussi les decymes, se montant le tout à très grandes sommes de deniers, et n'eust peu le dict évesque de Commenge faire et exécuter ceste entreprinse sans, oultre ses moyens qu'il y a tous mis, y employer aussi beaucoup de ceulx de ses amis, qui se montent à grandes sommes desquelles il s'est obligé, comme il vous plaira entendre de ce gentilhomme présent porteur, qu'il envoie devers vous affin qu'il vous plaise, comme je vous en supplye affectueusement, de voulloir faire pourvoir à son remboursement et remplasement des advances qu'il a faictes pour l'exécution de la dicte entreprinse, et que par cy après il puisse avoir moyen de continuer à s'employer et faire tousjours ce qu'il pourra (comme serviteur très affectionné qu'il vous est) pour vostre service et en quoy il vous espargne beaucoup ; car au lieu qu'il faudroit nécessairement que vous entretinssiez quelqu'un d'auctorité par delà pour y main-

[1]. Lettre de J. Daffis au roi Henry III (4 juin 1580). Ce fragment épistolaire a été publié par M. Ph. Tamizey de Larroque (*Revue de Gascogne*, t. VIII, p. 43).

tenir vostre service, il vous en descharge et le faict à ses propres cousts et despens avec ses amis qu'il a en grand nombre au païs, et qui sont et les maintient tous vos serviteurs, en quoy il mect le peu de moyens que Dieu et vous luy avez donnez, mais pour cela il n'entend vous estre aucunement à charge, vous requerant seullement de le faire rembourser des frais extraordinaires où il s'est constitué pour l'exécution de la dicte entreprinse qui a si bien succeddé et qui apporte tant d'utilité à vostre service.

M'asseurant, monsieur mon filz, que c'est chose à quoy vous aurez esgard, je ne vous en diray sur ce poinct davantaige, mais vous prieray encores d'une chose dont il vous requiert aussi, qui est qu'il vous plaise escripre fort expressement au baron Jacques, frère du vicomte de Lerbourg[1] (que vous scavez bien quelles gens ce sont), qu'ilz ayent à rendre tous les ornemens dont ils se sont saisys des esglises dudict Saint-Bertrand, et mesmes une licorne appartenant à la grande esglise de ladicte ville, laquelle a de haulteur environ cinq pieds et qui est de fort grande valleur. Ledict évesque de Commenge et les aultres ecclésiastiques de ladicte esglise desireroient bien qu'il vous pleust la prendre vous mesme, car c'est une pièce digne de vous et laquelle demeurant en ladicte esglise sera tousjours en danger de se perdre, et oultre cela donnerojt occasion à ceulx qui ont envie de mal faire, de faire de nouvelles entreprinses pour avoir ung tel butin.

Me remectant à ce dict porteur pour vous faire plus amplement entendre les aultres particularitez dont l'a chargé ledict évesque de Commenge, je ne vous feray plus longue lettre, priant Dieu, monsieur mon filz, qu'il vous vueille tousjours bien conserver, et vous donner en parfaicte santé très longue et très heureuse vye.

Escript à Coignac, le VIIIe jour de décembre 1586.

Vostre bonne, affectionnée et hoblygée mère :

CATERINE.

(*Revue de Gascogne*: t. XIV (1873, p. 569.)

1. Vicomte de Larboust.

IV. — Vente de diverses pièces d'argenterie par le Chapitre de St-Bertrand

Les chanoines de Saint-Bertrand de Comminges, ruinés par les Huguenots en 1586, se voient dans l'obligation de vendre divers objets d'or et d'argent afin de subvenir aux plus pressantes nécessités de leur église et de la ville.

ACQUIT DE DESCHARGE DE MESS^{rs} BERTRAND SARTOR, GUILLAUME LAPORTE ET MANAULT LABORDE

Comme la cité de Sainct-Bertrand de Comenge ayt esté invadée le 22e d'avril dernier passé, par quelque trouppe de la nouvelle et prétendue religion réformée, et que l'église catholique d'icelle ayt esté en effet pilhée et saccagée et expouilliée de tous les ornemens qui estoyent destinés pour la décoration du divin service, singulièrement des reliques, calices et aultres joyaux consistans en argenterie, que lesd. assassineurs et entrepreneurs auroyent cassé et réduict en plat, et le reste des ornemens ecclésiastiques couppé et mis à leur usage, si que pour aucunement remettre une partye desd. ornemens en lad. esglise pour la continuation dud. service, réparations et fortifications, garde et protection de ladite ville, les sieurs chanoines du chappitre d'icelle estans expoliés de leurs revenus et aultres moyens, pour subvenir à la nécessité qui se présentoit en cest endroict, auroient trouvé le plus expédient de vendre en Tholose de ceste argenterie qui leur estoit demeurée de reste par la capitulation faicte, avec lesd. occupateurs, à la reddition de lad. ville, pour employer les deniers en provenans à l'effect devant représenté, et que pour ceste considération ilz ayent faict et constitué leurs procureurs, en premier lieu Me Guillaume Laporte prebstre en la mesme esglise et sire Manauld de Laborde, marchand, bourgeois de Tholose, affin d'effectuer lad. vente, et du despuis Me Bertrand de Sartor, docteur, chanoine théologien de lad. esglise et led. s^r de Laborde comme résulte des instrumens de procuration, le premier retenu par M° Jehan de Gariès, notaire royal de Valcabrère, le 20° jour du moys de septembre, autorisé par Monseigʳ l'évesque dud. Sainct-Bertrand de Comenge le 29° dud. moys de septembre par acte retenu par M° Jehan Bonnet, notaire..... escript au pied de lad. procuration, et le second par M° Pierre Cazaux, aussy notaire royal de la mesme ville de Valcabrère, le 10° jour de novembre dernier huictante et six, aussy authorisé par led. seigneur évesque, ainsy qu'il résulte aussy par l'acte sur ce faict le xiii° dud. moys de novembre dernier quatre-vingt-six, retenu par M° Aymery de Jauris not. royal de Tholose, et que en vertu desd. deux actes de procurations et authorisations lesd. procureurs, c'est à savoir de Laporte et de Laborde, ayent vendu trente-six marcz et un quart d'once de lad. argenterie à 17 livres le marc, montant 612 liv. 10 solz, et consécutivement led. sʳ de Sartor et de Laborde aussy 80 marcz de la mesme argenterie à 17 livres 10 solz le marc, montant 1.400 livres tournois, ainsy qu'appert des actes desd. ventes en nombre de troys retenus le 1ᵉʳ par M° Gaspard Cazavet, not. royal dud. Tholose le 4° octobre dernier, et les aultres deux par M° Pierre Duclaux, not. royal dud. Tholose, le 15 et le 19 novembre aussy dernier 1586.

Et d'aultant que lesd. de Laporte, Sartor et de Laborde, procureurs susdits, ont despuis en sa baillés, et délivrés les susd. sommes montant en bloc 2.012 liv. 10 solz à MM. les chanoines et chappitre dud. Sᵗ Bertrand de Comenge, à cause de quoy, et d'ailheurs que lesd. chanoines et chapitre désirent agréer lesd. ventes et suffizamment descharger lesd. de Sartor, de Laborde et de Laporte leurs dicts procureurs, ce jourd'hui pénultiesme du moys de janvier 1587, dans la cité de Sᵗ-Bertrand de Comenge et esglise cathédrale d'icelle, heure de huict devant midy, régnant, etc... Henry par la grâce, etc... personnellement establis MM. Arnauld de Cuyeux archidiacre de Rivière, Raymond d'Armentin, archidiacre de Bourjac, Jacques Dufaur archidiacre d'Aure, Jean Pontatz, archidiacre d'Aran, Michel Cazaux ouvrier, Bertrand de Gémit précenteur, Pierre Gramont, Bernard Danla et Guillaume Barége, Pierre Abbadye, chanoines en lad. esglise, faisant la plus grande partye du chappitre d'icelle, cappitulairem^t assemblés, lesquels agréablem^t et tant pour eux que pour les autres chanoines absens et leurs successeurs advenir, ont agréé et approuvé, agréent et approuvent, par ces présentes, lesd. ventes de 116 marcz ung quart d'once de lad. argenterie rompeue et cassée, faictes par les susd. procureurs pour lesd. sommes montant en bloc, comme dict est, 2.012 liv. 10 sols, etc.

Témoins : Jehan Madegan, prêtre; Pierre Stivayre; Cazaux, clerc; Bertrand Lay, notaire.

(Original. — Archives du Grand Séminaire d'Auch : n° 16.545.)

III

1593

Prise et délivrance de Saint-Bertrand

(1593-1594)

Grâce à l'enquête qui suit, nous sommes parfaitement renseignés sur les circonstances qui accompagnèrent, le 20 novembre 1593, la prise de Saint-Bertrand par le vicomte de Larboust. Le récit de Pierre Fiancette est du plus piquant intérêt. Les ecclésiastiques taxés et n'obtenant aucune sécurité après qu'ils se sont résignés à un gros sacrifice pécuniaire, le pillage, le viol, ce sont choses auxquelles l'étude des mœurs huguenotes nous a habitués... Mais les Religionnaires ont aussi de petites récréations et alors ils se moquent, ils prononcent « paroles vilaines et scandaleuses » qui choquent les chanoines effrayés, ils s'approchent des prébondiors « et font voler leurs bonnets de leurs têtes. » Voilà un trait pittoresque et nouveau.

A noter aussi les nombreuses Communautés d'où accouraient vers Saint-Bertrand les amis du vol et du désordre.

V. — Enquête sur la prise de Saint-Bertrand par le Vicomte de Larboust (1593)

faite par ordre du Maréchal de Matignon en 1594

Enquête sur la prise de la ville de Saint-Bertrand en 1593

Inquisition secrètement faite d'autorité et par permission de Mgr de Matignon, maréchal, pair de France, gouverneur et lieutenant-général pour le Roi au Païs de Guyenne, par nous Pierre de Rivets, licencié en droit, lieutenant en la judicature de Comenge, siège de Saint-Julien, commissaire par led. seigneur député de et sur le contenu de sa requête à Sa Grandeur présentée, et *intendit* mis devant nous par Messire Urbain de Saint-Gelais, évêque, les sindics du Clergé et chapitre dud. Comenge, à la ville de Saint-Béat, sous nous Pierre Marnay notre greffier, en la forme suivante :

Du 9e jour du mois de mars 1594.

Maître Pierre Fiancette, praticien, habitant à présent la ville de Saint-Béat, âgé de 40 ans ou environ, témoin assigné, produit et reçu, aïant juré aux Sts Evangiles dire vérité, a dit :

Que par capitulation faite par le s^r de Monluc[1], commandant en absence dud. s^r Maréchal de Matignon l'armée par lui conduite au siège de la ville de St-Gaudens, avec les sindics du chapitre et habitans de la ville de St Bertrand, et de ce tems lesd. s^{rs} chapitre et habitans de St Bertrand se seroient déclarés et rendus vrais serviteurs et sujets du Roi, non obstant quoi et lad. capitulation à laquelle Corbeyran d'Aure s^r de Larboust et Adrien d'Aure vicomte se disant dud. Larboust[2] ont assisté et soient les principaux de ceux qui l'accordèrent, depuis le 20 novembre dernier sur les quatre à cinq heures du matin iceux de Larboust assistés et accompagnés de grand nombre de Huguenots auroient entrepris sur

---

1. Charles de Monluc, petit-fils du maréchal et sénéchal d'Agenois.
2. « Un autre témoin les dit oncle et neveu. » — *Note de Larcher.*

lad. ville de S¹ Bertrand, entrés par escalade en icelle en forme d'hostilité, auroient tués et fait tuer à leur entrée 3 ou 4 habitans, pillé et saccagé les ecclésiastiques, pris et ravagé plusieurs ornemens, calices, deux chapelles qu'on appelle l'une Notre-Dame, l'autre du Purgatoire, la *Licorne* de l'église cathédrale de S¹ Bertrand, desquels ravages et pilleries et incursions lesd. sʳˢ tant pour iceux ecclésiastiques que habitans se voulant rédimer, même étant menacés d'être tués ou conduits ez villes de Montauban et l'Isle-en-Jourdain, se retirèrent aud. vicomte se disant de Larboust, 12 ou 15 jours après, le priant de congédier lesd. Huguenots pour le cruel et inhumain traitement que fesoient ausd. ecclésiastiques, leurs hôtes, et autres habitans, lequel répondit ne le pouvoir faire ayant besoin d'eux pour la garde de lad. ville.

Toutefois depuis lad. réponse auroit entremis quelqu'un de ses adhérans et fait dire en cachette par iceux au sindic du chapitre, que moyennant 3.000 écus qu'on lui donneroit, feroit sortir lesd. Huguenots dud. S¹ Bertrand, laquelle summe de 3.000 écus n'ayant iceluy sindic pu promettre ni bailler, acorda lui en donner mil qui lui furent bien et réalement comptés, suivant lequel payement et réception effectuelle assura et jura sur sa foy iceluy vicomte se disant de Larboust, lesd. Huguenots d'icelle ville feroit sortir. Toutefois n'en fit sortir que 40 ou environ retenant les autres et 7 ou 8 ingénieurs contre sa promesse, foy, et honneur de gentilhomme, promise en lad. ville. Lesquels hérétiques, 7 ou 8 jours après y fit retourner et les logea comme avoit fait auparavant chez lesd. ecclésiastiques et autres habitans où sont encore ces jours présens logés, continuant leurs mauvais traitemens, pilleries et saccagemens avec leurs adhérans et complices ez maisons des ecclésiastiques et habitans, si que du tout ont laissé aucuns meubles, provisions, ni aucune comodité, ont ruiné, bruslé et démoli presque toutes les maisons, emporté les dépouilles à ce que bon leur auroit semblé.

Ont aussi lesd. Huguenots et leurs adhérans brûlé le consistoire de l'Officialité, le tinel de la maison épiscopale, ensemble les aix et tout le bois des cloitres, sans laisser ni épargner rien. Et a led. de Larboust vicomte se disant, constraintement fait bailler aud. chapitre des grains comuns d'icelui, et depuis les distributions faites du reste, par le celérier, desd. grains comuns à chacun desd. chanoines et prébendiers, 6, 8, à 10 septiers desd. grains qui leur étoient demeurés pour leur vivre.

Dit, en outre, qu'un appelé Teserly, huguenot, grand voleur du païs, comandant aud. St-Bertrand en l'absence dud. de Larboust, y a pris et ravi par force et violence une fille nommée Domenge par lui violée et déflorée, ne laissant iceux Huguenots, complices et adhérans, entrer en lad. eglise iceux ecclésiastiques aux heures accoutumées pour y dire les offices et y faire tous devoirs requis, à cause de quoi sont contraints de comencer les heures à haut jour, heures extraordinaires à 9 et 10 h. du matin, contre lesquels ecclésiastiques et en dérision d'eux et de leur état outre que leur ôtent et font voler leurs bonnets de leur têtes, usent de toute espèce de moqueries, opprobres, contuméliés, parolles vilaines et scandaleuses, les faisant rançonner et ausd. habitans, comme argent et autres choses, tout ce que peuvent avoir par contraintes et menaces.

Et entre autres cruautés lors de l'invasion et entrée d'icelle ville que furent faites, et excès par ceux qui entrèrent et la surprinrent, fut envers une demoiselle mère du s^r de Luscan, laquelle âgée de 80 et plus d'ans, trouvée dans son lit atteinte d'une grièva maladie, batirent et donnèrent inhumainement grands coups en la personne d'icelle, et prirent les deniers qu'elle avoit, après avoir fait cherche d'iceux, et tant de désordre, pillerie et menaces faites envers les ecclésiastiques que réduit iceux en extrême misère, auroient été contraints vuider lad. ville en habits dissimulés les uns après les autres en nombre de 74 ou 75, vivans çà et là comme perdus et égarés, et les autres qui peuvent être 6 ou 7 demeurans détenus en leur puissance comme misérables. Depuis lesquelles pilleries et saccagemens faits ausd. ecclésiastiques et habitans, iceux hérétiques, complices et adhérans ont fait un trou pour entrer à la salle où le chapitre s'assemble, en laquelle étoient tenus et conservés tous les documens d'icelui, aïans rompu, mis en friche et emporté la plus grande partie de celle qu'auroient voulu desd. documens.

Et pour tenir à leur obéissance lad. ville de St Bertrand, iceux de Larboust y auroient fait venir à leur secours plusieurs villes et villages, même pour iceux mieux faire lesd. ravages, pilleries, meurtres, sacagemens et excès, lesquels volontairement y seroient venus et accourus bien armés et en grand nombre, entre autres de lad. ville de Saint-Gaudens, y aïans les consuls d'icelle fait conduire deux grands mousquets de fonte, envoyé 30 ou 40 soldats armés, lesquels aïans emporté du plus beau et riche des meubles et biens dudit St Bertrand, les habitans de la ville de Boulogne en une grande troupe armés, favorisans lesd. excès, sont venus.

Le sénéchal d'Aure appelé Philippe de Cazaux favorisant lesd. meurtres, sacrilèges et excès y a conduit 3 ou 400 hommes armés se disans *Croquans* et de la conférence. Lesd. soldats, tant d'un ne autre, au déposant incogneus sauf un nommé Tourètes, le bastard de Pradel, le bastard de Bésian...., de la Salle, commandant et conduisant les autres en nombre de 4 qu'il connoit bien, lesd. Huguenots sont de la ville de l'Isle-en-Jourdain et de Vic-Fezensac, et les villages qu'ont assisté ausd. excès sont, fait et commis iceux, assistant et favorisant encore lesd. de Larboust, sont : Sauveterre, La Barte de Rivière, Taillebourg, La Roque de Nébozan, Lespugue, Sarraméjan, Blajan, Saint-Martori, Cardaillac, La Barte de Neste, Saint-Blancat, Aventignan, Generest, La Broquère, Mont d'Astarac, Montmaurin, Anisan, Lodes, Ciadoux, Montgaillard, Saman, Valcabrère, Bordes, Cier-de-Luchon et de la vallée de Luchon, connaissent d'iceux villages un capdet Rogier de Borderis et Paul Casteran dud. lieu d'Aventignan, le capitaine Laporte dud. Saint-Blancat, un nommé Bertrand, un neveu de maitre Guillaume Mulatier, prêtre dud. Larroque, le capitaine Agut habitant de Tusaguet, imposans lesd. de Larboust de leur propre ordinairement, puis lad. prise et invasion dud. Saint Bertrand, tailles sur les habitans et lieux voisins, exigeant et levant les deniers d'icelles, outre ce les contraignant contribuer et porter vivres pour l'entretènement desd. hérétiques, adhérans et complices, prenant leur bétail pour conduire dans lad. ville iceux vivres, de sorte que ne peuvent travailler leurs terres. — Si font grandes assemblées et monopoles pour surprendre autres villes et lieux, avec leurs fauteurs et adhérans.

Telle a dit être la vérité, et savoir ce dessus pour l'avoir vu, ouï, entendu, été présent, même pour lui avoir été communiqués lesd. mandemens d'aucuns lieux circonvoisins dud. Saint-Bertrand, portant contrainte dud. de Larboust, vicomte soi-disant, de lui porter deniers des tailles et des vivres.

Et récolé a persévéré et s'est signé : Fiancette.

(Archives de Tarbes. — Registre de Larcher : ff. 85-87.)

IV

1594

Le Chapitre de Saint-Bertrand et la Restitution de la « Licorne »

Il a été plusieurs fois question, dans les documents qui précèdent, de la fameuse *Licorne* conservée parmi les objets précieux de la cathédrale de Comminges. Le Chapitre tenait fort à ce bâton d'ivoire que l'on peut voir, aujourd'hui encore, à Saint-Bertrand. Aucune peine n'a coûté aux chanoines pour le recouvrer au cours des guerres du XVIe siècle. Quand il fut dérobé, Catherine de Médicis en écrivit au Roi, les agents du clergé de France intervinrent, le Parlement de Toulouse prit un arrêt : Larboust rendit enfin la Licorne en 1601.

Nous n'avons pas à discuter ici la nature et la valeur de la rareté qui avait excité la convoitise du spoliateur. C'est chose faite depuis longtemps[1]. Consignons plutôt en cette note la dépréciation que la Licorne subit au XVIIIe siècle dans l'estime des chanoines.

Voici ce que Larcher observe à ce propos :[2]

Le Chapitre [de Saint-Bertrand] a fait jadis grand cas de la célèbre Licorne. Le célerier étoit chargé de la garder et la transmettoit officiellement à son successeur. On prétendoit que des marchands avoient offert d'en payer l'once plus que l'or. C'est cette opinion où l'on étoit de la grande valeur de la Licorne qui explique sans doute les mouvemens que le Chapitre s'est donné[s] pour en obtela restitution en 1594, pendant les guerres de Religion. Adrien d'Aure, vicomte de Larboust, qui s'en étoit saisi fut obligé de la rendre le 5 mars 1601. Il prétendit alors que l'ayant trouvée derrière le maître-autel de la cathédrale, il l'avoit prise de peur que ses gens de guerre ne l'égarassent. Cette déclaration ne trompa personne, car *on sait à quoi s'en tenir, il en avoit donné la preuve en 1587.*

1°. — Requête du Chapitre
« au Roy et aux seigneurs de son Conseil »

Sires,

Les syndics du clergé et chapitre de l'église cathédrale et habitans de notre pauvre ville de Saint-Bertrand, les agents du clergé de France en ce qui les regarde prenant cause pour eux, vous remonstrent très humblement qu'ores dez le commencement de l'année 1593, ladite ville, ensemble tous les circonvoisins avec elle, se fussent déclarés vos très humbles et très fidèles sujets et serviteurs et eussent été mis sous votre protection et sauvegarde par

---

1. Voy. *Revue de Comminges*, t. VII, p. 205 (étude de M. Alphonse Couget), et *Bulletin de la Société archéologique du Midi*, Séance du 10 mars 1874 (communication de M. Noulet). — Cfr., *Lettres de M. de Froidour*, publiées par M. P. de Casteran, p. 144 du tirage à part.
2. Voy. Archives du Grand Séminaire d'Auch, msc. 16.554, fol. 30.

le traité fait sous votre bon plaisir avec le féal sʳ de Monluc et autres seigneurs de l'armée qu'il commandoit pour lors en ces quartiers, en l'absence du sʳ maréchal de Matignon, votre lieutenant en Guienne; et que, par ce moyen, ils eussent espérance d'être en pleine paix et assurance, et laissant toutes méfiances fait cesser les gardes-sentinelles et autres moïens de se garder en leur ville; si est-ce qu'un an ou environ après et lorsqu'on ne pensoit plus être en guerre, les sʳˢ vicomte et seigneur de Larboust, quoiqu'ils ne pussent ignorer la reconnaissance et traité susdit, pour avoir assisté, consenti et mis leurs soins en iceux, et, en compagnie de 3 ou 400 Huguenots ou cinquante [ou 450] de nuit et par un trou de murailles, à main armée, entrés en ladite ville, et en icelle commis tous actes d'hostilité, rançonnement et désordres, extorqué mil écus au chapitre et plusieurs autres diverses sommes des particuliers d'icelui, même entre autres choses pris et emporté des archives et reliquaires de ladite église, et même une extrêmement belle « alicorne » de prix inestimable, soigneusement conservée puis temps duquel n'est mémoire pour joyaux précieux en icelle et depuis celui égaré ou engagé pour quelque somme de deniers, au grand scandale et mécontentement de tout le pais et préjudice des supplians.

Sy auroit ledit vicomte, sous prétexte de certaines prétendues lettres de capitainerie par lui obtenues de V. M. pour commander en ladite ville, établi en icelle une garnison de certains soldats, lesquels n'ayant d'autres moïens de s'entretenir que ce qu'ils prenoient des habitans, les auroient tant travaillés qu'ils auroient été contraints de quitter leurs maisons et familles et laisser leur ville déserte à la discrétion des soldats, jusqu'à ce que le sire de Luscan prétendoit aussi avoir pouvoir de ladite même capitainerie, tant par le susdit traité fait avec ledit sʳ de Monluc que par provision et titre qu'il présuppose que V. M. lui en a fait dépêcher, lequel, à la surprise et invasion en avoit été maltraité et chassé de sa maison, au mois d'août ensuivant auroit reprise ladite ville et délivrée des mains et tyrannie desdits soldats et remis les habitans en leurs libertés et maisons, se remettant à ce que par vous seroit ordonné sur l'invalidité des provisions de ladite capitainerie proposée par les supplians; et quoique par ce moïen ils dussent en être en assurance et en tranquillité si est-ce à cause des préventions desdites lettres et provisions, se jactent et font leurs efforts de se saisir et s'emparer de ladite ville, qui seroit son entière ruine et désolation, si qu'on est contraint d'entrer en grand frais pour la continuation de la garde, sentinelle et garnison qui ne peut être qu'incommodité et dépense; et d'ailleurs lesdits s^{rs} de Larboust emportent par force et violence tous les ans la meilleure partie des fruits et revenus du s^r évêque, chapitre et autres bénéficiers, lesquels privés des moïens de s'entretenir ne peuvent vous payer les décimes et autres impositions qu'ils vous doivent.

Ce considéré et pour ce que par la capitulation faite sur ladite prise, dont copie est cy attachée, les supplians se doivent retirer à V. M. pour avoir réparation de ce dessus, plaise à icelle ordonner par les informations faites tant sur ladite prise que excès commis ensuite d'icelle, seront rapportés à votre Conseil pour y être les coupables punis comme il sera de raison, et néantmoins que, conformément à vos édits, commandement sera fait auxdits s^{rs} de Larboust de remettre ez mains dud. Chapitre, ou leur procureur, ladite « alicorne » entière et en l'état qu'elle étoit lorsqu'ils la prirent, sous peine d'être punis comme sacrilèges, avec inhibition de troubler ni molester ledit évêque, chapitre et autre bénéficiers en la perception et jouissance de leurs fruits et revenus.

Et d'autant qu'en ladite ville il n'y a jamais eu de capitaine en état, ni autre que celui que lesdits... y ont mis selon les nécessités et durant les troubles, et que lesdites prétendues lettres sont obtenues par importunité et faux, donner à entendre, en suivant les édits de réduction de vos pays de Rivière et Comenge, vous plaira les déclarer nulles, cassées et de nul effet, avec inhibitions tant aux s^rs de Larboust que Luscan s'en servir, ni pour cet égard travailler ladite ville, sous peine d'en être punis comme ennemis et perturbateurs du repos public; et les suplians continueront leurs très humbles prières pour votre santé et prospérité[1].

2°. — Procès-Verbal de la Restitution de la « Licorne »

L'an 1601 et le 5ᵉ jour du mois de mars, en ladite cité de Saint-Bertrand de Comenge, régnant Henri, par la grâce de Dieu roi de France et de Navarre, dans le cloître de l'église cathédrale d'icelle, établi en personne messire Adrien d'Aure, vicomte de Larboust, chevalier de l'ordre du Roy, capitaine de cinquante hommes d'arme de ses ordonnances, lequel se seroit présenté par devant vénérables personnes messires Bertrand de Gemito, archidiacre d'Aure, Jean Palatz, archidiacre d'Aran, Jacques Coadau, sacristain, Jean Dufaur, précenteur, Pierre Gramont, Bertrand Sartor, Raimond-Jean d'Estivayre, Gratian Abadie, Michel Cazaux, Manaud Gestas, Pierre Pujol et Jean Bouffartigue, les tous chanoines, capitulairement assemblés, disant qu'à la prise de la présente ville de Saint-Bertrand faite par lui au temps des derniers troubles, il avoit trouvé une corne « d'alicorne » dans l'église d'icelle et derrière le grand autel, et craignant qu'elle fut prise et égarée par les gens de guerre qui étoient avec lui à ladite prise, il l'auroit prise et retirée, désirant la conserver pour le profit d'icelle et affection qu'il a toujours eue en son cœur d'aimer l'Église et tout ce qui en dépend, le clergé et habitans d'icelle, comme leur prie de croire qu'il désire demeurer leur bon ami et voisin, et que ledit « alicorne » eût été brisé et mis en pièces sur le gast étant en proie quand prindrent ladite ville sous ledit vicomte : comme ayant le Roy approuvé ladite prise aynsi qu'il lui a apparu par l'aveu

1. Document publié par M. Alph. Couget : *Revue de Comminges*, t. VII, p. 208.

de sa susdite Majesté, aiant été fait pour son service, comme dit est, aiant donné mandement à M^r le maréchal de Matignon pour faire l'établissement de ladite garnison et paiements de cinquante soldats, à prendre sur les tailles et taillons.

Pour ces considérations, volontairement il est venu et a porté ladite « alicorne » laquelle il redonne présentement de sa dévotion et bonne volonté à M. saint Bertrand, à son église, au chapitre et au païs, lui requérant s'il leur plait de le recevoir, et l'assure même comme c'est le même « alicorne » en grandeur et longueur, et n'a été en rien diminué ; lesquels chanoines dudit chapitre ont répondu par l'organe du s^r Gemito, président audit chapitre, que c'est le même « alicorne » qui fut pris de l'église dudit saint Bertrand en pareille grandeur et longueur que souloit être, sans être en rien diminué ; lequel ils ont reçu présentement dudit vicomte par les mains dudit sieur de Gemito et le tiennent pour reçu, et en ont remercié tous très humblement audit vicomte et l'en déchargent et tiennent quitte, tant à lui qu'à tous autres, ensemble de toutes autres choses prises à l'occasion de ladite ville, et tout ainsi qu'il plait au s^r vicomte, promettant ne le rechercher en aucune façon que ce soit, tant en général qu'en particulier, déclarant lesdits chanoines dudit chapitre avoir ci-devant entendu l'aveu fait par sadite Majesté de la prise de ladite ville, et tout ainsi qu'il plait au s^r vicomte offrir toute amitié et bon voisinage audit chapitre, promettant ledit chapitre lui offrir toute amitié et services, le tout sous obligation des biens communs dudit chapitre qu'ils ont soumis à toutes les rigueurs de justice, et l'ont juré.

Présents : noble Jean-Barthélemy de Binos, seigneur de Sarp ; Jean de Gémit, capitaine de Luscan ; Jean de Camplong, sieur de Bonrepaire ; Jean Sapène, Jean Sarrat, Carbon Bluze, Roger Bordères, Jean Dupuy, juge de Montagut ; Bertrand Trey, Raimond Palatz, Pierre Milaude, consuls ; Bertrand Pujol et Jean Cazaux, habitans de ladite ville, signés avec lesdits s`rs` d'Aure, Gemito, Estivayre, Gramont, de Gestas, Bouffartigue, de Abbatia, Coadau, Bonrepaire, Sapène, Bluze, Sarrut, Pujol, de Gemito, de Sinhan [1].

V

1595

LE S`r` DE SARP NOMMÉ GOUVERNEUR DE LA VILLE DE SAINT-BERTRAND

Les savants éditeurs des *Mémoires de Jean d'Antras*, accompagnent de cette note le document que nous leur empruntons : « Nous ne savons si c'est à Gaspard de Sarp ou à son fils Bertrand que l'on doit rapporter les provisions de gouverneur de la ville de Saint-Bertrand de Comminges... dont suit la teneur : »

Au sieur de Sarp, salut : Ayant advisé de pourvoir à la seureté et conservation de la ville de Sainct-Bertrand, attendant que Sa Majesté ait commandé son intention sur la dernière reprinse faicte d'icelle par le sieur de Luscan et autres durant que le sieur vicomte de Larboust qui en avoit la charge estoit près de notre personne, asseuré de vos sens, suffisance, etc., vous avons commis, établi, etc., pour commander en ladite ville de Saint-Bertrand et lieu appelé le *Scepte* [2] et la maintenir et garder en l'obéyssance de Sa Majesté, sans introduire ny recevoir en icelle ceux qui ont assisté à ladite reprinse ny pareillement ledit sieur vicomte de Larboust, ny personne de quelque ordre et qualité qu'il soit, et pour cet effect nous vous avons ordonné le nombre de soixante soldats, etc.

Faict à Saint-Sulpice le xxvii`e` jour d'apvril 1595.

MATIGNON.

Par Monseigneur le Maréchal,
SURRINAULT [3].

---

1. Document publié par M. Alphonse Couget : *Revue de Comminges*, t. VII, p. 211-212.
2. Lieu spécial comme un cloitre, ou encore un quartier de ville, environné de murailles : *sceptum*. — On a écrit parfois, par corruption, *sceptre*.
3. Voy. *Mémoires de Jean d'Antras*, publiés par MM. J. de Carsalade du Pont et Ph. Tamizey

VI

Adhésion d'Urbain de Saint-Gelais a Henri IV

L'évêque se réjouit de la conversion du roi et proteste de son dévouement à la personne du prince.

Sire,

Tout aussy tost que la très heureuse nouvelle vint à ceste extrémité de vostre province de Guyenne, que Vostre Magesté, suyvant l'ancien rôle de ses très chrestiens predecesseurs vouloit establir pour vray et solide fondement de sa couronne le service de Dieu, que l'esglise catholique, apostolique et romaine ha de tout temps enseigné à à voz tres humbles et tres fidelles vassaulx et subjects, des lors un chascun cogneust que sa divine bonté qui faict regner ses premiers enfanz et ses ymages en terre, qui se proposent de le fayre regner aussy, touchoit d'une nouvelle et fervente ardeur de tres humble et tres fidelle obeyssance ceux que la religion avoit detenu suspendz et regardantz au ciel pour attandre le signe de victoyre mere de paix, que le souverain seigneur des armées donna par le charactère de la croix au grand empereur Constantin et qu'il est servy maintenant d'octroyer avec si evidents miracles à Vostre Majesté qu'il nous faict cognoistre avoir cingt, esleu et choysi pour aller devant son Israel et pour estre chef et deffenseur de son ancien heritaige et de celluy qu'il demonstre vouloir que vous luy acqueriez, Sire, pour l'honneur et grandeur aussi de laquelle il se prepare de vous donner bien ample retribution.

Or n'estant pas digne de suyvre vos catholiques predicateurs, mais d'estre en la presse de voz plus infimes

---

de Larroque, p. 102. — Cfr., autres lettres de provision de semblable fonction en faveur du capitaine Gémit de Luscan, signées à Lyon par Henri IV, le 9 octobre 1595 : « Désirant pourvoir à la conservation et sûreté sous notre obéissance de la ville de Saint-Bertrand en notre province de Commenge, et des forts qui y sont et en donner la charge à quelque bon et expérimenté personnage de la fidélité et affection duquel nous ayons parfaite assurance, etc., etc. » *(Revue de Comminges*, t. II, p. 193. Document publié par J. Sacaze et extrait de la collection de M. d'Agos.)

très humbles vassaulx, subjects et serviteurs, avec tres profonde reverance, tres humble submission, je presante aux pieds de Vostre Majesté ma tres humble, tres fidelle et tres obeyssante servitude et subjection que ie la supplie très humblement daigner accepter, protestant et promettant que si Vostre Magesté ha pour agréable de m'en estimer digne, que iamais homme de ma robe et profession n'ha servy plus fidelement voz tres chrestiens predecesseurs que je feray à Vostre Majesté tres chrestienne mon roy, mon seigneur et mon maistre, et apres luy avoir par tres humble requeste requis une petite audiance que le sieur de Terrecabe attandra de sa bonté et clémence j'employerai dorenavent toutes mes meilleures heures à prier Dieu,

Sire,

qu'en tres parfaitte santé de tres longues années il luy plaise rendre tousiours vostre couronne victorieuse comme celle de David, opulente comme celle de Salomon et ardente à l'exaltation de sa gloyre comme celle du bon Théodose.

Vostre tres humble, tres obeyssant et tres fidelle serviteur, subgect et orateur :

De St Gelais, E. de Com[min]ges [1].

(*Revue de Gascogne*, t. VIII, p. 45.)

VII

1595

Lettre d'Urbain de Saint-Gelais a Henri IV

L'évêque de Saint-Bertrand se plaint au roi des excès du vicomte de Larboust et prend la défense de ses diocésains. — Allusion à la reconnaissance d'Henri par les habitants de Saint-Gaudens.

Sire,

Les graves occupations de Vostre Majesté et la modestie de nostre debvoir ne permettent pas à nous, vos

---

[1]. Cfr. Adhésion de P. de Lancrau, évêque de Lombez : *Les Huguenots en Comminges*, n° LXXXVII, 2.

très humbles serviteurs et subjects, d'estre importuns devant Vostre Majesté, sy le bien de son service ou de sa justice ne le requiert ou commande.

Ceste considération, Sire, ha esté cause que je n'ay osé jusques à présent rememorer devant Vostre Majesté l'honneur et clemence qu'il luy ha pleu m'octroyer et par ses lettres patentes et par ses lettres particulières.

Ayant aussi pleu à Nostre-Seigneur visiter de contagion le lieu de ma demeure, j'eusse fait une très grande faute de me présenter devant Vostre Majesté, et en papier par très humble requeste, et en présance.

Maintenant que la bonté de Nostre Seigneur ha restitué tous mes diocésains et moy en sainte disposition pour employer nos vyes et moyens au très humble et très fidelle service que nous debvons et avons juré à Vostre Majesté, avec très humble et très profonde reverence, je luy baise très humblement les mains des grâces et favorables concessions qu'il ha heu agréable que je receusse de sa royalle générosité.

Et pour rendre compte à Vostre Magesté de ce qui est de ma charge en ce vostre pays de Commenge, il luy plairra entendre, sire, que par mon exhortation la pluspart des villes, n'ayant point volu estre forcées comme Sainct-Gaudens, se soubmirent en vostre obeyssance avec la pure et franche dévotion que vos bons et très fidelles serviteurs et subjects doivent à vostre service, duquel par deception nous avions, à nostre tres grand regret qui a jamais durera, esté esloignés.

Vostre ville de Saint-Bertrand monstra le chemin à toutes les autres en ce bon debvoir et vous jura fidélité entre les mains de Monsieur de Monluc, qui, avec Messieurs de la noblesse qui l'assistoyent, signa la capitulation en laquelle le viscomte de Larboust, pour commancer à paroistre en quelque chose de vostre service, se signa aussy.

Neantmoings, sire, ledit viscomte de Larboust, ne se souvenant point de sa parolle et de sa foy testifiée par escrit et ne rendant pas le respect et obeyssance qu'il debvoit aux edits de Vostre Majesté et aulx particulières graces qu'il luy ha pleu faire à son pays de Commenge, Rivière et Verdun, déclarant attaincts et convaincus de crimes de lese majesté ceulx qui enfreindroyent vos ordonnances et commandements et qui outrageroyent vos bons subjects et singulièrement les ecclésiastiques, il s'empara, pendant qu'à l'esglise ils pryoient Dieu pour vostre santé et prospérité, de vostre ville de S¹ Bertrand, où il pilla et saccagea tant la dicte esglise que toutes les maysons des habitans qu'il remplit incontinent de meurtres et de feu, ce qu'il n'avoit jamais entreprins contre ceulx qui n'estoyent pas déclarés vos tres humbles serviteurs et vassaulx.

Et voyant, sire, que par tels attentats vos commandements, vos loix et vos edicts estoyent violés avec tres grand scandale, non seulement de vos tres humbles subjects, mais de ceux qui n'avoyent point désillé les yeux et au lieu de se remettre en vostre obeyssance prenoyent ces mauvays actes pour pretexte de s'en esloigner.

Ceux de mon clergé et moy fismes entendre nos justes plainctes à Monsieur le mareschal de Matignon, et Monsieur de Mauleon et Monsieur l'abbé de Bonnefont firent de mesme pour semblable injuste surprise que ledit viscomte de Larboust et ses nepveux ont faict de la place de Lastelle, quy pour la grande partye est du domayne de Vostre Majesté, qui est aussy bien vollé et pillé que les biens roturiers de vostre pouvre peuple.

Monsieur le mareschal de Matignon ha faict aussy bonne justice et favorable response aulx ungs et aulx autres que nous pouvions espérer de celluy qui, avec tres grand merite, represente l'authorité de Vostre Majesté.

Mais n'estant pas raysonnable qu'il laissast ce qui est du general service de Vostre Majesté aux environs de Tholose pour acourir à nos misères, Sire, les habitans de S¹ Bertrand et moy avons pensé qu'il falloit que nous fissions preuve d'estre plus dignes serviteurs de Vostre

Majesté que ledict viscomte de Larboust et que tout ainsy qu'en les surprenant indeuement il s'estoit déclaré criminel de lèze majesté, y avoit rompu l'inviolable ordonnance de vos edicts que nous serions recogneus tres obeyssants à iceulx, sy en suyvant leur teneur nous rentrions dans nos biens et maysons pour y employer nos vyes, fidélité et tout ce que à jamais Dieu nous donnera, pour le tres humble service que nous debvons et que nous avons juré, non seulement avec constance, mais s'il faut avec pertinacité à Vostre Royalle Majesté.

Tout aussy tost nous avons envoyé à Monsieur le mareschal de Matignon les clefs de vostre ville, nous l'avons supplyé d'envoyer recognoistre et s'informer de l'estat et de l'intention des habitans. Il nous a fait ceste faveur, Sire, de nous demonstrer qu'il en estoit fort satisfaict et content, et pour n'importuner point l'urgente nécessité de vos finances, ceulx de mon chapitre et moy, par son congé et soubs son commandement, y entretenons pour le service de Vostre Majesté cinquante harquebuziers, pour ce que les sieurs de Larboust ne nous ont guerre laissé à garder autre chose que les cendres de nos maysons, que nous arrouserons si souvent d'eau beniste, priant Dieu, Sire, pour vostre santé et prospérité, qu'elles produyront plus que le possible pour vos tailhes et debvoirs, si les informations que nous avons mis vers vostre justice ne font cognoistre que nos calamités méritent quelque grâce et pitié ou pour consolation du chastiment de ceulx qui sans cause nous ont miserablement saccagés et ruynés.

Ceste prolixité, Sire, trop importune parmy vos armées requiert tres humblement pardon à Vostre Majesté, puisque c'est non une tres humble lettre mais une tres humble requeste pour le tres humble service que tous mes diocésains et moy debvons à Vostre Majesté et pour implorer vostre justice, de laquelle nous supplyons très humblement Vostre Majesté avoir agréable et commander que nous soyons renvoyés pour les tres humbles remonstrances que nous avons cy après à luy présenter; et comme vos tres humbles et tres fidelles serviteurs, vassaulx et subjects et orateurs, nous prirons incessemment Nostre Seigneur, Sire, qu'en très parfaicte prosperité et santé, qu'en augmentation de victoyres et couronnes, pour le soustien de son honneur et gloyre, il maintienne Vostre Majesté à tres longues et tres heureuses années en sa saincte garde et protection.

De Vostre Majesté tres humble, tres obeyssant et tres fidelle serviteur, subject et orateur.

De vostre Alan[1], ce 29e d'Aoust 1595.

De St-Gelays, év. de Commenge.

(*Revue de Gascogne*, t. VIII, p. 46-49.)

---

[1]. Château d'Alan, propriété des évêques de Saint-Bertrand.

LES
HUGUENOTS EN COMMINGES

TABLE CHRONOLOGIQUE DES MATIÈRES

I
1555-1560. Requête du Sindic du Comté de Comminges au Parlement de Toulouse 1

II
1562   Commission de B. de Monluc à Mathieu de Gramont. 2

III
1567   Requête du Pays de Comminges à B. de Monluc . . 3

IV
1567   Lettre des Consuls d'Aurignac au Sindic du Tiers Etat de Comminges 7

V
1567   Maintien de la garnison de Muret par le Parlement et par le Gouverneur de Toulouse 8

VI
1567   Requête des Etats à P. de Bellegarde, au sujet de la garnison établie à Samatan 10

VII
1568   Tableau des indemnités dues aux villes et villages du Comminges dressé par ordre de Monluc. 12

VIII
1568   Commission de Monluc aux Consuls d'Aurignac . . 17

IX
1568   Lettre de Monluc à P. de Lancrau, évêque de Lombez, relative au dénombrement des Catholiques en Comminges. 19

X
1568   Commission adressée à P. de Lancrau, évêque de Lombez, par B. de Monluc 21

	XI	
1568	Convocation des États à Lombez	22
	XII	
1568	Liste des Commissaires chargés du dénombrement des Catholiques en Comminges	23
	XIII	
1567-1568.	Lettres de Monluc sur la levée des Tailles en Comminges.	24
	XIV	
1568	Lettre de Charles IX à Monluc.	27
	XV	
1568	Lettre de P. de Bellegarde, sénéchal de Toulouse, au Sindic des villages du diocèse de Comminges situés en Languedoc.	29
	XVI	
1568	Lettre de B. de Monluc au Juge de Comminges pour réclamer le paiement des impositions	30
	XVII	
1568	Lettre de B. de Monluc	33
	XVIII	
1568	Lettre du sieur de Roquefort au sieur de Lamezan .	34
	XIX	
1569	Lettre des États à M. de La Valette	35
	XX	
1569	Requête du Comté de Comminges au Parlement de Toulouse	36
	XXI	
1569	Documents relatifs aux demandes faites au Comminges par Bellegarde et Terride.	38
	1. — Lettre du Sénéchal de Toulouse aux États de Comminges.	40
	2. — Lettre de Monluc au Sénéchal de Toulouse . .	41
	3. — Sauvegarde accordée aux habitants du Comminges par Monluc	43
	4. — Lettre de Monluc au maréchal de Damville en faveur du Comminges	44
	XXII	
1569	Attestation pour les habitants de Massat et d'Olus .	45
	XXIII	
1569	Lettre de P. de Bellegarde aux Consuls de Lescure .	47

XXIV

1569	Levées de Troupes en Comminges par ordre de Monluc	49
	1. — Lettre de Monluc aux États de Comminges	49
	2. — Appel de Monluc à la Noblesse	50
	3. — Appel de Monluc aux hommes de guerre	51

XXV

1569	Requête des habitants de Montbrun aux États de Comminges.	51

XXVI

1569	Le maréchal de Damville établit son camp devant Muret où Monluc va le joindre	53

XXVII

1569	Requête des habitants de Contrazy aux États de Comminges.	54

XXVIII

1569	Les villes de Lombez et de Samatan ont-elles été pillées par les Huguenots en 1569 ?	56

XXIX

1570	Garde des ponts de la Garonne	57
	1. — Lettre de J. Rochon, juge-mage de Toulouse, à J. de Borderia, juge de Comminges	58
	2. — Lettre de P. Buso, premier consul de Muret, au Lieutenant du Juge de Rieux	60

XXX

1570	Lettre du maréchal de Damville aux Consuls de Muret	61

XXXI

1570	Lettre de Fontenilhes à D. Pontic, sindic du Tiers-État de Comminges	62

XXXII

1570	Projet d'association des habitants du Comminges.	64

XXXIII

1570	Le Comminges et l'expédition de Monluc en Béarn	65
	1. — Lettre de Monluc au baron de Fontenilhes	65
	2. — Lettre de Fontenilhes à M. de Lamezan pour se plaindre du Pays	70
	3. — Lettre de Cambornac à G. Galabert, greffier.	73
	4. — Lettre de Fontenilhes aux Consuls de Saint-Julien	73
	5. — Lettre des Consuls de Muret	74

XXXIV

1571-1572	État du Comté de Comminges de la paix de Saint-Germain à la Saint-Barthélemy	75

XXXV
1572-1573. Troubles en Couserans et dans le Haut-Pays de Comminges. — Maintien des garnisons 77

XXXVI
1572   Prise et « desmantellement » du lieu de La Cave . . 79
    1. — Lettre d'Aymery de Commenge aux Consuls de Salies. 80
    2. — Lettre des Consuls de Salies à ceux de Saleich . . 80
    3. — Missive de Madame de Mauléon aux États . . . 81

XXXVII
1573   Les Huguenots à Saint-Sever de Rustan 82

XXXVIII
1573   Huguenots à Muret et aux environs de cette ville . . 84
    1. — Chef de Monitoire obtenu du Juge de Commenges et de l'Official de Tholose par le Sindic de la Communauté de Muret 86
    2. — Les Huguenots menacent l'abbaye d'Eaunes et Muret. 87

XXXIX
1573   Déprédations des Compagnies aux alentours de Samatan. 89
    Requête des Minimes de Samatan 89

XL
1574-1575. Physionomie du Commenges en 1574 et 1575 . . . 91
    1. — Garde de la ville de Muret 91
    2. — Garde des chefs-lieux de Châtellenies 92

XL (bis)
1576   Prise et délivrance de Saint-Girons, en Couserans . 94
    1. Assemblée faicte en Tholose pour recouvrer l'artilherie, boletz, etc., pour la reprinse de la ville de Sainct-Girons. 95
    2. — Lenteurs apportées à la délivrance de Saint-Girons 97
    3. — Les États refusent de transiger avec d'Audou . . 99
    4. — Meurtre du s^r de Seignan par Gémit de Luscan . . 101
    5. — Autres détails sur le meurtre du s^r de Seignan . . 103

XLI
1577   Lettre du Roi aux Consuls de Muret 104

XLII
1579   Prise et délivrance de Saint-Lizier, en Couserans . 105
    1. — Délibération des États relative à la prise de Saint-Lizier. 106
    2. — Lettre du Roi au Sénéchal de Toulouse après la délivrance de Saint-Lizier 107

XLIII
1580   Lettre de François, duc d'Alençon, au roi Henri III, son frère, en faveur des habitants du Commenges. . . 109

XLIV
1580 — Tentative des Huguenots sur Muret. 110

XLV
1582-1586. — Traître pris à Taurignan. 111

XLVI
1583-1585. Démolition du château d'Aurignac. — Pillage du couvent des Religieux de la Merci 112
   1. — Délibération des États relative à la démolition du château d'Aurignac 113
   2. — Le capitaine Magret chassé d'Aurignac 113
   3. — Autres particularités concernant l'expulsion du capitaine Magret 114
   4. — Permission de démolir le château d'Aurignac. — Pillage du couvent des Religieux de la Merci 115

XLVII
1584-1585. Missives concernant la conservation de Muret. . . 116
   1. — Missive du Premier Président du Parlement de Toulouse à F. de Polastron, s^r de La Ylhère 116
   2. — Missive du Sénéchal de Toulouse au s^r de La Ylhère. 117
   3. — Missive du Sénéchal de Toulouse aux États de Comminges 118
   4. — Missive du maréchal de Matignon aux Consuls de Muret 120

XLVIII
1585 — Châtiment des conspirateurs et des traîtres saisis à Saint-Julien 120

XLIX
1586 — Missives concernant la garde de Saint-Girons et de Saint-Lizier 123
   1. — Missive de l'Évêque de Couserans 123
   2. — Missive de P. d'Orbessan 124

L
1580-1586 Les Huguenots de l'Isle-Jourdain et le Comminges. — Mesures défensives 124
   1. — Lettre du Sénéchal de Toulouse aux États de Comminges 129
   2. — Fontenilhes protège le pays aux environs de l'Isle-Jourdain 130

LI
1587 — Les Huguenots de l'Isle-Jourdain et le Comminges (suite.) — Prise et délivrance de Puymaurin . . . 131

1.	— Opinion des États touchant la délivrance de Puymaurin.	132
2.	— Opinion des États sur la transaction proposée par le vicomte de Larboust.	134
3.	— Instructions à M. de Castelgailhard.	135
4.	— Délivrance de Puymaurin.	136
5.	— « Desmantellement » de Puymaurin.	137

LII

1587-1588. Les Huguenots de l'Isle-Jourdain et le Comminges (suite.) — Sahuguède et Saint Thomas 138
    1. — Lettre de du Bourg aux Consuls de Sahuguède . 138
    2. — Autre lettre de du Bourg aux Consuls de Sahuguède. 139
    3. — Lettre des prisonniers de l'Isle à deux personnes de Sahuguède. 140
    4. — « Articles » adressés aux habitants de Saint-Thomas, par du Bourg. 141

LIII

1587   Prise et délivrance de Tournay 142

LIV

1587   Confédération du Comminges contre les Huguenots . 143

LV

1587-1588. Physionomie du Comminges en 1587 et 1588 . . . 148

LVI

1588   Garnisons à Muret, La Bastide-des-Feuillants, Eaunes et Lombez. 150
    1. — Arrêt du Parlement pour la garde de la ville de Muret 150
    2. — Arrêt du Parlement pour la garde de La Bastide-des-Feuillants. 151
    3. — Arrêt du Parlement pour la garnison de l'abbaye d'Eaunes 151
    4. — Requête des Consuls de Lombez aux États de Comminges. 152

LVII

1589   La Ligue en Comminges 153
    1. — La Ligue acceptée par les États de Salies. . . 153
    2. — La Ligue acceptée par les États d'Aurignac . . 154
    3. — Députation du Comminges aux États de Guyenne . 156

LVIII

1589   Le duc de Mayenne annonce aux États de Comminges la mort de Henri III et les exhorte à s'unir au cardinal de Bourbon 157

LIX

1589	Prise et délivrance de Samatan.	158
	1. — Lettre adressée par de Sus aux Consuls de Garravet.	159
	2. — Délibération des États touchant la reddition de Samatan.	162
	3. — Requête de Françoise de Bazilhac veuve de Lamezan	164
	4. — Requête des Cordeliers de Samatan	165
	5. — Requête des Minimes de Samatan.	166

LX

1589-1591. Violences des Huguenots sur divers points du Comminges. — Indication de Trêve restreinte à quelques Communautés 167
   1. — Requête des habitants de Barjac 168
   2. — Singulière missive envoyée aux Consuls d'Aurignac. 169

LXI

1590   Religionnaires béarnais en Nébouzan et en Comminges 171
   1. — Requête des Consuls d'Aspet 171
   2. — Requête des Consuls de Roquefort.. 172

LXII

1590   Affaiblissement de la Ligue en Comminges. — Les maréchaux de Matignon et de Villars en Comminges et Rivière-Verdun 172
   1. — Les États de Comminges tentent d'arrêter hors du pays le maréchal de Matignon 173
   2. — Plaintes de certains habitants de Salies contre les anti-ligueurs de cette ville 175
   3. — Missive de M. de Savignac à M. de La Ylhère . . 178
   4. — Missive de M. de La Ylhère à M. de Savignac . 179
   5. — Missive de M. de Savignac à Saint-Gaschiès . . 179
   6. — Matignon à Samatan et Saint-Lys. — Villars à l'Isle-en-Dodon et Aurignac. 181
   7. — Les États de Comminges proposent inutilement la Trêve au maréchal de Matignon 182
   8. — Excès des soldats de Matignon. 183

LXIII

1590-1591. La Ligue à Saint-Gaudens 185
   1. — La ville de Saint-Gaudens reçoit le maréchal de Villars. 186
   2. — Le capitaine Luscan chef de la garnison de Saint-Gaudens 187

LXIV

1590   Projet de « desmantellement » du lieu de Charlas. . 189

LXV
1590-1591. Soldats espagnols en Guyenne et Languedoc 190

LXVI
1591   Châteaux de Cierp et de Salies.
1. — *Requête de M. de Barbazan aux États* 192
2. — *« Commission de Mgr le Marquis à M. de Lamothe-Montauban, pour le desmolissement du chasteau de Sierp. »* 193
3. — *Requête pour la garde du château de Salies* 195

LXVII
1591   Tentative des Huguenots sur Saint-Lizier 196

LXVIII
1591   Détresse de la Vicomté de Couserans 197
1. — *Remontrances de B. Cabalby à messire Mathieu Ribayran, sindic général du Tiers-État de Comminges* . . 198
2. — *Requête de B. Cabalby aux États* 198

LXIX
1591   Lettre du marquis de Villars aux États de Comminges . 201

LXX
1591   Vols du capitaine d'Espaigue à Lautignac 202

LXXI
1591-1592. Les « Ligues Campanères » en Comminges 204
Statuts de la Confédération du Comminges 206

LXXII
1593   Opinion du marquis de Villars relativement aux soldats du Haut-Comminges 208

LXXIII
1593   Entrée des Députés de la Ligue Campanère aux États de Comminges 209

LXXIV
1593-1594. La Ligue Campanère et les Tailles 210

LXXV
1592   Trêves restreintes en Couserans et en Comminges . 212
1. — *Trêve particulière avec les Huguenots du Comté de Foix* 212
2. — *Trêves particulières dans le Haut-Pays de Comminges* 213

LXXVI
1592   Projet de construction d'un Fort près de l'Isle-Jourdain 214
1. — *Levée des manœuvres pour la construction du Fort*. 214

	2. — *Tableau de répartition des manœuvres*	216
	3. — *Levée des sommes et denrées destinées aux manœuvres et aux soldats*	216
	4. — *Tableau de répartition des sommes, de la poudre et des vivres*	217

LXXVII

1593	Les Huguenots de l'Isle-Jourdain et le Comminges *(suite)*. Négociation d'une Trêve avec du Bourg	219
	1. — *Projet de Trêve du Comminges avec les Huguenots de l'Isle-Jourdain et de Mauvezin*	220
	2. — *Plaintes des négociateurs de la Trêve*	221
	3. — *Voyages de Ségouffin et Combis à l'Isle-Jourdain*	222
	4. — *« Courses » des Huguenots de l'Isle*	224
	5. — *Requête de G. de Borderia au maréchal de Matignon*	225
	6. — *Réponse du maréchal de Matignon aux États de Comminges*	227
	7. — *Lettre du mandataire de Matignon à G. de Borderia*	228

LXXVIII

1593	Les Huguenots de l'Isle-Jourdain et le Comminges *(suite)*. — Conclusion d'une Trêve avec G. du Bourg	229
	1. — *Opinion des États*	229
	2. — *Délégation de M. de Combis vers du Bourg*	230
	3. — *Lettre des États à du Bourg en vue d'obtenir un passeport*	230
	4. — *Autre lettre des États à du Bourg*	231
	5. — *Seconde délégation de Combis et de Borderia vers du Bourg*	231
	6. — *Réponse de du Bourg aux négociateurs*	232
	7. — *Lettre de du Bourg aux États de Comminges*	233
	8. — *Missive de du Bourg agréant l'entremise de G. de Borderia*	233
	9. — *Articles accordés entre les députés du Comminges et G. du Bourg*	234

LXXIX

1593	Les Huguenots de l'Isle-Jourdain et le Comminges *(suite.)* — Surveillance des Huguenots de l'Isle et de Mauvezin, par MM. de Fontenilhes et de Salerm	235
	1. — *Requête des États au marquis de Villars*	236
	2. — *Nomination de MM. J. de Fontenilhes et de Salerm*	238
	3. — *Ordre de sonner le tocsin à la vue des compagnies huguenotes*	239
	4. — *Lettre de M. de Salerm aux États de Comminges*	240

LXXX

1593   Mésaventures du Juge de Comminges en quête du marquis de Villars 240

LXXXI

1593   Les Huguenots de l'Isle-Jourdain et le Comminges, (suite.) — Nouvelles entrevues avec du Bourg. . . . 243
      1. — *Billet de du Bourg à de Combis* 243
      2. — *Passeport accordé par du Bourg* 244

LXXXII

1594   Les Huguenots de l'Isle-Jourdain et le Comminges, (suite.) — Négociation et Conclusion de la Trêve de 1594. 245
      1. — « *Instructions et Mémoires baillés aulx depputés de la Trêve.* » 246
      2. — *Déclaration des États donnant mandat aux Délégués.* 250
      3. — *Rapport de M. de Péguilhan et de ses collègues après leur entrevue avec du Bourg.* 251
      4. — *Discours du Juge. — Vote des membres des États* . 253
      5. — *Résolution définitive des États.* 254
      6. — *Conclusion de la Trêve de 1594* 255

LXXXIII

1594   Lettre du marquis de Villars aux États de Comminges. 257

LXXXIV

1594   Requête de la Ligue Campanère 260

LXXXV

1593-1594. Encore quelques faits relatifs à du Bourg et Marabat. — Levée des deniers. — Prise du bétail. — Emprisonnement des personnes 262

LXXXVI

1594   « Dénombrement baillé par le sieur du Bourg de l'argent par lui levé en Commenge » 265

LXXXVII

1594-1596. Henri de Navarre reconnu Roi de France par les États de Comminges. 267
      1. — *Adhésion des États à Henri IV* 269
      2. — *Adhésion de P. de Lancrau à Henri IV* 270
      3. — *Missive de du Bourg à Henri IV pour lui annoncer la venue des Députés du Comminges* 271
      4. — *Les Délégués commingeois chez Henri IV* . . . 273
      5. — *Opposition à la reconnaissance d'Henri IV en Comminges.* 273
      6. — *Les Muretains et Henri IV* 275

7. — *Arrêt du Parlement de Toulouse concernant la ville de Muret*. 278

LXXXVIII
1596   Plaintes des habitants de Sainte-Foy contre les gens de guerre et les Muretains 280

LXXXIX
1594-1596. Henri IV récompense S. de Cazalas 281

XC
1597   Lettre d'Henri IV au marquis de Villars relativement à la garnison de Muret 282

XCI
1597   Misérable situation de Contrazy et de Montesquieu-de-Lavantès 283

XCII
?   Excès des gens de guerre à Frouzins. 284

XCIII
1598   Le capitaine Pangeas en Comminges 286
1. — *Pangeas à Lilhac, Anan, Mondilhan, Saint-Laurent et Montbernard* 286
2. — *Pangeas et Puymaurin* 287

XCIV
1610-1620. Soulèvements dans le Comté de Foix. — Garde de Muret 289
Missive de M. Le Mazuyer aux Consuls de Muret . . 291

XCV
1621   Missive des Consuls d'Auterive à ceux de Muret . . 293

XCVI
1621   Soulèvements dans le Comté de Foix. — Garde de la ville de Muret *(suite)*. 294
1. — *Lettre du duc de Mayenne aux Consuls de Muret* . 295
2. — *Lettre des Capitouls aux Consuls de Muret* . . 295
3. — *Lettre des Consuls d'Auterive à ceux de Muret* . 396
4.   *Lettre de M. Le Mazuyer aux Consuls de Muret* . 296
5. — *Lettre de M. Le Mazuyer aux Consuls de Muret* . 297
6. — *Missive de M. de Ciron aux Consuls de Muret* . 298
7. — *Missive des Consuls de Beaumont à ceux de Muret.* — *Copie de missive des Consuls de Saint-Sulpice* . 299

XCVII
1621   Les Huguenots de l'Isle-Jourdain et le Comminges *(fin.)* — Soumission de du Bourg. — Destruction des fortifications de l'Isle. 300

1.	Missive de M. Lavernhie aux Consuls de Muret . . .	300
2.	— Missive du marquis de Villars aux Consuls de Muret .	302
3.	— Lettre du duc de Mayenne aux Consuls de Muret .	303

XCVIII

En quel état se trouvaient, à la fin du XVI° siècle, les églises voisines de l'Isle-Jourdain ? 303

XCIX

1621   Les Milices en Comminges et les Huguenots du Comté de Foix. 305

C

1621   Les Huguenots du Comté de Foix et l'Édit de Nantes. 307

CI

1625   Garde de la ville de Muret 307
       1. — *Lettre du duc de Gramont* 308
       2. — *Lettre d'envoi de la précédente par M. Le Mazuyer*. 308
       3. — *Lettre du duc de Gramont* 309
       4. — *Lettre d'envoi de la précédente par M. Le Mazuyer* . 309

CII

1625   Cinq autres missives de M. Le Mazuyer aux Consuls de Muret 310

CIII

1632   Missive du duc d'Épernon aux Consuls de Muret . . 313

CIV

1632   Missive du chevalier de La Hillière aux Consuls de Muret 314

1ᵉʳ APPENDICE

I

1562   Lettre adressée par ordre du Parlement de Toulouse aux Sindics de Comminges 315

II

1569   Faits relatifs à la prise de Lescure 316

III

1572-1573. Les Huguenots à Lescure, Mérigon, Montbrun, Contrazy, Camarade, etc 317
       1. — *Prise du château de Mérigon* 317
       2. — *Excès des Religionnaires aux environs de Taurignan* 318
       3. — *Excès des Religionnaires à Lescure, Montesquieu-de-Lavantès et Contrazy* 319

| | 4. — *Attestation en faveur de Contrazy* . . . . . | 319 |
| | 5. — *Encore les Religionnaires à Montbrun* . . . . | 319 |

IV
| 1573 | Religionnaires vers Saint-Lizier et Saint-Girons . . | 320 |

V
| 1573 | A propos du Fort de Lacave. . . . . | 321 |

VI
| 1576 | Lettre des États de Comminges à Mgr de Termes. . | 322 |

VII
| 1579 | Lettre d'Henri de Navarre à M. de Pailhès après la prise de Saint-Lizier . . . . | 323 |

VIII
| 1579 | M. de Lamezan chargé de pacifier la Châtellenie de l'Isle-en-Dodon . . . . | 324 |

IX
| 1583-1585 | Rectification concernant le château d'Aurignac . . | 325 |

X
| 1585-1587 | Arrêts du Parlement afin de sauvegarder Encausse, Miremont, Valentine et Montsaunès. . . . . . | 325 |

XI
| 1586-1587 | Arrêts du Parlement relatifs aux Huguenots de l'Isle-Jourdain . . . . | 327 |

XII
| 1587 | M. de Fontenilhes à Lombez . . . . | 330 |

XIII
1587	Autres particularités concernant la prise de Puymaurin	330
	1. — *Arrêt du Parlement de Toulouse*	330
	2. — *Autre arrêt*	331
	3. — *Requête du seigneur de Castelgailhard* . . .	331
	4. — *Requête de Pierre Bon*	332
	5. — *Requête des capitaines Camparan et Monréjeau*	333

XIV
| | « Mémoire » relatif à la prise de Samatan. . . . | 334 |

XV
| 1590 | Gens de guerre à Saint-Hilaire. . . . . . . | 337 |

XVI
| 1590 | Missive du marquis de Villars aux États de Comminges | 338 |

XVII
| 1573 | Absolution des censures encourues par un religieux de la Daurade qui avait porté les armes contre les Huguenots. | 339 |

	XVIII	
	Formule d'abjuration de l'hérésie	340
	XIX	
1569	Excès de Mongonméry à Saint-Gaudens	341
	XX	
1568-1571	Note sur messire Micheau Malaubère	350

2ᵐᵉ APPENDICE

LES HUGUENOTS A SAINT-BERTRAND

I

1567-1568.	Participation des habitants de Saint-Bertrand à la reprise de l'abbaye de l'Escale-Dieu, etc.	353

II

1586	Prise et délivrance de Saint-Bertrand de Comminges	356
	1. — *Récit de Larcher.*	357
	2. — *Arrêts du Parlement de Toulouse touchant la prise de Saint-Bertrand*	358
	3. — *Lettre de Catherine de Médicis à Henri III touchant la prise de Saint-Bertrand*	360
	4. — *Vente de diverses pièces d'argenterie par le Chapitre de Saint-Bertrand*	363

III

1593	Prise et délivrance de Saint-Bertrand	365
	Enquête sur la prise de Saint-Bertrand par le Vicomte de Larboust	366

IV

1594	Le Chapitre de Saint-Bertrand et la restitution de la Licorne.	370
	1. — *Requête du Chapitre « au Roi et aux seigneurs de son Conseil »*	371
	2. — *Procès-verbal de la restitution de la Licorne.*	374

V

| 1595 | Le sʳ de Sarp nommé gouverneur de la ville de Saint-Bertrand | 376 |

VI

| | Adhésion d'Urbain de Saint-Gelais à Henri IV | 377 |

VII

| 1595 | Lettre d'Urbain de Saint-Gelais à Henri IV | 378 |

TABLE ANALYTIQUE

ABADIE (J.) cons. de l'Isle-en-Dodon, 181.

ABBADIE, délégué vers du Bourg, 224. — Vers les consuls de l'Isle-en-Dodon, 237.

ABBATIA (Héritiers de) chassés de Muret, 277.

ABRIBAT, traître pris à Taurignan, 112.

Adour, rivière surveillée, 74.

Affites et le paiement de la Taille, 248.

Agassac (ch. de l'Isle-en-Dodon), lieu confédéré, 205. — Accusé de refuser la Taille, 210.

Agen, Monluc s'y trouve en 1562, 3. — On y tient les États de Guyenne, 76. — Villars s'y trouve en 1591, 202. — S. de Cazalas y vient en 1593, 241-243.

Agenais (Ligues en), 20.

AGOS (b^{on} d') auteur cité, 352.

AIGNAN (d') en garnison à Muret, 279.

Alan (près Aurignac), meurtre d'un habitant de ce lieu, 114. — Saint-Gelais au château d'Alan, 275.

ALBRET (Pierre d') évêque de Saint-Bertrand, et M. de Roquefort, 8.

ALENÇON (duc d') écrit en faveur du Comminges, 109.

Alet assiégé par d'Audou, 94.

Aleu (auj. c^{on} de Massat, Ariège), état de ce lieu, 201.

ALEXANDRE (le cap^{ne}) en Comminges, 12.

ALEXIS, de *Saint-Loube*, prisonnier des Huguenots, 249.

ALVARUS (F.) doyen de l'Isle-Jourdain, 127. — Visiteur du diocèse de Toulouse, *ibid*.

AMANS (Th.) cons. de Muret, va vers le m^{is} de Villars, 234. — Voyage avec le juge de Comminges, 241. — Assiste aux États de 1594, 245. — Est chassé de Muret, 277.

AMBELOT (M.) royaliste chassé de Muret, 277.

AMPELA (le cap^{ne}) en Comminges, 12.

Anan (ch. de l'Isle-en-Dodon), lieu cité 324. — Rançonné par le cap^{ne} Pangeas, 287.

ANDOUFFIELLE (le cap^{ne}) en Comminges, 16.

Andouffielle (en Rivière-Verdun, auj. dép. du Gers). Ce lieu doit recevoir des troupes, 237-238.

Anizan, voy. *Nizan*.

Anjou, Ligues en cette province, 20.

ANTIN (d') ses troupes vont à Frouzins, 285.

Aoust (près Seix, en Couserans), lieu non occupé par les Huguenots en 1591, 200.

ARASSE (A.) consul de Saint-Lizier, négocie la Trêve de 1592, 212.

ARASSE (J.) cons. de Samatan, refuse d'adhérer à la Ligue, 154.

Araux (auj. *Arau*, hameau de la commune de Lacourt, c^{on} de Saint-Girons, Ariège), occupé par les Huguenots, 200.

Ardichen (auj. hameau de la commune

de Soulan, Ariége), état de ce lieu en 1591, 197-201.

Ardissein, voy. *Ardichen*.

ARMAGNAC (sénéchal d'), 4.

Armagnac (Comté d'), 2.

ARROÈDE (G.) député à Lilhac, 211.

ARROS (b^{on} d'), 65.

Arros, rivière surveillée, 74.

Aspet (les consuls d') sont indemnisés, 14. — Envoient des vivres à Saint-Lizier, 106. — Votent lors de la délivrance de Puymaurin, 133. — Adressent une requête aux États, 171. — Votent au sujet de la Trêve avec Matignon, 174. — *It.*, au sujet des offres à faire à du Bourg, 230.

(Le Sindic d') réclame une levée de troupes, 77.

(La Châtell. d') est obligée de fournir un paiement aux Huguenots du Comté de Foix, 247. — On y méconnaît l'autorité des États, 275.

ASSIER, cons. de l'Isle-en-Dodon, 131. — Délégué vers les Capitouls, 134.

ASSIER (F.) visite le Couserans, 1591, 197-201.

ASSIER (L.) cons. de Saint-Girons, 98.

Astarac (Comté d') cité pp. 8, 16, 63. — Adhère à la Ligue campanère, 208. — Envoie des députés aux États de Comminges, 209.

Auch (Enrôlement de prêtres à), 67. — Villars s'y trouve en 1593, 209.

AUDOU (d') prend Saint-Girons, 94-104. — Tente de prendre Saint-Lizier, 196. — Est envoyé à Saint-Lizier, 324.

Aulus, voy. *Olus*.

Aurignac (les consuls d') écrivent à Monluc, 4. — *It.*, à Pontic, 7. — Reçoivent une indemnité, 13. — Reçoivent une commission de Monluc, 17. — Nomment un chef de troupes, 69. — Votent au sujet de Puymaurin, 134. — Reçoivent une lettre comminatoire, 169. — Votent au sujet d'une Trêve avec Matignon, 174. — Doivent assister à la démolition des fortifications de Charlas, 190. — Votent à propos des offres à faire à du Bourg, 229.

(Le château d') pris en 1583, 112. — A-t-il été démoli?..., 325. — Les habitants souhaitaient sa démolition, 113.

(Religieux de la Merci d') pillage de leur couvent, 115.

(La Châtellenie d') obligée de fournir un paiement aux Huguenots du Comté de Foix, 247.

Passage de gens de guerre à Aurignac, 16. — On y tient les États, 132. — Garde de la ville, 149. — Les États y adhèrent à la Ligue, 154. — Le m^{is} de Villars y vient, 181. — Il écrit au receveur Hubert pour cette ville, 182. — Des habitants de ce lieu sont prisonniers des Huguenots, 249. — Exigences de Tarenque à leur sujet, 265.

AUSSARGUES (d') commissaire du Parlement, va rétablir la paix à Muret, 279.

Auterive (les consuls d') annoncent à ceux de Muret la prise de Laurac-le-Grand, 293. — Les avertissent du danger qui menace leur ville, 296.

Auzat (*Aussos*, vallée de Vic de Sos?), occupé par les Huguenots, 200.

AVEZAC (P.) royaliste chassé de Muret, 277.

Aventignan (près St-Bertrand), 369.

Bachas (chât. d'Aurignac), lieu confédéré, 205. — Envoie un député à Lilhac, 211.

BAGNÈRES (G.) consul de l'Isle-en-Dodon, 183.

Bagnères-de-Luchon (châtell. de Fronsac) envoie un député aux États de 1594, 245.

BAJORDAN (le cap^{ne}) en Comminges 16.

BALBARD (M.) pillé en 1573, 89.
BARBAZAN (de), commissaire en Comminges, 24. — Conducteur des troupes, 69. — Gouverneur de Saint-Béat, 192. — Délivre le château de Cierp, ib. — Fait mettre à mort Milhasson, ib. — Adresse une requête aux États, ib. — Établit leur autorité dans le Haut-Pays, 275.
BARCODA en garnison à Muret, 279.
BARDACHIN (le cap[ne]) en Commingues, 16.
BARDION, secrét[re] de du Bourg, 245.
Barguillières (Pays de), 200.
BARICAVE (le ch[ne]), visiteur des paroisses au nom du c[al] de Joyeuse, 303.
BARIFOUSE, auteur cité, 352.
Barjac, excès des Huguenots en ce lieu, 168.
BARRAU (le cap[ne]) mécontente les Muretains, 61.
BARRAU (Mme de) chassée de Muret, 277.
BARRES, en garnison à Muret, 279.
BARRIÉ, précenteur de Couserans[1], 46.
BASON (J.) trésorier de Comminges, 8.
BATUT (R.) prisonnier de du Bourg, 264.
BAUDÉAN (de) son rôle à Lombez en 1589, 159. — Est en garnison à Saint-Bertrand, 356.
BAUDOUIN (A.) auteur cité, 341.
BAYAULT (le cap[ne]), 69.
Bayeux (un évêque de), 69.
BAZILHAC (de) négocie la reddition de Samatan, 1590, 162. — *Voy.* Lamezan.
Béarn (Expédition de), 65.
 (Huguenots de), 171-172.
Beaumont (les consuls de) écrivent à ceux de Muret, 299. — Ils reçoivent une missive des consuls de Saint-Sulpice, ib.
BEAUREPAIRE (le cap[ne]) en garnison à Samatan, 10.

BÉDOUT, auteur cité, 71.
Belbèze (châtell. de Salies), 12.
BELLEGARDE (Pierre de Saint-Lary, baron de), sénéchal de Toulouse, maintient la garnison de Muret, 8. — Écrit à ce sujet, 9. — Les États lui écrivent touchant la garnison de Samatan, 10. — Il envoie une missive aux sindics des villages, 29. — Fait une expédition en Foix, 38 et 47. — Écrit aux États, 40. — *It.*, aux consuls de Lescure, 47. — Prend le Carla et Beauville, ib. — Le Comminges paie pour entretenir ses troupes, 74.
BENQUE (O. de) inspecte la garnison de Muret, 9. — Reçoit une lettre de Bellegarde, ib. — Sa compagnie pille les environs de Samatan, 89. — Il assiste aux États de 1574, 91.
Benque (chât. d'Aurignac), accusé de refuser la Taille, 210.
BÉRAT (de) assiste aux États de 1580, 128. — Sa compagnie passe à Garravet, 160. — Reçoit l'ordre d'élever un fort près l'Isle-Jourdain, 214. — Ses troupes vont à Frouzins, 285.
Bérat (en Languedoc, auj. c[on] de Rieumes, H[te]-G[ne]), 16.
BERNARD (V.) muretain blessé à Aurignac, 113.
BERTHOLOMEAU (A.) prisonnier des Huguenots, 264.
BERTIN (J.) procureur du Roi, assiste aux États de 1576, 98. — Refuse de transiger avec d'Audou, 99. — Député aux États de Blois, 104. — Assiste à une réunion chez l'abbé d'Eaunes, 116. — Reçoit une missive de Cabalby, 149. — Assiste aux États de 1590, 183. — Visite le Couserans, 197. — Est chargé de requérir contre d'Espaigne, 203. — Ce qu'il pense des offres à faire à du

---

1. Précenteur ou préchantre, dignité du Chapitre.

Bourg, 229. — Reçoit un passeport de du Bourg, 244. — Assiste aux Etats de 1594, 245. — Est chassé de Muret, 277.

Bertin (R.) greffier des États, 116. — Cité, 142, 225, 235. — Obtient la libération de Lavergne, 264. — Reçoit une missive de Saint Calix, 265. — Est chassé de Muret, 277.

Bézéril (le s^{ar} de) assiste aux États de 1576, 98.

Bézeril (chât. de l'Isle-en-Dodon) paie la Taille à du Bourg, 266.

Biert, voy. *Viert.*

Bigorre (c^{té} de) cité, 8, 63, 73, 82, 248.

Blajean (chât. de Saint-Plancard en Nébouzan), passage de Pangeas en ce lieu, 288. — Cité, 369.

Blois (le Commingeois aux États de), 104.

Boé, sindic de Latoue, 211.

Boéry, secrétaire de Monluc, 22, 29, 43, 51, 67.

Bofat (M.) greffier de Muret, 60.

Bolbène (G.) cons. de Saint-Julien, 183.

Bon (P.) cap^{ne} de l'Isle-en-Dodon, 161. — Livré en ôtage aux Huguenots. *ib.* — Indemnisé de ce chef, 162. — En garnison à Muret, 279.

Bonard (évêque de Saint-Lizier) écrit aux États de Comminges, 123. — Son opinion touchant l'adhésion à la Ligue, 153. — Affirme la sincérité religieuse des habitants de Lescure, 154. — Est prié de contribuer à l'entretien des garnisons, 181. — Son successeur à Saint-Lizier, 269.

Bonnefont (abbé de) cité, 184, 380.

Bonnet (J.) cons. de Muret, 183. — Délégué vers le Parlement de Toulouse, 273. — Chassé de Muret, 277.

Bonnet (F.) en garnison à Muret, 277.

Bonnet (de) en garnison à Muret, 277.

Bonrepaux (de) vote lors de la Trêve de 1590, 174.

Borderia (J. de) juge de Comminges, reçoit une lettre du juge-mage de Toulouse, 58. — Préside l'assemblée de la châtellenie de Muret, 68. — Veille à la sécurité de Muret, 85. — Approuve un *Monitoire*, 87. — Tenue d'États en son logis, 93. — Assiste aux États de l'Isle-en-Dodon, 98. — Atteste la trahison de M. de Seignan à Saint Girons, 103. — Est remplacé dans sa charge judiciaire par M. de Puget, 116.

Borderia (J. de) juge de Comminges, parle des garnisons de Saint-Girons et de Saint-Lizier, 10. — Est proposé à la répartition de certaines indemnités, 12. — Adresse une exhortation aux États, 16. — Reçoit deux lettres de Monluc, 25-26. — Sa mort, 58.

Borderia (J. de) chassé de Muret, 277.

Borderia (G. de) cons. de Muret, 25. — Est délégué vers du Bourg, 220. — On le calomnie, 221. — Est reçu à Bordeaux par Matignon, 227. — Reçoit une missive de Roquepine, 228. — Rend compte de sa mission, 229. — Est envoyé vers du Bourg, 231. — Résultats de sa mission, 232. — Du Bourg agrée de nouveau son entremise, 233. — Est chargé de faire accepter de Matignon la Trêve de 1593, 235. — Incident à cette occasion, 244. — Est chassé de Muret, 277.

Bordes (A.) cap^{ne} à Samatan, 180.

Bordes (J.) sindic de Saint-Marcet, 211.

Bordes (les) près Castillon, en Couserans. — Des Huguenots de ce lieu menacent le Plan et Saint-Cristaud, 116. — L'un d'eux est pris à Saint-Julien, 121. — Ils font des incursions à Barjac, 168. — Réduction de ce lieu, 290. — Huguenots aud. lieu, 307.

Bordes, 389.
Bossenac, voy. *Bozenac.*
Boulogne (en Rivière-Verdun). — La Ligue campanère s'y assemble en 1594, 210.
BOURBON (card^{al} de) élu roi de France, 157.
BOURG (J.-B. du) évêque de Rieux, prié de contribuer à l'entretien des compagnies en Comminges, 146.
BOURG (G. du) gouverneur de l'Isle-Jourdain, espère prendre Muret, 85. — Envoie des missives à Sahuguède et Saint-Thomas, 138. — Villars essaie de le cerner à l'Isle, 214. — Comment l'avait déjà essayé Fontenilhes, 218. — Négociation d'une Trêve avec lui, 1593, 219. — Les Etats pensent qu'il faut lui concéder de l'argent, 220. — Ils lui envoient des négociateurs, *ib.* — Muret lui envoie G. de Borderia, *ib.* — Difficultés qu'il oppose à une Trêve, 222. — Ses prétentions, 231. — Les Etats lui écrivent et lui envoient Combis, 230. — Combis et de Borderia lui sont encore envoyés, 231. — Ses réponses, 232. — Il accorde une Trêve, 234. — J. de Fontenilhes et Salerm le surveillent, 237. — Il écrit à Combis, 243. — Il lui envoie un passeport, 244. — *It.*, à Coutray et à Bertin, *ib.* — Il va à Bordeaux et méprise un billet de sauvegarde donné par Matignon, *ib.* — Plaintes de M. de Noalhan à ce sujet, *ib.* — Il conclut la Trêve de 1594, 245. — Il exige des paiements en Comminges, 262. — Il prend bêtes et gens, *ib.* — Déprédations de ses soldats à Saint-Louhe, 265. — Il annonce à Henri IV une délégation commingeoise, 271. — Nouvelles déprédations, 275. — Il se soumet, 300. — Ce qu'il a fait aux environs de l'Isle, 303.

BOURGUET (du) chef de troupes, 79. — Va secourir Saint-Girons, 97. — Va secourir Saint-Lizier, 105.
BOURTHELOT, secrétaire d'un Chapitre en Gascogne, 67.
Boussan (auj. hameau de la commune de Soulan, Ariège). État de ce lieu en 1591, 197. — Lieu confédéré, 205.
BOUSSAN (la c^{ie} de) pille les environs de Samatan, 89.
Bousin (châtel. d'Aurignac). Lieu confédéré, 205.
BOYSSET (E. du) assiste aux États de 1594, 245.
Bozan, voy. *Boussan.*
Bozenac (auj. dans le c^{ou} de Massat, Ariège). État de ce lieu en 1591, 197-201.
BRAC (J.) consul de Muret, 103. — Chassé de cette ville, 277.
Bragayrac (chât. de Samatan), lieu dévasté par la grêle, 148. — Paie la Taille à du Bourg, 266.
BRÉMON, pro-sindic de Saint-Lizier, 46.
BRIEUDE (héritiers de) chassés de Muret, 277.
Brosset, maison pillée, 160.
BULAN (G. de Baretges, s^{gr} de) remet Tournay aux consuls, 142.
BRUYÈRES (A. de) prévôt du Chapitre de Toulouse, délégué vers Henri IV, 268. — Rend compte de sa mission au Parlement, *ib.*
BURGARIS (F.-A.) Jacobin de l'Isle, adresse une requête aux États, 90.
BUSC (P.) consul de Muret, écrit au lieutenant du juge de Rieux, 60. — Est menacé à Muret, 85. — Demande garnison pour cette ville, 88.
CABALBY (B.) sindic du Tiers-État de Comminges, dit pourquoi on a mis des troupes à Saint-Girons et à Saint-Lizier, 10. — Signe une attestation pour Massat et Olus, 46. — Est nommé commissaire des

vivres, 72. — Adresse une requête aux États, 74. — Dénonce des voleurs, 78. — Assiste aux États de 1576, 98. — A ceux de 1587, 132. — Est délégué vers les Capitouls, 134. — Dénonce la misère des vallées de Solan et de Massat, 149. — Est député aux États de Guyenne, 156. — Assiste aux États de Muret, 183. — Est commissaire des vivres de l'armée espagnole, 191. — Fait constater la détresse du Couserans, 197. — Ce qu'il pense des offres à faire à du Bourg, 229. — Assiste aux États de 1594, 245.

CAILLIÈRE, auteur cité, 184.

Calmont (près Mazères, c^{té} de Foix). Les Huguenots de ce lieu concluent une Trêve avec le Couserans, 170.

Camarade (près le Mas d'Azil, c^{té} de Foix). Mouvements des Huguenots de ce lieu, 77 et 318. — Ils prennent Lescure et Mérigon, *ib.* — Vont piller Taurignan, 111. — Menacent le Plan et Saint-Cristaud, 116. — Excitent les plaintes du Comminges, 143. — Font des courses à Barjac, 168. — Sont signalés par les consuls de Saint-Girons, 199. — Réduction de ce lieu, 290. — Huguenots en ce village, 307.

CAMBORNAC (A.) coadjuteur du Tiers-État de Comminges, 68. — Écrit à Galabert, 73. — Veut témoigner des menaces faites à P. Busc, 87. — Est délégué vers les Capitouls, 95. — Assiste aux États de l'Isle-en-Dodon, 98. — *It.*, à la réunion tenue chez l'Abbé d'Eaunes, 116.

CAMBORNAC (J.) royaliste chassé de Muret, 277.

CAMP (J.) veut s'emparer de Saint-Julien, 121.

CAMPAN (J.) cons. de Samatan. — Sa maison est pillée, 89. — Il assiste aux États de 1594, 245.

Cante (près Saverdun, c^{té} de Foix). On négocie en ce lieu une Trêve, 212.

CAPELLIER, en garnison à Muret, 279.

CAPITOULS de Toulouse reçoivent deux missives de Monluc, 4-67. — Sont priés de secourir Saint-Girons, 95. — *It.*, de secourir Puymaurin, 134. — Ils envoient une missive aux consuls de Muret, 295.

Caplong (les Huguenots de) font des incursions à Barjac, 168.

Cardailhac (ch. d'Aurignac). Lieu confédéré, 205. — Cité, 369.

Carla (les Huguenots du) sont signalés au roi, 1574, 91. — Ils menacent le Plan et Saint-Christaud, 116. — Excitent les plaintes du Comminges, 143. — Réduction de ce lieu, 290. — Il est occupé par les Huguenots en 1623, 307.

CARSALADE DU PONT (de) auteur cité, 57, 142, etc.

CASAUGRAN (E.) cons. d'Esparron, 211.

CASENAVE (E.) sindic de Saint-Ignan, 211.

CASSAN (P.) huissier à Muret, 278.

Cassemartin (Église de), 303.

CASTELBON (le s^r) assiste aux États d'Aurignac, 132.

Castelgailhard (châtell. de l'Isle-en-Dodon). Passage de gens de guerre, 16.

Castelnaudary. — Henry de Navarre doit y aller en 1579, 276. — Huguenots près de cette ville en 1621, 293.

Castelnau-de-Magnoac. Villars y séjourne en 1592, 169.

Castelsarrasin, cité, 243.

CASTERA (le cap^{ne}) cité par Monluc, 68.

CASTERAN (P.), 370.

CASTERAN (P. de) auteur cité, 371.

CASTERAS (de) sindic du Tiers-État, assiste aux États de 1594, 245. — A pris part aux États de Guyenne, 246. — Effectue divers paiements entre les mains de du Bourg, 262-265.

Travaille à faire libérer Lavergne, 264. — Est chassé de Muret, 277.
CASTET (de) huissier de Bordeaux, 244.
CASTILLON (H.) auteur cité, 78, 79, 94, 273, 270, 352.
Castillon (les consuls de) sont indemnisés, 15. — Nomment un chef des troupes, 69. — Envoient des vivres à Saint-Lizier, 106. — Leur vote pour la délivrance de Puymaurin, 133. — Ils signent une Trêve avec les Huguenots, 212. — Leur proposition au sujet de du Bourg, 229. — Leur opinion relativement aux concessions à faire à du Bourg et Maravat, 253.
Ce lieu reçoit des troupes, 16. — Il réclame la levée d'une compagnie, 77. — Méconnaît l'autorité des États, 275.
La châtellenie de Castillon fournit quelque paiement aux Huguenots du Comté de Foix, 247.
CATEL (G.) auteur cité, 126.
CAU (G. de) vic. gén. de Saint-Lizier, 320.
CAUBET (R.) consul de Lilhac, 211.
CAUBEYRE (B.) consul de l'Isle-en-Dodon, 131.
CAU-DURBAN (abbé) cité, 307.
Caumont (près Saint-Lizier). Lieu indemnisé, 13.
Caumont (château de), point de rencontre des négociateurs de la Trêve de 1593, 223.
CAZALAS (S. de), juge de Comminges, démontre aux États la nécessité d'adhérer à la Ligue, 155. — Est député aux États de Guyenne, 156. — Est chargé d'apaiser les habitants de Salies, 177. — Doit assurer le paiement de la garnison de Muret, 181. — Va proposer au m^{is} de Villars un projet de Trêve avec Matignon, 182. — Délégué vers Matignon pour obtenir la paix, 183. — Chargé de procurer des vivres, 184. — Visite le Couserans, 197. — Chargé de faire son procès au cap^{ne} d'Espaigne, 203. — Député aux États de Guyenne, *ib.* — Le m^{is} de Villars l'entretient des soldats de la Ligue campanère, 208. — Chargé de procurer des munitions aux constructeurs d'un fort près l'Isle-Jourdain, 216. — Délégué vers du Bourg pour négocier une Trêve, 1593, 220. — Son opinion au sujet des concessions à faire à du Bourg, 229. — Il inspecte les garnisons, 232. — Doit faire agréer au Parlement la Trêve de 1593, 235. — Il presse les États de payer les Tailles à Villars, 234. — Ses mésaventures en 1593, 240. — Est présent aux États de Muret en 1594, 245. — Délégué du Comminges aux États de Guyenne, 246. — Il harangue cette assemblée, 252. — Villars l'entretient des moyens de sauvegarder le Pays de Comminges, 258. — État dans lequel il trouve les garnisons, 258. — Prie du Bourg de retarder l'échéance du paiement des Tailles, 263. — Il harangue les États de Comminges, 267. — Il parle en faveur de Henri de Navarre aux États de Samatan, 269. — Est délégué par les États pour reconnaître Henri de Navarre, *ib.* — Rend compte de sa mission, 273. — Son zèle pour Henri IV n'est pas du goût des Muretains, 276. — Il est récompensé par Henri IV, 280.
CAZAUX (Ph. de), 369.
CAZENEUVE (J. de) conducteur des troupes, 69.
CAZENEUVE, consul d'Auterive, 293.
Cazères-sur-Garonne, occupé par les Huguenots, 149.
Céadous (chât. d'Aurignac) lieu confédéré, 205. — Accusé de refuser la Taille, 210. — Envoie un député à Lilhac, 211. — Cité, 369.

CÉDOUS (J.) cons. de Montgailhard, 211.

CÉSAR (le cap^ne) en garnison à Saint-Bertrand, 356.

CHABANEL (J. de) recteur de la Daurade, visiteur des paroisses du diocèse de Toulouse, 304.

Champagne. — Ligues en cette province, 20.

CHAPELLE (M. de la) cité dans une missive de Fontenilhes, 71.

CHAPITRE métropolitain de Toulouse et les Huguenots de l'Isle-Jourdain, 300 et 305.

Charlas (chât. d'Aurignac). M. de Salerm y tient garnison, 189. — Les habitants du lieu veulent en abattre les fortifications, ib. — Lieu confédéré, 205. — Accusé de refuser la Taille, 210.

CHARLES IX écrit à Monluc, 28. — Lève un impôt en Comminges, 30.

Cier-de-Luchon, cité 369.

Cierp (château de) pris en 1591, 192. — Délivré par Barbazan et Luscan, ib. — Ce cap^ne y tient garnison, 193. — On fait le projet de démolir cette place, ib. — M. de Lamothe-Montauban en est chargé, ib. — Projet non réalisé, 195.

Cintegabelle, voy. Sainte-Gabelle.

CIRON (de) écrit aux consuls de Muret, 298.

CLARET (de) cellérier du Chapitre de Saint-Étienne, 300.

CLARIA (J. de) cons. de Lombez, 183. — Assiste aux États de 1594, 245. — Est délégué vers le Parlement par les États de Comminges, 273.

CLARY (F. de) dénonce aux consuls de Muret les dangers qui menacent leur ville, 291.

Clermont (près le Mas d'Azil, c^té de Foix). Les Huguenots de ce lieu pillent Taurignan, 111. — Font des incursions en Comminges, 143. —

It., sur le territoire de Barjac, 168.

Clermont près l'Isle-Jourdain. — État de ce lieu en 1596, 303.

Clermont-Dessus (auj. comm^e du Lot-et-Garonne), 241.

COLOMIEZ (J.) imprimeur à Toulouse, 156.

COMBIS (François de) doit faire placer deux compagnies à Lombez, 159. — Est délégué vers du Bourg et Maravat, 222. — It., 230. — Rend compte de sa mission, 231. — Reçoit missive et passeport de du Bourg, 243. — Négociateur de la Trêve de 1594, 245. — Assiste aux États de Muret, ib. — Délégué vers Matignon, 254. — It., vers du Bourg avec Dupont, 256. — Nouvelle délégation, ib. — Il effectue divers paiements entre les mains de du Bourg, 262-265. — Obtient de Matignon la restitution du bétail volé aux Commingeois, 263. — Obtient de du Bourg la libération du trésorier Lavergne, 264.

COMMENGE (A. de) lève une compagnie, 77. — Protège Montesquieu-de-Lavantès, 78. — Va délivrer La Cave, 79. — Écrit aux consuls de Salies, 80. — Gouverne les hommes d'armes à Saint-Girons et à Saint-Lizier, 93.

CONDAULTE (F.) consul de Muret, 103.

Contrazy (chât. de Salies). Lieu indemnisé, 12. — Entretient une compagnie, 55. — Est brûlé en 1572, 78, 318, 319. — Son état en 1576, 97. — Est accusé de refuser la Taille, 210. — État de ce lieu en 1597, 283.

CORMININ (G.) consul de Samatan, 183.

CORNUSSON (J. de La Valette, s^gr de), sénéchal de Toulouse, veille à la conservation du Comminges, 91-93. — Est prié de secourir Saint-Girons

95. — Son rôle lors de la délivrance de Saint-Lizier, 105-108. — Reçoit une lettre d'Henri III, 107. — Rétablit un supplément de garnison à Muret, 110. — Va secourir Aurignac, 113. — Écrit à M. de La Ylhère, 117. — *It.*, aux États de Comminges, 118. — *It.*, au m^{al} de Matignon, 120. — Harangue les États au sujet des Huguenots de l'Isle-Jourdain, 125. — Il écrit au Roi, 126.

Coucy (Henri IV récompense à) S. de Cazalas, 282.

Coueilhes (chât. de l'Isle-en-Dodon). Lieu cité, 324. — Confédéré, 205.

Couget (A.) auteur cité, 170, 306, 352, 371, 374, 376.

Couserans (Vicomté de) sa détresse, 197-201. — Entre dans la Ligue campanère, 206-208. — Comprise dans la Trêve de 1593, 234. — Reconnaît Henri de Navarre pour roi de France, 1595, 274-275.

Cousso (J.) favorise l'entrée des Huguenots à Samatan, 158.

Coutrays (A. et S.) pillés en 1573, 89. — L'un d'eux reçoit un passe-port de du Bourg, 244. — Effectue divers paiements entre les mains de du Bourg, 262-265. — Obtient la libération de Lavergne, 264. — Est emprisonné en 1595, 264.

Cyrié (le cap^{ne}) chassé de Muret, 277.

Dabadie (D.) agent de du Bourg, 141.

Daffis (J.) évêque de Lombez, 322.

Daffis (J.) premier Président à Toulouse, écrit au roi en faveur d'Urb. de Saint-Gelais, 360.

Daignan du Sendat, auteur cité, 71.

Daigua (J.), femme de J.-P. de Saint-Jean, 125 et 131.

Dampmartin (A.) lieutenant du Sénéchal de Toulouse, 25.

Damville (le mar^{al} de) reçoit une missive de Monluc, 44. — Établit son camp devant Muret, 53. — Est nommé dans une missive du jugemage de Toulouse, 59. — *It.*, dans les requêtes d'un consul de Muret, 60. — *It.*, dans une lettre de P. Busc, *ibid.* — Il écrit aux consuls de Muret, 61. — *It.*, au roi de Navarre, 107. — Fait écrire une sorte d'apologie du roi de Navarre, 125. — Est cité 322, 355.

Dangla, prêtre, fait partie de la compagnie de Roquefort, 76.

Darbon (J.) sindic de Bachas, 211.

Dardignac (J.) consul de Montoulieu, 211.

Daudirac (J.) sindic du Tiers-État, reçoit une missive des consuls de l'Isle-en-Dodon, 131. — Assiste aux États d'Aurignac, 132. — Est délégué vers les Capitouls, 134. — Apporte aux Huguenots de Puymaurin la rançon promise, 137. — Annonce aux États la perte de plusieurs documents, 159. — Se déclare partisan d'un accord avec Matignon, 173. — Conseille une Trêve avec du Bourg, 224. — Va reconnaître Henri de Navarre pour roi de France, 269. — Du Bourg écrit son éloge à Henri IV, 271. — Pourquoi les États lui enlevèrent-ils la charge de sindic? 272.

Davruse (A.) chassé de Muret, 277.

Decap (J.) auteur cité, 124.

Dengays, lieutenant de du Bourg, 224.

Depoy (P.) député de Saint-Loup, 211.

Désirat (J.) député de la Ligue campanère aux États, 210. — Assiste à l'assemblée de Lilhac, 211. — Opine au sujet des concessions à faire à du Bourg et Maravat, 253. — Fait une motion relative aux garnisons, 255.

Despuntous (J.) en garnison à Muret, 277.

Devezac (A.) sindic de Saint-Andreau, 211.

Doignac (aujourd'hui hameau de la commune de Soulan, Ariège). — État de ce lieu en 1591, 197-201.
DOMINGO, voleur cantonné à Aurignac, 114.
DOUAIS (C.) auteur cité, 91, 123, 269.
DUBARAT, auteur cité, 63.
DUBÉDAT, auteur cité, 143.
DUBORD, auteur cité, 173.
DUCASSÉ (R.) sieur de Saint-Germier, consul de Muret, 106. — Assiste à une réunion tenue chez l'abbé d'Eaunes, 116.
DUCLOS, auteur cité, 94, 290.
DUFAUR (F.-B.) Jacobin de l'Isle-en-Dodon, adresse une requête aux États, 90.
DUGLAT (J.) hôtelier pillé en 1573, 89.
DULAUR, ses troupes passent à Frouzins, 285.
DUPONT (G.) blessé à Saint-Lizier, 196.
DUPONT, député vers du Bourg pour la Trêve de 1594, 245. — *It.*, 256. — Fait adhérer les habitants de Saint-Lizier et de Saint-Girons à Henri IV, 274.
DUPUY, blessé à Puymaurin, 137.
DUPUY, en garnison à Saint-Bertrand, 356.
DUPUY (P.) chanoine de l'Isle-Jourdain, 127.
DURAND, notaire, secrétaire de la Ligue campanère, 210.
DURAND (F.) Vic. gén. de Couserans, assiste aux États en 1594, 245. — Opine au sujet des concessions à faire à du Bourg, 253.
DURANTI (E.) Premier Président du Parlement de Toulouse, écrit à M. de La Ylhère, 116. — Accueille les Cordeliers de l'Isle-Jourdain, 127.
DURIEU (H.) tué à Aurignac, 114.
DUSERM (B.) démolit la tour de Puymaurin, 137.
Eaunes (Abbaye, près Muret) n'a pas été détruite par les Huguenots, 5. — Demande garnison en 1573, 87. — Arrêt du Parlement pour le paiement de la garnison mise en cette abbaye, 151.
Eguilhon (aujourd'hui Aiguillon, Lot-et-Garonne), 242.
Empeaux (chât. de Samatan). Lieu dévasté par la grêle, 148. — Cotisé par du Bourg, 266.
Encausse (Aides du Comminges). Arrêt du Parlement concernant ce lieu, 325. — Est compris dans la Trêve de 1593, 234. — Exactions commises par Tarenque en ce village, 263.
ENCAUSSE (Nicolas d') s^r du Puy-de-Touges, commissaire en Comminges, 24. — Adhère à la Ligue, 155.
Encortiech (auj. commune dans le c^{on} de Saint-Girons, Ariége). État de ce lieu en 1591, 197-201.
Erp (auj. commune dans le c^{on} de Saint-Girons, Ariége). État de ce lieu en 1591, 197-201.
Escale-Dieu prise par les Huguenots, 352.
Escanecrabe (chât. d'Aurignac). Lieu accusé de refuser la Taille, 210.
ESCOBÉ (J.) en garnison à Muret, 277.
ESPAIGNE (le cap^{ne} d') pille Lautignac, 202.
ESPARAVENT (le cap^{ne}) chassé de Muret, 277. — En garnison à Muret, 279.
ESPARBÈS (Abbé L.), cité 304.
ESPARBÈS DE LUSSAN (d') évêque de Pamiers, écrit aux consuls de Muret, 291.
Esparron (chât. d'Aurignac). Lieu confédéré 205. — Envoie un député à Lilhac, 211.
Espetz (auj. *Erpans*, hameau de la commune de Soulan, Ariége). Lieu occupé par les Huguenots, 201.
Esquiédaze. Voy. *Terrebasse.*
EST (F. d'). Sa compagnie mécontente les Commingeois, 79.

Estampures (Aides du Comminges), 84.

États de Comminges. Ils adressent une requête à Bellegarde, 10. — S'assemblent à Lombez, 22. — Répondent à J. de Monluc, 32. — Écrivent à La Valette, 35. — Demandent la permission d'armer le Comminges, 36. — Reçoivent une lettre de Villars, 238. — Écrivent au m^{is} de Villars au sujet des soldats espagnols, 191. — Réponse de Villars, *ib*. — Ils condamnent puis approuvent les Ligues campanères, 204 et suiv. — Lettre de Villars relative aux soldats des Ligues campanères, 208. — Agréent les Communautés qui ont adhéré aux Ligues, 209. — Approuvent les Trêves restreintes, 211. — *It.*, 213. — Demandent le pouvoir de négocier une Trêve générale, 219. — Négocient avec du Bourg, 219. — Lui envoient des députés, 220 et suiv. — Lui écrivent, 230. — Reçoivent une lettre de Matignon, 227. — Délibèrent sur les propositions à faire à du Bourg, 229. — Ils lui écrivent, 230. — Réponse de du Bourg, 233. — Ils conviennent des *articles* essentiels de la Trêve, 234. — Les font agréer au Parlement, 235 et 241. Adressent une requête à Villars, 236 et 241. — Écrivent aux consuls de l'Isle-en-Dodon en faveur de J. de Fontenilhes et de Salerm, 237. — Salerm les remercie de sa charge, 240. — Ils concluent la Trêve de 1594, 245-257. —, Veulent demander l'emploi des Tailles pour les garnisons, 255. — Reçoivent une missive de Villars pour la garde du Pays et le contrôle des garnisons, 257. — *It.*, une missive de la Ligue campanère au sujet des impôts et des otages, 260. — Harangue que leur adresse S. de Cazalas, 267. — Ils adhèrent à Henri IV, 269. — Lui envoient des députés, *ib*. — Pourquoi ont-ils enlevé à Daudirac sa charge de sindic? 272. — Ils entendent le récit de la délégation envoyée vers Henri IV, 273. — Rendent compte de leur conduite au Parlement, *ib*. — Leur autorité est méconnue en divers lieux, 275. — Ils demandent la vérification des terres incultes du Comminges, 279.

Eup (châtell. de Fronsac). Lieu confédéré, 205. — Accusé de refus des Tailles, 210.

Fanjaux, 293.

Fargues (P.) cons. de Muret, essaie de faire délivrer Lavergne, 264.

Faudoas (de) en garnison à Saint-Bertrand, 356.

Fauga (châtell. de Muret) se plaint des gens d'armes, 79.

Faur (S.) député de Saint-Laurent, 211.

Fauré (A.) en garnison à Muret, 277

Ferrane, 88.

Fiancette (P.), 365.

Figarol [1] (chât. de Salies). Lieu pillé, 168. — Cité 326.

Figuas (ou *Figas,* dans la châtell. de l'Isle-en-Dodon). Lieu accusé de refus des Tailles, 210.

Fillère (de) commissaire du Parlement, va rétablir la paix à Muret, 279.

Filouse (J.) chanoine de l'Isle-Jourdain, 127 et 305.

Fimarcon (vic^{te} de), 4.

Fites (Aides du Comminges), 248.

Foix (Huguenots du Comté de) et le château de Muret, 85. — Dévastent les vallées de Solan et de Massat, 149. — Villars promet d'envoyer en Foix les troupes espagnoles, 191. —

---

1. Au fol. 326 lisez *Figarol* et non *Figarède*.

Quelques châtellenies commingeoises leur fournissent les Tailles, 248. — Trêve entre Comminges et Foix, 256. — Allusion aux guerres entre Comminges et Foix, par Cath. de Médicis, 276. — Expédition du m^{al} de Thémines, 289. — *It.*, 294. — Menaces de soulèvements, 305. — Ils méprisent l'Edit de Nantes, 1623, 307.

Fons (V.) auteur cité, 139.

Fontenilhes (Ph. de la Roche, b^{on} de) en garnison à Saint-Bertrand, 356. — Est cité dans une missive de Monluc, 42. — Ecrit à Pontic, 62. — S'occupe des impôts, 63. — Reçoit une missive de Monluc pour l'expédition de Béarn, 65. — Entre aux États de Comminges, *ib.* — Transmet les ordres de Monluc pour aller en Béarn, 68. — Ecrit aux consuls de Saint-Julien, 73. — Frais d'entretien de sa compagnie, 76. — Elle pille les environs de Samatan, 89. — Il travaille à la délivrance de Saint-Lizier, 105. — Son avis au sujet du château d'Aurignac, 113. — Les États refusent le secours de ses hommes d'armes trop indisciplinés, 116. — Il assiste aux États d'Aurignac, 132. — Va vers l'Isle-Jourdain, 130 et 144. — Il est à Lombez en 1587, 330. — Paiement à ses hommes d'armes, 148. — Met sa compagnie à Lombez après la prise de Samatan, 159. — Opine au sujet d'une Trêve en 1590, 173. — Rallié à la cause d'Henri IV, *ib.* — A essayé de réduire les Huguenots de l'Isle-Jourdain, 218.

Fontenilhes (J. de) fils du précédent, négocie une Trêve avec du Bourg, 223. — Ce qu'il pense des offres à faire aux Huguenots, 229. — Sa compagnie en 1593, 232. — *It.*, 236. — Villars l'agrée pour chef des troupes, 237-238. — Doit surveiller du Bourg et Maravat, *ib.* — Etablit garnison en divers lieux, *ib.* — Son avis touchant les concessions à faire à du Bourg, 253. — Etablit son camp à Sainte-Foy de Peyrolières, 280. — Va voir Matignon vers Grenade, 281.

Fontenilhes (chât. de Muret), 68. — Lieu accusé de refus des Tailles, 210. — Côtisé par du Bourg, 266.

Fontraille (de) trouble la paix en Comminges, 3. — Quitte la sénéchaussée d'Armagnac, 125. — Est cité dans une missive de du Bourg, 138. — Porte secours à du Bourg, 219. — Se trouve à l'Isle-Jourdain, 262.

Forlup (J.) notaire de Bérat, 215.

Fossat (Ariège), 224.

Fossé (J.) notaire à Toulouse, 127.

Fourquevaux (le b^{on} de) décrit au roi les progrès des Religionnaires, 91.

Fousseret (auj. H^{te} G^{ne}). De Sus tente de prendre ce lieu, 149-176.

Francon (chât. d'Aurignac). Lieu confédéré, 205.

Fréchet (M. du) est à Samatan lors de la prise de cette ville, 161.

Fronsac. Lieu indemnisé, 14. — Cité, 16.

(Consuls de) nomment un chef des troupes, 69. — Leur vote lors de la délivrance de Puymaurin, 133. — Leur avis au sujet des offres à faire à du Bourg, 230.

(Châtellenie de) fournit quelque paiement aux Huguenots de Foix, 247. — On y méconnaît l'autorité des États, 275.

Frontignan (chât. de Fronsac). Lieu confédéré, 205.

Frouzins (châtell. de Muret) reçoit des gens de guerre, 16. — Est côtisé par du Bourg, 266. — Se plaint des gens d'armes, 284.

Gabent (abbé) cité, 139.
Gajan (M. de) en garnison à Saint-Bertrand, 356.
Gajan, voy. Galhan.
Galabert (G.) greffier des États, doit les convoquer en 1568, 22. — Est remplacé par R. Bertin, 116.
Galabert (P.) consul de Muret, 183.
Galhan (auj. Gajan, c^{on} de Saint-Lizier, rive droite du Salat), 77 et 318.
Galin (D.) consul de Salies : plaintes contre lui, 176.
Garimont, 263.
Garonne, fleuve surveillé en 1570, 72-76.
Garravet (chât. de Samatan). Passage de troupes en ce lieu, 16. — Pris en 1580, 111. — Reçoit une missive de De Sus, 159. — Pillé par du Bourg, etc., 161.
Gascogne, province ravagée en 1595, 275.
Gastaud (A.) consul de l'Isle-en-Dodon, 183.
Gaujac (châtell. de l'Isle-en-Dodon). Lieu côtisé, 266.
Gaujaigues (Aides du Comminges), compris dans la Trêve de 1593, 234. — Fournit les Tailles à du Bourg, 247. — Pressuré par Tarrenque, 263.
Gaure (comté de), 67.
Gensac-de-Comminges (chât. de Samatan). Lieu accusé de refus des Tailles, 210. — Annexes de cette paroisse, 263.
Gensac (F. de Martres, s^r de) député vers Bellegarde, 10. — Commissaire en Comminges, 24. — Assiste aux États de Muret, 128. — A ceux d'Aurignac, 132. — Dénonce le cap^{ne} d'Espagne, 203.
Generest, près Saint-Bertrand, 369.
Ger, 354.
Gibel (auj. c^{on} de Nailloux, H^{te}-G^{ne}).

Les Huguenots de ce lieu concluent une Trêve avec le Couserans, 170.
Gimont (auj. dans le Départem^t du Gers). Lieu menacé par les Huguenots, 257.
Gohas commande en Béarn, 75.
Gondrin commande en Béarn, 75.
Goujon (Abbaye de) et les Huguenots de l'Isle-Jourdain, 139.
Gousens (chât. de Saint-Julien), 14.
Gramont (Mathieu de) commissaire des vivres en Armagnac et Comminges, 2. — Établit sa garnison à Samatan, 10. — Monluc fixe la solde de cette compagnie, 11. — Les États désirent l'éloignement de ses troupes, 36. — Il est cité par Monluc, 42.
Gramont (Louis d'Epernon, duc de) écrit aux consuls de Muret, 309. — It., 343.
Grenade-sur-Garonne. Le m^{al} de Matignon y vient en 1595, 280. — Le m^{is} de Villars en est gouverneur, 282 et 290. — Les consuls de ce lieu reçoivent Mayenne et Villars, 301.
Guérin (Héritiers de) chassés de Muret, 277.
Guéry en garnison à Muret, 279.
Guilleron (P.) commandeur de Samatan, 330.
Guises (assassinat des), 153.
Guyenne (États de), 245-246.
Hautpoul (P. d') vient solliciter l'adhésion des États à la Ligue, 153.
Hébrard (A.), cons. de Muret, assiste aux États de 1594, 245. — Travaille à la libération de Lavergne, 264. — Est chassé de Muret, 277.
Henri III écrit aux consuls de Muret, 105. — It., à Cornusson, 107. — Cornusson lui écrit au sujet des Huguenots de l'Isle-Jourdain, 126. — Est méconnu par ses sujets, 153. — Accusé d'hérésie, 155. — Reçoit

des lettres favorables à U. de Saint Gelais, 360. — Missive annonçant sa mort, 157.
HENRI III DE NAVARRE. Le Comminges lui envoie deux députés après la prise de Saint-Lizier, 106. — Fragment de missive à lui adressée par Damville, 107. — Henri III lui envoie le sieur de Rambouillet, *ib.* — Il reçoit une missive du duc d'Alençon en faveur du Comminges, 109. — Ecrit à M. de Pailhès, 323. — Son apologie par Damville, 125. — Cité dans une missive de du Bourg, 138. — On redoute ses hommes d'armes, 140. — *It.*, 143. — Les consuls de Lombez craignent qu'il ne surprenne leur ville, 152. — *Cfr*, 171. — Matignon aide à la reconnaissance d'Henri de Navarre en Comminges, 172-184. — Ralliement à Salies, 175. — Progrès du ralliement à Henri IV, 256. — Inquiétudes de Villars, 259. — Henri est reconnu roi de France par le Comminges, 267 et suiv. — Incidents, *ibid.* — Réponse du roi aux délégués du Parlement de Toulouse, 268. — Le c^{al} de Joyeuse lui est utile à Rome, 268. — Il reçoit l'adhésion de P. de Lancrau, 270. — Du Bourg lui annonce l'adhésion des Commingeois, 271. — Il confirme les privilèges du Comminges, 273. — Est reconnu par les villes de Saint-Lizier et de Saint-Girons, 274. — Est reconnu à Muret, 276-279. — Récompense Cazalas, 281. — Ecrit à Villars pour la garnison de Muret, 282. — Nomme Villars gouverneur de Muret, 290. — Reçoit des lettres d'U. de Saint-Gelais, 377 et suiv. — Nomme un gouverneur à St-Bertrand, 377.
HIOUPHI, cons. de Muret, 294.
HUBERT (J.) receveur des finances. Villars lui écrit, 182.

HUNAULD (J. de) en garnison à Saint-Julien, 93.
Isle-en-Dodon (les consuls de l') écrivent à Monluc, 4. — Reçoivent une indemnité, 14. — Nomment un chef des troupes, 69. — Signalent à divers personnages la prise de Puymaurin, 131. — Refusent de se charger de certains prisonniers, 133. — Votent au sujet de la Trêve avec Matignon, 174. — Reçoivent le m^{is} de Villars, 181. — Se plaignent de lui, 183. — Que pensent-ils des offres à faire à du Bourg? 229. — Ils devront recevoir provisoirement les troupes de Fontenilhes et de Salerm, 237. — Accusés de ne point secourir Puymaurin menacé par Pangeas, 288.
(Châtellenie de) doit contribuer à la construction d'un fort près l'Isle-Jourdain, 216-218. — Elle paie la Taille à du Bourg, 247.
(Ville de). Le m^{is} de Villars y vient en 1590, 181. — On y retient des ôtages de la Ligue campanère, 261.
(Jacobins de) pillés en 1572, 90. — Reçoivent une garnison, 133.
Isle-Jourdain. Monluc ordonne de protéger ce territoire, 2. — Les Huguenots de l'Isle espèrent posséder Muret, 85. — On veut prendre à l'Isle des munitions pour secourir Saint-Girons, 96. — Excès des Huguenots de l'Isle, 1580, 124 et suiv. — Ils chassent les Cordeliers et les Chanoines, 125. — Où vont ces ecclésiastiques? 126. — Harangue du sénéchal de Toulouse au sujet des Huguenots de l'Isle, 125. — Précautions pour sauvegarder le pays voisin, 128. — Missive du sénéchal, 129. — Fontenilhes protège le pays autour de l'Isle, 130. — Les Huguenots de cette ville prennent Puymaurin, 131. — Transaction entre eux et les

États, 132-137. — Arrêts du Parlement à leur sujet, 327. — Leurs excès à Sahuguède et Saint-Thomas, 138 et suiv. — Essai de Ligue contre eux, 143. — Leurs déprédations à Garravet, 161. — Matignon vient à l'Isle, 181. — Villars promet d'y envoyer des troupes espagnoles, 191. — Projet d'établissement d'un *fort* près l'Isle, 214. — Trêve avec le Comminges, 219-235. — Les Huguenots de l'Isle surveillés par Fontenilhes et Salerm, 235-239. — Ils concluent la Trêve de 1594, 243 et suiv. — Plaintes de Lancrau à leur sujet 270. — Ils menacent Muret, 296-297. — Destruction des fortifications de l'Isle-Jourdain, 300 et suiv.
(Chanoines de), chassés de leur collégiale et réfugiés à Toulouse, 124-127. — On leur accorde l'église Saint-Rome, 127. — Ils sont notés dans la *pancarte* de Joyeuse, 1590, *ib*. — Ils installent leur doyen, *ib*.
(Cordeliers de), chassés de leur couvent et réfugiés à Toulouse, 1580, 124-127.
(Religieuses du Tiers-Ordre de), 305.
Izaut (le s^{gr} d') assiste aux États de 1576, 98.
Jarric (du) notaire à Toulouse, 127.
Joyeuse (le card^{al} de) archevêque de Toulouse, a fait dresser une *pancarte* du diocèse, 1590, 127. — Envoie des visiteurs des paroisses, *ib*. — Est utile à Henri IV, 268. — Le Parlement de Toulouse lui écrit, *ib*. — Nomme des visiteurs vers l'Isle-Jourdain, 304.
Joyeuse, gouverneur de Languedoc, 268, 280.
Jugonous en garnison à Muret, 279.
Julien (P.) recteur de Dreuilh, 127.
Labarthe-de-Rivière (chât. de Sauveterre en Nébouzan), 369.

Labarthe-de-Neste (vallée de la Neste), 369.
Labarthe-Inard (chât. d'Aspet), 16.
Labastide (le cap^{ne}) à Seysses, 16. — Écrit aux consuls de Saint-Thomas, *ib*.
Labastide-de-Paulmès (chât. de l'Isle-en-Dodon), 124.
Labastide-des-Feuillants (châtell. de Muret), gardée par ordre du Parlement, 151. — Cotisée par du Bourg, 266.
Labastide-du-Salat (près Salies). Le fort de ce lieu doit être démoli, 80.
Labastide-en-Lauragais, 94.
Labat (le cap^{ne}), 69.
Labatut (J. d'Arcizas, s^{r} de) envoyé vers le sindic de la noblesse de Comminges, 134. — Est donné en ôtage à de Sus pour la reddition de Samatan, 161.
Laborjasse (le cap^{ne}), 16.
Labroquère (châtell. de Sauveterre en Nébouzan), 369.
Lacassaigne (Héritiers de) chassés de Muret, 277.
Lacasse (châtell. de Muret) se plaint des gens de guerre, 79.
Lacave (châtell. de Salies). Lieu pris en 1572, 79-321.
Lacôme (le D^r) auteur cité, 166.
Lafaille (G. de) auteur cité, 94, 290.
Lafage ou *La Hage* (châtell. de Samatan) paie la Taille à du Bourg, 266.
Lafont (J.) visite le Couserans, 197-201.
Lafitère ou *Lahitère* (châtell. de Saint-Julien), 13, 16. — État de ce lieu, 1591, 197-201.
Lafitte-Volvestre (châtell. de Saint-Julien). Lieu pillé par de Sus, 168, 176. — État de ce lieu, 197-201.
Lagardelle (près Muret). Les consuls de ce lieu sont prévenus du siège de Varilles, 299.
Lagrèze (B. de) auteur cité, 83.

LALAUZE (P. de) receveur des Tailles, 138. — Assiste aux États de 1594, 245. — Créancier du Comminges, 256.

LA HILLIÈRE (le chevalier de) écrit aux consuls de Muret, 314.

LAHONDÈS (J. de) auteur cité, 290.

LALIGNE (B.) chassé de Muret, 277.

Lalouret (châtell. d'Aurignac). Lieu confédéré, 205. — Accusé de refus des Tailles, 210. — Envoie un député à Lilhac, 211.

LAMEZAN (Baptiste de) s^{gr} de Lamezan, doit fournir à Monluc la *description des Catholiques en Comminges*, 20. — F. de Commenge lui écrit, 34. — Réunion des États en son château, 38. — Il est député vers Monluc, 38. — On délibère de le placer à la tête de la confédération des Catholiques, 64. — Son rôle à l'Isle-en-Dodon, 69. — Fontenilhes lui écrit, 70. — Sa compagnie pille les environs de Samatan, 89. — Il assiste aux États de 1574, 91. — *It.*, 1576, 95. — Est député vers les Capitouls, *ib.* — Assiste aux États de l'Isle-en-Dodon, 98. — Est loué pour son zèle en faveur de Saint-Lizier, 102. — Envoyé dans la châtellenie de l'Isle-en-Dodon, 324. — Assiste aux États de Muret, 1580, 128. — Se rallie au roi de Navarre et négocie la reddition de Samatan, 161 et suiv. — Il y nomme un gouverneur, *ib.* — Il est prié d'empêcher Matignon d'entrer en Comminges, 173. — Réponses de Lamezan, *ib.* — Il se déclare contre le Parlement de Toulouse, 174. — Indication de sa mort, 162.

LAMEZAN (Françoise de Bazilhac, dame de) traite de la reddition de Samatan aux Catholiques, 163. — Présente requête aux États à ce sujet, 164.

LAMEZAN (Bernard de) s^{gr} de Juncet, assiste aux États de l'Isle-en-Dodon, 98 et d'Aurignac, 132. — Il reçoit une missive des consuls de l'Isle-en-Dodon après la prise de Puymaurin, 131. — Est délégué vers les Capitouls, 134. — Se constitue ôtage des Huguenots de Puymaurin, 136. — Visite ce lieu après la destruction des murailles, 137. — Est chargé d'enrôler la noblesse dans la confédération commingeoise, 144. — Reçoit officiellement la ville de Samatan, 164. — Souhaite que B^{te} de Lamezan invite Matignon à épargner le Comminges, 173.

LAMOTHE (le cap^{ne}) secourt Lacave, 79-81.

LAMOTHE-MONTAUBAN (M. de) reçoit ordre de démolir le château de Cierp, 193. — Demande un salaire aux États, 193-195.

LANCRAU (P. de) évêque de Lombez, reçoit lettre et commission de Monluc, 19-21. — Convoque les États, 22. — Fait nommer des commissaires pour la description des Catholiques en Comminges, 23. — Assiste aux États de 1574, 91. — S'occupe des ôtages livrés après la reddition de Samatan, 162. — Adhère à Henri IV, 270. — Se plaint des Huguenots de l'Isle-Jourdain, *ib.*

LANOS (L. et M.) en garnison à Muret, 277.

Laon (camp de). Henri IV y confirme les *Libertés* du Comminges, 273.

LAPOGNE en garnison à Muret, 279.

LAPUJADE maltraite les délégués de Muret, 301.

LAQUASO en garnison à Muret, 277.

LARBOUST (le v^{te} de) vient négocier la délivrance de Puymaurin, 134.

LARBOUST (Scavaric d'Aure, b^{on} de) chef de garnison à Samatan, 10. — Surveille l'Adour et l'Arros, 74.

— Va secourir Saint-Sever, 83.
LARBOUST (Adrien et Corbeyran d'Aure, s^{rs} de) prennent Saint-Bertrand, 366.
Larcan (chât. d'Aurignac). Lieu confédéré, 205. — Accusé de refus des Tailles, 210.
LARCHER, auteur cité, 352 et suiv.
LAROQUE, en garnison à Muret, 279.
Laroque-de-Nébouzan, 369.
LASPLANES (de) en garnison à Muret, 279.
LASLADES (L.) prisonnier de Maravat, 264.
Laspeyres, 241.
LASALLE (B.) consul de Saint-Lizier, 245.
LASSEGAN (de) est prié de secourir Saint-Girons, 95. — Assiste aux États de l'Isle-en-Dodon, 98.
LASSERRE (J.) blessé à Muret, 278.
Lasserre près l'Isle-Jourdain, 2 et 305.
LASSUS (b^{on} de) cité Introd.
LASTRADE (J.) auteur cité, 126.
LASUDRIE (F.) en garnison à Muret, 277.
Latou (chât. d'Aurignac). Lieu confédéré, 205. — Envoie un député à Lilhac, 211.
Laurac-le-Grand, 293.
LAURENS, consul de Muret, 294.
Lautignac (chât. de Samatan), 16. — Pillé en 1591, 202.
LAUZIT, secrétaire de Monluc, 6.
LA VALETTE (Jean de Nogaret, b^{on} de) reçoit une lettre des États, 35. — On entretient sa compagnie, 39. — Il est cité par Monluc, 42.
LAVATZ (B.) pillé en 1573, 89.
LAVERGNE (J.) trésorier de Comminges, est emprisonné, 264. — Est délivré, ib. — Chassé de Muret, 277. — Écrit aux consuls de Muret, 300.
Lavernose (chât. de Muret), se plaint des gens d'armes, 79. — Les troupes de Matignon campent près de ce lieu, 274. — Les habitants de Saint-Girons y vont prêter serment de fidélité à Henri IV, ib.
Lavit-de-Lomagne (Enrôlement d'ecclésiastiques à), 67. — Conférence en ce lieu entre Catholiques et Huguenots, 246-249.
LA YLHÈRE (F. de Polastron, s^{gr} de) commissaire en Comminges, 24. — Il veille à la garde de Muret, 42. — Le Comminges entretient ses soldats, 74. — Il assiste aux États, 91-95-98-128-132-173-183-245. — Est député vers les Capitouls, ib. — Atteste la trahison de M. de Seignan, 103. — Député aux États de Blois, 104. — Envoyé vers Henri de Navarre, 106. — Les États ne veulent pas de ses soldats, 116. — Assiste à une réunion chez l'abbé d'Eaunes, ib. — Reçoit une missive de Duranti, ib. — It., du sénéchal de Toulouse, 117. — Son rôle à Puymaurin, 134. — Apporte aux Huguenots de Puymaurin la rançon promise, 137. — Doit enrôler la noblesse commingeoise dans la confédération, 144-156. — Son rôle à Samatan, 334. — Traite de la reddition de cette ville, 162. — Reçoit officiellement cette place, 164. — Désire que Lamezan empêche Matignon d'entrer en Comminges, 173-174. — Reçoit une missive de M. de Savignac au sujet de Matignon, 178. — Sa réponse, 179. — Délégué vers Matignon, 183. — Dénonce le cap^{ne} d'Espaigne, 202. — Député aux États de Guyenne, 203-246. — Calomnié quand il négocie une Trêve avec du Bourg, 221. — Ce qu'il pense des concessions à lui faire, 229 et 253. — Obtient reddition de bétail volé, 263. — Prie du Bourg de patienter au sujet des Tailles, ib.

29

— Délégué vers le Parlement, 273.
La Ylhère (chât. de Samatan). Lieu dévasté par la grêle, 148.
Laymont (chât. de Samatan). Lieu pillé en 1594, 263.
LEBLANC (le cap^ne) protège Saint-Lizier et Villefranche, 98.
LECLERC (L.) procureur de l'Abbé d'Eaunes, 87.
LECOMTE, envoyé à Muret par le Parlement, 279.
Lectoure (le Chapitre de) sauvegarde les reliques de saint Bertrand, 357.
LÉCUSAN (A.) député de Montaigut-de-Bourjac, 211.
LE MAZUYER (G.) écrit diverses lettres aux consuls de Muret, 291-296-297-308-310, etc.
LÉRAN (b^on de) assiège Varilles, 299.
LESCAZES (J. de) auteur cité, 290-293-307.
Lescure (près Saint-Lizier). Lieu indemnisé en 1568, 15. — Pillé en 1572, 77-315-317-318. — Les consuls du lieu reçoivent un ordre du sénéchal de Toulouse, 47-48. — D'Ossun essaie de le délivrer, 77-78. — Ruiné en 1576, 97. — Adhère à la Ligue, 154. — Est compris dans la Trêve de 1593, 234.
Lespérès (chât. de Muret, auj. hameau en la paroisse de Rieumes), 68.
Lespugue (chât. de Saint-Plancard en Nébouzan). Lieu confédéré 205-369.
LESTANG (de) délégué vers Henri IV, 268.
Lévignac (auj. c^on de Léguevin, H^te-G^ne) se plaint des Huguenots, 328.
Lherm (en Rivière-Verdun, auj. c^on de Muret, H^te-G^ne). Les Huguenots y tiennent des assemblées, 294.
LHERM (du) en garnison à Muret, 279.
LIEUS (de) menace les consuls d'Aurignac, 169.
LIGUES CAMPANÈRES : leur formation, 204. — Elles sont approuvées, 205.
— Leur règlement, 206. — Opinion de M. de Villars sur leur compte, 208. — Entrent aux États, 209. — Délibèrent de payer la Taille, 210. — Ecrivent aux États, 260.
Lilhac (chât. de l'Isle-en-Dodon) reçoit la compagnie de Bardachin, 16. — Est confédéré, 205. — Accusé de refus des Tailles, 210. — Lieu de réunion de la Ligue campanère, 211. — Rançonné par Pangeas, 287.
Limousin (Ligues en), 20.
LINGUA (J. de) évêque de Saint-Lizier, 123. — Parle en faveur de Henri IV, 269. — Et lui accorde une contribution pécuniaire, 275.
LINIÈRES (de) s'empare de l'Escale-Dieu, 353.
LOBERON, député de Rivière-Basse.
Lodes (châtell. de Saint-Plancard en Nébouzan), 369.
Lombez (consuls de) reçoivent une missive de ceux de l'Isle-en-Dodon lors de la prise de Puymaurin, 131. — Ils demandent une garnison, 152. — Reçoivent deux compagnies après la prise de Samatan, 159. — Leur vote touchant la Trêve, 174. — Que pensent-ils des offres à faire à du Bourg ? 230.
 (Ville de) reçoit des troupes en 1567, 16. — A-t-elle été prise en 1569 ? 56. — Ses ecclésiastiques doivent être enrôlés, 67. — On y met garnison, 128. — M. de Fontenilhes y vient, 330. — It. M. de Salerm, 148. — Ville menacée en 1590, 171. — Villars y fait mener une pièce d'artillerie, 181. — La ville doit contribuer à l'érection d'un *fort* près l'Isle-Jourdain, 216-218. — Projet d'établissement de gens de guerre, 255. — Cotisée par du Bourg, 266. — Villars y vient, 278. — Le clergé de Lombez accorde une contribution à Henri IV, 275.

LORENS (G. de) chanoine de l'Isle-Jourdain, 227.
Lorp (près Saint-Lizier). Lieu brûlé, 77-318.
Louge, rivière, 85-276.
LUCANDER (J.) traître pris à Saint-Julien, 120.
LUSCAN (Gémit s^r de) tue M. de Seignan, 101-104. — Chef de la Garnison de Saint-Gaudens, 187. — Aide à la délivrance du château de Cierp, 193. — Est gouverneur de Saint-Bertrand, 377.
Lussan (chât. d'Aurignac) reçoit une compagnie, 76. — Est confédéré en 1594, 205.
MADAILHAN commande en Béarn, 75.
Magistère (La), 241.
Magnoac (vallée de), 63. — Adhère à la Ligue campanère, 208. — Envoie des députés aux États de Comminges, 209.
MAGRE (abbé) auteur cité, 131.
MAGRE (le cap^{ne}) prend le château d'Aurignac, 112.
MAYNIAL (du) s^{gr} de Frouzins, 285.
MALAUBÈRE (Michel) prêtre et capitaine, est délégué vers les Capitouls, 67. — Vient à Lectoure avec Monluc, ib. — Doit enrôler les ecclésiastiques de Gascogne, ib. — Voyez diverses pièces à son sujet, 350.
MALENFANT, 127.
MALHOLS (A.) entre au séminaire du c^{al} de Joyeuse, 127.
MALIAC (J.) de Lombez, 158.
MALVOISIN (le cap^{ne}), 16.
MARABAT ou MARAVAT, gouverneur de Mauvezin. — Les États négocient une Trève avec lui, 220 et suiv. — Fontenilhes et Salerm le surveillent, 237. — On signe une Trève avec lui, 245-247. — Ses exactions en Comminges, 262-266 et 276.
MARC (le cap^{ne}) passe à Garravet, 160, et à Frouzins, 285.

Marciac (en Rivière-Verdun), 62, 72.
MARCLAN (H. de Gabriolle, s^t de) consul de Muret, 183.
MARION, secrétaire de Damville, 125.
Marmande, 242.
MARRAST (A.) auteur cité, 352.
Marseilhan, 84.
MARTIN (J.) prisonnier de du Bourg, 264.
Martisserre (chât. de l'Isle-en-Dodon). Lieu confédéré, 205.
Martres-Tholosanes (châtell. d'Aurignac), 14, 16. — Passage de troupes en ce lieu, 280.
MASCARON (le cap^{ne}) en garnison à Muret, 8.
Mas d'Agenais. Le duc de Mayenne y vient en 1621, 295.
Mas d'Azil (les Huguenots du) pillent Massat et Olus, 45. — It. Monbrun et Mérigon, 52-53. — Menacent Contrazy, 55. — Prennent Lescure et Mérigon, 77. — Leur présence signalée par Fourquevaux, 91. — Menacent le Plan et Saint-Christaud, 116. — On se ligue contre eux, 143. — Ils font des incursions à Barjac, 168. — Siège et réduction du lieu, 290. — Il est occupé par les Huguenots en 1623, 307.
MASNAU (de) et les fortifications de l'Isle-Jourdain, 302.
MASOT (P.) en garnison à Muret, 277.
Massat (vallée de) dévastée, 149, 200.
Massat (en Couserans) dévasté, 45.
MASSÈS (du) vient secourir du Bourg, 249.
MATIGNON (le m^{al} de). Les habitants d'Aurignac lui demandent la permission d'abattre leur château, 113. — Il écrit aux consuls de Muret, 120. — Est consulté après la prise de Puymaurin, 135. — On lui demande l'autorisation de démanteler ce lieu, 137. — Il ne peut s'occuper de la défense du Comminges, 144. — Il

permet la destruction des fortifications, 149. — Veut faire adhérer le Comminges à Henri de Navarre, 171. — Les États le prient de ne pas venir, 173. — Ses manœuvres vers Samatan, 178. — Il se retire vers l'Isle-Jourdain, 181. — Veut prendre Muret, *ib*. — Refuse la Trêve, 182. — Excès de ses compagnies à Plaisance-du-Touch, 184. — Il conclut avec Villars la Trêve de Guyenne, 219. — On sollicite de lui une Trêve pour le Comminges, 225. — Sa réponse, 227. — On doit lui soumettre les *articles* de la Trêve de 1593, 235. — Un de ses billets de sauvegarde est méprisé par du Bourg, 244. — Il approuve la Trêve de 1594, 256. — Il fait lever la Taille en Comminges, 262. — Fait rendre le bétail volé, 263. — Ses troupes campent à Lavernose, 274. — Il va vers Garravet, 280. — Vers Grenade *ib*. — N'a pas été gouverneur de Muret, 290. — Donne un gouverneur à Saint-Bertrand, 376.

MAUCABANA (le cap^{ne}), 70.

MAUHÉ (A.) sindic des villages, 8.

MAUJAY (H.) receveur pour de Sus, 159.

MAULÉON (Mme de) prête deux mousquets pour reprendre La Cave, 80. — Elle écrit aux États, 81.

MAULÉON (D. de) s^{gr} de Labastide-du-Salat, 23, 98.

Mauléon (Aides de Comminges), 234 et 263.

MAURENX (de), 128.

Mausac (chât. de Muret), 169.

Mauvaisin (les Huguenots de) commettent des excès en Comminges, 1. — On se ligue contre eux, 143. — Ils vont à Barjac, 168. — Leur gouverneur Maravat, 219 et suiv. — Trêves de 1593 et 1594, 219 et 245. — Lancrau se plaint d'eux à Henri IV, 270. — Ils menacent Muret, 296.

Mauvesin (chât. de l'Isle-en-Dodon), reçoit des troupes, 16.

MAYENNE (Charles de Lorraine, duc de) annonce aux États la mort de Henri III, 157. — Il adresse une missive aux consuls de Muret, 295. — Prend possession de l'Isle-Jourdain, 300. — Sa missive aux consuls de Muret, 303.

MAYLIN (B. et J.) consuls d'Aspet, 103, 183.

Mazères en Foix, point de départ des Huguenots allant en Béarn, 74. — Ville signalée au roi par Fourquevaux, 91. — Des Huguenots de ce lieu aident à la prise de Saint-Lizier, 105. — On y prépare une Trêve en 1592, 212.

MÉDICIS (Cath. de) envoie aux Catholiques une formule de serment, 27. — Obtient des consuls de Muret qu'ils laissent passer Henri de Navarre, 276. — Plaide en faveur d'U. de Saint-Gelais, 360.

Mercenac (près Saint-Lizier). Prise de quelques habitants de ce lieu, 77 et 318.

MÉRENX (J. de) juge au comté de Gaure, 67.

Mérigon (pillage de) en 1569, 53, et en 1572, 77. — Rôle de d'Ossun en ce lieu, 78, 317.

MILHASSON prend le château de Cierp, 192. — Est mis à mort, *ib*.

MINUT (le s^r) prélève un revenu sur le comté le l'Isle-Jourdain, 125.

Mirande, 62, 63.

Miremont pris par les Huguenots, 85, 87, 88. — Arrêt du Parlement au sujet de ce lieu, 326.

Moissac (États de Guyenne à), 245-246.

MOLINS (le cap^{ne}) à Saint-Lizier et à Villefranche, 98.

Monbrun (pillage de) en 1569, 52. — *It*., 53. — Pris en 1572, 78 et 319. — Compris dans la Trêve de 1593, 234.

Mondavezan (châtell. d'Aurignac), 16, 344.
Mondilhan (chât. de l'Isle-en-Dodon). Lieu rançonné, 287.
Monès, 263.
MONGONMÉRY allant en Béarn passe en Comminges et Nébouzan, 1569, 49-51-52-56-57-63-65-341. — Assiège Orthez, 71. — Pille le couvent des Jacobins de Saint-Gaudens, 188.
Mongras (châtell. de Samatan). Lieu côtisé, 1594, 266.
MONLEZUN (abbé) auteur cité, 83.
MONLUC (B. de) nomme M. de Gramont commissaire des vivres en Comminges, 2. — Reçoit une requête lors des troubles de 1567, 3. — Écrit à Charles IX et aux Capitouls, 3, 4. — Ordonne de fixer les dommages causés à Saint-Girons et à Saint-Lizier par les soldats de Tilladet de St-Orens, 6. — Envoie des troupes à Auch et à Gimont, 10. — Écrit aux consuls de Samatan, 11. — Établit des gens de guerre en Comminges, 15. — Donne un ordre à Bardachin, 16. — Envoie une commission aux consuls d'Aurignac, 17. — Écrit à Lancrau, 19. — Il lui ordonne de faire la *description* des Catholiques du Comminges, 21. — Écrit à Borderia et Pontic pour assurer la levée des Tailles, 25-27. — Reçoit une missive de Charles IX, 28. — Écrit à Borderia touchant un emprunt, 32. — *It.*, à divers capitaines commingeois, 33. — Enjoint au Comminges de fournir des vivres à la compagnie de Roquefort, 38. — Est cité dans une lettre de Bellegarde, 40. — Écrit au sénéchal de Toulouse, 41. — Accorde sauvegarde aux Commingeois, 42. — Écrit à Damville, 44. — Se préoccupe des projets de Mongonméry, 49. — Écrit aux États, 49. — Adresse un appel à la noblesse et aux hommes de guerre, 50-51. — Se rend à Muret avec Damville, 53. — Est cité dans une missive du maréchal, 58. — *It.*, dans une lettre de Fontenilhes, 62. — Doit savoir par Fontenilhes la misère du Comminges, etc., 63. — Écrit à Fontenilhes pour l'expédition du Béarn, 65. — Son passage à Lectoure, 67. — Donne commission à Malaubère d'enrôler les ecclésiastiques de Gascogne, 67. — Son expédition en Béarn, 68 et suiv. — Est cité par Fontenilhes, 70. — Écrit aux consuls du Comminges, 70-71.
MONLUC (J. de) évêque de Valence, écrit aux États de Comminges, 31. — Leur réponse, 32. — Les États lui envoient le catalogue des sommes levées en Comminges, 76.
MONRÉJEAU (A. d'Arcizas, s^r de Mazerètes, dit le cap^{ne}) à Samatan, 161.
MONS (le cap^{ne}) à Samatan, 10.
Mont, 84.
Montaigut-de-Bourjac envoie un député à Lilhac, 211.
Montagut-de-Benque, confédéré, 205. — Accusé de refus des Tailles, 210.
MONTAGUT (Odet de Goyrans, s^{gr} de). Frais d'entretien de sa compagnie, 74. — Il assiste aux États, 132-245. — Commande les troupes à Puymaurin, 133. — Remet aux Huguenots une somme promise, 137. — A la garde de Puymaurin, *ib.* — Adhère à la Ligue, 155. — Doit procurer l'adhésion de la noblesse à la Ligue, 156. — Est député aux États de Guyenne, *ib.* — Sa compagnie à Garravet, 160. — Doit négocier une Trêve avec du Bourg, 1593, 220. — *It.*, 1594, 245. — Ce qu'il pense des concessions à faire à du Bourg, 253. — Il propose de déléguer Combis vers du Bourg, 256. — Fait prier

du Bourg de patienter pour le paiement des Tailles, 263.
MONTAMAT (b^{on} de), 65.
Montardit (les consuls de) signent une attestation, 78, 319.
Montauban assiégé, 297.
Montaut (Catholiques et Huguenots à), 171.
Montberaud (chât. de Saint-Julien). Ce lieu reçoit des troupes, 16. — Est accusé de refus des Tailles, 210.
MONTBERAULT (Bernard de Tersac, s^{gr} de) surveille les ponts de la Garonne, 59-60. — Une partie de sa compagnie est envoyée vers Puymaurih, 132. — Les Huguenots doivent lui ouvrir les portes de Puymaurin, 136. — Il est député à la Cour, 137. — Il adhère à la Ligue, 155. — Est chargé de procurer l'adhésion des hommes d'armes à la Ligue, 156. — Se trouve au siège de Saint-Plancard et de Montaut, 172. — Doit calmer les discordes à Salies, 177. — Assiste aux États, 183. — Tient garnison à Saint-Lizier, 196. — Doit faire agréer la Trêve de 1592, 213.
Montbernard (chât. de l'Isle-en-Dodon). Lieu confédéré, 205. — Accusé de refus des Tailles, 210. — Envoie un député à Lilhac, 211. — Ravagé par Pangeas, 287.
Montblanc (chât. de Samatan). Lieu dévasté par la grêle, 148.
Mont d'Astarac, 369.
Montégut, 84.
MONTESPAN (M. de) à Saint-Bertrand, 356.
Montespan (Aide du Comminges). Exactions de Tarenque en ce lieu, 263. — Il est compris dans la Trêve de 1593, 234. — Opinion de ses consuls au sujet des concessions à faire à du Bourg, 253.
MONTESQUIEU (de) envoyé vers le Parlement, 273.

Montesquieu-de-Lavantès (près Saint-Lizier). Lieu protégé par d'Ossun, 78. — Ruiné en 1576, 97. — Accusé de refus des Tailles, 210. — État de ce village en 1597 et 1599, 283-284. — Cité, 318.
MONTFAUCON (B. Ysalguier, s^r de) gouverneur de Muret, 92. — Assiste aux États, 98-128. — Chasse des Huguenots entrés à Muret, 110. — Cité par Matignon, 120.
Montfort (Huguenots de), 1.
MONTGACH (J. de) religieux de la Daurade, 339.
Montgaillard (chât. d'Aurignac), Lieu confédéré, 205. — Accusé de refus des Tailles, 210. — Envoie un député à Lilhac, 211. — Cité, 369.
Montjoy (auj. canton de Saint-Lizier, Ariège), 197.
MONTJUIF, chassé de Muret, 277.
Montmaurin (chât. de Saint-Plancard en Nébouzan), 369.
MONTMORENCY (duc de) et la Trêve de Languedoc, 1592, 212.
Montmoulous, 84.
Montolieu (châtell. d'Aurignac), Lieu confédéré, 205. — Envoie un député à Lilhac, 211.
Montoussin (chât. d'Aurignac), Lieu confédéré, 205.
MONTPEZAT (de) gouverneur de Muret, 290.
MONTPEZAT (le s^{gr} de) aux États, 98.
Montpezat (chât. de Samatan). Lieu occupé par les Huguenots, 149.
Montréjeau (Montréal-de-Rivière), 71.
Montsaunès (château de) en Languedoc, 326.
MONTSÉRIER (de), 354.
MOREL (M.) auteur cité, 352.
MORÈRE (le cap^{ne}), 67.
MORION (D.) chassé de Muret, 277.
MULATIER (G.), 370.
Muret (consuls de) écrivent à Monluc, 4. — Reçoivent un ordre du Parle-

ment, 8. — Sont indemnisés, 14. — Choisissent un chef des troupes, 68. — Ecrivent aux riverains de la Garonne, 74. — Reçoivent une lettre d'Henri III, 104. — *It.*, de Matignon, 120. — Votent au sujet des concessions à faire à du Bourg, 1593, 229. — Délèguent Borderia vers l'Isle-Jourdain, 220. — Leur opinion au sujet des concessions à faire à du Bourg, 1594, 253. — MM. de Roquelaure et de Clary écrivent aux consuls de Muret, 291. — *It.*, d'Esparbès de Lussan, le Mazuyer et M. de Pins, 291-292. — Les consuls apprennent la prise de Laurac-le-Grand, 293. — Ils vont trouver M. de Roquelaure, 294. — Reçoivent la permission de murer une des portes de la ville, 295. — Ils reçoivent diverses missives : des Capitouls, 295. — Des consuls d'Auterive, 296. — De le Mazuyer, 296-297. — De M. Ciron, 298. — Des consuls de Beaumont, 299. — De Lavergne, 300, — De Villars, 302. — Du duc de Mayenne, 303. — De L. de Gramont, 308-313. — De le Mazuyer, 308-310, etc. — Du chev. de la Hillière, 314.

(Cordeliers de) donnent l'hospitalité aux États, 1594, 267.

(Ville de) redoute les gens de guerre, 79. — Est menacée, 84-88. — Bien gardée en 1574, 91. — Ses tours et portes, 92-276-277-279-282-294-295. — Tentative des Huguenots sur cette place, 110-111. — Quelques habitants de Muret vont à Aurignac, 113. — Missive au sujet de la garde de la ville, 116. — Elle a des magasins d'approvisionnement, 148. — *It.*, une garnison, 1588, 150. — Elle est menacée par Matignon, 1590, 181. — Projet d'établissement de gens de guerre en cette place, 255. — La garnison y est en bon état, 258. — On y retient les ôtages de la Ligue campanère, 261. — Muret et Henri IV, 275 et suiv. — Muretains expulsés de leur ville, 277. — Soldats à Muret, 277. — Villars est attendu en cette place, 277. — Escarmouches, 278. — Arrêts du Parlement, *ib.* — Commissaires du Parlement, *ib.* — Armoiries de la ville, 279. — Les habitants du lieu ravagent Sainte-Foy de Peyrolières, 280. — Henri IV et la garnison de Muret, 282. — Montpezat gouverneur de cette place, 290. — Jalousies du Parlement, *ib.* — Réparation des murs, 291. — On y emploie les Tailles, *ib.* — Garde de Muret, 294 et suiv. — Porte murée, 295. — Délégués de Muret maltraités, 301.

(Châtell. de Muret), contribuera à l'établissement d'un *fort* près l'Isle-Jourdain, 216-218. — Elle fournira les Tailles à du Bourg, 229.

NADAU (P.) à Muret, 277.

NAVARRE (Roi de) voy. Henri IV. — Chaînes de Navarre, 279.

NAVES (deux Huguenots appelés) veulent prendre Saint-Julien, 121.

Nébouzan, 63-72-74. — Catholiques et Huguenots en Nébouzan, 171. — Le Nébouzan et la Ligue campanère, 206-208-209.

NÈGREPELISSE (le cap[ne]), 42.

Nizan (châtell. de Saint-Plancard en Nébouzan), 205-369.

NOALHAN (O. de Touges, s[gr] de) se voit refuser ses hommes d'armes par les États, 116. — Assiste aux États, 128-132-245. — Adhère à la Ligue, 155. — Doit procurer l'adhésion de la noblesse, 156. — Doit calmer les habitants de Salies, 177. — Ce qu'il pense des concessions à faire à du Bourg, 229. — Contrôleur des

garnisons, 232. — Se plaint de du Bourg, 244. — Son avis touchant la Trêve avec du Bourg, 253. — Contrôle la garnison de Samatan, 259.
Noalhan (chât. de Samatan). Passage de troupes, 16. — Lieu côtisé par du Bourg, 266.
Noé (Roger de) cité par Monluc, 66. — Commissaire des vivres, 72. — Présent aux États, 128.
Noé (B.-F. de) s^{gr} de Montesquieu-Guitaud, assiste aux États d'Aurignac, 132. — Se plaint des Huguenots, 133. — Adhère à la Ligue, 155. — Est député aux États de Guyenne, 156. — Son opinion sur les concessions à faire à du Bourg, 229-253. — Est envoyé à du Bourg, 245. — Présent aux États, ib.
Nogaro, 70.
Noguiès (le cap^{ne}), 98.
Noulet (M.) auteur cité, 371.
Olus (auj. c^{on} d'Oust, Ariège). Lieu dévasté en 1569, 45. — Son état en 1591, 197-201.
Orbessan (J. d') s^{gr} de La Bastide-de-Paulmès, assiste aux États, 128-132-245. — Ce qu'il pense des concessions à faire à du Bourg, 229. — It.; 253. — Est envoyé au cap^{ne} Pangeas, 287.
Orbessan (J. d') s^{gr} de Castelgailhard, assiste aux États, 132. — Est délégué vers Matignon, 135. — Est prisonnier des Huguenots, 136.
Orbessan (Ph. d') écrit aux États en faveur de Saint-Girons, 124.
Ossun (H. d'), év. de Saint-Lizier, prend part à la délivrance de Lescure, 48, 316. — Entretient une compagnie à La Bastide-de-Sérou, à Rieumont, etc., ib. — Fait emprisonner des habitants de Saint-Lizier, ib. — Taxe indûment Contrazy et Montesquieu-de-Lavantès, ib. — Taxe Taurignan, ib. — Protège Contrazy, 54-55.
— Contribue à l'entretien des compagnies, 77. — Protège Montesquieu-de-Lavantès, 78. — Essaie de délivrer Mérigon et Lescure, ib. — Est regretté de ses diocésains, 93. — Jugement sur ce prélat, Introd. — Date de sa mort, ib. — Son successeur, 123.
Ourout (d'), 354.
Pac (du) s^r de la Salle, cap^{ne} de Castillon, 24.
Pagès (J.) ch^{ne} de l'Isle-Jourdain, 127.
Pailhès (de) reçoit une lettre d'Henri de Navarre, 323.
Palosse, 184.
Pamiers, 4. — Les Huguenots de Pamiers contribuent à la prise de Saint-Lizier, 105. — Ils concluent une Trêve avec les Catholiques du Couserans, 170.
Pangeas (le cap^{ne}) en Comminges, 286 et suiv.
Paravent et les Tailles en Comminges, 128.
Pardiac (comté de), 63, 84, 248.
Parlement de Toulouse, reçoit une requête du Comminges, 1. — Maintient la garnison à Muret, 8. — Donne un ordre à Dandoufielle, 16. — Autorise les Commingeois à prendre les armes, 37. — Veille sur Muret, 85 - 116 - 159 - 278. — Est prié d'aider à délivrer Saint-Girons, 95. — Juge les traîtres de Taurignan, 111. — Accorde refuge à Toulouse aux Cordeliers de l'Isle-Jourdain, 126. — Reçoit une missive des consuls de l'Isle-en-Dodon, 131. — Il leur enjoint de recevoir certains prisonniers, 132. — Est consulté par M. de La Ylhére, 134. — Veille à la garde de La Bastide des Feuillants, 151. — It., d'Eaunes. — Demande aux États d'adhérer à la Ligue, 153. — Autorise la destruction des fortifications de Charlas, 189. — Approuvé

les Ligues campanères, 205. — On lui soumet les *articles* de la Trêve de 1593, 235. — Il les approuve, 241. — A quelles conditions il reconnaît Henri de Navarre, 267. — Il envoie deux délégués en Cour, 268. — Les États lui rendent compte de leur conduite vis-à-vis d'Henri IV, 273. — Il fait rétablir l'ordre à Muret, 279. — Il est jaloux de Montpezat, 290. — Ses efforts contre du Bourg, 300. — Il fait écrire aux syndics de Comminges, 315. — Ses arrêts lors de la prise de Saint-Bertrand, 358.
PARRON (le cap^{ne}) en Comminges, 16.
PASQUIER (F.) auteur cité, 307.
PATERETTE, 352.
Pébées (chât. de Samatan). Ce lieu paie les Tailles à du Bourg, 265.
PÉGUILHAN (Jean-Roger de Comminges, b^{on} de), 23. — En garnison à Saint-Bertrand, 356. — Reçoit une lettre de Fontenilhes, 71. — Assiste aux États, 91-98-173-245. — Est chargé de procurer l'adhésion des hommes d'armes à la Ligue, 156. — Est partisan d'une Trêve avec Matignon, 173. — Est délégué vers Villars, 219. — *It.*, vers du Bourg, 220. — Doit faire approuver par le Parlement la Trêve de 1593, 235 et 241. — Délégué vers du Bourg en 1594, 245. — Son avis touchant les concessions à faire à du Bourg, 253. — Délégué vers Henri IV par les États, 269. — Du Bourg fait l'éloge de son zèle pour Henri IV, 272. — Il rend compte de sa mission aux États, 273. — Son zèle pour Henri IV déplaît aux Muretains, 276. — Il dresse son camp à Sainte-Foy de Peyrolières, 280.
PÉGURIER (P. de) chassé de Muret, 277.
PÉLAGRÈDE (C. de), 25.
PELET, juge à Sainte-Gabelle, 293.
PELLEFIGUE (M. de) pillé, 89.

PELLEPORC, 149.
PELUDAT, voy. DOMINGO.
PEPIOUS (de), 356.
PÉRIER (du), 67.
Périgord (Province de), 20.
Périgueux et les Huguenots, 257.
PESQUIÈS (chev. de l'Hort, s^{gr} du), 111.
PETITOU, huguenot, veut prendre Saint-Julien, 121.
PEYRÈGNE (L.) consul de Muret, 87.
Peyrissas (châtell. d'Aurignac). Lieu confédéré, 205.
Pézenas, 71.
PHILIPPE II, roi d'Espagne, envoie en France des soldats espagnols, 190.
PIMBERT (J.) prisonnier de Maravat, 264.
Pin (Le) pillé, 263.
PINS (J.-R. de) aux États de Muret, 128. — Écrit aux consuls de cette ville, 292.
Plaisance-du-Touch (église de) ruinée, 184.
Plagnole (châtell. de Samatan) et les Tailles, 266.
Plan (Le). Passage de gens de guerre en ce lieu, 16. — Il est indemnisé, 14. — Il demande garnison, 116. — Est accusé de refus des Tailles, 210. — Stationnement des troupes en ce lieu, 280.
Plantier (Le) demande une garnison, 148.
Plieux (Trêve de), 222.
POC (J.) voleur cantonné à Aurignac, 114.
Pointis, lieu confédéré, 205.
Pompiac (chât. de Samatan), 16. — Lieu dévasté par la grêle, 148. — Cotisé par du Bourg, 266.
PONTÉJAC (M. de) à Garravet, 160. — Cité, 356.
PONTIC (D.) sindic de Comminges, reçoit une lettre des cons. d'Aurignac, 7. — Se plaint de Mascaron, 18. — Reçoit une missive de Bellegarde, 9.

— *It.*, de Monluc, 27. — *It.*, de
Fontenilhes, 62. — Est cité dans une
lettre de Fontenilhes, 71. — Donne
un avis touchant les Huguenots, 78.
— Est délégué vers les Capitouls, 95.
— Harangue les États, 98.
Port-Sainte-Marie, 242.
POUCHARRAMET (le s^{gr} de), 85-279.
POUGET, 38-65.
POUTGÉ, 142.
Pradère (église de), 303.
Prat (Baronnie de), 81.
PUCHESSE (B. de) auteur cité, 125-276.
Puimirol, 241.
PUJET (F. de) juge de Comminges,
 assiste à une réunion chez l'abbé
 d'Eaunes, 116.
Puydérieux et les Tailles, 248.
Puymaurin cité, 16.. — Est pris et
 délivré en 1587, 131-137 et 330 et
 suiv. — Les Huguenots y volent du
 bétail, 263. — Ce lieu est rançonné
 par Pangeas, 287-288.
Rabastens, 74-354.
RAGOTTE (La), 130.
RAHOU, chassé de Muret, 277.
RAIMOND (A.) atteste l'incendie de
 Saint-Sever, 83.
RAMBOUILLET (le s^r de), 107.
Ramefort (château de), 170.
RATIO (P.) consul de l'Isle-en-Dodon,
 131.
REGRAFFE (B.), 141.
RELONGUE (chev. de) juge de Rivière,
 fait une enquête sur Saint-Sever,
 82.
Renoufielle (église de), 303.
REYNÈS (P.) consul de Muret, 60.
RIBAYRAN (M.) sindic du Tiers, présent aux États, 132-183. — Est
 délégué vers les Capitouls, 134. —
 Député aux États de Guyenne, 156-
 203. — Propose une Trève aux
 représentants de Matignon, 182. —
 Rend compte aux États de ses
 démarches, *ib.* — Commissaire des
vivres de l'armée espagnole, 191. —
 Visite le Couserans, 197-201.
Riberenert (auj. dans le c^{on} de Saint-
 Girons, Ariège), 197-201.
RIBOS (B. et J.), 277.
Rieulas (châtell. de l'Isle-en-Dodon).
 Lieu confédéré, 205.
Rieumes (en Rivière-Verdun), 16-216-
 218.
Rieux (diocèse de), 91-342.
RIVIÈRE (le cap^{ne}) pille les Jacobins
 de l'Isle-en-Dodon, 90.
Rivière (Pays de), 63-82-128-209.
Rivière-Basse (Pays de), 63.
RIVIS (B.) cons. de Samatan, 245.
ROCHON (P.), 58.
ROHAN (de) et les Huguenots de l'Isle-
 Jourdain, 297.
ROQUADE (A.) chassé de Muret, 277.
ROQUADE (J.) trésorier de Comminges, 97. — Est volé, 138. — Est
 chassé de Muret, 277.
ROQUADE (M. de), 263.
Roquefort (les cons. de) adressent une
 requête aux États, 172.
ROQUEFORT (M. de) écrit au sindic de
 Comminges, 8. — Il est commissaire en Comminges, 24. — Est
 cité dans une lettre de Bellegarde,
 40, et de Monluc 41. — Est élu
 conducteur des troupes, 69. — Est
 refusé par Fontenilhes, *ib.*
ROQUEFORT (F. de Commenge, b^{on} de)
 écrit à M. de Lamézan, 34.
ROQUELAURE (de) écrit aux consuls de
 Muret, 291.
ROQUEMAUREL (de) trouble le Haut
 Comminges, 3-10. — Calme les
 Huguenots à Montbrun, 78.
ROQUEPINE (O. de) écrit à M. de Bor-
 deria, 228. — Cité, 234. — Reçoit
 un *mémoire* contre du Bourg, 244.
Roques (chât. de Muret). Passage de
 gens de guerre, 16. — Surveillance
 de la Garonne en ce lieu, 76. — Village côtisé, 266.

Roquettes (chât. de Muret), 68.
ROUELLE (le P.) visiteur des paroisses, 304.
ROUX (V.) chassé de Muret, 277.
Rozès (le s^r de), 24.
RUBLE (le b^{on} de), IV, 19-66.
RUMEAU (M.) auteur cité, 159-184.
Sabarat (près le Mas d'Azil). Les Huguenots de ce lieu vont à Barjac, 168. — Cités, 307.
SABATÉ (B.) visite le Couserans, 197-201.
SABATIER (M.) cons. de Muret, 87.
SABOLIÈS (le cap^{ne}) vient à Lacave, 79.
— Protège Saint-Lizier et Villefranche, 98.
Sabonnères (chât. de Samatan), 16. — Lieu côtisé, 266.
SABONNIÈRES (M. de) abbé d'Eaunes, député des Commingeois vers Bellegarde, 10. — Elu chef des troupes, 68. — *Note* à son sujet, *ib.* — Il est député vers le roi, 77. — Il demande garnison pour son abbaye, 87. — Est délégué vers Henri de Navarre, 106. — On tient une assemblée en son logis, 116. — Il assiste aux États de Muret, 128. — Il promet de contribuer à l'entretien des garnisons, *ib.*
SABY (J.) cons. d'Aurignac, 113.
SACASE (J.) auteur cité, 352.
Sahuguède et du Bourg, 85. — Du Bourg écrit aux consuls, 138. — Lieu pillé, 139. — Lettre de deux habitants, 140. — Lieu dévasté par la grêle, 148. — Accusé de refus des Tailles, 210.
Saint-Andreau (châtell. d'Aurignac). Lieu confédéré, 205. — Accusé de refus des Tailles, 210. — Envoie un député à Lilhac, 211. — Reçoit des troupes, 280.
Saint-Antoine du Salin, à Toulouse, 127.
Saint-Arailhe, près St-Lizier, 77-318.

Saint-Béat, 192.
Saint-Bertrand (ville de), 8-275-352 et suiv.
— (Chanoines de), 364.
— (Reliques de), 357.
Saint-Blancat, 369.
SAINT-CALIX, prisonnier de du Bourg, 265. — Il écrit à Bertin, *ib.*
Saint-Cassian (château de), 92.
Saint-Christaud (châtell. de Saint-Julien), 116-280.
Saint-Cizi (chât. de Saint-Julien), 210.
SAINTE-COLOMME (J.-F. de Montesquiou, s^{gr} de) prend Tournay, 142.
Saint-Cyprien à Toulouse, 157.
Sainte-Foy de Peyrolières (en Rivière-Verdun). Le m^{is} de Villars y établit un magasin d'approvisionnement, 184. — Ce lieu devra contribuer à la construction d'un *fort* près l'Isle-Jourdain, 216-218. — Plaintes des habitants au sujet des Muretains, 280.
Saint-Frajou (en Rivière-Verdun), 202.
Sainte-Gabelle (les consuls de) écrivent à ceux d'Auterive, 293.
Sainte-Livrade près l'Isle-Jourdain (église de), 303.
SAINT-GASCHIES reçoit une missive de M. de Savignac, 180. — Comment il entend solder la garnison de Samatan, *ib.* — Il excite les plaintes des habitants du Plantier, *ib.*
Saint-Gaudens, capitale du Nébouzan. Cette ville mécontente M. de Roquefort, 8. — Citée, 71. — Sa collégiale est pillée par Mongonméry, 341. — La ville reçoit garnison, 74. — Passage de Villars, 172. — On y adhère à la Ligue, 185. — Le cap^{ne} Luscan, chef de garnison, 187. — Les habitants chassent les hommes d'armes, 188.
— (Jacobins de), 185-188-189.
SAINT-GELAIS DE LANSAC (Urbain de)

év. de Saint-Bertrand, dépeint la transformation des ecclésiastiques en soldats, 67. — Asssiste aux États de Comminges, 91-132. — Échange diverses missives avec les consuls de l'Isle-en-Dodon lors de la prise de Puymaurin, 131. — Est délégué vers les Capitouls, 134. — Est prié de contribuer à l'entretien des compagnies, 146. — Reçoit la charge de maintenir ses diocésains dans la Ligue et de les défendre, 171. — Consent à une contribution en faveur d'Henri IV, 275. — Son rôle à Saint-Bertrand, 357 et suiv. — Arrêts du Parlement à son sujet, 358 et suiv. — Est défendu par Cath. de Médicis, 360. — Reconnaît Henri IV pour roi de France, 377. — Il lui écrit, 379. — Comment doit être jugé ce prélat, Introd.

Saint-Germain en Laye, 283.

Saint-Girons, 3-7. — Reçoit des compagnies, 10. — Est indemnisé, 12. — Réclame une levée de troupes et une garnison, 77-78. — Religionnaires vers cette ville, 320. — On veut y envoyer des troupes au mécontentement du pays, 79. — Elle obtient garnison, 92. — Prise et délivrance en 1576, 94-104. — Ville menacée de nouveau en 1586, 123. — Missive de l'évêque de Saint-Lizier, ib. — Opinion du sindic de Saint-Girons touchant la prise de Puymaurin, 132. — Excès des Huguenots, 149. — Reconnaissance d'Henri IV par les habitants, 274.

(Consuls de). Envoient des vivres à Saint-Lizier, 106. — Signent une Trêve avec les Huguenots, 212. — Signalent les excès des Religionnaires de Camarade, 199.

SAINT-GIRONS (v.te de) blessé à Saint-Lizier, 109. — Il va à Saint-Girons, 144.

Saint-Hilaire (châtell. de Muret) se plaint des gens d'armes, 79. — Gens de guerre de passage en ce lieu, 337.

Saint-Ignan (chât. d'Aurignac), 16. — Lieu confédéré, 205. — Députe à Lilhac, 211.

Saint-Jean (J.-P. de), 125.

Saint-Julien reçoit des troupes et une garnison, 16-93. — On y découvre des traîtres, 120.

(les Consuls de) sont indemnisés, 14. — Ils nomment un chef de troupes, 69. — Ils reçoivent une lettre du b^{on} de Fontenilhes, 73. — Signent une Trêve avec les Huguenots, 212. — Ce qu'ils pensent des offres à faire à du Bourg, 229.

(La Châtell. de) obligée de fournir quelque paiement aux Huguenots du comté de Foix, 247.

SAINT-LARY (le cap^{ne}) passe à Garravet, 160.

Saint-Laurent (châtell. de l'Isle-en-Dodon), 324. — Lieu confédéré, 205. — Accusé de refus des Tailles, 210. — Députe à Lilhac, 211. — Est rançonné, 287.

Saint-Lizier (Ville de), 3-4-5-6-10-12. — Huguenots vers Saint-Lizier, 320. — La ville obtient garnison, 92-93. — On augmente le nombre des gardiens, 94. — Ville prise en 1579, 105-108-323. — Menacée en 1586, 123. — Lettre de P. Bonard à ce sujet, ib. — Excès des Huguenots aux environs de la ville, 149. — D'Audou essaie de s'en emparer, 196. — Elle adhère à Henri IV, 274.

(Consuls de). Veulent que l'on transige avec d'Audou, 99. — Leur vote pour la délivrance de Puymaurin, 133. — Ils signent une Trêve avec les Huguenots, 212. — Leur opinion au sujet des offres à faire à du Bourg, 230.

(Députés du diocèse de) demandent

une compagnie de gens d'armes, 77. (Le Clergé de) accorde une contribution pécuniaire à Henri IV. (Évêques de), voy. Bonard, d'Ossun, de Lingua.

Saint-Loube (chât. de Samatan): Trois habitants de ce lieu sont prisonniers des Huguenots, 249-265. — Déprédations sur ce territoire, 265.

Saint-Loup (chât. d'Aurignac). Lieu confédéré, 205. — Il député à Lilhac, 211.

Saint-Lys. Paroisse visitée par Alvarus au nom du c^{al} de Joyeuse, 127. — Matignon y établit son camp, 181.

Saint-Marcet (chât. d'Aurignac). Lieu confédéré, 205. — Il député à Lilhac, 211.

SAINT-MARTIN (J. et J.), prisonniers à l'Isle-Jourdain, 140.

SAINT-MARTIN (de), 69.

Saint-Martory, 369.

SAINT-ORENS (Tilladet de), 3-4-6-16. — Reçoit commission de Monluc, 62. — Commande l'armée en Béarn, 75.

SAINT-PAUL-D'OUEIL (le s^{gr} de), 24.

Saint-Pierre ou Saint-Pé de Soulan (auj. c^{on} de Massat, Ariège). État de ce lieu en 1591, 197-201.

Saint-Pierre du Bois (près Boulogne, en Rivière-Verdun). Lieu confédéré, 205.

Saint-Plancard (chef-lieu de châtell. en Nébouzan). Lieu assiégé par Villars, 171-172.

Saint-Rome (église) à Toulouse, 127.

Saint-Sever de Rustan pris en 1573, 82. — Menacé, 142. — Ce lieu et les Tailles, 248.

Saint-Sulpice (Consuls de), 299.

Saint-Thomas (Consuls de) reçoivent un billet du cap^{ne} Labastide, 16. (Village de) menacé par du Bourg, 85. — Pillé, 138-141. — Dévasté par la grêle, 148. — Doit recevoir des troupes, 237-238. — Est côtisé par du Bourg, 266.

Salat, rivière surveillée, 76.

Saleich (Consuls de), 80.

SALENAVE (de) en garnison à Saint-Bertrand), 356.

Salerm (chât. de l'Isle-en-Dodon) et les Tailles, 210.

SALERM (M. de) à Lombez, 149-159. — Est chargé de procurer l'adhésion de la noblesse à la Ligue, 156. — Le Comminges entretient sa compagnie en 1593, 173-232-236. — Il met garnison à Charlas, 189. — Doit détruire les fortifications de ce village, ib. — Est nommé chef des troupes, 237-238. — Doit surveiller du Bourg, ib. — S'établit provisoirement à Samatan, Andoufielle et Saint-Thomas, 237. — Remercie les États, 240. — Est à Saint-Bertrand, 356.

SALIES (P.), député de Montbernard, 211.

Salies (Ville de). Fontenilhes y envoie une compagnie, 70. — Elle fait réclamer la levée des troupes, 77. — On y tient garnison, 93. — Les États y adhèrent à la Ligue, 153. — Ralliement au roi de Navarre, 175. — On assure que les Huguenots voulaient prendre la ville en 1589, 176. (Consuls de) sont indemnisés, 13-14. — Nomment un chef des troupes, 69. — Reçoivent une lettre d'A. de Commenge, 80. — Écrivent aux consuls de Saleich, 81. — Envoient des vivres à Saint-Lizier, 100. — Ce qu'ils veulent faire pour délivrer Puymaurin, 132. — Ils font un paiement à G. de Luscan, 193. — Leur requête au sujet du château de Salies, 195. — Ce qu'ils veulent offrir à du Bourg, 229. — Ils signent une Trêve avec les Huguenots, 212. (Châtellenie de) et les Huguenots du comté de Foix, 247.

SALIN (B.) cons. de Saint-Lizier, 245.
SALLES (P.) cons. de l'Isle-en-Dodon, 131.
SALMIER (F.) recteur de Saint-Agne, 127.
SAMAN (J. de) vic. gén. de Lombez, sindic du clergé de Comminges, reçoit une lettre de Bellegarde, 9. — Se démet de ses fonctions de sindic, 69.
SAMAN (le s^{gr} de), 23.
Saman (châtell. d'Aurignac), 369.
Samatan (Ville de), 2-10-11-69, 70-79-89. — On y place une garnison, 128. — Ville prise en 1589, 158-167-334. — Matignon essaie de la prendre, 181. — Huguenots près de cette ville, 223. — Elle doit recevoir des troupes, 238-255. — La garnison y est contrôlée par M. de Noalhan, 259. — Ville côtisée, 266. — On y adhère à Henri IV, 269. — Matignon y vient, 280.
— (Consuls de) écrivent à Monluc, 4. — Reçoivent un billet de lui, 11. — Sont indemnisés, 14. — Leur vote pour la délivrance de Puymaurin, 135. — Leur opinion au sujet de du Bourg, 229.
— (Minimes de) pillés en 1573, 89. — Leur monastère est détruit, 166. — Reconstruction de leur église, 167.
— (Cordeliers de) pillés en 1589, 165. — Leur monastère est détruit, 166. — Perte de leurs archives, *ib.* — Relèvement, *ib.*
— (Châtellenie de) obligée de fournir les Tailles à du Bourg, 247.
Samouilhan (châ. d'Aurignac), 210.
SANS. (Huguenots appelés), veulent prendre Saint-Julien, 121.
SARIOS (B.) à Muret, 277.
SARP (de), 376.
Sarraméjan (châ. de Saint-Plancard en Nébouzan), 369.

SARRAT (P.) prisonnier de du Bourg, 264.
SAUBENS (B. de Lamothe, s^{gr} de) négociateur d'une Trêve, 1594, 245.
Saurat (en Foix). Lieu brûlé en 1591, 200.
Sauvimont (châ. de Samatan), 148.
Sauveterre (châ. de l'Isle-en-Dodon). Lieu confédéré, 205. — Envoie un député aux États, 245.
Sauveterre (Aide du Comminges), 234-247-263-369.
Save. Matignon et ses compagnies près de cette rivière, 181.
Saverdun (les Huguenots de) coopèrent à la prise de Saint-Lizier, 105. — Ville occupée par les Religionnaires, 307.
Savignac (châ. de Samatan), 148-266.
SAVIGNAC (J. de Lambès, s^{gr} de) présent aux États, 91-128-132-245. — Gouverneur de Samatan, 164. — Écrit à M. de La Ylhère, 178. — *It.*, à Saint-Gaschiès, 179. — Sa compagnie entretenue par le Comminges, 181. — Il va négocier une Trêve à Saint-Lys, 182. — Est gouverneur du Comminges, 201. — Délégué vers du Bourg, 220. — Ce qu'il pense des concessions à faire à du Bourg, 229-253.
Ségalas (auj. hameau de Soulan, Ariège), 197-201.
SÉGALLAS (le cap^{ne}) cité par Monluc, 68.
SÉGUALLA (A.) chassé de Muret, 277.
SÉGLA (de) chassé de Muret, 277.
SÉGOUFFIN (F.) délégué vers du Bourg, 222 et suiv.
SEIGNAN (le s^r de) tué à Saint-Girons, 101-104.
SÉNAC (J.) commissaire des vivres, 72. — Adresse une requête aux États, 74.
SENAULX (J. de), 82.

Sendrané (B.) commissaire des vivres de l'armée espagnole, 191. — Prisonnier de du Bourg, 264. — Chassé de Muret, 277.
Sendrané (B.) chassé de Muret, 277.
Sentgés, député de Lalouret, 211.
Sentoux, 83.
Serres (en Foix). Lieu brûlé en partie, 77.
Seysses-de-Savès (chât. de Samatan). Le cap^{ne} Labastide y séjourne, 16. — Cité, 148-266.
Siguer (en Foix). Lieu occupé par les Huguenots, 200.
Sirgant (G.) visite le Couserans, 197-201.
Sogne (P.) cons. de Céadous, 211.
Solan (vallée de) dévastée, 149.
Solan (de) trouble le Haut-Comminges, 3. — Est cité par Bellegarde, 47.
Solan (de) vicaire de Solan, 46.
Souriguère (A.) chassé de Muret, 277.
Suau (V.) vic. gén. de Lombez, adhère à la Ligue, 155. — Cité, 158. — Ce qu'il pense des concessions à faire à du Bourg, 229-253. — Présent aux États, 245. — Se déclare en faveur d'Henri IV, 269.
Sus (A.-G. de) contribue à la prise de Puymaurin, 331. — S'empare de Samatan, 158-167. — Écrit aux consuls de Garravet, 159. — Cède Samatan à J.-B. de Lamezan, 161. — Propos de certains habitants d'Aspet au sujet de ce capitaine, 175. — Il a pris Lafitte-Volvestre en 1589, 176. — Il a essayé de prendre le Fousseret, *ib.* — Il a pris Saint-Bertrand, 356.
Taillebourg (près Montréjeau, en Rivière-Verdun), 369.
Tamizey de Larroque, auteur cité, 271-272-361-376.
Tarascon (les Huguenots de) pillent Massat et Olus, 45.

Tarbes, 62-354.
Tarenque, receveur commis par du Bourg, 256. — Ses exactions, 263-265.
Tarteing (auj. hameau de la paroisse de Biert, Ariège), 197-201.
Taurignan (M. de) demande une garnison, 169. — Est chargé de faire agréer la Trêve de 1592, 213. — Est député vers Villars, 219.
Taurignan (près Saint-Lizier). Lieu indemnisé, 13. — Brûlé en partie, 77-318. — Un habitant de ce lieu est blessé à Saint-Lizier, 189. — Village pillé, 111. — On y prend un traître, *ib.* — Cité, 210.
Teisseire (E.), 89.
Termes (J. de Bellegarde, s^{gr} de) député de d'Audou, 98. — Lettre à lui adressée, 322.
Terrebasse (chât. d'Aurignac). Lieu confédéré, 205.
Terreng (J.) consul de Salies, 183.
Terreng (P.) cons. de Muret, 183.
Terrès (le cap^{ne}) chassé de Muret, 277.
Terride (Antoine de Lomagne, vicomte de Gimoez, b^{on} de) cité, 34. — Va en Béarn, 38-70-71. — Écrit au Parlement, 315. — Cité, 352 et suiv.
Thémines (le m^{al} de) en Foix, 289.
Tilhia (de), 300.
Tilhouse (de), 354.
Tillol, cons. de Saint-Sulpice, 299.
Tornoer (du) écrit aux consuls de Muret, 8.
Toujet (près Mauvezin), 181.
Touraine (Ligues en), 20.
Tournay, ville prise, etc., 142.
Trémolet (de) à Muret, 279.
Trenque (J.) juge de Comminges, 25.
Tusaguet, 369.
Vacquier (A.), 89.
Valcabrère (près Saint-Bertrand, Rivière-Verdun), 369.

Valentine (dans le Comminges-Languedocien), 326.
Varilhes, 299.
VASCONIA (de) chassé de Muret, 277.
VERDIER, prêtre et soldat, 76.
VERGER (le cap^{ue}) prend le lieu de Lacave, 79.
VERGERY, négociateur de la Trêve de 1594, 245. — En garnison à Muret, 279.
VERNIOLLE (G.) notaire à Muret, 12-15-72.
Vic (près Seix, en Couserans). Lieu non occupé par les Huguenots, 200.
Viert (auj. c^{on} de Massat, Ariège). Lieu dévasté, 45-197-201.
VILLARS (m^{is} de) accorde la levée d'une compagnie de gens d'armes, 77. — Est averti des menées huguenotes, 78. — Reçoit des plaintes au sujet des compagnies, 79. — Envoie des hommes d'armes à Saint-Sever, 83. — Veut aller à Samatan dont de Sus s'est emparé, 159. — Reçoit cette ville au nom des Catholiques, 162. — Approuve la Trêve du Couserans, 170. — Charge Saint-Gelais de défendre le Comminges, 174. — Assiège Saint-Plancard et vient vers Saint-Gaudens, 171-172. — Ses mouvements stratégiques contre Matignon, 181. — Il écrit à un receveur des finances, 182. — On se plaint de lui, 183. — Il établit un magasin de vivres à Sainte-Foy de Peyrolières et écrit aux États, 338. — Etablit la Ligue à Saint-Gaudens, 185-189. — Fait venir des Espagnols en France, 190. — Promet d'en envoyer une partie vers l'Isle-Jourdain et en Foix, 191. — Permet la démolition du château de Cierp, 193. — Nomme Savignac gouverneur en Comminges, 201. — Approuve les Ligues campanères, 205. — Estime les soldats de ces Ligues, 208. — Approuve les Trêves restreintes, 211. — Veut élever un *fort* près l'Isle-Jourdain, 214 et suiv. — Conclut avec Matignon la Trêve de Guyenne, 219. — Reçoit une requête des États, 234. — Approuve la nomination de J. de Fontenilhes et de Salerm pour chefs des troupes, 237-238. — Veut faire sonner le tocsin à la vue des Huguenots, 239. — Approuve la Trêve de 1593, 240-243. — On lui soumet le projet de la Trêve de 1594, 255. — Sera prié d'abandonner les Tailles pour l'entretien des garnisons, *ib*. — Il y consent et approuve la Trêve de 1594, 256. — Combis le visite, *ib*. — Il envoie une missive aux États, 257. — Se plaint de certains abus relativement aux garnisons, 258. — Redoute l'adhésion du Comminges à Henri de Navarre, 259. — Entretient une garnison à Muret, 277. — Est à Lombez, 278. — Reçoit une missive d'Henri IV, 282. — Est gouverneur de Muret et de Grenade, 282-290. — Prend possession de l'Isle-Jourdain, 300. — Ecrit aux consuls de Muret, 302.
Villebrunié, 302.
Villefranche-de-Lauragais, 94-97.
Villeloing (abbé de), 268.
Villeneuve-de-Rivière (église brûlée à), 345.
Villeneuve (chât. de Muret), 68.
VILLOUBIX protège Lescure, 48.
VITALIS (P.) consul de Saint-Lizier, 98-320.
VIVÈS (J.) consul de Saint-Girons, 183.

www.ingramcontent.com/pod-product-compliance
Lightning Source LLC
Chambersburg PA
CBHW070604230426
43670CB00010B/1408